Direito, Gestão e Prática

Direito Empresarial do Trabalho

série GVlaw

Denise Poiani Delboni
Paulo Sérgio João
Coordenadores

Direito, Gestão e Prática

Direito Empresarial do Trabalho

Bianca Bastos
Célia Mara Peres
Denise Poiani Delboni
Laura Bittencourt Ferreira Rodrigues
Marcos César Amador Alves
Paulo Sérgio João
Raimundo Simão de Melo
Ricardo Laraia
Ricardo Rodrigo Marino Tozo
Thereza Christina Nahas
Vilma Dias Bernardes Gil

1ª edição
2012

2ª tiragem
2014

100 ANOS Saraiva

FGV DIREITO SP

Editora Saraiva

Rua Henrique Schaumann, 270, Cerqueira César — São Paulo — SP
CEP 05413-909
PABX: (11) 3613 3000
SAC: 0800 011 7875
De 2ª a 6ª, das 8:30 às 19:30
www.editorasaraiva.com.br/contato

Diretor editorial *Luiz Roberto Curia*
Gerente de produção editorial *Lígia Alves*
Editora *Thaís de Camargo Rodrigues*
Assistente editorial *Aline Darcy Flôr de Souza*
Produtora editorial *Clarissa Boraschi Maria*
Preparação de originais *Ana Cristina Garcia*
Maria Izabel Barreiros Bitencourt Bressan
Camilla Bazzoni de Medeiros
Arte e diagramação *Cristina Aparecida Agudo de Freitas*
Lídia Pereira de Morais
Revisão de provas *Rita de Cássia Queiroz Gorgati*
Mair de Fátima Machado Costola
Serviços editoriais *Elaine Cristina da Silva*
Vinicius Asevedo Vieira
Produção gráfica *Marli Rampim*
Impressão
Acabamento

ISBN 978-85-02-17011-7

Dados Internacionais de Catalogação na Publicação (CIP)
(Câmara Brasileira do Livro, SP, Brasil)

Delboni, Denise Poiani

Direito, gestão e prática : direito empresarial do trabalho / Denise Poiani Delboni, Paulo Sérgio João, coordenadores. – São Paulo : Saraiva, 2012. – (Série GVlaw)

Vários autores.

1. Direito empresarial 2. Direito empresarial - Brasil I. Delboni, Denise Poiani. II. João, Paulo Sérgio. III. Série.

12-03989 CDU-34:338.93(81)

Índices para catálogo sistemático:

1. Brasil : Direito empresarial : Direito 34:338.93(81)
2. Direito empresarial : Brasil : Direito 34:338.93(81)

Data de fechamento da edição: 20-4-2012

Dúvidas?
Acesse www.editorasaraiva.com.br/direito

133.185.001.002

Aos alunos do Programa de Pós-Graduação
Lato Sensu da FGV DIREITO SP (GVlaw).

SUMÁRIO

Prefácio ... 17
Apresentação ... 19
Nota dos editores ... 21

1 ESTRUTURA SINDICAL NO BRASIL E NEGOCIAÇÕES COLETIVAS – EFEITOS DAS CLÁUSULAS EM NEGOCIAÇÕES COLETIVAS SOBRE O DIREITO MATERIAL

Paulo Sérgio João

1.1 Introdução ... 25
1.2 Garantias para uma negociação coletiva eficaz ... 26
1.3 Negociações coletivas ... 30
1.4 Considerações finais ... 45
Referências ... 46

2 PERÍODOS DE INTERRUPÇÃO E SUSPENSÃO DO TRABALHO. ANÁLISE DE SITUAÇÕES LEGAIS E CONTRATUAIS CONTROVERTIDAS

Célia Mara Peres

2.1 Introdução ... 51
2.2 Suspensão e interrupção do trabalho – relação com a Constituição Federal ... 52

2.3 Suspensão e interrupção do trabalho – relação com a lei e com outras fontes de direito 53
2.4 Suspensão e interrupção do trabalho – relação com os fatos 54
2.5 Suspensão e interrupção do trabalho – relação com o contrato de trabalho 55
2.6 Suspensão e interrupção do trabalho – relação com os princípios 55
2.7 Suspensão e interrupção do trabalho – conceito e características 56
2.8 Hipóteses legais de suspensão e interrupção do trabalho.. 59
2.8.1 Hipóteses legais de interrupção do trabalho 59
2.8.1.1 Afastamento do trabalho por doença ou acidente de trabalho por até 15 dias 59
2.8.1.2 Descanso semanal remunerado e feriados civis e religiosos 63
2.8.1.3 Descansos concedidos durante a jornada de trabalho e nela computados 65
2.8.1.4 Férias e licença remunerada 66
2.8.1.5 Interrupção das atividades empresariais 67
2.8.1.6 Mulher – consultas médicas, aborto e amamentação 68
2.8.1.7 Faltas justificadas conforme o art. 473 da CLT 70
2.8.2 Hipóteses legais de suspensão do trabalho 72
2.8.2.1 Greve 72
2.8.2.2 Encargos públicos assumidos pelo empregado 73
2.8.2.3 Suspensão disciplinar e para ajuizamento de inquérito 75
2.8.2.4 Aposentadoria provisória por invalidez 76

2.8.2.5 Doença com causa que não se relaciona ao trabalho ou profissão 77
2.8.3 Situações que se enquadram na suspensão, mas recebem atenuação dos efeitos suspensivos por determinação legal 78
2.8.3.1 Serviço militar 78
2.8.3.2 Acidente do trabalho ou doença ocupacional a partir do 16º dia de afastamento 79
2.9 Licença-maternidade (controvérsia) 82
2.10 Hipóteses contratuais e previstas em normas coletivas .. 87
2.10.1 Limites às disposições contratuais 87
2.10.2 Limites à negociação coletiva 90
2.10.3 Casos práticos inseridos em contratos de trabalho e normas coletivas 92
2.10.3.1 Licença não remunerada (período sabático) 92
2.10.3.2 Multas que acarretem a perda da carteira de habilitação (motoristas) 94
2.11 Considerações finais 94
Referências 95

3 CLÁUSULAS ESPECIAIS NO CONTRATO DE EMPREGO

Ricardo Laraia

3.1 Introdução 101
3.2 Panorama histórico 103
3.3 Princípios em jogo 107
3.4 Requisitos das cláusulas especiais 110
3.5 Cláusulas especiais 114
3.6 Considerações finais 116
Referências 117

4 LIMITES IMPOSTOS À ATUAÇÃO DO EMPREGADOR E PROTEÇÃO DA INTIMIDADE DO EMPREGADO

Laura Bittencourt Ferreira Rodrigues

4.1 Introdução 123
4.2 Proteção constitucional e infraconstitucional 126
4.3 Indenização 132
4.4 Relato de caso 136
4.5 Considerações finais 142
Referências 144

5 A QUESTÃO DO MEIO AMBIENTE NO ÂMBITO DAS RELAÇÕES DE TRABALHO

Vilma Dias Bernardes Gil

5.1 Introdução 151
5.2 Meio ambiente 153
5.2.1 Conceito 153
5.2.2 O meio ambiente na Constituição brasileira 154
5.2.3. O meio ambiente como direito fundamental 155
5.3 Meio ambiente do trabalho 157
5.3.1 A necessidade de conscientização dos atores sociais 159
5.3.2 Trabalho *versus* doença – evolução histórica 161
5.3.3 Os impactos da Revolução Industrial sobre a saúde dos trabalhadores 164
5.3.4 Evolução legislativa no Brasil 167
5.3.5 As doenças dos trabalhadores e a saúde pública 170
5.3.6 Os anos 1930 e a criação do Ministério do Trabalho, Indústria e Comércio 171
5.3.7 Evolução das normas sobre acidentes do trabalho após 1930 173

5.3.8 Evolução das normas de saúde e segurança após 1930 ... 175
5.4 Saúde e segurança do trabalhador perante a OIT ... 178
5.5 Tutela do meio ambiente do trabalho ... 180
5.6 Considerações finais ... 183
Referências ... 184

6 A AFIRMAÇÃO DOS DIREITOS FUNDAMENTAIS NO TRABALHO COMO PRESSUPOSTO PRIMEIRO DA RESPONSABILIDADE SOCIAL EMPRESARIAL

Marcos César Amador Alves

6.1 Introdução ... 193
6.2 Responsabilidade social empresarial ... 195
6.3 Interseções entre responsabilidade social empresarial e direito ... 197
6.4 Direitos fundamentais no trabalho ... 200
6.5 A incorporação dos direitos fundamentais no trabalho às normas definidoras da responsabilidade social empresarial ... 206
6.6 A afirmação dos direitos fundamentais do trabalho como pressuposto primeiro da responsabilidade social empresarial ... 211
6.7 Responsabilidade social empresarial na jurisprudência trabalhista ... 213
6.8 Relação de trabalho responsável ... 220
6.9 Considerações finais ... 222
Referências ... 225

7 O SISTEMA PREVIDENCIÁRIO NO BRASIL: PREVIDÊNCIAS SOCIAL E COMPLEMENTAR

Denise Poiani Delboni

7.1 Introdução 233
7.2 Previdência social 235
7.3 Previdência complementar 243
7.3.1 Previdência complementar aberta 246
7.3.2 Previdência complementar fechada 247
7.4 Considerações finais 256
Referências 258

8 GRUPOS DE EMPRESA E O CONTRATO DE TRABALHO. SUCESSÃO TRABALHISTA E *DISREGARD DOCTRINE*

Bianca Bastos

8.1 Introdução 269
8.2 Formação dos grupos de empresa no direito societário e no direito do trabalho 270
8.2.1 Grupos de subordinação e grupos de coordenação no direito do trabalho 279
8.2.2 O grupo econômico como empregador único. Súmula 129 do TST 284
8.3 Sucessão trabalhista 293
8.3.1 A responsabilidade do sucedido em face da disposição do art. 1.146 do Código Civil 294
8.4 *Disregard doctrine* 302
8.4.1 O fundamento da vinculação do patrimônio do sócio de *sociedade limitada* insolvente na execução trabalhista 304
Referências 310

9 ATUAÇÃO DO MINISTÉRIO PÚBLICO DO TRABALHO

Raimundo Simão de Melo

9.1 Introdução ... 317

9.2 O Ministério Público na Constituição Federal de 1988 . 317

9.3 Funções institucionais do Ministério Público ... 318

9.4 Princípios institucionais do Ministério Público ... 319

9.5 Poder investigatório do Ministério Público ... 319

9.6 Formas de atuação do Ministério Público do Trabalho ... 321

9.6.1 Atuação extrajudicial do Ministério Público do Trabalho ... 322

9.6.2 Instrumentos de atuação extrajudicial do Ministério Público do Trabalho ... 322

9.6.2.1 Audiência pública ... 322

9.6.2.2 Recomendações ... 323

9.6.2.3 Inquérito civil ... 324

9.6.2.3.1 Definição de inquérito civil ... 324

9.6.2.3.2 Devido processo legal no inquérito civil ... 325

9.6.2.3.3 Controle de legalidade no inquérito civil ... 325

9.6.2.3.4 Validade das provas obtidas no inquérito civil ... 326

9.6.2.3.5 O inquérito civil como condição para ajuizamento da ação civil pública ... 326

9.6.2.3.6 Fases do inquérito civil ... 327

9.6.2.3.7 Homologação de arquivamento do inquérito civil ... 327

9.6.2.4 Termo de Ajustamento de Condutas - TAC 328

9.6.2.4.1 Natureza jurídica do TAC ... 328

9.6.2.4.2 Legitimidade para tomar TAC . 328
9.6.2.4.3 Objeto do TAC 329
9.6.2.4.4 Transação no TAC 329
9.6.2.4.5 Validade do TAC 330
9.6.2.4.6 Multa no TAC 330
9.6.2.4.7 Destinação da multa 330
9.6.2.4.8 Execução do TAC 331
9.6.2.4.9 Prazo de vigência do TAC 332
9.6.2.4.10 Efeitos territoriais do TAC 332
9.6.2.4.11 Desconstituição do TAC 333
9.6.3 Atuação judicial do Ministério Público do Trabalho 334
9.6.3.1 Como órgão agente 335
9.6.3.2 Como órgão interveniente 336
9.6.4 Instrumentos de atuação judicial do Ministério Público do Trabalho 337
9.6.4.1 Ação civil pública.................................. 337
9.6.4.1.1 Objeto da ação civil pública 338
9.6.4.1.2 Pedidos na ação civil pública.... 338
9.6.4.1.3 Legitimidade ativa 343
9.6.4.1.4 Legitimidade do Ministério Público 344
9.6.4.1.5 Legitimidade dos sindicatos 344
9.6.4.1.6 Legitimidade da defensoria pública 344
9.6.4.1.7 Demais legitimados 345
9.6.4.1.8 O Ministério Público como *custos legis* nas ações coletivas.... 345
9.6.4.1.9 Competência material para julgar a ação civil pública............ 346
9.6.4.1.10 Competência funcional para julgar a ação civil pública......... 346

9.6.4.1.11 Litispendência 348
9.6.4.1.12 Efeito *erga omnes* da coisa julgada 349
9.6.4.1.13 Efeitos territoriais da coisa julgada 349
9.6.4.2 Dissídio coletivo de trabalho 350
9.6.4.2.1 Atuação do Ministério Público do Trabalho como órgão interveniente no dissídio coletivo de trabalho................................ 350
9.6.4.2.2 Atuação do Ministério Público do Trabalho como órgão agente no dissídio coletivo de trabalho 352
9.6.4.3 Ação de nulidade de instrumentos normativos e contratuais................................ 353
9.7 Considerações finais.. 354
Referências 355

10 NECESSIDADE DE CUSTEIO DAS ENTIDADES SINDICAIS E SEU EMBATE COM A LIBERDADE SINDICAL

Ricardo Rodrigo Marino Tozo

10.1 Introdução.. 361
10.2 Sindicalismo e sindicato 362
10.3 Prerrogativas sindicais.. 363
10.4 A trajetória da contribuição sindical 364
10.5 Natureza jurídica 367
10.6 Modalidades de financiamento e custeio..................... 369
10.7 A utópica liberdade sindical.................................... 374

10.8 Considerações finais 376
Referências 377

11 EFEITOS DE FUSÕES E AQUISIÇÕES NO CONTRATO INDIVIDUAL DE TRABALHO E RESPONSABILIDADES DOS SÓCIOS NA EXECUÇÃO TRABALHISTA

Thereza Christina Nahas

11.1 Introdução 383
11.2 Interpretação sistemática: lei da empresa e lei do trabalho 383
11.3 Considerações finais 402
Referências 404

PREFÁCIO

O livro que temos o prazer de apresentar aos nossos leitores é fruto da dedicação e do empenho de muitos professores, que, ao longo de uma década, tornaram viável a oferta do curso de Direito Empresarial do Trabalho, cuidando para que fosse mantido o mesmo nível de excelência desde as primeiras turmas formadas.

Nosso objetivo sempre esteve voltado à prevenção de conflitos, o que se pode notar pela definição do conteúdo de cada uma das aulas, sempre com a preocupação de apresentar aos alunos diferentes pontos de vista para importantes questões sobre as relações de trabalho no Brasil e no mundo, vivenciadas por profissionais que atuam nesta área do direito.

Os leitores encontrarão, nas próximas páginas, a certeza de nossa preocupação em convidar para a autoria dos artigos acadêmicos os professores do curso que, além de se consagrarem como profissionais altamente especializados em seus segmentos de atuação, são bastante familiarizados com a proposta de ensino do GVlaw.

O convívio enriquecedor com nossos alunos e professores, ao longo de todos estes anos, tornou possível a escolha de temas que trazem para esta obra um conjunto de abordagem ampla, com textos sobre direito coletivo, direito material, previdência social, fusões e aquisições, meio ambiente do trabalho e responsabilidade social, dentre outros, capazes de ilustrar as questões mais relevantes do direito do trabalho, sobretudo no âmbito empresarial.

Finalmente, renovamos nosso sentimento de felicidade pela realização e conclusão desta obra, parte de um processo de divulgação de estudos e pesquisas que apenas se inicia e que, por certo, terá a merecida continuidade.

Denise Poiani Delboni

Paulo Sérgio João

APRESENTAÇÃO

A Escola de Direito de São Paulo da Fundação Getulio Vargas (FGV DIREITO SP) nasceu com a preocupação de implementar um projeto inovador para o ensino jurídico no país, apresentando-se como alternativa a formas tradicionais de pensar e ensinar o Direito.

Esse compromisso fundamental se consubstanciou na construção de diferenciais teóricos e práticos prezados pela Escola. São eles marcas que identificam a FGV DIREITO SP e criam condições para o aperfeiçoamento constante do projeto. O investimento na ampla difusão do conhecimento produzido na Escola e o emprego de métodos participativos de ensino são duas dessas marcas.

A Série GVlaw, editada pelo Programa de Pós-Graduação Lato Sensu da FGV DIREITO SP (GVlaw), concretiza esses sinais distintivos: publica material bibliográfico que assume a complexidade do fenômeno jurídico e que estimula o ensino a partir do enfrentamento de problemas concretos. Além disso, serve de suporte para uma prática pedagógica que aposta na autonomia discente, buscando superar a visão que assume o professor como detentor de todas as respostas e o aluno como espectador passivo de conhecimentos transmitidos por seus mestres.

Produzidos por profissionais altamente qualificados, a Série GVlaw completou cinco anos em 2011: o sucesso editorial e a influência na prática jurídica mostram que foi acertada a aposta do

GVlaw em convidar seu distinto corpo docente para investir num novo tipo de material didático para um novo tipo de ensino.

Emerson Ribeiro Fabiani
Coordenador Executivo do Programa de Pós-Graduação
Lato Sensu da FGV DIREITO SP (GVlaw)

NOTA DOS EDITORES

A parceria FGV DIREITO SP/Saraiva publica livros didáticos, acadêmicos e voltados para a prática profissional. As obras da parceria foram organizadas em três Coleções que contam com rigorosos critérios de seleção para garantir a originalidade dos temas abordados, a alta qualidade dos textos e a inovação nos métodos de pesquisa e nas metodologias de ensino que orientam a elaboração de seus livros didáticos.

O rigor nos critérios de seleção e na produção dos livros é a garantia de que essa parceria seja veículo para um conhecimento sobre o Direito em constante transformação, capaz de acompanhar as questões jurídicas atuais com a seriedade e a qualidade exigidas dos juristas e demais estudiosos do tema.

A Coleção *Direito, Desenvolvimento e Justiça* é acadêmica e está aberta a autores de todo o Brasil. Seus livros são selecionados por um Conselho Editorial composto por professores renomados, oriundos de instituições de vários Estados brasileiros. A Coleção pretende contribuir para a reflexão e para o aperfeiçoamento do Estado de Direito Brasileiro com a análise de temas como a promoção e a defesa dos direitos fundamentais, inclusive no que se refere à justiça social, e o desenvolvimento do Brasil, compreendido simultaneamente como avanço econômico e realização da liberdade. Além disso, as obras da Coleção pretendem discutir o ensino jurídico de forma crítica e divulgar materiais de ensino inovadores, inclusive baseados em métodos de ensino participativos. Afinal, para pensar criticamente as instituições é preciso ensinar o Direito criticamente.

A Coleção *Direito em Contexto* publica obras úteis à atividade profissional para além das rotinas estabelecidas. A busca de soluções novas implica ampliar os conhecimentos no campo do Direito, mas também arriscar-se em outras áreas do pensamento e dialogar com outras maneiras de pensar. Por essa razão, a Coleção incluirá obras que estabeleçam ligações entre os problemas práticos do Direito e da sociedade, sem deixar de lado a especificidade do Direito em sua dimensão profissional. Os livros dessa Coleção veicularão trabalhos de professores e pesquisadores selecionados com o auxílio de um Conselho Editorial formado por profissionais renomados em suas áreas de atuação.

A Série GVlaw tem como referência os temas dos cursos oferecidos pelo Programa de Pós-Graduação Lato Sensu da FGV DIREITO SP (GVlaw). Seu objetivo é refletir a dinâmica de seus cursos em artigos que contemplem tanto o rigor acadêmico como a prática jurídica, voltados para os profissionais de Direito que têm sua atuação pautada pela complexidade de questões contemporâneas. O material bibliográfico é selecionado por uma Comissão Editorial, e uma equipe de revisores, mestrandos e doutorandos, é responsável por supervisionar a produção dos textos. Os autores são professores do GVlaw, todos eles mestres, doutores, pós-doutores, livre-docentes e profissionais que se destacam no mercado e no meio jurídico por sua competência prática e acadêmica.

Este exemplar integra a Série GVlaw e apresenta como linha de pesquisa "*Direito e Desenvolvimento*", a mesma linha adotada pela Escola de Direito de São Paulo da Fundação Getulio Vargas – FGV DIREITO SP. A coordenadora de publicações, Andrea Zanetti, acompanha a produção do livro e a montagem dos *originais*, garantindo o padrão dos livros da Série.

Por meio dessas medidas, os livros adquirem autonomia em relação aos cursos, convertendo-se em material para ampla divulgação de ideias, conhecimentos e discussões jurídicas de questões atuais.

1 ESTRUTURA SINDICAL NO BRASIL E NEGOCIAÇÕES COLETIVAS – EFEITOS DAS CLÁUSULAS EM NEGOCIAÇÕES COLETIVAS SOBRE O DIREITO MATERIAL

Paulo Sérgio João

Professor do Programa de Educação Executiva da DIREITO GV (GVlaw); professor da Escola de Direito de São Paulo da Fundação Getulio Vargas – DIREITO GV; professor da Pontifícia Universidade Católica de São Paulo; doutor em Direito do Trabalho pela Pontifícia Universidade Católica de São Paulo.

1.1 Introdução

Sempre que se pretende fazer uma análise da estrutura sindical no Brasil e seus efeitos sobre as negociações coletivas, inevitavelmente se deve passar pelos aspectos constitucionais a partir de outubro de 1988. No caso, para a proposta das reflexões lançadas, o corte histórico é necessário, sem negar, contudo, a importância da luta sindical para a democratização das instituições políticas do país. Quanto aos temas trabalhistas, nos momentos mais difíceis, os sindicatos sempre souberam encontrar uma oportunidade para a conquista de novos direitos.

A Constituição Federal, não raro identificada como excessivamente protecionista nos direitos sociais e trabalhistas, procurou privilegiar a proteção dos trabalhadores por meio da representação sindical, fortalecendo a manifestação coletiva e atribuindo aos sindicatos, de modo acentuado, relevante papel no avanço do direito do trabalho de modo que a melhoria da condição social dos trabalhadores, tal como sugerida no *caput* do art. 7º, se encontrasse na dinâmica das negociações coletivas. Então, consideramos o cenário constitucional que sustenta e legitima o direito coletivo em três aspectos: proteção básica de direitos individuais, liberdade sindical plena e negociação coletiva como instrumento de avanço de conquistas sociais.

Todavia, há paradoxos revelados pela práxis dos atores sociais, que passam pelas organizações sindicais e pelos controles legais da atuação sindical, e falta de credibilidade enquanto órgãos de representação de classe.

1.2 Garantias para uma negociação coletiva eficaz

São pressupostos de segurança jurídica nas negociações coletivas a existência de entidades representativas e a manifestação coletiva dos trabalhadores por meio do sindicato.

Ainda que tenhamos assegurado no art. 8º da Carta Magna o direito à liberdade de associação profissional ou sindical, guardamos na estrutura sindical brasileira o modelo fixado em lei ordinária de organização em categorias profissional, quando representante dos empregados, e econômica, quando representante dos empregadores.

Além deste aspecto restritivo da garantia constitucional de liberdade sindical, é do próprio texto maior a limitação de representação dos interessados, afirmando que, na mesma base territorial, que não poderá ser inferior ao município, não haverá o reconhecimento de mais de uma entidade sindical em qualquer grau da mesma categoria (art. 8º, II, da CF).

Dois conceitos relevantes e aparentemente contraditórios: primeiro, assegura-se a liberdade sindical, dando resposta à Convenção Internacional n. 87 da Organização Internacional do Trabalho (OIT, 1948, ainda não ratificada pelo Brasil) e depois, no segundo momento, restringe-se a existência do modelo pluralista de representação, adotando a unicidade sindical, opondo-se, portanto, ao texto da Convenção Internacional referida.

Em outras palavras, a leitura do texto constitucional nos levaria, pelo disposto no *caput* do art. 8º, ao pluralismo sindical não segmentado por categoria econômica ou profissional. A restritiva do inciso II somente seria aplicável no processo de negociação coletiva, pelo critério da legitimidade de representação, atendendo ao disposto na Convenção Internacional n. 98, da Organização Internacional do Trabalho (JOÃO, 2008 e OIT, 1949).

Mas, infelizmente, a herança sindical e os controles indiretos a que o Estado ainda submete os sindicatos impedem que se difunda com clareza que o exercício de liberdade sindical não está e não poderia estar controlado pela lei. A afirmação da garantia de liberdade sindical não deveria, por exemplo, colocar-se nos termos de organização por meio de categorias, cuja existência traz sérias consequências de ordem jurídica para as negociações coletivas de trabalho.

Vivemos sob os critérios da organização sindical criada em 1943, da unicidade sindical, com trabalhadores e empregadores reunidos em categorias, observando os critérios do art. 511 da Consolidação das Leis do Trabalho:

> Art. 511. É lícita a associação para fins de estudo, defesa e coordenação dos seus interesses econômicos ou profissionais de todos os que, como empregadores, empregados, agentes ou trabalhadores autônomos, ou profissionais liberais, exerçam, respectivamente, a mesma atividade ou profissão ou atividades ou profissões similares ou conexas.
>
> § 1º A solidariedade de interesses econômicos dos que empreendem atividades idênticas, similares ou conexas constitui o vínculo social básico que se denomina categoria econômica.
>
> § 2º A similitude de condições de vida oriunda da profissão ou trabalho em comum, em situação de emprego na mesma atividade econômica ou em atividades econômicas similares ou conexas, compõe a expressão social elementar compreendida como categoria profissional.

Soma-se, ainda, outro fato da nossa estrutura organizada no modelo federalista, com sindicatos, federação e confederação, sendo que a unicidade que se contempla e se controla no nível da entidade inferior (sindicato) não se observa no nível superior (federações e confederações), em que prevalece a pluralidade ideológica de representação.

Para concluir nosso argumento de que a liberdade sindical referida na Constituição Federal não encontra respaldo também na legislação ordinária, o sistema de custeio compulsório da estrutura sindical federativa cria um cenário de sustentação de representação incompatível com o exercício da liberdade sindical. Trata-se de modelo em que não importa a liberdade de filiar-se ou não a sindicato, todos são obrigados ao pagamento da chamada contribuição sindical. Tal custeio é corolário do controle indireto do Estado, mediante reconhecimento da condição de entidade sindical pelo Ministério do Trabalho e Emprego, que lhe outorgará um código sindical, por meio do qual poderá exigir o pagamento de contribuição sindical daqueles que se encontram em sua base de atuação.

Esse modelo, que impõe a sustentação econômica de entidade sindical, nem sempre trará para a mesa de negociações entidades sindicais legítimas, no sentido de que tenham efetiva adesão dos trabalhadores ou mesmo de empregadores.

Algumas entidades sindicais de empregados, levadas pela busca de independência das contribuições compulsórias, sugerem a devolução da parte que lhes cabe aos trabalhadores associados, incentivando, portanto, a filiação sindical para reconhecimento da importância da reunião em sindicatos. Esse movimento autônomo leva à situação jurídica de igualdade entre entidades sindicais concorrentes na mesma base e categoria (para ficar no nosso modelo) porque rompe o frágil elo jurídico de representação por meio do direito à contribuição sindical.

As Centrais Sindicais, formalizadas na Lei n. 11.648/2008 por razões políticas e favorecimentos[1], poderiam funcionar como alavancagem da desestruturação da unicidade sindical; porém, de nada servem. Não participam da estrutura sindical formal, não têm capacidade jurídica de negociação, atuando como organizações de caráter ideológico e sendo custeadas, de modo absolutamente inconstitucional, por contribuições sindicais compulsórias (JOÃO, 2008).

Há também outro fator relevante que interfere diretamente na estrutura sindical e no processo de negociação: a abundância da legislação trabalhista de natureza individual, que deixa pouca margem de negociação aos sindicatos, provocando um desinteresse no forta-

---

[1] Trata-se de avaliação pessoal do autor, de ordem político-jurídica.

lecimento destes. Em outras palavras, superada a questão da unicidade, se a lei atua para assegurar praticamente todo o conteúdo dos contratos individuais de trabalho, por qual razão os trabalhadores teriam adesão ao sindicato, que pouco poderá acrescentar àquilo que o Estado já assegura? Para a categoria dos empregadores, acostumados a não negociar seus próprios interesses, a participação em assembleias para debater pretensões sindicais é, na maioria dos casos, inexistente e, quando há presença de interessados, é insignificante.

Na nossa avaliação, este cenário de desinteresse em razão do excesso de leis trabalhistas de proteção, provoca acomodação generalizada quanto à organização sindical por categoria e a proposta da melhoria das condições sociais do trabalhador está restrita aos avanços da iniciativa dos poderes Executivo ou Legislativo.

Este engessamento da organização sindical tem sido colocado à prova nas negociações coletivas, que estão se deslocando do âmbito da categoria para os locais de trabalho, numa fragmentação de interesses, ou seja, a preocupação da categoria não está diretamente vinculada à mesma inquietação dos trabalhadores nos locais de trabalho. Este aspecto é relevante, movimenta-se de forma a respeitar a igualdade de tratamento entre desiguais e tem um olhar para a empresa como elemento de integração e de ajuste de interesses. Voltaremos a esse tema mais adiante.

Todavia, a ausência de representação no local de trabalho, diante do princípio constitucional de que a participação dos sindicatos nas negociações coletivas é obrigatória (Constituição Federal, art. 8º, VI), remete sempre, por questões de segurança jurídica, à participação dos sindicatos que represente os empregados pelo critério da categoria preponderante e que, por consequência, não tenha vínculo de interesse com todos os trabalhadores envolvidos na negociação.

Em resumo, pois, do que tratamos até este momento:

i) há uma proposta constitucional de que as normas trabalhistas devem objetivar a melhoria da condição social dos trabalhadores;

ii) os sindicatos foram trazidos pela Constituição a ocupar o importante papel de atingimento desta proposta, pela dinâmica das negociações;

iii) a liberdade sindical asseguraria a prática de negociações;

iv) vivemos o exercício da liberdade sindical diferentemente do que propõe o texto constitucional;

v) a organização sindical observa o princípio da unicidade apenas nas entidades de grau inferior;

vi) os sindicatos são representativos por força de reconhecimento indireto por parte do Ministério do Trabalho e Emprego e não por adesão dos interessados;

vii) o interesse pelos sindicatos é desviado pela exuberante legislação trabalhista que assegura os direitos individuais;

viii) os sindicatos se sustentam economicamente por meio de contribuições sindicais compulsórias;

ix) as centrais sindicais têm caráter ideológico e são custeadas por todos os trabalhadores, independentemente de sua opção política;

x) as negociações coletivas nos locais de trabalho representam um avanço no processo de adequação e de ajuste de interesses, funcionando como forma de integração social dos trabalhadores.

Passemos, então, à análise das negociações coletivas, cuja abordagem de eficácia jurídica leva em consideração todos os elementos fundamentais da legitimidade da organização sindical.

1.3 Negociações coletivas

A negociação coletiva representa o exercício de um direito individual fundamental inserido no campo das liberdades públicas e manifestado pela prática da liberdade sindical, corolário básico de liberdade no campo das relações coletivas de trabalho. Portanto, a negociação coletiva se coloca como um direito e, neste sentido, a análise passa necessariamente pela forma de reconhecimento da liberdade sindical e pelo modelo de atuação das entidades sindicais na realização desse direito perante a legislação brasileira.

O reconhecimento do direito à liberdade sindical pressupõe o direito à negociação coletiva, que implicaria derrogação ao princípio do efeito relativo dos contratos. Não se trata aqui de desregulamentação, mas sim de relativização da aplicação de normas estatais (DIAS, 2009, p. 147). Entretanto, a Justiça do Trabalho exerce papel controlador do quanto negociado, limitando os poderes do sindicato e dos efeitos da própria negociação.

Como se disse anteriormente, a busca pela melhoria da condição social do trabalhador, como proposta de evolução de direitos inserida na Constituição Federal, em seu art. 7º levar-nos-ia à consideração do fortalecimento do processo de negociações coletivas e da calibragem das partes envolvidas quanto às verdadeiras possibilidades de fazer evoluir o direito do trabalho. Sem o reconhecimento do direito à negociação coletiva e o respeito à sua prática, haveria, com certeza, a frustração da finalidade última do direito do trabalho, que é o equilíbrio jurídico e econômico entre as categorias profissional e econômica.

A negociação coletiva deve ser entendida como uma forma de adequação de interesses entre as partes, cujo objetivo é o alcance de uma solução capaz de satisfazer, no plano imediato, as divergências emergentes e, no plano mediato, ser uma oportunidade de aprendizado na busca de melhores condições sociais e de trabalho.

No plano da Organização Internacional do Trabalho, desde o fim da Segunda Guerra Mundial, fora anunciado o papel relevante destinado às negociações coletivas e às Convenções Coletivas de Trabalho para regulamentar os diversos ramos da atividade econômica.

A Convenção Internacional n. 98/49, que trata das negociações coletivas, supõe duas condições básicas:

1. o respeito de liberdade de negociação, compreendida como autonomia das partes à negociação em relação ao Estado;

2. a promoção da negociação coletiva por meio de procedimentos apropriados, entendidos como liberdade quanto à forma utilizada pelos atores sociais ou como exercício de um direito.

A fim de que se complete como instrumento de realização do direito, a negociação coletiva deve observar quatro elementos para sua efetivação:

1. a capacidade das partes na negociação coletiva;
2. a estrutura da negociação coletiva como processo de decisão, entendida como a responsabilidade assumida no desenvolvimento do processo e sua relação com o direito de greve (que não será objeto de análise);
3. o objeto da negociação; e
4. os efeitos do acordo final.

Quanto às partes, a liberdade de negociação livre de trabalhadores relativamente aos empregadores sobre as condições de trabalho está diretamente vinculada ao exercício da liberdade sindical, direito este de natureza individual, mas exercido coletivamente por meio de agrupamento em torno do sindicato, entidade chamada para capacitar e legitimar a manifestação da autonomia privada de modo coletivo. Qualquer restrição imposta pelo Estado no exercício desta liberdade implica violação direta do exercício da liberdade sindical.

Ainda quanto às partes, de um lado o sindicato profissional, representando categoria ou grupo de trabalhadores, e, de outro lado, os empresários, atuando isoladamente ou por meio do sindicato da categoria econômica, não bastaria o reconhecimento formal de representação. As negociações exigem que os representantes tenham efetivamente a legitimidade, considerada como a substância de identificação entre os representados e a manifestação da vontade coletiva. Em outras palavras, os representantes devem ter adesão dos representados, verdadeiros titulares do processo e dos seus próprios interesses.

No nosso caso, como asseverado anteriormente, o modelo de enquadramento sindical por categoria, a unicidade sindical e a excessiva preocupação do Estado em legislar em detalhes sobre direitos trabalhistas transformam a obrigação constitucional de participação dos sindicatos em passagem burocrática e cartorial, sem a ressonância efetiva dos representados. Em geral, é a ideologia política da diretoria do sindicato, nem sempre refletida na categoria, que comanda o processo de negociação.

Como consequência, podemos afirmar que a responsabilidade dos negociadores não tem sido colocada como fator de relevância quando os direitos negociados são questionados individualmente perante a Justiça do Trabalho ou mesmo quando o Ministério Público do Trabalho procura a nulidade de cláusula normativa. Na crise de 2008, observou-se uma interferência direta do Ministério Público do Trabalho, que pretendeu impor regras para as dispensas coletivas ou para acordos de redução de jornadas de trabalho. Há uma tendência ao abandono dos princípios do direito coletivo e da natureza normativa do negociado, sobrepondo-se a garantia individual em nome do respeito à ordem pública.

O negociado não atinge eficácia jurídica, perdendo-se o objeto da negociação, pautado em melhores condições de proteção e de garantias nas relações de trabalho. Este é um tema do qual devem se ocupar os magistrados quando apreciam questionamentos em torno de normas coletivas. O objeto da negociação tem como primeiro objetivo a proteção social e coletiva de determinado grupo de trabalhadores ou representados, durante determinado período de vigência.

No âmbito das relações coletivas, a proteção social é de natureza coletiva, envolvendo empregados e empresas, contrariamente ao direito material, cuja proteção se passa entre empregado e empregador e tem por finalidade o equilíbrio da desigualdade econômica no contrato de trabalho, e cuja a proteção de natureza individual justificaria o disposto no art. 468 da CLT[2]. As negociações

---

[2] "Art. 468. Nos contratos individuais de trabalho só é lícita a alteração das respectivas condições por mútuo consentimento, e ainda assim desde que não resultem, direta ou indiretamente, prejuízos ao empregado, sob pena de nulidade da cláusula infringente desta garantia.

coletivas promovem um deslocamento da proteção individual para a proteção coletiva e esta deve ser a análise de qualquer conflito em que seja examinado o processo de negociação e seus resultados.

Ocorre todavia que, por vezes, a atuação da Justiça do Trabalho invade a seara da responsabilidade do negociador e instaura insegurança jurídica nas negociações, encolhendo o avanço e impedindo que seja atingido nível satisfatório de maturidade. Referimo-nos especificamente ao caso da Orientação Jurisprudencial n. 390, da Seção de Dissídios Individuais, Subseção I, do Tribunal Superior do Trabalho, que tratou de inibir a liberdade de negociação em matéria de participação nos lucros ou resultados, atendendo à reclamação trabalhista individual. Diz a orientação jurisprudencial citada:

> *PARTICIPAÇÃO NOS LUCROS* E *RESULTADOS*. RESCISÃO CONTRATUAL ANTERIOR À DATA DA DISTRIBUIÇÃO DOS *LUCROS*. PAGAMENTO PROPORCIONAL AOS MESES TRABALHADOS. PRINCÍPIO DA ISONOMIA.
>
> Fere o princípio da isonomia instituir vantagem mediante acordo coletivo ou norma regulamentar que condiciona a percepção da parcela *participação nos lucros* e *resultados* ao fato de estar o contrato de trabalho em vigor na data prevista para a distribuição dos *lucros*. Assim, inclusive na rescisão contratual antecipada, é devido o pagamento da parcela de forma proporcional aos meses trabalhados, pois o ex-empregado concorreu para os *resultados* positivos da empresa.

Consideramos, com todo respeito, que o Tribunal Superior do Trabalho analisou questão de fundo baseada no princípio da isonomia, quando de fato, disto não se trata. A presunção de contribuição positiva na participação em resultados de empregados que não cumprem de modo integral o período de avaliação previsto no

Parágrafo único. Não se considera alteração unilateral a determinação do empregador para que o respectivo empregado reverta ao cargo efetivo, anteriormente ocupado, deixando o exercício de função de confiança."

programa foge ao princípio maior da Lei n. 10.101/2000, que é de integração de trabalhadores e de gestão dos negócios do conjunto dos empregados da empresa. Esta orientação nos levaria ao procedimento de que as dispensas ou os pedidos de demissão em períodos incompletos teriam de ser seguidos de demonstração, ao empregado, dos resultados até o momento da ruptura contratual, nem sempre possível. E, ainda assim, se no momento da rescisão o resultado fosse positivo e ao final do ano fiscal houvesse inversão para negativo, o empregador teria pago indevidamente a verba, além de contrariar o próprio texto da lei, que obriga o único pagamento anual ou uma vez no semestre civil.

Assinale-se, também, que as discussões em torno de participação nos lucros ou resultados caminham ao largo das obrigações trabalhistas próprias do contrato de trabalho. Tal participação não se confunde com o contrato e nem mesmo, por analogia, com outras verbas de cunho trabalhista, tais como férias e 13º salário. O direito à participação nos lucros ou resultados é fruto de resultado de uma coletividade de trabalhadores nos negócios e deste modo deve ser interpretado, sem se confundir com o princípio da isonomia na relação individual e contratual. A orientação jurisprudencial, no nosso sentir, representa um retrocesso no processo de negociação e confunde situações jurídicas distintas cuja forma de proteção não se iguala. Transforma uma faculdade legal, implantar um programa de participação dos lucros ou resultados, em obrigação de cunho trabalhista.

Contrariamente a este entendimento em que não valorizou a responsabilidade sindical na negociação coletiva, o Tribunal Superior do Trabalho, em decisão sobre o mesmo tema, deu eficácia jurídica ao acordo para pagamento de participação nos lucros ou resultados de modo parcelado, ainda que tenha contrariado a Lei n. 10.101/2000. Pode-se dizer que neste caso valeu o negociado sobre o legislado, fazendo prevalecer a manifestação da autonomia privada coletiva.

Refiro-me ao seguinte caso ementado e que deu origem à Orientação Jurisprudencial da SDI-1, n. 73:

VOLKSWAGEN DO BRASIL LTDA. PARTICIPAÇÃO NOS LUCROS E RESULTADOS. PAGAMENTO MENSAL EM DECORRÊNCIA DE NORMA COLETIVA. NATUREZA INDENIZATÓRIA. (DEJT divulgado em 09, 10 e 11.06.2010)

A despeito da vedação de pagamento em periodicidade inferior a um semestre civil ou mais de duas vezes no ano cível, disposta no art. 3º, § 2º, da Lei n. 10.101, de 19.12.2000, o parcelamento em prestações mensais da participação nos lucros e resultados de janeiro de 1999 a abril de 2000, fixado no acordo coletivo celebrado entre o Sindicato dos Metalúrgicos do ABC e a Volkswagen do Brasil Ltda., não retira a natureza indenizatória da referida verba (art. 7º, XI, da CF), devendo prevalecer a diretriz constitucional que prestigia a autonomia privada coletiva (art. 7º, XXVI, da CF).

São sintomas de uma crise de credibilidade do sindicato nas negociações coletivas, podendo mesmo ser trazido à baila o argumento de que o TST teria decidido deste modo no caso do sindicato do ABC em vista de sua força representativa e legitimidade deste sindicato.

Portanto, considerando os aspectos balizados pela Organização Internacional do Trabalho, no sentido de permitir o exercício pleno do direito às negociações coletivas, imprescindível a análise do modo pelo qual o direito brasileiro tem se mostrado no caminho de promover as negociações coletivas. Não menos importante, também, desenhar qual papel desempenha o Estado e qual seu nível de intervenção nas relações trabalhistas e, ainda, qual a postura mantida pelos sindicatos de trabalhadores e de empregadores vis-à-vis o espaço permitido de negociação.

Desta feita, consideramos um primeiro aspecto de análise nas questões coletivas no Brasil e que decorrem do inter-relacionamento do papel desenvolvido pelos três atores que se apresentam: o Estado, as organizações sindicais e os trabalhadores.

Já tivemos oportunidade de traçar, linhas acima, o perfil do sindicalismo brasileiro que, embora tenha nascido como força autônoma, foi contido, com acentuada intervenção estatal nas relações coletivas por meio de um sistema pré-moldado de enquadramento sindical, fundado na unicidade sindical custeada de modo compulsório pelas empresas e pelos trabalhadores, cada qual para a respectiva entidade de representação.

Ao lado disso, também já assinalamos a existência de uma legislação trabalhista excessivamente interventora nos contratos de trabalho, deixando os trabalhadores inoperantes quanto aos direitos decorrentes do contrato de trabalho. O Estado, ao mesmo tempo em que contemplou os sindicatos com monopólio de representação de categoria profissional, retirou-lhes a capacidade de negociar, colocando-se como grande provedor de garantias trabalhistas, caracterizando-se, deste modo, um paradoxo na forma de reconhecimento de entidades sindicais como portadoras de representatividade e de capacidade de negociar.

A fim de promover a iniciativa sindical em negociações coletivas, a Constituição Federal a ela faz referência em diversas oportunidades. Foi assim ao tratar dos acordos de jornada de trabalho (art. 7º, XIV), da redução de salários (art. 7º,VI), complementando com a afirmação da presença obrigatória e necessária do sindicato quando a questão envolver acordos ou convenções coletivos (art. 8º,VI).

No âmbito da legislação ordinária, por provocação do governo federal, tivemos algumas tentativas no sentido de incentivar a negociação coletiva, transferindo aos sindicatos responsabilidades na condução do processo de modernização das relações trabalhistas, especialmente pela prática de negociação.

Foi assim na aprovação da Lei n. 9.601/98, que trata de contrato de trabalho de prazo determinado especial, cuja adoção pelas empresas estava condicionada à negociação coletiva com os sindicatos; também a adoção de regime de trabalho a tempo parcial, ainda que vigente por medida provisória e pendente de aprovação legislativa, permite a negociação com exclusividade pelo sindicato para os contratos de trabalho em vigor. No mesmo sentido, a suspensão temporária do contrato de trabalho está sob controle do sindicato para a adoção pelas empresas e foi utilizada de modo intenso na crise econômica de 2008. Finaliza esta modalidade de incentivo à negociação a possibilidade de implantação pelas empresas de plano de participação em lucros ou resultados, tendo como um dos instrumentos jurídicos a negociação com sindicato da categoria profissional.

Pode-se dizer, pois, que há campo fértil aparente para negociações coletivas para ajustes de interesses no sentido, sempre, de uma proteção social, assegurada pelo reconhecimento do direito à negociação.

Como então a legislação trata do tema negociação, considerado na nossa avaliação como alavanca de atingimento da proposta constitucional?

Nossa legislação trabalhista refere-se à Convenção Coletiva de Trabalho como "o acordo de caráter normativo, pelo qual dois ou mais Sindicatos representativos de categorias econômicas e profissionais estipulam condições de trabalho aplicáveis, no âmbito das respectivas representações, às relações individuais do trabalho" (art. 611 da CLT).

E, depois, cuidando de acordos coletivos, atribuiu faculdade aos sindicatos das categorias profissionais de celebrar acordos coletivos de trabalho com empresas da categoria econômica, valorizando, assim, a possibilidade de negociações coletivas.

Embora seja constatado que o direito coletivo brasileiro contemple as negociações coletivas como forma de atuação sindical, não há expressamente consignado em nossos textos legais o direito à negociação coletiva. Infere-se tal direito pelo reconhecimento da liberdade sindical. Constata-se uma referência legal indireta à obrigação de negociar pelos sindicatos de categoria econômica ou profissional ou empresas, cabendo em caso de recusa a ciência ao Ministério do Trabalho e Emprego para convocação compulsória (art. 616, § 1º, da CLT).

Portanto, nossa legislação tem admitido, se não de modo expresso como faz a legislação francesa, o direito à negociação coletiva por reconhecimento do exercício da liberdade sindical, condição para a plenitude das negociações coletivas.

Consideramos que, com a Emenda Constitucional n. 45, de dezembro de 2004, que alterou o art. 114, em seu § 2º, os sindicatos foram novamente valorizados no processo de negociação coletiva, com visível afastamento da possibilidade de a Justiça do Trabalho exercer o poder normativo na ocorrência de impasse nas negociações coletivas, incentivando, de modo absoluto, que as partes encontrem o caminho da solução pacífica.

Neste sentido, a Constituição Federal, com a citada Emenda, estabeleceu que, em matéria de dissídio de natureza econômica, as partes poderão *de comum acordo* procurar a Justiça do Trabalho para decidir a divergência. Trata-se, no nosso sentir, de visível caráter arbitral atribuído ao Judiciário trabalhista, mas ressaltando que a busca do Tribunal do Trabalho deve ocorrer se houver interesse recíproco dos envolvidos:

> Recusando-se qualquer das partes à negociação coletiva ou à arbitragem, é facultado às mesmas, de comum acordo, ajuizar dissídio coletivo de natureza econômica, podendo a Justiça do Trabalho decidir o conflito, respeitadas as disposições mínimas legais de proteção ao trabalho, bem como as convencionadas anteriormente. (BRASIL, 1988)

Há grande celeuma doutrinária no assunto, especialmente pelo argumento de que a Justiça do Trabalho, em alguns rincões do país, dada a tibieza sindical, é o único órgão capaz de dar aos trabalhadores melhoria de suas condições sociais e que não se poderia padronizar entendimentos num país tão díspare socialmente.

De fato, ainda estamos aprendendo a lidar com esta questão. Ainda se constata insegurança no processo de negociação espontâneo e, não raro, a Justiça do Trabalho é provocada para chancelar, por imposição de um poder normativo não reconhecido na lei, controvérsias de natureza coletiva, fixando normas regulamentares e impondo obrigações de ordem genérica e abstrata à categoria econômica em processos intermináveis e que, visivelmente, não atendem à resposta necessária da dinâmica dos conflitos coletivos de trabalho e estão longe da melhoria da condição social dos trabalhadores.

Neste sentido, o Tribunal Superior do Trabalho tem rejeitado a apreciação de dissídio coletivo sem que as partes tivessem se apresentado com manifestação de prévio acordo para pleitear a tutela judicial, manifestando-se da seguinte forma em diversos julgados:

> *DISSÍDIO COLETIVO. PARÁGRAFO 2º DO ART. 114 DA CONSTITUIÇÃO DA REPÚBLICA. EXIGIBILIDADE DA ANUÊNCIA PRÉVIA.*
>
> Não demonstrado o comum acordo, exigido para o ajuizamento do Dissídio Coletivo, consoante a diretriz constitucional, evidencia-se a inviabilidade do exame do mérito da questão controvertida, por ausência de condição da ação, devendo-se extinguir o processo, sem resolução do mérito, à luz do art. 267, inciso VI, do CPC. Preliminar que se acolhe. (TST, 2006)
>
> *DISSÍDIO COLETIVO DE NATUREZA ECONÔMICA. RECURSO ORDINÁRIO.*
>
> *1) AUSÊNCIA DE COMUM ACORDO. JURISPRUDÊNCIA DO TST. EXTINÇÃO.* O *comum acordo*, pressuposto específico para o ajuizamento do *dissídio coletivo*, exigência trazida pela Emenda Constitucional n. 45/2004 ao art. 114, § 2º, da CF, embora idealmente devesse ser materializado sob a forma de petição conjunta da representação, é interpretado de maneira mais flexível por esta Justiça Trabalhista, no sentido de se admitir a concordância tácita na instauração da instância, desde que não haja a oposição expressa do suscitado, na contestação. Esse tem sido o entendimento desta Corte, até que haja o pronunciamento do Supremo Tribunal Federal sobre a inconstitucionalidade de tal exigência. *In casu,* o Sindicato das Entidades Mantenedoras de Estabelecimentos Particulares de Ensino do Norte de Minas demonstrou de forma inequívoca a sua discordância com a instauração da instância do *dissídio coletivo*, não cabendo a esta Justiça Especializada o exercício espontâneo da jurisdição contra a vontade manifesta da parte, que tem o respaldo da Constituição Federal. Mantém-se, pois, a decisão regional que ex-

tinguiu o feito, sem resolução de mérito, e nega-se provimento ao recurso. *Recurso ordinário conhecido e não provido, no tópico. 2) CONDUTA DO SUSCITANTE. OPOSIÇÃO DE EMBARGOS DE DECLARAÇÃO. APLICAÇÃO DE MULTA POR LITIGÂNCIA DE MÁ-FÉ.* O simples fato de os embargos de declaração terem sido rejeitados, ante a inocorrência dos vícios apontados no acórdão embargado, por si só não caracteriza a conduta abusiva do embargante ou o caráter protelatório dos embargos declaratórios, por ele opostos. Nesse contexto, não se constatando a ocorrência de qualquer das hipóteses previstas no art. 17 do CPC, *dou provimento* ao recurso para excluir a multa de 1% sobre o valor da causa, aplicada ao embargante, pelo Regional, por litigância de má-fé. *Recurso ordinário conhecido e provido, no aspecto.* (TST, 2011a)

DISSÍDIO COLETIVO DE NATUREZA ECONÔMICA.

1) RECURSO ORDINÁRIO INTERPOSTO PELO SINDICATO PATRONAL SUSCITADO. AUSÊNCIA DE COMUM ACORDO. JURISPRUDÊNCIA DO TST. EXTINÇÃO.

O *comum acordo*, pressuposto específico para o ajuizamento do *dissídio coletivo*, exigência trazida pela Emenda Constitucional n. 45/2004 ao art. 114, § 2º, da CF, embora idealmente devesse ser materializado sob a forma de petição conjunta da representação, é interpretado de maneira mais flexível pela Justiça do Trabalho, no sentido de se admitir a concordância tácita na instauração da instância, desde que não haja a oposição expressa do suscitado, na contestação. *In casu*, o Sindicato do Comércio Atacadista do Estado do Rio Grande do Sul, quando da apresentação de sua peça de defesa, manifestou expressamente a não concordância com o ajuizamento do *dissídio coletivo*, apontando a ausência de *comum acordo* como causa extintiva do feito. Sendo assim, não cabe a esta Justiça Especializada o exercício espontâneo da jurisdição contra a vontade manifesta da parte, que tem o respaldo da Constituição Federal. Dá-se, pois, provimento ao recurso ordinário para, reformando a decisão regional, julgar extinto o processo, sem resolução de mérito, nos termos dos arts. 114, § 2º, da CF e 267, IV, do CPC, ressalvadas, contudo, as situações fáticas já constituídas, nos termos do art. 6º, § 3º, da Lei n. 4.725/1965.

Recurso ordinário provido. 2) RECURSO ORDINÁRIO INTERPOSTO PELO SINDICATO PROFISSIONAL SUSCITANTE. Julgar prejudicado o seu exame. (TST, 2011b)

Tais decisões estão em consonância com o teor da Constituição Federal e promovem a necessidade de negociação coletiva entre as partes, tornando desnecessário e incabível, portanto, o julgamento pela Justiça do Trabalho de conflitos de natureza coletiva, que ficam submetidos à exaustiva negociação.

Outro aspecto relevante para o estímulo às negociações coletivas como fator de transformação das relações de trabalho é a capacidade que os sindicatos possuem de reunir maior número de filiados e, consequentemente, apresentar-se com legitimidade no processo de negociação.

Trata-se aqui de um problema que nos remete ao modelo sindical brasileiro e que, na atualidade, dada acentuada interferência do Estado na regulamentação de direitos aos trabalhadores, não expõe o sindicato como instituição relevante no processo de evolução dos direitos trabalhistas. Soma-se, ainda, neste aspecto, a unicidade sindical e a questão ideológica para que o vínculo de natureza sindical seja enfraquecido, perdendo o sindicato qualidade de representatividade nas negociações. Em outros termos, os sindicatos que se apresentam para as negociações coletivas revelam em geral baixo número de adesão, mas detêm um monopólio cartorial cujo efeito prático resulta no afastamento dos trabalhadores por falta de opção ideológica.

Diante deste quadro, embora do ponto de vista acadêmico se possa escrever odes às negociações coletivas, transportadas para a realidade não é tarefa fácil ao operador do direito do trabalho nelas encontrar uma caixa de ressonância dos interesses dos trabalhadores e que possam vir a ser um veículo de transformações sociais.

Ao nível da categoria ainda encontramos fraca disposição sindical e, no âmbito da empresa, constata-se crescente mobilização para acordos nos locais de trabalho, com visível dificuldade decorrente do antagonismo interno com as questões sindicais, impulsionada pela fraca representação dos trabalhadores nos locais de trabalho.

A fragmentação de negociações no âmbito do local de trabalho decorre da constatação de que a categoria não satisfaz mais os interesses dos trabalhadores. Não se trata aqui da individualização das relações trabalhistas, mas de deslocamento do centro de negociações para questões mais relevantes do grupo de trabalhadores. Do ponto de vista da dogmática jurídica não se afastaria da presença necessária dos sindicatos, mas outras representações locais se colocariam em mesmo nível na interlocução e poderiam conviver com os sindicatos, sem descaracterizar o conteúdo jurídico das negociações e os efeitos das normas coletivas.

Nosso ordenamento jurídico, todavia, prevê de modo tímido representações de trabalhadores nos locais de trabalho; há previsão legal de organização local por meio de comissão de trabalhadores: é assim na prevenção de acidentes (CIPA), no art. 617 da CLT (em caso de recusa do sindicato à negociação), no art. 621 da CLT, na lei de greve (Lei n. 7.783/89) e na lei que trata de participação nos lucros ou resultados (Lei n. 10.101/2000). Não são poucas as associações organizadas, criadas pelos trabalhadores no local de trabalho, por exercício do disposto no art. 8º da Constituição Federal, e que se impõem pela realidade de fato, assumindo importância nas negociações coletivas locais. Mas continuamos com situações isoladas e não há efetiva representação de trabalhadores por meio de comissões: empregadores as veem como um braço político do sindicato; este, por sua vez, não reconhece a legitimidade da representação autônoma e não sindical e ainda teme que ela seja fomentadora de oposições. Neste ponto é necessário que se evolua para reconhecer a representação dos trabalhadores nos locais de trabalho com poderes negociais.

Os impasses nos conflitos coletivos de trabalho são rapidamente superados pela presença da Justiça do Trabalho, que na maioria das vezes resolve o processo, mas não resolve o conflito que permanece latente no ambiente da empresa de modo contínuo e potencialmente gerador de conflitos futuros.

Existem diversos exemplos de bons resultados no campo das negociações coletivas, especialmente para definir formas de implantação de participação nos lucros ou resultados nas empresas, quer por meio de comissões internas, quer por meio da participação sindical, com resultados extremamente vantajosos para os trabalhadores e, ainda, provocando uma nova forma de relação de trabalho, com sensível redução de conflitos trabalhistas.

Há também demonstração de avanços nas negociações coletivas de trabalho, especialmente nos locais de trabalho, com resultados extraordinários para empregados e empresas, permitindo ajustes e adequações às condições do setor da economia, transformando as negociações coletivas na busca de soluções negociadas em todas as esferas das relações de trabalho, dividindo as responsabilidades do negócio e promovendo oportunidades. Estes avanços constatados devem merecer sempre o olhar coletivo, compreendendo que a proteção social não se faz no nível individual, resguardado pelas leis ordinárias e Constituição Federal.

Os efeitos observados pelas normas coletivas nos contratos de trabalho devem ser analisados como forma de crescimento e de amadurecimento do processo de negociação, valorizando sempre a forma de atingir a melhoria da condição social.

O deslocamento das negociações para o local de trabalho, ao mesmo tempo que traz maior ajuste aos interesses envolvidos e dá mais consistência ao conteúdo do que for acordado, encontra dificuldades diante da regra constitucional que reserva capacidade jurídica aos sindicatos, configurando-se a negociação direta como negociação coletiva atípica de natureza coletiva (RAMALHO, 2009, p. 132). Este certamente será entre nós ponto de relevante discussão. A natureza coletiva das negociações seria inquestionável e o aspecto formal da garantia constitucional poderia invocar novo tratamento normativo ao negociado, cujos efeitos nos contratos individuais de trabalho não deveriam perder o caráter abstrato do quanto negociado, sempre sob o prisma do respeito ao coletivo e da consideração do modelo de evolução das condições sociais dos trabalhadores.

1.4 Considerações finais

1. O modelo do sindicalismo brasileiro é um limitador para a utilização das negociações coletivas como instrumento de evolução da melhoria das condições sociais dos trabalhadores.
2. A melhoria das condições sociais dos trabalhadores tem sido interpretada de modo restritivo e sem levar em consideração o conjunto dos benefícios que as conquistas decorrentes de negociação representam na coletividade da empresa.
3. Percebe-se que a melhoria das condições sociais dos trabalhadores tem sido admitida quando genérica, atingindo os trabalhadores em geral.
4. A liberdade sindical no modelo brasileiro sufoca o engajamento de trabalhadores e contamina a organização sindical com falta de credibilidade, fato decorrente de sua unicidade imposta.
5. Desde a Constituição Federal de 1988, há efetiva demonstração de que o Estado brasileiro promove as negociações coletivas e transfere aos sindicatos a responsabilidade da dinâmica das negociações.
6. A Justiça do Trabalho tem um papel revolucionário no reconhecimento das negociações coletivas, impondo aos sindicatos maior responsabilidade pelo quanto negociado.
7. Apesar de todas as dificuldades históricas e legais, nossas relações coletivas têm se apresentado de forma criativa com grande esforço para atuação residual, no sentido de uma evolução no campo da melhoria das condições sociais dos trabalhadores.

8. O Tribunal Superior do Trabalho já sinalizou a necessidade de acordo prévio das partes a fim de que possam procurar a Justiça do Trabalho para dirimir conflitos de ordem coletiva, incentivando, assim, a busca da solução por meio de negociação coletiva.
9. As negociações coletivas devem ser analisadas pelo conteúdo da proteção social que oferecem, em especial nos locais de trabalho, deixando o campo da proteção individual à aplicação da lei e dos direitos assegurados pela Constituição.
10. Apesar das dificuldades estruturais e formais do sindicalismo, que acomodam a busca de melhor resultados, disseminou-se nos últimos tempos uma preocupação constante com a valorização das negociações coletivas, em especial nos locais de trabalho, como forma de melhoria das condições sociais do trabalhador.

REFERÊNCIAS

BRASIL. **Decreto-Lei n. 5.452, de 1º de maio de 1943 (Consolidação das Leis do Trabalho).** Disponível em: <http://www.planalto.gov.br/ccivil/decreto-lei/del5452.htm>. Acesso em: 14 abr. 2011.

BRASIL. **Constituição da República Federativa do Brasil de 1988**. Disponível em: <http://www.planalto.gov.br/ccivil_03/constituicao/constitui%C3%A7ao.htm>. Acesso em: 14 abr. 2011.

BRASIL. **Lei n. 7.783, de 28 de junho de 1989**. Disponível em: <http://www.planalto.gov.br/ccivil_03/leis/L7783.htm>. Acesso em: 23 set. 2011.

BRASIL. **Lei n. 9.601, de 21 de janeiro de 1998**. Disponível em: <http://www.planalto.gov.br/ccivil/leis/L9601.htm>. Acesso em: 18 abr. 2011.

BRASIL. **Lei n. 10.101, de 19 de dezembro de 2000**. Disponível em: <http://www.planalto.gov.br/ccivil_03/Leis/L10101.htm>. Acesso em: 14 abr. 2011.

BRASIL. **Lei n. 11.648, de 31 de março de 2008**. Disponível em: <http://www.planalto.gov.br/ccivil_03/_Ato2007-2010/2008/Lei/L11648.htm>. Acesso em: 14 abr. 2011.

BRASIL. Tribunal Superior do Trabalho (TST). **Dissídio Coletivo 1650496-69.2005.5.00.0000**. Seção Especializada em Dissídios Coletivos. Rel. Min. Carlos Alberto Reis de Paula. Brasília, j. em: 21-9-2006. Disponível em: <http://ext02.tst.jus.br/pls/ap01/ap_red100.resumo?num_int=115168&ano_int=2005&qtd_acesso=3388479>. Acesso em: 23 set. 2011.

______. **Orientação Jurisprudencial n. 73**. Seção de Dissídios Individuais, Subseção I. DEJT divulgado em 9, 10 e 11 de junho de 2010. Disponível em: <http://www.tst.jus.br//jurisprudencia/Livro_Jurisprud/livro_pdf_atual.pdf>. Acesso em: 23 set. 2011.

______. **Orientação Jurisprudencial n. 390**. Seção de Dissídios Individuais, Subseção I. DEJT divulgado em 9, 10 e 11 de junho de 2010. Disponível em: <http://www.tst.jus.br//jurisprudencia/Livro_Jurisprud/livro_pdf_atual.pdf>. Acesso em: 14 abr. 2011.

______. **Dissídio Coletivo de Natureza Econômica RO – 24000-46.2009.5.03.0000**. Seção Especializada em Dissídios Coletivos. Rel. Min. Dora Maria da Costa. Brasília, j. em: 14-3-2011. Disponível em: <http://ext02.tst.jus.br/pls/ap01/ap_red100.resumo?num_int=12251&ano_int=2011&qtd_acesso=939953>. Acesso em: 18 abr. 2011.

______. **Dissídio Coletivo de Natureza Econômica RO – 416800-27.2008.5.04.0000**. Seção Especializada em Dissídios Coletivos. Rel. Min. Dora Maria da Costa. Brasília, j. em: 14-3-2011. Disponível em: <http://aplicacao5.tst.jus.br/consultaunificada2/inteiroTeor.do?action=printInteiroTeor&highlight=true&numeroFormatado=RO%20-%20416800-27.2008.5.04.0000&base=acordao&numProcInt=203477&anoProcInt=2010&dataPublicacao=25/03/2011%2007:00:00&query=>. Acesso em: 18 abr. 2011.

CABRILLAC, Rémy; FRISON-ROCHE, Marie-Anne; REVET, Thierry (org.). **Libertés et droits fundamentaux**. 16. ed. Paris: Dalloz, 2010.

DIAS, Carlos Eduardo de Oliveira. **Entre os cordeiros e os lobos**: reflexões sobre os limites da negociação coletiva nas relações de trabalho. São Paulo: LTR, 2009.

JOÃO, Paulo Sérgio. O fim da unicidade sindical no Brasil. **Valor Econômico**, 3 de janeiro de 2008, p. E2, Caderno Legislação & Tributos.

ORGANIZAÇÃO INTERNACIONAL DO TRABALHO (OIT). **Convenção n. 87 (Convenção sobre a Liberdade Sindical e a Proteção do Direito Sindical), de 1948**. Disponível em: <http://www.oit.org/ilolex/portug/docs/C087.htm>. Acesso em: 14 abr. 2011.

______. **Convenção n. 98 (Convenção sobre o Direito de Sindicalização e de Negociação Coletiva), de 1949**. Disponível em: <http://www.ilo.org/public/portugue/region/ampro/brasilia/info/download/conv_98.pdf>. Acesso em: 14 abr. 2011.

RAMALHO, Maria do Rosário Palma. **Negociação colectiva atípica**. Coimbra: Almedina, 2009.

2 PERÍODOS DE INTERRUPÇÃO E SUSPENSÃO DO TRABALHO. ANÁLISE DE SITUAÇÕES LEGAIS E CONTRATUAIS CONTROVERTIDAS

Célia Mara Peres

Professora do Programa de Educação Executiva da DIREITO GV (GVlaw); professora da Escola Superior de Propaganda e Marketing (ESPM) e das Faculdades Metropolitanas Unidas (FMU); mestre em Direito Civil Comparado; doutoranda em Direito do Trabalho pela Pontifícia Universidade Católica de São Paulo (PUCSP); advogada em São Paulo.

2.1 Introdução

Neste breve artigo, analisaremos o instituto denominado "Períodos de suspensão e interrupção do trabalho", sem a pretensão de esgotar o tema, mas tão só de discutir algumas situações que se mostram controvertidas dos pontos de vista doutrinário e jurisprudencial. Entendemos que a discussão sugerida é de fundamental importância tanto do ponto de vista acadêmico quanto para auxiliar no trato com a prática, já que não raro ocorrem hipóteses de suspensão e interrupção do trabalho no dia a dia de empregados e empregadores que suscitam dúvidas no que diz respeito à interpretação e aplicação do direito.

Esperamos fazer desta apresentação um ponto de partida para reflexões mais profundas, absolutamente imprescindíveis diante da necessidade de adaptação do direito do trabalho à evolução da sociedade, aos fatos e valores que a acompanham.

Para a elaboração deste texto, faremos uso de material bibliográfico especializado sobre o assunto, explorando o pensamento teórico que lhe é aplicável, além de apresentar o posicionamento que tem sido adotado pela jurisprudência. No mais, a pesquisa não se limitará ao conteúdo específico de direito do trabalho, porquanto inevitável que seus institutos, princípios e regras sejam avaliados sistematicamente, considerando outros princípios gerais, fontes e ramos do Direito. Neste sentido, é que, por primeiro, procuraremos contextualizar o assunto, tendo como ponto inicial a Constituição Federal.

2.2 Suspensão e interrupção do trabalho – relação com a Constituição Federal

O direito do trabalho, assim como qualquer outro ramo autônomo do Direito, é formado por valores, regras e princípios, que precisam ser avaliados de forma a preservar a unidade do sistema jurídico como um todo, já que este é integrado por vários outros ramos também autônomos e independentes. Neste sentido, qualquer instituto de Direito, inclusive de Direito do Trabalho, necessita estar acomodado em torno de normas e valores que se complementam e se orientam, sempre com a finalidade de atingir os fundamentos traçados pela Constituição Federal, norma maior de um Estado de Direito e, no nosso caso, da República Federativa do Brasil.

Para tanto, não bastará nunca um estudo isolado das normas trabalhistas, imune às influências das normas e diretrizes constitucionais, posto que se caracterizam como o fundamento de validade de todas as demais normas de natureza infraconstitucional. Basta observar que diversas normas veiculadas pela Constituição Federal são de natureza trabalhista ou com ela se relacionam intimamente, tais como aquelas que se relacionam ao meio ambiente, à previdência social, à Administração Pública, às gestantes, às crianças e aos adolescentes etc. As normas constitucionais, relativamente ao ramo do direito do trabalho, asseguram direitos fundamentais, de dimensão social, além de tratar, com a mesma força, de vários princípios que se aplicam à atividade empresarial. Basta citar como exemplo o princípio da livre-iniciativa, o valor social do trabalho e a função social da propriedade.

Nesta linha, o estudo da interrupção e suspensão do contrato, assim como de qualquer outro instituto próprio do ramo justrabalhista, deverá, primeiramente, ser realizado tendo como premissa a Constituição Federal e as normas por ela veiculadas. Trata-se de um processo de filtragem constitucional, por meio do qual os olhos do intérprete e do aplicador do Direito devem enxergar, antes de qualquer concretização, as diretrizes e os mandamentos constitucionais, para somente depois alcançar conclusões a respeito de um determinado caso concreto.

Para a análise do tema proposto, temos de ter em mente, necessariamente, quais são os fundamentos traçados pelo poder constituinte para nosso Estado Democrático de Direito, constantes do art. 1º da Constituição Federal; os direitos sociais fundamentais, garantidos pela Carta Magna, estampados nos seus arts. 7º a 11; e, bem assim, os princípios que regem a atividade empresarial, designadamente, aqueles previstos no seu art. 170.

2.3 Suspensão e interrupção do trabalho – relação com a lei e com outras fontes de direito

Além da Constituição Federal como premissa, é sempre preciso ter como pressuposto, para que se faça possível uma análise efetiva de um instituto jurídico e de seus desdobramentos, que o direito não se consubstancia apenas em leis, no sentido estrito, entendidas estas como as prescrições normativas escritas, gerais, abstratas, impositivas e elaboradas pelo poder competente, mas é integrado por outras fontes de direito, que com aquelas convivem, desafiando o intérprete e aplicador à realização de um direito sempre mais próximo do ideal de justiça, segundo regras de hermenêutica.

No direito do trabalho, além das leis propriamente ditas (CLT e leis extravagantes), diversas fontes existem a cuidar da matéria relacionada ao trabalho e ao emprego. Uma questão pode estar tratada pela lei, ao mesmo tempo, por exemplo, por normas coletivas e, também, ter sido alvo de previsão consolidada por meio de tratados e convenções internacionais. Da mesma forma, pode ainda a mesma questão ter sido objeto de previsão legal constante de outro ramo do direito, que pode servir de fonte supletiva, sem olvidar, também, a possibilidade de as próprias partes, em um contrato de trabalho, resolverem determinar seus interesses.

Neste cenário, já é possível concluir que, embora a Consolidação das Leis do Trabalho abranja algumas previsões legais que tratam da suspensão e interrupção do trabalho, o que faz, entre outros, nos arts. 471 a 476, nem todas as hipóteses possíveis estão nelas contidas, até porque, sendo o processo legislativo bastante burocrático e formal, seria impossível que o legislador acompanhasse, no mesmo ritmo, com edição de leis, cada fato novo surgido no dia a dia das relações trabalhistas.

O intérprete e o aplicador terão como desafio, assim, antes mesmo de ingressar no estudo do fenômeno propriamente dito, manter a mente aberta para a possibilidade de outras fontes de direito tratarem do assunto ou, ainda, para os casos em que duas ou mais fontes cuidem do mesmo fato, entrando em conflito.

2.4 Suspensão e interrupção do trabalho – relação com os fatos

Além da variedade de fontes formais, o Direito e, obviamente, o direito do trabalho, não está isolado do mundo dos fatos, das transformações sociais, econômicas e políticas que ocorrem dia a dia, interna e externamente. Muitas situações apresentam-se, que não foram previamente reguladas pelo legislador, mas que independentemente da lacuna legal necessitam de soluções jurídicas.

Dentro dessa perspectiva, hipóteses fáticas que se enquadram como de suspensão ou interrupção do trabalho podem surgir, desafiando o intérprete a realizar seu enquadramento jurídico. Para exemplificar, podemos supor a possibilidade de o empregado se ausentar do trabalho para fazer uma viagem ou um curso, com a concordância de seu empregador. Essa ausência não prevista em lei, caso ocorra, necessitará de enquadramento jurídico e poderá, segundo a avaliação do caso concreto dentro do contexto que estamos sugerindo, ser caracterizada como caso de interrupção ou suspensão do trabalho, com diversas consequências jurídicas caso seja adotado um ou outro enquadramento.

2.5 Suspensão e interrupção do trabalho – relação com o contrato de trabalho

Além da necessidade de estudar o instituto da suspensão e da interrupção dentro do contexto integrado pela Constituição Federal, leis, princípios, outras fontes de direito e fatos, não há como olvidar que a relação travada entre empregado e empregador é formada a partir de um contrato, que mesmo de maneira mais rarefeita admite regulamentação pelas próprias partes de seus próprios interesses.

Neste diapasão, não está descartada a possibilidade de as partes de um contrato de trabalho estabelecerem cláusula que preveja caso de interrupção ou de suspensão do contrato. A questão que demandará análise nesta hipótese será a validade ou não desta previsão se confrontada com a infinidade de normas de ordem pública que integram o ordenamento jurídico trabalhista, limitando a autonomia da vontade das partes e eivando de nulidade cláusulas que a ela sejam contrárias.

2.6 Suspensão e interrupção do trabalho – relação com os princípios

Embora consideremos que os princípios sejam fontes de direito e tenhamos feito menção a eles anteriormente, resolvemos, apenas por uma questão didática e em razão da natureza especialíssima que os princípios vêm assumindo no nosso cenário jurídico-filosófico, tratar especificamente da sua relação com a suspensão e a interrupção do trabalho, em tópico apartado.

A suspensão e a interrupção, como objetos deste artigo, sofrerão a influência das leis e de todas as fontes e fatos anteriormente sublinhados, mas nenhuma dessas influências será maior que aquela que venha a surgir em razão da aplicação de um princípio. Se antes predominava a visão legalista e privatista do sistema jurídico, com enaltecimento das leis e dos Códigos como se fossem a expressão pura do direito, hoje tem sido frequente a maximização do papel dos princípios, positivados e, na maioria das vezes, inseridos explicitamente na Constituição Federal, como algo que supera e até mesmo se sobrepõe à lei.

Sem ingressar nas razões históricas e filosóficas que ensejaram a mudança desse paradigma, vez que fugiria do objeto aqui traçado, é importante que se esclareça, desde esse momento, que a unidade de um sistema jurídico somente será possível, se forem cumpridos os mandamentos de otimização constantes nos princípios gerais, implícitos ou explícitos na Constituição Federal ou mesmo específicos de direito do trabalho, já que são esses que dão fundamentos às regras de direito, já reconhecendo Canotilho (*apud* FONSECA, 2009, p. 32) a sua natureza normogenética (os princípios são fundamentos das regras, sua razão de existir).

Assim, certamente uma situação que veicule hipótese de suspensão ou interrupção de trabalho determinará a avaliação no sentido de se verificar sua compatibilidade com os mandamentos constantes dos princípios que servem de fundamento ao sistema jurídico no todo (princípios gerais) ou à parte do ordenamento (princípios peculiares).

No texto aqui proposto, não raro nos depararemos com situações que demandarão a avaliação e a aplicação de princípios gerais, como o princípio da dignidade da pessoa humana; o princípio do valor social do trabalho; o princípio da livre-iniciativa; o princípio da boa-fé, entre outros. Da mesma forma, o artigo exigirá trazer para os casos propostos a aplicação dos princípios próprios do direito do trabalho, tais como o princípio da continuidade da relação de emprego, da indisponibilidade e o princípio da proteção.

2.7 Suspensão e interrupção do trabalho – conceito e características

Após apresentação de todo o contexto e daquelas que consideramos ser as premissas necessárias para evoluir no estudo da interrupção e suspensão do trabalho, importa tecer seus conceitos.

De antemão, o leitor deve ter notado que até o momento utilizamos as expressões "suspensão do trabalho" e "interrupção do trabalho", em vez de nos referirmos aos termos "suspensão e interrupção do contrato de trabalho", tão largamente utilizados pela doutrina e pela jurisprudência. Essa opção é explicada a partir do próprio conceito dos institutos que nos propusemos a analisar.

Com efeito, tanto interrupção quanto suspensão são hipóteses que acarretam a sustação temporária do trabalho prestado pelo empregado, cada uma com seus próprios efeitos, que serão oportunamente detalhados. O que se paralisa em ambas as situações é o trabalho e a execução de algumas das cláusulas contratuais e não propriamente o contrato de trabalho em si, pois, ainda que sustada a prestação do serviço, o contrato continua em vigor, impondo às partes a necessidade de observar várias de suas obrigações, como, por exemplo, o dever de fidelidade, de não concorrência, entre outros, sob pena de rescisão por justa causa. Por esta razão, entendemos mais adequada do ponto de vista técnico a utilização da expressão "suspensão e interrupção do trabalho" e não "suspensão e interrupção do contrato de trabalho". No mais, a própria CLT, ao se referir aos institutos, no Capítulo IV do Título IV, adotou a terminologia "suspensão e interrupção", sem se referir ao contrato de trabalho em si.

Tanto a interrupção quanto a suspensão do trabalho encontram justificativa no princípio da continuidade da relação de emprego e no princípio da proteção, já que, em razão de algumas particularidades que pesam sobre a condição do empregado, e sendo o trabalho o seu meio de sobrevivência digna, não pode o empregador dispensá-lo nessas situações, mesmo que seja detentor do poder diretivo.

A suspensão do trabalho é o período em que não há trabalho e não há salário. O empregado deixa de prestar serviços temporariamente ao empregador e deixa de receber salários nesse lapso respectivo. Nesse período, tem-se como regra o fato de não ser computado como tempo de serviço o período de afastamento do empregado. A exceção a tal regra aplica-se nos casos em que o empregado se ausenta em razão de acidente do trabalho e de prestação de serviço militar obrigatório, quando então o tempo de afastamento será computado para efeitos de indenização e FGTS, conforme dispõe o art. 4º, parágrafo único, da CLT[1].

Já a interrupção do trabalho é o período em que não há trabalho e há salário. O empregado deixa de prestar serviços temporariamente ao empregador, mas continua recebendo salários e tendo seu tempo de afastamento computado para todos os efeitos, como se estivesse trabalhando.

A interrupção e a suspensão do trabalho não se confundem com alteração do contrato de emprego, porque naquelas hipóteses não há a modificação de nenhuma cláusula contratual, mas tão somente a sustação provisória do seu elemento essencial, o trabalho. Não se confundem, também, com as garantias de emprego, porque nestas situações sempre haverá a vigência e a eficácia de todas as cláusulas contratuais durante o período de paralisação do trabalho.

Em quaisquer das hipóteses (interrupção e suspensão) e em se tratando de contrato por prazo indeterminado, que é a regra em nosso subsistema trabalhista, não pode o empregador dispensar o empregado afastado, salvo em caso de justa causa, de força maior, ou, ainda, de extinção da empresa que impossibilite a continuidade da relação laboral. Também, nas duas hipóteses, a lei, no art. 471 da CLT[2], assegura ao empregado que retornar às suas atividades o recebimen-

---

[1] "Art. 4º Considera-se como de serviço efetivo o período em que o empregado esteja à disposição do empregador, aguardando ou executando ordens, salvo disposição especial expressamente consignada.

Parágrafo único. Computar-se-ão, na contagem de tempo de serviço, para efeito de indenização e estabilidade, os períodos em que o empregado estiver afastado do trabalho prestando serviço militar e por motivo de acidente do trabalho."

[2] "Art. 471. Ao empregado afastado do emprego são asseguradas, por ocasião de sua volta, todas as vantagens que, em sua ausência, tenham sido atribuídas à categoria a que pertencia na empresa."

to de todos os benefícios que foram garantidos à categoria da qual faz parte. Esses deveres do empregador se coadunam com o princípio da proteção e da continuidade da relação de emprego.

Da mesma forma, o empregado afastado temporariamente, seja por suspensão, seja por interrupção do trabalho, continua obrigado a não praticar ato que autorize a configuração de justa causa para sua dispensa. Ou seja, permanecem os deveres de fidelidade, de honestidade e de boa-fé que impedem, por exemplo, que o trabalhador afastado passe a divulgar segredos da empresa, concorrer com seus serviços ou produtos ou passe a denegrir sua imagem. Esses deveres do empregado refletem o mandamento constante no princípio que assegura o direito à propriedade.

2.8 Hipóteses legais de suspensão e interrupção do trabalho

Conceituados os institutos em análise, passemos às hipóteses legais de sua ocorrência, tratadas pela Consolidação das Leis do Trabalho, especialmente nos arts. 471 a 476[3], iniciando pelas situações que se enquadram na interrupção do trabalho.

2.8.1 Hipóteses legais de interrupção do trabalho

2.8.1.1 Afastamento do trabalho por doença ou acidente de trabalho por até 15 dias

Nos casos em que o empregado fica afastado do trabalho porque é acometido de doença ou sofre um acidente, sejam ou não relacionados ao trabalho, durante os primeiros 15 dias de ausência, terá seu tempo de serviço computado para todos os efeitos e não deixará de receber o salário correspondente. Nesse período, o ônus

[3] Os fatores eleitos pelo legislador como hipóteses de interrupção e suspensão do trabalho não se esgotam nesses dispositivos, havendo outras previsões esparsas na CLT que podem ser caracterizadas em uma ou outra situação.

de pagamento é encargo do empregador, que, mesmo sem se beneficiar do trabalho do empregado, tem a obrigação legal de honrar com a contraprestação salarial. Havendo salário e contagem de tempo de serviço sem o correspondente labor, evidente que se trata de hipótese de interrupção do trabalho.

O marco temporal de 15 dias foi fixado pela Lei n. 8.213/91[4] como critério que atende à proporcionalidade entre assegurar a manutenção do trabalho e do salário ao empregado debilitado, com a dimensão do encargo que recai sobre o empregador. Passados mais de 15 dias de afastamento em razão de moléstia, o ônus se transfere para o órgão previdenciário oficial, que, por via indireta, significa assunção de encargo pela própria sociedade, já que no sistema previdenciário público brasileiro a contribuição é obrigatória e o regime se caracteriza pela solidariedade. Nesse caso, não havendo mais o pagamento de salário pelo empregador, mas sim de benefício previdenciário pelo INSS, a situação passa a ser caracterizada como de suspensão do trabalho e não mais interrupção.

As questões que mais suscitam dúvidas no tocante à interrupção decorrente de afastamento são aquelas relacionadas à comprovação da moléstia por parte do empregado; aos afastamentos inferiores a 15 dias, mas que ocorrem de maneira consecutiva e que somados extrapolam o lapso limite; aos afastamentos que superam 15 dias, mas decorrem de doenças diferentes; e aos afastamentos que ocorrem no prazo de 60 dias.

---

[4] "Art. 60. O auxílio-doença será devido ao segurado empregado a contar do décimo sexto dia do afastamento da atividade, e, no caso dos demais segurados, a contar da data do início da incapacidade e enquanto ele permanecer incapaz.

§ 1º Quando requerido por segurado afastado da atividade por mais de 30 (trinta) dias, o auxílio-doença será devido a contar da data da entrada do requerimento. (...)

§ 3º Durante os primeiros quinze dias consecutivos ao do afastamento da atividade por motivo de doença, incumbirá à empresa pagar ao segurado empregado o seu salário integral."

Quanto à comprovação dos afastamentos, embora a lei proteja o empregado acometido de doença/acidente, garantindo a manutenção de seu trabalho e de seu salário (nos casos de ausência inferior a 15 dias), impõe que essa proteção somente será oferecida se devidamente comprovada a moléstia. Os meios para a referida comprovação são regulados pela própria lei de benefícios (Lei n. 8.213/91)[5] e pela Lei n. 605/49[6], que trata do repouso semanal remunerado e do pagamento de salário nos feriados civis e religiosos.

A matéria também foi alvo de controvérsias no âmbito da Justiça do Trabalho, tendo o Tribunal Superior do Trabalho editado súmula a respeito[7]. Embora haja posicionamentos no sentido de que prevalece a Lei n. 8.213/91 no trato do assunto, por se tratar de lei posterior (critério cronológico utilizado para a solução de antinomia de leis), a nosso ver, não houve revogação da Lei n. 605/49, já que as matérias abordadas em ambas não são coincidentes nem conflitantes. O tratamento legal, na verdade, em uma e outra lei,

[5] "Art. 60. (...) § 4º A empresa que dispuser de serviço médico, próprio ou em convênio, terá a seu cargo o exame médico e o abono das faltas correspondentes ao período referido no § 3º, somente devendo encaminhar o segurado à perícia médica da Previdência Social quando a incapacidade ultrapassar 15 (quinze) dias."

[6] "Art. 6º Não será devida a remuneração quando, sem motivo justificado, o empregado não tiver trabalhado durante toda a semana anterior, cumprindo integralmente o seu horário de trabalho. (...)

§ 2º A doença será comprovada mediante atestado de médico da instituição da previdência social a que estiver filiado o empregado, e, na falta deste e sucessivamente, de médico do Serviço Social do Comércio ou da Indústria; de médico da empresa ou por ela designado; de médico a serviço de representação federal, estadual ou municipal incumbido de assuntos de higiene ou de saúde pública; ou não existindo estes, na localidade em que trabalhar, de médico de sua escolha."

[7] Súmula 282: "Ao serviço médico da empresa ou ao mantido por esta última mediante convênio, compete abonar os primeiros quinze dias de ausência ao trabalho." (TST, 2003b)

complementa-se, ficando o empregador obrigado a aceitar o atestado médico emitido por quaisquer dos meios legais previstos.

Neste sentido, entendemos que os aspectos formais relacionados à expedição de atestados de saúde não podem se sobrepor à efetiva existência de enfermidade, caracterizando até mesmo violação do princípio da boa-fé objetiva, a recusa de um atestado pelo empregador apenas pelo fato de não ter sido emitido em conformidade, exclusivamente, com a Lei n. 8.213/91. No mais, eventual recusa do empregador diante de um atestado emitido nos termos da Lei n. 605/49, porque estaria a norma revogada, poderia, em sede judicial, caracterizar conduta omissiva, que somada à ocorrência de dano e ao nexo de causalidade geraria a responsabilidade civil.

No que se refere aos afastamentos que não totalizam 15 dias, mas que ocorrem sucessivamente, havendo períodos trabalhados entre eles, a solução da matéria é estabelecida no § 5º do art. 75 do Decreto n. 3.048/99[8], que regulamenta a Lei n. 8.213/91. O empregador remunera os dias de ausência até que completem 15 dias de afastamento pela mesma doença, sendo que, completado esse período, passará ao INSS, após perícia médica realizada a seu cargo, a responsabilidade pelo pagamento de benefício.

[8] "Art. 75. Durante os primeiros quinze dias consecutivos de afastamento da atividade por motivo de doença, incumbe à empresa pagar ao segurado empregado o seu salário. (...) § 3º Se concedido novo benefício decorrente da mesma doença dentro de sessenta dias contados da cessação do benefício anterior, a empresa fica desobrigada do pagamento relativo aos quinze primeiros dias de afastamento, prorrogando-se o benefício anterior e descontando-se os dias trabalhados, se for o caso. § 4º Se o segurado empregado, por motivo de doença, afastar-se do trabalho durante quinze dias, retornando à atividade no décimo sexto dia, e se dela voltar a se afastar dentro de sessenta dias desse retorno, em decorrência da mesma doença, fará jus ao auxílio doença a partir da data do novo afastamento. § 5º Na hipótese do § 4º, se o retorno à atividade tiver ocorrido antes de quinze dias do afastamento, o segurado fará jus ao auxílio-doença a partir do dia seguinte ao que completar aquele período."

A solução será diversa, no entanto, se o empregado se afastar por períodos consecutivos, em razão de doenças distintas e não interligadas. Nesse caso, caberá ao empregador pagar normalmente os dias de afastamento, ainda que superem o lapso temporal de 15 dias. É o caso, por exemplo, do empregado que se afasta por 10 dias para tratar de LER (lesões por esforço repetitivo), retorna ao trabalho por mais 2 dias e novamente se afasta por mais 13 dias, em decorrência de pneumonia.

Cabe anotar, por fim, que no caso de haver afastamento do empregado por exatos 15 dias e, posteriormente, novo afastamento em razão da mesma enfermidade, por qualquer número de dias, desde que ocorra no prazo de 60 dias do retorno, o empregador não estará obrigado a pagar novos dias de ausência, mas tão somente os primeiros 15 dias relativos ao primeiro afastamento. Será do INSS o encargo.

2.8.1.2 Descanso semanal remunerado e feriados civis e religiosos

O descanso semanal remunerado é o direito de o empregado se abster de trabalhar por 24 horas consecutivas, desde que tenha cumprido, nos 6 dias que antecedem o repouso, os requisitos da assiduidade e da pontualidade. Tanto o repouso semanal, que pode ocorrer em quaisquer dias da semana, mas preferencialmente aos domingos, quanto os feriados civis e religiosos, são dias em que o empregado não está obrigado a trabalhar, mas mesmo assim recebe o salário correspondente e tem o tempo de serviço contado para todos os fins. Nesses dias, a lei procura assegurar ao empregado o descanso para repor suas energias, conviver em família e socialmente, além de, nos feriados, exercer a fé e a cidadania.

Sem ingressar no estudo da jornada e períodos de descanso, sob pena de desviar o foco do assunto a que nos propusemos explanar, uma questão que pode suscitar controvérsia diz respeito aos dias que podem ser considerados feriados civis e religiosos.

Segundo a Lei n. 9.093/95, os feriados civis são os declarados em lei federal, a data magna do Estado que é fixada em lei estadual e os dias de início e término do centenário de fundação do Município, fixados em lei municipal. São feriados religiosos os dias de guarda declarados em lei municipal, de acordo com a tradição local e em número não superior a quatro, neste incluída a sexta-feira da Paixão.

Consideram-se feriados civis: dia 1º de janeiro (confraternização universal – Lei n. 662/49); dia 21 de abril (Tiradentes – Lei n. 1.266/50); dia 1º de maio (Dia do Trabalho – Lei n. 662/49); dia 7 de setembro (Independência – Lei n. 662/49); dia 12 de outubro (Nossa Senhora Aparecida – Lei n. 6.802/80); e dia 2 de novembro (Finados – Lei n. 662/49).

São exemplos de feriados religiosos municipais: dia 6 de janeiro (Dia de Reis) e o dia da Páscoa, que pode ser em março ou abril.

Não são considerados feriados nacionais a segunda, a terça-feira de carnaval e a quarta-feira de cinzas, assim como outros dias nos quais não se trabalha por tradição (ex.: pontes de feriado, véspera de Natal e Ano Novo etc.)[9]. Nessas situações, caso a lei municipal não designe, dentro de sua quota, um desses dias como feriado local, serão eles considerados como dias normais de trabalho.

[9] A Lei n. 5.010/66, no art. 62, III, determina que são feriados na Justiça Federal os dias de segunda e terça-feira de carnaval. A Resolução n. 2.932/2001 do Conselho Monetário Nacional, no art. 5º, determina que não são considerados dias úteis, para fins de operações praticadas no mercado financeiro, os sábados, domingos e feriados de âmbito nacional, bem como a segunda-feira e a terça-feira de Carnaval. *In verbis*: "Art. 5º Não são considerados dias úteis, para fins de operações praticadas no mercado financeiro e de prestação de informações ao Banco Central do Brasil, os sábados, domingos e feriados de âmbito nacional, bem como: I – a segunda-feira e a terça-feira de Carnaval; II – o dia dedicado a *Corpus Christi*; III – o dia 2 de novembro".

Neste contexto poderá ocorrer duas hipóteses: (a) ou os dias não trabalhados serão tratados como interrupção, com direito ao recebimento de salário e contagem de tempo de serviço, caso em que o empregador, por liberalidade, conforme seu poder organizacional, dispensa seus empregados da compensação em outros dias; ou (b) os dias não trabalhados serão objeto de compensação, com direito ao salário condicionado ao cumprimento desta obrigação. Para tanto, necessário que exista o prévio conhecimento do empregado e acordo de compensação de horas firmado entre as partes.

Não obstante o posicionamento aqui adotado, importante ressalvar que o entendimento jurisprudencial a respeito é vacilante, havendo manifestação do Tribunal Superior do Trabalho no sentido de que dias não trabalhados por tradição são considerados feriados de fato[10], não podendo ser objeto de compensação. Ou seja, mesmo não previstos em lei, são caracterizados como hipóteses de interrupção do trabalho.

No entanto, entendemos inviável, em princípio, que a soma desses dias alternados, eventualmente não trabalhados e que não se refiram aos feriados propriamente ditos, seja descontada das férias do empregado, porque o procedimento encontra obstáculo na previsão contida no art. 134, § 1º, da CLT que determina que somente em casos excepcionais as férias serão concedidas em 2 períodos, um dos quais não poderá ser inferior a 10 dias corridos.

2.8.1.3 *Descansos concedidos durante a jornada de trabalho e nela computados*

A CLT prevê uma série de intervalos que ocorrem no curso da jornada de trabalho e que dela não sendo deduzidos configuram caso de interrupção. Neste sentido, são devidos salários e conta-se o

---

10 Pelo fato de os festejos carnavalescos se realizarem no país inteiro, sendo o evento amplamente divulgado no cenário nacional.

tempo de serviço, embora o empregado deixe de trabalhar no período correspondente.

São exemplos de intervalos para repouso durante a jornada: art. 72 – 10 minutos a cada 90 trabalhados para os mecanógrafos (datilografia, escrituração ou cálculo) e digitadores (Súmula 346 do C.TST); art. 253 – 20 minutos a cada 1h40 trabalhados para aqueles que se ativam em câmaras frigoríficas; art. 298 – 15 minutos a cada 3 horas trabalhadas para aqueles que trabalham nas minas de subsolo; tempo despendido da boca da mina ao local de trabalho etc.

2.8.1.4 Férias e licença remunerada

Durante o período em que o empregado usufrui das férias (arts. 129[11] e 134 da CLT[12]), permanece a obrigação do empregador quanto ao pagamento de salário, embora não haja a contrapartida do trabalho. Da mesma forma, o tempo de afastamento é computado como tempo de serviço para todos os efeitos da relação de emprego.

A CLT trata da licença remunerada no art. 133, I, capítulo que aborda o direito às férias do empregado. Diz o citado dispositivo que "não terá direito a férias o empregado que, no curso do período aquisitivo: I – (...); II – permanecer em gozo de licença remunerada, com percepção de salários, por mais de 30 dias". Ao mencionar a percepção de salário mesmo diante da ausência do empregado, a norma celetista invoca, indubitavelmente, hipótese de interrupção.

Pensamos que a concessão de licença remunerada não demandará maiores problemas na prática, sendo certo que, para efeito das férias, deverá ser observado apenas o fato de que o tempo concedido na licença, para ser compensado com as férias, não poderá ser

---

[11] "Art. 129. Todo empregado terá direito anualmente ao gozo de um período de férias, sem prejuízo da remuneração."

[12] "Art. 134. As férias serão concedidas por ato do empregador, em um só período, nos 12 (doze) meses subsequentes à data em que o empregado tiver adquirido o direito."

fracionado em períodos que fujam do previsto no art. 134, § 1º, da CLT, já mencionado anteriormente; ou seja, no máximo dividido em 2, um dos quais não poderá ser inferior a 10 dias corridos[13]. Assim, lapsos curtos de 2 ou 3 dias, por exemplo, concedidos de forma espaçada ao longo do período aquisitivo, não poderão servir de moeda de troca com as férias anuais, uma vez que não realizam o objetivo de fornecer prazo razoável para que o empregado recupere suas energias e possa retornar ao trabalho.

Uma última observação também se faz importante: a licença remunerada deve ser plenamente justificada, uma vez que o trabalho é o principal objeto de contrato de emprego e o descumprimento reiterado dessa obrigação, sem respaldo em fundamento que autorize, pode ensejar a rescisão indireta, além de configurar assédio moral pela imposição de contrato de inação.

2.8.1.5 Interrupção das atividades empresariais

Poderá haver períodos em que não haja serviço na empresa, seja por motivos estranhos à vontade do empregador (involuntária, portanto), seja em razão da sua vontade, para atender suas próprias conveniências. O entendimento encontra justificativa no art. 2º da CLT, que atribui ao empregador os riscos da atividade econômica. Também encontra respaldo no art. 4º da CLT que estabelece o princípio do tempo à disposição do empregado, quando está trabalhando ou simplesmente aguardando ordens.

A situação de paralisação voluntária ocorre para atender ao interesse do empregador e pode ser verificada em situações como: épocas do ano em que o comércio é menos intenso; queda na produção; reforma de estabelecimento; troca de equipamentos etc.

---

[13] Há quem entenda que os períodos podem ser fracionados mais de uma vez com base na Convenção n. 132 da OIT, art. 8º, promulgada pelo Decreto n. 3.197/99.

A paralisação involuntária, por sua vez, será derivada de força maior ou caso fortuito, que se configuram como fatos inevitáveis para os quais o empregador não contribuiu, tais como enchentes, incêndios etc. Neste contexto, recordamos da época recente em que se propagou a notícia a respeito da epidemia de gripe suína, com adiamento do início das aulas nas escolas e nas universidades por uma questão de saúde pública. Professores e empregados foram dispensados do comparecimento por alguns dias no início do segundo semestre letivo, mas, não por isso, tiveram seus salários atingidos.

Tanto em um quanto em outro caso de paralisação, os salários serão devidos e o tempo de serviço computado, configurando-se a interrupção. A hipótese é tratada pelo art. 133, III, da CLT[14]. A diferença é que na ocorrência de paralisação involuntária decorrente de força maior ou caso fortuito existe a variante prevista no art. 61, § 3º, da CLT, ou seja, o tempo de paralisação das atividades poderá ser objeto de recuperação, sem pagamento de horas extras, por meio de prorrogação das horas de trabalho, observados os limites dispostos em lei.

2.8.1.6 Mulher – consultas médicas, aborto e amamentação

Durante a gravidez, como forma de proteção à saúde da gestante e do nascituro, o art. 392, II, da CLT garante a dispensa remunerada para comparecimento em consultas médicas e exames complementares. A norma se refere ao número mínimo de 6 consultas, o que significa não haver limite máximo, com a idêntica garantia salarial, desde que justificada pelo médico responsável pela trabalhadora.

---

[14] "Art. 133. Não terá direito a férias o empregado que, no curso do período aquisitivo: (...) III – deixar de trabalhar, com percepção do salário, por mais de 30 dias em virtude de paralisação parcial ou total dos serviços da empresa."

A interrupção do trabalho sem prejuízo do salário também ocorre no caso de a empregada sofrer aborto não criminoso[15] comprovado por atestado médico oficial. O repouso remunerado será de 2 semanas, que será pago a título de licença-maternidade pela Previdência Social.

A doutrina apresenta 2 tipos de aborto: (a) aborto terapêutico é aquele realizado por médico para salvar a vida da mãe, desde que haja gravidade e o procedimento seja considerado indispensável pela medicina; e (b) aborto sentimental ou humanitário (piedoso ou moral) é aquele realizado em casos de estupro da mãe. O aborto, ainda, pode ser classificado, em espontâneo e provocado. "O primeiro é consequência de estados patológicos da mãe ou do feto, impeditivos de prosseguimento da gestação. O provocado pode ser legal ou criminoso. Legal é o aborto provocado nos casos em que a lei autoriza. Criminoso é o provocado fora dos casos legais" (BARROS, 2009, p. 1102).

Será considerado aborto a gravidez interrompida até a 23ª semana de gestação, sendo esse o marco temporal fixado pela lei previdenciária para efeito do tempo de licença a ser concedido. Significa dizer que, interrompida a gravidez após a 23ª semana (6º mês), já não se aplica a hipótese de interrupção do trabalho por motivo de aborto (com duas semanas no mínimo de afastamento), mas sim o afastamento decorrente do parto antecipado, com direito à licença e ao salário-maternidade, pelo período mínimo de 120 dias,

[15] Segundo entendimento de Alice Monteiro de Barros: "(...) Vale observar que a legislação brasileira só assegura a licença em caso de aborto, se este não for criminoso. Entretanto, verifica-se que o art. 133, II, do texto consolidado, em face da nova redação que lhe foi dada pela Lei n. 8.921, de 25 de julho de 1994, ao considerar o aborto ausência legal computada para fins de férias, já deixa de mencionar o fato de não ser ele criminoso, preocupando-se apenas com a saúde da empregada. Logo, a par dos problemas éticos que envolvem a questão, inexiste justificativa para se condicionar a licença a que alude o art. 395 ao aborto não criminoso (...)" (BARROS, 2009, p. 1102).

observando-se a adesão ou não da empresa ao programa da empresa cidadã da Lei n. 11.770/2008. A licença-maternidade não está condicionada ao nascimento com vida da criança, conforme previsto pelo art. 392 da CLT e pelo art. 294 da Instrução Normativa INSS/Pres. n. 45, de 6 de agosto de 2010[16].

Também, será de interrupção do trabalho o período em que a empregada se afastar para amamentar seu filho[17]. O lapso concedido pelo art. 396 da CLT é de 2 descansos de meia hora cada um, computados na jornada de trabalho, até que a criança complete 6 meses de idade. Também esse intervalo, segundo entendemos, poderá ser dilatado a critério do médico, por meio de atestado e para fins de assegurar a saúde da criança.

Interessante, por fim, a referência ao nascimento de filhos gêmeos. Nesses casos, o período de afastamento, seja para consultas médicas e exames, seja em virtude de aborto, ou ainda em razão de parto, não se multiplica, posto que em um só lapso temporal a empregada alcança os objetivos designados pela lei. O mesmo não ocorre com relação à amamentação, uma vez que o tempo despendido será relacionado a cada filho.

2.8.1.7 *Faltas justificadas conforme o art. 473 da CLT*

Neste tópico, remetemos o leitor à leitura das hipóteses legais previstas no art. 473 da CLT[18]. Todas as previsões contidas no refe-

---

[16] Há posicionamentos em sentido contrário de que a licença-maternidade não se aplica quando se trata de natimorto, porque o mencionado afastamento é previsto para assegurar que a mãe permaneça ao lado do recém-nascido para lhe prestar os cuidados necessários. Não concordamos, com o merecido respeito, pois a licença também se destina a proteger a saúde psíquica e física da mulher.

[17] A lei não se refere ao aleitamento natural apenas, razão pela qual entendemos que também para as hipóteses de aleitamento artificial e, ainda que realizado pelo pai, tem este direito ao período de intervalo considerado como interrupção.

[18] "Art. 473. O empregado poderá deixar de comparecer ao serviço sem prejuízo

rido dispositivo se caracterizam como interrupção do trabalho, sendo devidos salários e contagem do tempo de serviço.

Além da previsão expressa no art. 473 da CLT e sem a pretensão de esgotar o assunto, importa observar alguns temas que estão em andamento no cenário político-social, que podem ensejar consequências jurídicas que influenciam a matéria em estudo. Trata-se da análise de fatos e de valores como já se havia mencionado na parte introdutória deste artigo.

Está em trâmite no Congresso Nacional o Projeto de Lei n. 6.243/2005 que visa tornar justificadas e, portanto, abonadas, as faltas dos pais ao serviço no caso de o filho estar acometido de doença, necessitando, assim, de cuidados médicos. Também há projeto de lei que visa tornar justificada a ausência dos pais que tiverem de acompanhar seus filhos em terapias e tratamentos médicos, caso sejam eles portadores de deficiência física[19].

do salário: I – até 2 (dois) dias consecutivos, em caso de falecimento do cônjuge, ascendente, descendente, irmão ou pessoa que, declarada em sua carteira de trabalho e previdência social, viva sob sua dependência econômica; II – até 3 (três) dias consecutivos, em virtude de casamento; III – por um dia, em caso de nascimento de filho no decorrer da primeira semana; IV – por um dia, em cada 12 (doze) meses de trabalho, em caso de doação voluntária de sangue devidamente comprovada; V – até 2 (dois) dias consecutivos ou não, para o fim de se alistar eleitor, nos termos da lei respectiva; VI – no período de tempo em que tiver de cumprir as exigências do Serviço Militar referidas na letra 'c' do art. 65 da Lei n. 4.375, de 17 de agosto de 1964 (Lei do Serviço Militar); VII – nos dias em que estiver comprovadamente realizando provas de exame vestibular para ingresso em estabelecimento de ensino superior; VIII – pelo tempo que se fizer necessário, quando tiver que comparecer a juízo; IX – pelo tempo que se fizer necessário, quando, na qualidade de representante de entidade sindical, estiver participando de reunião oficial de organismo internacional do qual o Brasil seja membro."

19 *Vide* BRASIL. **Projeto de Lei n. 1.038/2003, de 21 de maio de 2003**. Disponível em: <http://www.camara.gov.br/sileg/prop_detalhe.asp?id=116420>. Acesso em: 18 fev. 2011.

Entendemos que a iniciativa é relevante do ponto de vista social e jurídico. No primeiro aspecto, uma vez aprovada, possibilitará aos pais o acompanhamento da saúde de seus filhos, tornando efetiva a realização do princípio constitucional que assegura a proteção da família, sem descurar da necessidade de realização conjunta do princípio que assegura o direito ao trabalho e ao bem-estar social. Do ponto de vista jurídico, trará maiores consequências, pois, de certa forma, dificultará possíveis práticas discriminatórias com relação aos empregados que se encontrem nessa situação, além de garantir o pagamento do salário do respectivo período.

Ainda, há projeto de lei do Senado que visa permitir ao trabalhador faltar um dia de serviço por ano para tratar de interesse particular ou para acompanhamento de atividade escolar de dependente[20].

Também existe projeto de lei em tramitação sob o n. 7.754/2010[21] que propõe o aumento do afastamento em razão de casamento ou gala, de 3 para 5 dias consecutivos, além de equiparar a situação àqueles que convivem em união estável.

2.8.2 Hipóteses legais de suspensão do trabalho

2.8.2.1 Greve

A Lei n. 7.783/89, que trata da greve (Lei de Greve), é expressa ao estabelecer que a participação no movimento acarreta suspensão do contrato de trabalho (art. 7º)[22]. Desta forma, durante a

---

20 *Vide* BRASIL, 2003a.

21 *Vide* BRASIL, 2010.

22 "Art. 7º Observadas as condições previstas nesta Lei, a participação em greve suspende o contrato de trabalho, devendo as relações obrigacionais, durante o período, ser regidas pelo acordo, convenção, laudo arbitral ou decisão da Justiça do Trabalho. Parágrafo único. É vedada a rescisão de contrato de trabalho durante a greve, bem como a contratação de trabalhadores substitutos, exceto na ocorrência das hipóteses previstas nos arts. 9º e 14."

greve, considerada abusiva ou não, em regra, nem o empregado presta seus serviços nem o empregador fica obrigado a pagar salários. Entretanto, os efeitos suspensivos podem se transformar em efeitos decorrentes da interrupção, caso em que serão devidos os salários do período, ainda que não trabalhado. Isso ocorrerá quando acordo coletivo, convenção coletiva, laudo arbitral ou decisão da Justiça do Trabalho venham a determinar o pagamento dos dias parados, nos termos do parágrafo único do art. 7º da Lei de Greve.

2.8.2.2 Encargos públicos assumidos pelo empregado

Variados são os encargos públicos que podem ser assumidos pelo empregado no decorrer do contrato de trabalho. Alguns são tratados como hipóteses de interrupção do trabalho, com direito ao salário do período e se encontram, basicamente, nas disposições que tratam das ausências justificadas (art. 473 da CLT). Pode-se mencionar, dentre elas, os seguintes encargos públicos que geram a interrupção: comparecimento judicial para figurar como testemunha ou parte; para apresentar-se ao serviço militar; para o fim de se alistar como eleitor; e para participar de reuniões oficiais, na qualidade de representante de entidade sindical, em organismos internacionais dos quais o Brasil seja membro. Em geral os encargos públicos de curta duração caracterizam-se como períodos de interrupção, como anota Maurício Godinho Delgado (2007, p. 1077).

De outro lado, encontram-se as hipóteses de encargos públicos como suspensão do trabalho, em que não são devidos os salários e tampouco o período de afastamento é contado como tempo de serviço. Durante a suspensão, o empregador encontra impedimento quanto à dispensa do empregado, devendo aguardar o término e analisar, ainda, se o empregado está protegido pela garantia provisória do emprego.

São exemplos destas hipóteses de encargos públicos o afastamento para desempenho de mandato eletivo, para ser membro de Conselho Previdenciário e para a prestação do serviço militar obrigatório[23]. Outros autores (cf. BARROS, 2009, p. 878) incluem nesta categoria o afastamento para exercício do mandato sindical (art. 543, § 2º, da CLT), que é considerado como de licença não remunerada, salvo assentimento da empresa ou cláusula contratual que disponha em sentido contrário. Maurício Godinho Delgado (2007, p. 1078) elenca ainda a hipótese de prisão provisória do empregado, que não se confunde com a prisão determinada após trânsito em julgado, com pena privativa de liberdade e sem sustação da execução da pena (*sursis*), esta prevista no art. 482, *d*, da CLT e que, por estar o empregado efetivamente impedido de retornar e prestar serviços, autoriza a dispensa por justa causa.

Quanto à prisão provisória, é interessante anotar que uma vez ocorrida deverá o empregador, como medida de prevenção, requerer à autoridade competente a certidão do recolhimento à prisão. Caso a prisão decorra de algum motivo relacionado ao contrato de trabalho, como, por exemplo, prisão em flagrante por furto ou apropriação indébita de mercadorias pertencentes ao empregador, não será necessário, em tese, aguardar a conclusão do inquérito ou julgamento pela Justiça Criminal, podendo o contratante proceder à dispensa por justa causa, com fundamento em outras alíneas do art. 482 da CLT, a exemplo do ato de improbidade ou do mau procedimento. O enquadramento, nesses casos, dependerá da situação concreta.

A rescisão contratual, nesses casos em que o empregador pode optar pela dispensa imediata, deve ser notificada ao empregado, mesmo que se encontre preso provisoriamente. O pagamento das verbas rescisórias devidas poderá ser feito diretamente ao empregado (desde que autorizado pela autoridade competente), depositado em conta corrente ou, ainda, realizado junto a procurador nomeado pelo empregado (VIANNA, 2008, p. 392).

[23] Trataremos do assunto em item específico, dada a controvérsia sobre sua classificação.

Nos casos de afastamento para o exercício de encargo público e para a prestação do serviço militar, haverá necessidade de o empregado notificar o empregador em 30 dias contados da baixa ou terminação do encargo que estava exercendo, caso queira exercer o direito do retorno ao cargo do qual se afastou.

2.8.2.3 Suspensão disciplinar e para ajuizamento de inquérito

A suspensão disciplinar é um tipo de penalidade aplicável ao empregado que comete falta que seja passível de enquadramento nos tipos legais existentes. A referida falta deve guardar relativa gravidade (proporcionalidade entre a falta e a suspensão) que justifique a aplicação da pena. A avaliação da gravidade e da proporcionalidade ficará a critério da discricionariedade do empregador, que detém o poder diretivo, e será passível de discussão judicial, caso o empregado discorde da posição tomada. Requer, ainda, a imediatidade entre a conduta e a punição, além da observância da gradação das penas, evitando-se que se caracterize o rigor excessivo (abuso do direito).

Além de todos esses requisitos, a suspensão disciplinar encontra limite temporal, de 30 dias no máximo (art. 474 da CLT), não podendo, em nenhuma hipótese, ultrapassar esse lapso, sob pena de invalidar a pena e caracterizar a rescisão indireta por culpa do empregador, já que estaria descumprindo a principal obrigação contratual de fornecer trabalho.

No período em que o empregado se encontrar afastado em razão de suspensão disciplinar não receberá salário nem terá o tempo de serviço computado para todos os fins. Da mesma forma, não está o empregador obrigado a recolher o INSS do período.

Caso ocorra cancelamento da suspensão disciplinar pelo próprio empregador ou por meio de decisão judicial, a hipótese será caracterizada como de interrupção e serão devidos os salários do período, com contagem do tempo de serviço.

A suspensão para ajuizamento de inquérito não se confunde com a suspensão disciplinar anteriormente tratada. Naquela, a suspensão do trabalho é preventiva e não punitiva e é obrigatória somente em se tratando de empregados com estabilidade decenal no emprego (casos raros atualmente) e dirigentes sindicais. O prazo de duração da suspensão para propositura do inquérito para apuração de falta grave é indeterminado, a ele não se aplicando o limite temporal de 30 dias, próprio para a suspensão disciplinar. Todavia, para evitar a caracterização de perdão tácito, existe prazo de decadência para a propositura da ação de 30 dias contados da suspensão (art. 853 da CLT), se houver.

A sentença que julga a ação de inquérito tem natureza declaratória-constitutiva-condenatória[24]. Se julgado improcedente o pedido do empregador (reconhecimento da falta grave e resolução do contrato de trabalho), a situação do empregado é reconstituída e retorna ao estado anterior à suspensão. Ou seja, o empregado retorna ao trabalho, retoma sua função e cargo e recebe os salários e benefícios do período, com a contagem do tempo de serviço para todos os fins. No caso de procedência do pedido do empregador, a suspensão será convalidada desde o momento de sua aplicação. Caso não tenha havido suspensão prévia, o marco da rescisão é a data da sentença (SCHIAVI, 2010, p. 1032).

2.8.2.4 Aposentadoria provisória por invalidez

A aposentadoria por invalidez tem fundamento na Constituição Federal, no art. 201, I, e foi prevista pela Lei n. 8.213/91 (art. 18, I, *a*[25]) e regulamentada pelo Decreto n. 3.048/99. A aposentadoria por invalidez é um benefício temporário, que é pago pelo INSS

---

[24] O inquérito para apuração de falta grave tem natureza dúplice em que o demandante pode ser condenado independentemente de pedido formulado expresso em reconvenção ou na defesa.

[25] "Art. 18. O Regime Geral de Previdência Social compreende as seguintes prestações, devidas inclusive em razão de eventos decorrentes de acidente do trabalho, expressas em benefícios e serviços: I – quanto ao segurado: a) aposentadoria por invalidez."

enquanto durar a condição de incapacidade para o trabalho que garanta a subsistência do segurado. Ou seja, o segurado pode se recuperar e cessar o benefício.

Durante os 15 primeiros dias de afastamento por motivo de invalidez, caberá ao empregador pagar o salário do período, tratando-se a hipótese de interrupção, como já exposto anteriormente. Após os 15 dias, passará a obrigação ao órgão previdenciário e será caracterizada a hipótese de suspensão. Durante o afastamento, não é possível ao empregador rescindir o contrato de trabalho sem justa causa. Ainda que ocorra a alta médica, é importante que se avalie a existência ou não de direito à garantia do emprego, que deverá ser respeitada, caso a motivação do afastamento esteja relacionada à atividade profissional.

Previa o art. 4º, § 3º, da Lei n. 3.332/57 que a aposentadoria por invalidez era definitiva, quando o segurado completava 5 anos de vigência. Atualmente, a lei previdenciária não estabelece prazo de duração para a efetivação da aposentadoria por invalidez. Diante de controvérsia surgida sobre o assunto, o TST fixou entendimento que ficou sedimentado na Súmula 160, que assim dispõe: "Cancelada a aposentadoria por invalidez, mesmo após 5 (cinco) anos, o trabalhador terá direito de retornar ao emprego, facultado, porém, ao empregador, indenizá-lo na forma da lei" (TST, 2003a).

A obrigação do segurado para fazer jus ao benefício é submeter-se, periodicamente, aos exames médicos e processo de reabilitação. Recuperada a capacidade para trabalhar, a aposentadoria é cancelada e o empregado tem direito de retornar ao emprego. Todavia, o empregador poderá optar pela rescisão do contrato de trabalho (caso não haja garantia de emprego), pagando-lhe as verbas devidas em razão da dispensa sem justa causa (art. 475, § 1º, da CLT).

2.8.2.5 *Doença com causa que não se relaciona ao trabalho ou profissão*

O período de afastamento em razão de doença, desde que superior a 15 dias, enseja a suspensão do trabalho. Não será, portanto, dever da empresa pagar ao empregado que se encontrar nessas condições o salário do período. Caberá ao INSS o encargo de conceder auxílio-doença previdenciário, caso a incapacidade seja parcial, ou aposentadoria por invalidez, na hipótese de a incapacidade ser total. O benefício será devido até que o segurado recupere a capacidade para o trabalho, até que ocorra a aposentadoria por invalidez ou morte ou, ainda, até a concessão do auxílio-acidente[26].

O tempo de ausência do empregado em razão de doença comum, superior a 15 dias, não será considerado como tempo de serviço, exceto para fins de 13º salário (pago pelo órgão previdenciário) e das férias, desde que observadas as condições do art. 133, IV, da CLT[27]. No entanto, o afastamento por doença comum, após o 15º dia, não será computado para fins de FGTS e indenização, não se aplicando a hipótese normativa prevista no art. 4º, parágrafo único, da CLT.

2.8.3 Situações que se enquadram na suspensão, mas recebem atenuação dos efeitos suspensivos por determinação legal

2.8.3.1 Serviço militar

De acordo com o que já foi mencionado, o período de afastamento em razão da prestação de serviço militar obrigatório é caracterizado como um tipo de encargo público de longa duração, que, em regra, gera a suspensão do trabalho.

---

[26] "Mostra o art. 86 da Lei n. 8.213 que o acidente é de qualquer natureza, o que é bastante amplo, não mais mencionando apenas acidente do trabalho ou doença do trabalho e doença profissional. Isso evidencia que tanto faz se o segurado se acidenta no trabalho ou fora dele, pois terá direito ao auxílio-acidente." (MARTINS, 2010, p. 421)

[27] Para que o tempo de afastamento seja computado no período aquisitivo de férias, estabelece o referido dispositivo que o tempo de ausência do empregado, recebendo o auxílio-doença não pode ultrapassar seis meses, ainda que descontínuos. Caso seja ultrapassado, iniciar-se-á para o empregado a contagem de novo período aquisitivo.

Ocorre que, diferentemente dos demais tipos de encargo público, o afastamento para o serviço militar tem os efeitos suspensivos atenuados por determinação legal[28]. Nesse sentido, dispõe o art. 4º da CLT que serão computados no tempo de serviço do empregado, para efeito de indenização e estabilidade, os períodos em que estiver afastado do trabalho prestando serviço militar. Também serão computados os referidos períodos para fins de depósitos de FGTS (art. 28, I, do Decreto n. 99.684/90, que consolidou as normas regulamentares do Fundo de Garantia por Tempo de Serviço).

2.8.3.2 Acidente do trabalho ou doença ocupacional a partir do 16º dia de afastamento

O afastamento em razão de doença ocupacional[29] ou acidente do trabalho[30] é considerado pela doutrina como período de suspensão do trabalho, não sendo devido, portanto, o salário do respectivo tempo. Nesse lapso, desde que o afastamento supere 15 dias, cabe ao INSS pagar o benefício à vítima, que pode ser o auxílio-doença, o auxílio-acidente ou a aposentadoria por invalidez.

[28] Há autores que consideram o afastamento para a prestação do serviço militar obrigatório como período de interrupção do trabalho.

[29] A doença ocupacional é classificada em doença do trabalho (mesopatia), desencadeada por condições em que o trabalho é executado (p. ex.: exposição a ruído que cause surdez; exposição a movimentos repetitivos que causem LER) e doença profissional (tecnopatia), desencadeadas em razão da peculiaridade da profissão exercida (p. ex.: professor em relação às suas cordas vocais; mineiros em relação ao seu pulmão). São equiparadas ao acidente de trabalho tipo, mas dele diferem porque não são causados por um só evento que acarreta a incapacidade.

[30] Segundo o art. 19 da Lei n. 8.213/91, o acidente de trabalho é o que ocorre pelo exercício do trabalho a serviço da empresa ou pelo exercício do trabalho dos segurados especiais, provocando lesão corporal ou perturbação funcional que cause a morte ou a perda ou redução, permanente ou temporária, da capacidade para o trabalho. Ou seja, há de haver nexo de causalidade entre o acidente e o trabalho que resulte na lesão.

Ocorre que, a exemplo do que acontece com o serviço militar, a legislação trabalhista ameniza os efeitos suspensivos do afastamento, garantindo ao empregado nessas condições a contagem do tempo de serviço para efeito de estabilidade e indenização (art. 4º, parágrafo único, da CLT), além dos recolhimentos para o FGTS (art. 28, III, do Decreto n. 99.684/90). Para efeito de férias, importa observar a determinação contida no art. 133, IV, da CLT, já tratada anteriormente.

Questão que suscita discussão é a manutenção ou não de benefícios ao empregado durante o período suspensivo. A regra, como já se mencionou, é que durante a suspensão do trabalho, ficam suspensos, paralisados, todos os efeitos do contrato de trabalho, embora eles continuem a existir. No período respectivo, não se pagam salários, não se conta o tempo de serviço e não se rescinde o contrato de trabalho sem justa causa. Porém, o contrato de trabalho, em geral, não estabelece apenas o dever de pagar salários, mas também outras parcelas que se caracterizam como benefícios ao empregado. Não raro o empregado se beneficia de convênio médico, cesta básica, auxílio-alimentação etc.

Aplicando a regra rígida que rege os períodos de suspensão do trabalho, não seria devida nenhuma importância ou benefício pelo empregador ao seu empregado. Todavia, temos visto que o entendimento tem sofrido temperamentos pela doutrina e pela jurisprudência, de modo que, em alguns casos, conclui-se pela manutenção do direito ao empregado. Quando se tem uma doença em questão, parcela dos tribunais tem decidido[31], com tranquilidade, que

[31] Há posicionamento em sentido contrário: "CONTRATO DE TRABALHO SUSPENSO. EMPREGADO AFASTADO. AUXÍLIO-DOENÇA ACIDENTÁRIO. VANTAGENS PREVISTAS EM NORMA COLETIVA. CESTA BÁSICA E AUXÍLIO-CAFÉ. NÃO CONCESSÃO. A suspensão do contrato em decorrência de acidente de trabalho e habilitação do empregado junto ao órgão previdenciário para percepção do benefício auxílio-doença acidentário implica a sustação ampla

desde que esteja relacionada ao trabalho (doença ocupacional ou acidente), a doença causada pelo empregador enseja a manutenção dos benefícios, em especial, daqueles que estão relacionados à saúde do empregado, como o convênio médico, auxílio-farmácia etc. Variados são os fundamentos que amparam esse posicionamento, entre eles o art. 5º da Lei de Introdução às Normas do Direito Brasileiro, os arts. 186 e 927 do Código Civil (que tratam da responsabilidade civil), todos combinados com o direito constitucional à saúde do trabalhador e amparados na dignidade da pessoa humana.

No caso de doença que não guarde nexo de causalidade com o trabalho, a questão é mais complexa, porque, em tese, não haveria nenhuma responsabilidade do empregador quanto à manutenção de benefícios decorrentes do contrato de trabalho. Porém, entendemos que a solução também deve ser alvo de reflexão, sob pena de prejuízos irremediáveis aos empregados, fugindo do que seja razoável (as desvantagens superam as vantagens). Outrossim, sem chegar a conclusões sedimentadas do assunto neste artigo de breves linhas, não é demais lembrar que a empresa possui uma função social, cabendo também a esse agente social construir uma sociedade solidária (art. 3º da CF) e contribuir para o bem-estar coletivo por meio de ditames da justiça social (art. 170 da CF[32]). Basta imaginar a situação de um empregado que é acometido de neoplasia maligna ou AIDS.

dos efeitos do pacto laboral. Desse modo, as obrigações contratuais que devem ser implementadas pelo empregador durante a suspensão do pacto laboral configuram exceção, sendo certo que a norma coletiva apresentada não traz menção expressa de concessão da cesta básica e do auxílio-café aos empregados afastados, pelo contrário, dirige-se exclusivamente para os trabalhadores na ativa impondo-lhes o cumprimento de certos requisitos para o recebimento das referidas parcelas. Nega-se provimento ao recurso." (TRT-14, Recurso Ordinário n. 00083.2009.401.14.00-6, 1ª Turma Rel. Des. Shikou Sadahiro, j. em: 28-4-2009)

32 "Art. 170. A ordem econômica, fundada na valorização do trabalho humano e na livre-iniciativa, tem por fim assegurar a todos existência digna, conforme os ditames da justiça social, observados os seguintes princípios. (...)"

Seria justo retirar o benefício do convênio médico no momento em que mais necessita de apoio para se recuperar e retornar ao trabalho? De toda forma, é sempre mais cauteloso que se assegure a manutenção do benefício, também por meio de negociação coletiva[33].

2.9 Licença-maternidade (controvérsia)

A legislação brasileira garante à mulher alguns benefícios, como já demonstrado anteriormente. Além dos períodos destinados à amamentação e a consultas médicas, a Constituição Federal assegura, no art. 7º, XVIII, período de licença em razão da gravidez, sem prejuízo do emprego e do salário. Segundo a norma constitucional, essa licença terá a duração de 120 dias. A gravidez também gera o

[33] Exemplo de negociação coletiva envolvendo cesta básica e sua manutenção: "CLÁUSULA DÉCIMA QUARTA – DA CESTA BÁSICA – A empresa empregadora fornecerá a seus empregados mensalmente, desde que o empregado não tenha mais que uma falta injustificada no mês, uma cesta básica que deverá conter, pelo menos, os seguintes produtos com as respectivas quantidades: cinco kg de arroz, cinco kg de açúcar, cinco kg de feijão, dois kg de farinha, um kg de massa de milho, meio kg de café, dois pacotes de macarrão, dois pacotes de bolacha, duas latas de óleo e meio kg de leite em pó.

§ 1º As faltas justificadas, nos termos da legislação e desta convenção, não serão computadas para efeito do *caput* desta cláusula. **§ 2º** Em caso de suspensão do contrato de trabalho na forma da lei, o benefício desta cláusula também será suspenso, observado o disposto no parágrafo seguinte. **§ 3º** No caso de a suspensão ocorrer por incapacidade para o trabalho, nos termos da legislação previdenciária, o benefício da cesta básica será concedido durante os primeiros seis meses da suspensão, salvo se for em virtude de acidente de trabalho, caso em que a concessão dar-se-á enquanto perdurar o contrato de trabalho, mesmo durante a suspensão. **§ 4º** (...)". (Convenção Coletiva de Trabalho firmada entre o Sindicato dos Trabalhadores em Transportes Rodoviários do Estado do Ceará e Sindicato das Empresas de Transportes de Cargas e Logística do Estado do Ceará, com vigência de junho de 2009 a 31 de maio de 2010. Disponível em: <http://wp2.oktiva.com.br/setcarce/files/2010/04/Convencao-Coletiva-SETCARCE-2009-2010.pdf>. Acesso em: 28 fev. 2011).

direito à garantia provisória do emprego desde a confirmação da gravidez até cinco meses após o parto. Como nosso intuito é abordar as hipóteses de suspensão e interrupção do trabalho, fugiria do escopo deste texto tratar desse assunto específico.

A primeira observação que deve ser feita com relação à licença-maternidade é com relação ao seu prazo de duração. Embora a Constituição Federal mencione o prazo de 120 dias, em atenção à interpretação que se deve dar ao *caput* do art. 7º da Lei Magna[34] (princípio da norma mais favorável), o benefício foi ampliado por meio da Lei n. 11.770/2008, que criou o Programa Empresa Cidadã[35], destinado à prorrogação da licença-maternidade para 180 dias[36], mediante concessão de incentivo fiscal aos empregadores. Referida lei entrou em vigor em 1º de janeiro de 2010, por meio do Decreto regulamentador n. 7.052, de 23 de dezembro de 2009, e seguiu a linha do que já vinha ocorrendo com vários estados e municípios, que vinham estendendo o período de licença para as servidoras públicas.

34 "Art. 7º São direitos dos trabalhadores urbanos e rurais, além de outros que visem *à melhoria de sua condição social:* (...)" (grifos nossos).

35 "Art. 1º É instituído o Programa Empresa Cidadã, destinado a prorrogar por 60 (sessenta) dias a duração da licença-maternidade prevista no inciso XVIII do *caput* do art. 7º da Constituição Federal."

36 O prazo previsto pela legislação brasileira, anote-se, é superior ao da Convenção n. 103 da OIT (Proteção à maternidade), que em seu art. 2º, § 2º, estabelece como mínimo o período de 12 semanas. Novamente aqui aplica-se a norma mais favorável à empregada, primeiro, porque a própria Convenção n. 103 estabelece prazo mínimo, deixando à legislação nacional a faculdade de ampliação e, segundo, porque ainda que não fosse assim, o art. 19, § 8º, da Declaração da Filadélfia (Constituição da OIT de 1944), determina que "(...) 8. Em caso algum, a adoção, pela Conferência, de uma convenção ou recomendação, ou a ratificação, por um Estado-Membro, de uma convenção, deverão ser consideradas como afetando qualquer lei, sentença, costumes ou acordos que assegurem aos trabalhadores interessados *condições mais favoráveis* que as previstas pela convenção ou recomendação" (grifos nossos).

Segundo a lei, poderá se beneficiar da ampliação da licença a empregada da pessoa jurídica que aderir ao Programa, desde que a empregada requeira a prorrogação do salário-maternidade até o fim do primeiro mês após o parto (art. 1º, § 1º, do Decreto n. 7.052/2009). O período sobressalente aos 120 dias será pago diretamente pela empresa à empregada, sendo que a pessoa jurídica tributada com base no lucro real poderá deduzir do imposto devido, em cada período de apuração, o total da remuneração da empregada, pago no período de prorrogação de sua licença-maternidade (art. 4º do Decreto em comento).

A classificação do período de licença-maternidade é controvertida na doutrina e na jurisprudência, havendo autores que o situam entre as hipóteses de interrupção e outros que, ao contrário, o incluem como caso de suspensão do trabalho. A controvérsia é estabelecida porque a empregada, embora permaneça sem trabalhar, recebe parcela mensal durante o referido prazo. O que se discute é natureza jurídica da mencionada parcela. Para aqueles que aceitam a interrupção do trabalho, a justificativa é a de que o valor pago à gestante tem a natureza de salário, inclusive reiterada pelo art. 392 da CLT, quando menciona que a "A empregada gestante tem direito à licença-maternidade de 120 (cento e vinte) dias, sem prejuízo do emprego e do *salário*" (grifos nossos).

Arnaldo Süssekind, cujo posicionamento adotamos, acrescenta até que

> "(...) a circunstância de o INSS incluir o salário-maternidade no seu elenco de benefícios e de reembolsar o empregador das prestações pagas à gestante, no valor integral do salário, não transforma o licenciamento em suspensão do contrato de trabalho". E completa: "Se esse descanso compulsório, nos termos do mandamento constitucional, é assegurado 'sem prejuízo do emprego e do salário', é evidente que o respectivo período deve ser computado como tempo de serviço. Continua a constituir simples interrupção da prestação dos serviços. (...) O 'fundo comum' constituído das contribuições de todos os empregadores sujeitos ao sistema geral da

Previdência Social, visa apenas a diluir o ônus do pagamento dos salários durante o licenciamento compulsório da gestante, removendo, assim, a principal causa da discriminação contra o trabalho da mulher" (SÜSSEKIND, 1981, p. 483).

Outro argumento a reforçar a tese de que se trata de salário está no fato de incidir contribuição previdenciária na parcela paga a título de salário-maternidade, segundo previsão do art. 28 da Lei n. 8.212/91[37], bem como recolhimento fundiário[38].

No entanto, dispõe em sentido contrário Alice Monteiro de Barros (2009, p. 877), ao afirmar que o afastamento em decorrência da licença-maternidade é hipótese de suspensão, porque não há salário, e sim retribuição paga pelo órgão previdenciário.

Ultrapassada a questão relacionada à classificação, outro ponto que consideramos de importância no trato do assunto, embora seu estudo aprofundado não caiba neste momento, é a possível dú-

[37] "Art. 28. Entende-se por salário de contribuição: (...) § 2º O salário-maternidade é considerado salário de contribuição." Registre-se, embora a matéria seja complexa e esse não seja o foco do estudo em questão, que há posicionamento doutrinário que considera inconstitucional o desconto previdenciário, pois não se trataria a parcela recebida de salário, e sim benefício previdenciário, de forma que não haveria fundamento jurídico para o desconto. No mesmo sentido, o desconto seria ilegal, pois afrontaria o disposto no art. 11, § 2º, da Convenção que proíbe todas as formas de discriminação contra a mulher, uma vez que ela garante à empregada gestante todos os benefícios sociais sem perda. No nosso entender, não concordamos com o posicionamento e entendemos que inexiste inconstitucionalidade, já que a matéria foi deixada pelo poder constituinte para a regulamentação pelo legislador (art. 195, § 4º, da CF). Da mesma forma, não existe ilegalidade, já que a interpretação que se deve dar à Convenção não é no sentido da perda puramente econômica por conta de desconto de recolhimento previdenciário, mas sim, perda decorrente de possível discriminação contra a mulher, que, caso incidente, poderia ensejar a perda do benefício social em si, somente em razão da sua situação especial.

[38] Art. 28, IV, do Decreto n. 99.684/90: "O depósito na conta vinculada do FGTS é obrigatório também nos casos de interrupção do contrato de trabalho prevista em lei, tais como: (...) IV – licença à gestante (...)."

vida acerca do beneficiário da licença-maternidade. É fato que o benefício já foi estendido pela lei (art. 392-A da CLT[39]) às mães adotantes, que a partir de 2009 (Lei n. 12.010/2009) passou a ser de 120 dias, sem diferença de tempo em razão da idade da criança adotada ou sobre a qual se tenha a guarda judicial[40]. Mas o que pode gerar dúvida é a pretensão quanto à licença-gestante e ao recebimento de salário-maternidade aos pais adotantes que sejam solteiros ou que convivam em união homoafetiva[41].

---

[39] "Art. 392-A. À empregada que adotar ou obtiver guarda judicial para fins de adoção de criança será concedida licença-maternidade nos termos do art. 392, observado o disposto no seu § 5º."

[40] Anote-se que há antinomia real entre o art. 392-A da CLT e o art. 71-A da Lei n. 8.213/91, que dispõe: "Art. 71-A. À segurada da Previdência Social que adotar ou obtiver guarda judicial para fins de adoção de criança é devido salário-maternidade pelo período de 120 (cento e vinte) dias, se a criança tiver até 1 (um) ano de idade, de 60 (sessenta) dias, se a criança tiver entre 1 (um) e 4 (quatro) anos de idade, e de 30 (trinta) dias, se a criança tiver de 4 (quatro) a 8 (oito) anos de idade." A referida antinomia resolve-se pelo critério cronológico, pelo qual a lei posterior revoga a anterior. Essa interpretação contribui para a coerência do sistema jurídico, traduzindo análise sistemática em relação à isonomia prevista no art. 5º da CF/88. Não há razão para a discriminação do tempo de licença-maternidade em razão da idade da criança e pelo fato de ser a mãe adotante.

[41] Nesse caso, o STF, no Recurso Extraordinário 615.261, já se manifestou pela possibilidade de adoção por casal que conviva em união homoafetiva: "RECURSO EXTRAORDINÁRIO – RAZÕES – DESCOMPASSO COM O ACÓRDÃO IMPUGNADO – NEGATIVA DE SEGUIMENTO. 1. Contra a sentença proferida pelo Juízo, houve a interposição de recurso somente pelos autores. Pleitearam a reforma do decidido a fim de que fosse afastada a limitação imposta quanto ao sexo e à idade das crianças a serem adotadas. A apelação foi provida, declarando-se terem os recorrentes direito a adotarem crianças de ambos os sexos e menores de 10 anos. Eis o teor da emenda contida à folha 257: (...) 2. Delimitar o sexo e a idade da criança a ser adotada por casal homoafetivo é transformar a sublime relação de filiação, sem vínculo biológico, em ato de caridade provido de obrigações sociais e totalmente desprovido de amor e comprometimento. 2. Há flagrante descompasso entre o que foi decidido pela Corte de origem e as razões do recurso

Por fim, cabe registrar que há projeto de Emenda Constitucional (PEC n. 30/2007), em tramitação no Congresso Nacional, que torna constitucional o direito à licença-gestante de 180 dias, além de dilatar o prazo de garantia provisória do emprego, de 5 para 7 meses após o parto.

2.10 Hipóteses contratuais e previstas em normas coletivas

Além das previsões legais, outras fontes de direito podem tratar da suspensão e interrupção do trabalho. Sem entrar na dissonância de entendimento sobre a natureza do contrato de trabalho, ou seja, se é ou não caracterizado como fonte, optamos por considerá-la como uma das opções legais para que se estabeleçam os períodos suspensivos e interruptivos. O mesmo se diga no tocante à norma coletiva.

2.10.1 Limites às disposições contratuais

O contrato de emprego, apesar de caracterizar-se como um pacto por meio do qual as partes regulam obrigações, encontra limites que transpõem a autonomia da vontade das partes e a liberdade para contratar, de forma que nem toda previsão que se queira acordar será possível no âmbito da relação empregatícia. Referidos limites estão sedimentados nas normas de ordem pública, que concentram regramentos que são obrigatórios e indisponíveis, atendendo a interesse geral da coletividade.

interposto pelo Ministério Público do Estado do Paraná. O Tribunal local limitou-se a apreciar a questão relativa à idade e ao sexo das crianças a serem adotadas. No extraordinário, o recorrente aponta violado o artigo 226 da Constituição Federal, alegando a impossibilidade de configuração de união estável entre pessoas do mesmo sexo, questão não debatida pela Corte de origem. 3. Nego seguimento ao extraordinário. 4. Publiquem. Brasília, 16 de agosto de 2010. Ministro MARCO AURÉLIO (Relator)".

As normas de ordem pública[42] abrangem as regras e os princípios de direito fundamental referentes à vida, à saúde, à segurança, à liberdade e todas aquelas que representem a essência necessária para a proteção da existência e do conteúdo do ser humano, preservando sua dignidade. Neste sentido, em princípio, não será possível acordar em sede de contrato de emprego a renúncia a um direito fundamental, como a saúde, por exemplo, aceitando o empregado se ativar em jornada habitual de 12 horas por dia, haja vista se tratar de norma de direito fundamental (saúde), de natureza cogente. A referida cláusula contratual, se houver, será eivada de nulidade, com base no art. 9º da CLT[43] e no art. 166, VI, do CC[44].

Além da impossibilidade de disposição acerca das normas de ordem pública, as cláusulas contratuais de trabalho encontram limites estabelecidos no art. 444 da CLT, não sendo, pois, possível do ponto de vista jurídico-trabalhista que as partes acordem cláusulas que sejam contrárias às disposições de proteção ao trabalho, às convenções e acordos coletivos que lhes sejam aplicáveis e às decisões das autoridades competentes.

---

[42] Normas de ordem pública ou cogentes são aquelas que impõem um dever ou um direito sem que haja a possibilidade de as partes acordarem em sentido diverso. Ou seja, são indisponíveis. Interessam à coletividade e protegem os interesses públicos e não apenas os interesses particulares envolvidos. Têm por escopo a proteção das instituições sociais.

[43] "Art. 9º Serão nulos de pleno direito os atos praticados com o objetivo de desvirtuar, impedir ou fraudar a aplicação dos preceitos contidos na presente Consolidação."

[44] "Art. 166. É nulo o negócio jurídico quando: I – celebrado por pessoa absolutamente incapaz; II – for ilícito, impossível ou indeterminável o seu objeto; III – o motivo determinante, comum a ambas as partes, for ilícito; IV – não revestir a forma prescrita em lei; V – for preterida alguma solenidade que a lei considere essencial para a sua validade; VI – tiver por objetivo fraudar lei imperativa; VII – a lei taxativamente o declarar nulo, ou proibir-lhe a prática, sem cominar sanção."

Os direitos fundamentais das pessoas caracterizam-se como normas imperativas que têm como principal fundamento a dignidade da pessoa humana. A fixação, em sede constitucional, dos direitos trabalhistas, de valores éticos e de princípios protetores e democráticos, todos com força normativa, limitou ainda mais a liberdade contratual e os poderes patronais (CASSAR, 2010, p. 211).

Nesse cenário, observa-se que não há proibição alguma no sentido de as próprias partes do contrato de trabalho estabelecerem regras de suspensão ou de interrupção do trabalho, com as consequências já estudadas anteriormente. Entretanto, haverá a necessidade prévia de se verificar se as mencionadas regras não esbarram nas limitações aqui destacadas.

A interrupção do trabalho é, em regra, benéfica ao empregado, posto que ele, embora não preste serviços, continua a receber a contraprestação e ter o seu tempo de serviço computado para todos os efeitos. Todavia, evidenciada a conduta meramente discriminatória ou, ainda, a presença de uma condição puramente potestativa[45] imposta pelo empregador com vistas à inação do empregado, pode acontecer de a interrupção do trabalho ser considerada nula de pleno direito por violação do direito ao trabalho previsto no art. 6º da Constituição Federal[46]. Nesses casos, além da reintegração ao emprego, o ato praticado pelo empregador pode ensejar o dever de arcar com indenização decorrente de dano moral ou de assédio moral. A análise prática, por óbvio, dependerá da casuística.

---

[45] Aquela que sujeita o negócio ao arbítrio de um dos contratantes, nos termos do art. 122 do Código Civil: "Art. 122. São lícitas, em geral, todas as condições não contrárias à lei, à ordem pública ou aos bons costumes; entre as condições defesas se incluem as que privarem de todo efeito o negócio jurídico, ou o sujeitarem ao puro arbítrio de uma das partes".

[46] "Art. 6º São direitos sociais a educação, a saúde, a alimentação, o trabalho, a moradia, o lazer, a segurança, a previdência social, a proteção à maternidade e à infância, a assistência aos desamparados, na forma desta Constituição."

Com a suspensão, não podemos afirmar o mesmo, ou seja, em geral, a sua incidência no trabalho não traz benefício ao empregado, vez que não trabalha, não recebe salários e não tem em seu favor a contagem do tempo de serviço. Desta forma, deve-se ter em conta que, no caso de se pretender estabelecer a hipótese suspensiva por meio de acordo individual de trabalho, poderá ser considerada nula de pleno direito, caso traga apenas prejuízos ao empregado (arts. 9º e 468 da CLT). Ao contrário, trazendo algum benefício, menor o risco de questionamento acerca de sua legalidade.

2.10.2 Limites à negociação coletiva

Além das hipóteses legais estabelecidas por meio de contrato de trabalho, os períodos suspensivos e interruptivos podem ser alvo de negociação coletiva, resultando em acordos coletivos ou convenções coletivas de trabalho.

> As entidades sindicais têm a prerrogativa, conferida por lei, de estipular, em caráter normativo, e no âmbito das respectivas representações, condições de trabalho aplicáveis aos contratos individuais de trabalho. Trata-se de uma normatividade suplementar, de natureza ao mesmo tempo contratual, que visa atender às peculiaridades de uma determinada categoria ou profissão, cujas nuances e necessidades o legislador não consegue alcançar. (SILVA, 1997, p. 5)

Em geral, as negociações coletivas encontram maior leque de oportunidades se comparadas à negociação individual entre empregado e empregador. Isso porque presume o Direito que o empregado isolado é desigual em relação ao empregador e necessita, pois, de proteção. Dessa presunção é que se extraem os princípios da norma mais favorável e da indisponibilidade.

Porém, no campo da atuação coletiva, por meio das organizações sindicais, é possível, muitas vezes, a disposição sobre direitos que não o são em sede individual, já que a presunção nesse cenário é de igualdade formal e real entre sindicatos, no caso de convenção coletiva, ou entre sindicato profissional e empregador, no caso de acordo coletivo. Nesse campo não vigora o princípio da irrenunciabilidade dos direitos, que é "(...) construção destinada a atuar na esfera do direito individual (...)", mas sim o princípio da liberdade sindical e a autonomia privada coletiva dos particulares. Muitas vezes é a própria lei que autoriza ou mesmo impõe como condição de validade de determinado negócio jurídico, que seja realizado por meio de negociação coletiva, com a participação do sindicato[47].

Não obstante a maior amplitude de possibilidades, as negociações coletivas, como todo ato jurídico, também encontram limitações e possuem requisitos de validade, não podendo, pois, desviar de tais determinações, sob pena de nulidade. Desde a autorização da categoria, por meio de assembleia, até o seu conteúdo, o instrumento da negociação deve respeitar, para ser válido, as condições genéricas e específicas que lhe conferem validade. No que diz respeito ao conteúdo, as entidades sindicais podem dispor livremente sobre as condições de trabalho, desde que não contravenham as normas de proteção ao trabalho (art. 444 da CLT). Não podem, assim, contrariar normas de ordem pública, imperativas, e direitos fundamentais, como a saúde, a segurança, a vida, a liberdade entre outros, que são considerados direitos mínimos sobre os quais ninguém tem o poder de disposição ou renúncia[48]. Assim é que não será possível do ponto de

[47] *Vide* art. 58, § 3º, da CLT, que trata das horas *in itinere* para o caso de micro e pequenas empresas; art. 58-A, § 2º, da CLT, que trata do trabalho em regime de tempo parcial; art. 476-A da CLT, que trata da suspensão do trabalho para participação do empregado em curso ou programa de qualificação profissional oferecido pelo empregador.

[48] Definir-se quais são as normas de ordem pública em sede de direito do trabalho é tarefa árdua e controversa. Há uma corrente, seguida por parcela dos Ministros do Tribunal Superior do Trabalho, que entende que se a Constituição Federal autoriza a redução de salário por meio de negociação coletiva, que pela sua natureza alimentar constitui o mais importante direito do trabalhador, a mesma solução haveria de prevalecer em relação a qualquer outra condição de trabalho. Daí se retira a conclusão da possibilidade de estipulação de cláusulas convencionais *in pejus*.

vista da validade do negócio jurídico estabelecer-se por meio de convenção coletiva a admissão de empregados sem o registro do contrato na Carteira de Trabalho e Previdência Social – CTPS ou a contratação de empregados por prazo determinado fora das hipóteses legais ou, ainda, a possibilidade de não se conceder a totalidade das férias ao empregado em troca de pagamento indenizado. As cláusulas padecerão de vícios congênitos que implicarão a sua nulidade.

A análise das possibilidades de negociação coletiva em torno de períodos de suspensão e interrupção do trabalho, assim como nos casos de disposição por meio de contrato individual, dependerá, por certo, da casuística, não havendo regra prévia que possa determinar para quais casos se considerará válida ou não a cláusula convencional. O importante é que se tenha em mente a necessidade de observância de seus requisitos de validade. No caso específico da suspensão do trabalho, o ponto nevrálgico de qualquer disposição é a premissa de que o empregado ficará sem receber seus salários, que possuem natureza alimentar e, como já dito, constituem a principal contraprestação decorrente do contrato. Nesse cenário é que podemos erigir como regra para qualquer hipótese de suspensão, que haja para o empregado um benefício em contrapartida. No campo das negociações coletivas, essa análise não se limita à disposição da própria cláusula, mas ao conjunto das negociações (teoria do conglobamento) e realidade fática envolvida (p. ex.: crise econômica que acarrete o risco de desemprego).

2.10.3 Casos práticos inseridos em contratos de trabalho e normas coletivas

2.10.3.1 Licença não remunerada (período sabático)

Por vezes encontramos situações em que as partes, individual ou coletivamente, estabelecem a suspensão do contrato de trabalho por um período, denominado sabático[49]. Trata-se de afastamento para

[49] Segundo o **Dicionário Houaiss da Língua Portuguesa**, período sabático é "relativo a, ou próprio do sábado; sabatino (descanso); relativo ao sabá (orgias da

o descanso do empregado, que dedicará seu tempo para o desenvolvimento de atividades pessoais, sejam viagens, cursos ou até mesmo para escrever um livro. No período sabático, o afastamento não visa ao aperfeiçoamento profissional e tem uma motivação pessoal destacada da carreira. Geralmente o período sabático é longo, superior ao tempo destinado às férias e aos feriados.

Algumas empresas oferecem e alguns instrumentos normativos dispõem a respeito do período sabático[50]. Durante o período sabático, o empregado permanece afastado de suas atividades laborais e, em geral, não recebe salários. Nesses casos, seu afastamento não é computado como tempo de serviço, tratando-se nitidamente de hipótese de suspensão do trabalho. Diante da ausência de salário e de trabalho propriamente dito, para ser válida, a cláusula deve ser prevista como opção ao empregado e não como imposição, seja por meio de contrato de trabalho, seja por meio de cláusula normativa.

Tratando-se de uma opção, será válida a cláusula se utilizada pelo empregado sem que estejam presentes possíveis vícios de consentimento, como erro, dolo, coação, simulação ou fraude. Além disso, como vigora no direito do trabalho o princípio da primazia da realidade, deverá restar evidenciado o benefício em favor do trabalhador.

Importante anotar que há instrumentos normativos que se utilizam da expressão período sabático, mas se referem nitidamente a outro tipo de afastamento, que, ao contrário daquele, terá por objetivo o aperfeiçoamento profissional. Nesses casos, entendemos que não será possível privar o empregado dos salários do período, se o afastamento tiver objetivo que atenda também aos interesses do empregador. Em contrapartida, também será possível a previsão

---

Idade Média); relativo a um período em que alguma atividade é interrompida (férias)" (HOUAISS, 2004, p. 2488).

50 *Vide* notícia veiculada em 8-12-2010, intitulada "Período sabático vira benefício nas empresas" (ABRANTES, 2010).

contratual de retenção do empregado após o retorno e por determinado período, sob pena de ressarcimento do dano (despesas efetuadas), já que tal estipulação não afronta o art. 444 da CLT.

2.10.3.2 Multas que acarretem a perda da carteira de habilitação (motoristas)

Já vimos em tese a hipótese de questionamento acerca da validade de cláusula contratual que, em casos de motoristas, determina a suspensão do trabalho caso venha ele a perder a habilitação para dirigir em razão de multas de trânsito. A referida cláusula, assim, desde que ocorrida a condição (perda da habilitação causada por multas), isenta o empregado de trabalhar no período, para que busque a regularização de sua situação junto às autoridades competentes e retome o direito de dirigir. Ocorre que, embora permita o afastamento do empregado, retira-lhe o direito ao salário enquanto não houver a referida regularização. Assim, também o empregador ficaria isento de pagar os salários.

Para a solução da questão é necessário ter em conta os limites aqui estabelecidos anteriormente. Duas posições poderiam ser defendidas. A primeira, pela validade da cláusula, levando-se em conta que foi o próprio empregado quem deu causa à sua inabilitação, motivando, em consequência, a impossibilidade de trabalhar. Não se trataria de cláusula discriminatória ou puramente potestativa. A segunda, ao contrário, pela invalidade da cláusula, já que tal disposição afrontaria a disposição contida no art. 444 da CLT, trazendo somente prejuízo ao empregado, além de ser o direito ao trabalho e ao salário indisponíveis. Outro argumento que reforça o segundo posicionamento é o fato de o empregador ser a parte responsável por assumir os riscos do seu negócio (art. 2º da CLT), de forma que deve arcar com os prejuízos dessa condição.

2.11 Considerações finais

A suspensão e a interrupção do trabalho, como tivemos a

oportunidade de demonstrar, são institutos que se relacionam com vários outros, como as férias, os feriados, os descansos, as licenças, a autonomia privada para a estipulação de cláusulas contratuais etc. Muitos são os questionamentos e as consequências jurídicas que os temas podem suscitar e gerar na prática. Neste sentido, não tivemos, neste artigo, a pretensão de esgotar o assunto, mas apenas trazer alguns pontos polêmicos e lançar a semente para a reflexão.

REFERÊNCIAS

ABRANTES, Talita. Período sabático vira benefício nas empresas. **Exame.com**, dez. 2010. Disponível em: <http://info.abril.com.br/noticias/carreira/periodo-sabatico-vira-beneficio-nas-empresas--08122010-14.shl?3>. Acesso em: 12 mar. 2011.

BARROS, Alice Monteiro. **Curso de direito do trabalho**. 5. ed. São Paulo: LTr, 2009.

BRASIL. Conselho Monetário Nacional (CMN). **Resolução n. 2.932**. Disponível em: <https://www3.bcb.gov.br/normativo/detalharNormativo.do?method=detalharNormativo&N=10203233>. Acesso em: 1º abr. 2011.

BRASIL. **Lei n. 10.406, de 10 de janeiro de 2002** *(Código Civil)*. Disponível em: <http://www.planalto.gov.br/ccivil/leis/2002/L10406.htm>. Acesso em: 1º abr. 2011.

BRASIL. **Decreto-Lei n. 5.452, de 1º de maio de 1943 (Consolidação das Leis do Trabalho)**. Disponível em: <http://www.planalto.gov.br/ccivil/decreto-lei/del5452.htm>. Acesso em: 30 mar. 2011.

BRASIL. **Constituição da República Federativa do Brasil de 1988**. Disponível em: <http://www.planalto.gov.br/ccivil_03/constituicao/constitui%C3%A7ao.htm>. Acesso em: 30 mar. 2011.

BRASIL. **Decreto n. 3.048, de 6 de maio de 1999**. Disponível em: <http://www.planalto.gov.br/ccivil_03/decreto/d3048.htm>. Acesso em: 1º abr. 2011.

BRASIL. **Decreto n. 3.197, de 5 de outubro de 1999**. Disponível em: <http://www.planalto.gov.br/ccivil_03/decreto/D3197.htm>. Acesso em: 1º abr. 2011.

BRASIL. **Decreto n. 99.684, de 8 de novembro de 1990**. Disponível em: <http://www.planalto.gov.br/ccivil_03/decreto/D99684.htm>. Acesso em: 1º abr. 2011.

BRASIL. **Decreto Regulamentador n. 7.052, de 23 de dezembro de 2009**. Disponível em: <http://www.planalto.gov.br/ccivil_03/_Ato2007-2010/2009/Decreto/D7052.htm>. Acesso em: 1º abr. 2011.

BRASIL. **Decreto-lei n. 4.657, de 4 de setembro de 1942 (Lei de Introdução às Normas do Direito Brasileiro)**. Disponível em: <http://www.planalto.gov.br/ccivil/Decreto-Lei/Del4657.htm>. Acesso em: 1º abr. 2011.

BRASIL. **Lei n. 605, de 5 de janeiro de 1949**. Disponível em: <http://www.planalto.gov.br/ccivil_03/Leis/L0605.htm>. Acesso em: 1º abr. 2011.

BRASIL. **Lei n. 5.010, de 30 de maio de 1976**. Disponível em: <http://www.planalto.gov.br/CCIVIL/leis/L5010.htm>. Acesso em: 1º abr. 2011.

BRASIL. **Lei n. 7.783, de 28 de junho de 1989**. Disponível em: <http://www.planalto.gov.br/ccivil/leis/L7783.htm>. Acesso em: 1º abr. 2011.

BRASIL. **Lei n. 8.212, de 24 de julho de 1991**. Disponível em: <http://www.planalto.gov.br/ccivil_03/Leis/L8212cons.htm>. Acesso em: 1º abr. 2011.

BRASIL. **Lei n. 8.213, de 24 de julho de 1991**. Disponível em: <http://www.planalto.gov.br/ccivil/leis/L8213cons.htm>. Acesso em: 1º abr. 2011.

BRASIL. **Lei n. 9.093, de 12 de setembro de 1995**. Disponível em: <http://www.planalto.gov.br/ccivil_03/Leis/L9093.htm>. Acesso em: 1º abr. 2011.

BRASIL. **Lei n. 11.770, de 9 de setembro de 2008**. Disponível em: <http://www.planalto.gov.br/ccivil_03/_Ato2007-2010/2008/Lei/L11770.htm>. Acesso em: 1º abr. 2011.

BRASIL. **Lei n. 12.010, de 3 de agosto de 2009**. Disponível em: <http://www.planalto.gov.br/ccivil/_Ato2007-2010/2009/Lei/L12010.htm>. Acesso em: 1º abr. 2011.

BRASIL. **Projeto de Lei n. 23/2003, de 21 de fevereiro de 2003** (2003a). Disponível em: <http://www.senado.gov.br/atividade/materia/getPDF.asp?t=85768&tp=1>. Acesso em: 18 fev. 2011.

BRASIL. **Projeto de Lei n. 1.038/2003, de 21 de maio de 2003** (2003b). Disponível em: <http://www.camara.gov.br/sileg/prop_detalhe.asp?id=116420>. Acesso em: 18 fev. 2011.

BRASIL. **Projeto de Lei n. 7.754/2010, de 16 de agosto de 2010**. Disponível em: <http://www.camara.gov.br/internet/sileg/Prop_Detalhe.asp?id=484742>. Acesso em: 18 fev. 2011.

BRASIL. **Proposta de Emenda à Constituição n. 30, de 4 de abril de 2007**. Disponível em:<http://www.camara.gov.br/sileg/Prop_Detalhe.asp?id=347174>. Acesso em: 4 mar. 2011.

BRASIL. Instituto Nacional do Seguro Social. **Instrução Normativa INSS/Pres n. 45, de 6 de agosto de 2010**. Disponível em: <http://www010.dataprev.gov.br/sislex/paginas/38/inss-pres/2010/45.htm>. Acesso em: 1º abr. 2011.

BRASIL. Tribunal Regional do Trabalho da 14ª Região (TRT-14). **Recurso Ordinário n. 00083.2009.401.14.00-6**, 1ª Turma, Rel. Des. Shikou Sadahiro, Rev. Des. Vulmar de Araújo Coelho Junior, Rondônia, j. em: 28-4-2009. Disponível em: <http://www.trt14.jus.br:8080/cgi-bin/wwwi32.exe/[in=genisis0.in]>. Acesso em: 1º abr. 2011.

BRASIL. Tribunal Superior do Trabalho (TST). **Súmula 160** (2003a). Res. n. 121/2003. Disponível em: <http://www.tst.gov.br/jurisprudencia/Livro_Jurisprud/livro_html_atual.html>. Acesso em: 1º abr. 2011.

______. **Súmula 282** (2003b). Res. n. 121/2003. Disponível em: <http://www.tst.gov.br/jurisprudencia/Livro_Jurisprud/livro_html_atual.html>. Acesso em: 1º abr. 2011.

BRASIL. Supremo Tribunal Federal (STF). **Recurso Extraordinário 615.261**, decisão monocrática, Rel. Min. Marco Aurélio, Brasília, j. em: 16-8-2010. Disponível em: <http://stf.jus.br/portal/jurisprudencia/listarJurisprudencia.asp?s1=%28RE%24%2ESCLA%2E+E+615261%2ENUME%2E%29&base=baseMonocraticas>. Acesso em: 25 out. 2011.

CASSAR, Vólia Bonfim. **Direito do trabalho**. 4. ed. Niterói: Impetus, 2010.

DELGADO, Maurício Godinho. **Curso de direito do trabalho**. 6. ed. São Paulo: LTr, 2007.

HOUAISS, Antonio. **Dicionário Houaiss da Língua Portuguesa**. Rio de Janeiro: Objetiva, 2004.

FONSECA, Maria Hemília. **Direito ao trabalho: um direito fundamental no ordenamento jurídico brasileiro**. São Paulo: LTr, 2009.

MARTINS, Sérgio Pinto. **Direito da seguridade social**. 29. ed. São Paulo: Atlas, 2010.

NASCIMENTO, Amauri Mascaro. **Compêndio de direito sindical**. 4. ed. São Paulo: LTr, 2006.

SCHIAVI, Mauro. **Manual de direito processual do trabalho**. 3. ed. São Paulo: LTr, 2010.

SILVA, Eduardo de Azevedo. Anulação de cláusula convencional. **Trabalho e doutrina: processo e jurisprudência**, n. 13, jun. 1997.

SÜSSEKIND, Arnaldo *et al.* **Instituições de direito do trabalho**. 8. ed. São Paulo: LTr, 1981, v. 1.

VIANNA, Cláudia Salles Vilela. **Manual prático das relações trabalhistas**. 9. ed. São Paulo: LTr, 2008.

3 CLÁUSULAS ESPECIAIS NO CONTRATO DE EMPREGO

Ricardo Laraia

Professor do Programa de Educação Executiva da DIREITO GV (GVlaw); professor da Pontifícia Universidade Católica de São Paulo; mestre e doutor pela Pontifícia Universidade Católica de São Paulo; juiz do trabalho em Campinas.

3.1 Introdução

Entende-se por cláusulas especiais do contrato de emprego aquelas que, de modo geral, visam proteger os interesses do empregador quanto aos limites éticos da livre-iniciativa e da livre concorrência, mediante limitação da ação do empregado no que diz respeito à manutenção ou à extinção do vínculo de emprego (limitação da liberdade de trabalho) ou à preservação de informações relevantes, estratégicas ou sigilosas (imposição à confidencialidade ou à não divulgação). São as cláusulas que impõem ao trabalhador a obrigação de não romper o contrato ou de não o fazer para prestar serviços a outro empregador, ou o dever de manter sigilo e não divulgar determinadas informações obtidas na relação em curso.

Não existe um rol taxativo de cláusulas dessa natureza, já que várias são suas formas e seu conteúdo. São conhecidas as cláusulas de não concorrência, de sigilo ou de confidencialidade ou de não divulgação, de não solicitação, de permanência no emprego ou de duração mínima do contrato e de exclusividade. Porém, não se excluem outras, com conteúdos e objetivos diversos, vez que a dinâmica das relações comerciais e de emprego impõe sempre novas exigências. O desenvolvimento de diferentes métodos de produção de gêneros ou de fornecimento de serviços torna necessário proteger interesses até então irrelevantes ou desconhecidos.

Salvo exceções, como a cláusula de exclusividade do art. 8º da Lei n. 6.615/78, relativa ao radialista, e do art. 11 da Lei n. 6.533/78, referente ao artista, não há previsão legal para cláusulas especiais, o que não significa que sejam proibidas. Antes, são permitidas, em decorrência da autonomia da vontade, assegurada pelo art. 444 da Consolidação das Leis do Trabalho, segundo o qual as relações contratuais de emprego podem ser objeto de livre estipulação das partes interessadas, desde que não violem as disposições de proteção ao labor, os contratos coletivos etc. Mas, considerando que importam séria restrição à liberdade de trabalho, são admitidas apenas como exceção e em circunstâncias em que seja necessário preservar algum valor jurídico muito significativo que justifique sua estipulação. Logo, e se respeitadas as normas cogentes e os princípios do direito do trabalho, é lícita a estipulação de cláusulas especiais.

Entretanto, a ausência de regulamentação exige dos contratantes – ou daqueles que eventualmente examinem ou julguem as cláusulas especiais – postura e atitude diversas do tradicional. Habitualmente, a licitude ou a ilicitude das cláusulas contratuais é determinada por seu exame à luz da legislação: se de acordo com ela, as cláusulas são consideradas lícitas e, se em desacordo, são reputadas ilícitas, logo, inválidas. Excepcionalmente, admitem-se disposições em certa desconformidade com a lei, por negociação coletiva, se respeitadas normas mínimas de proteção e observadas condições favoráveis aos trabalhadores. Isso encontra fundamento no art. 7º, XXVI, da Constituição Federal, que garante o reconhecimento das convenções e acordos coletivos de trabalho. Exemplo de disposição coletiva divergente de texto expresso de lei é o da estipulação por acordo ou convenção coletivos do regime de compensação "12x36", isto é, de doze horas de trabalho seguidas por trinta e seis de descanso, não obstante a limitação da jornada em compensação a dez horas diárias (CLT, art. 59, § 2º).

Exceções como esta são vedadas no âmbito da relação individual de emprego, por meio de contrato individual celebrado entre as partes. Como dito, nesse plano, a licitude ou ilicitude das cláusulas é determinada pelo exame à luz da letra da lei e não se admitem disposições diversas daquelas determinadas pelas normas cogentes postas pelo legislador.

Ocorre que, por vezes, a legislação é faltante, o que exige o uso de instrumentos conhecidos em Direito, como os princípios, conforme o art. 4º da Lei de Introdução às Normas do Direito Brasileiro (Decreto-lei n. 4.657/42) e o art. 8º da Consolidação das Leis do Trabalho. Nessa circunstância, não se pode cogitar de licitude ou ilicitude da cláusula contratual, por inexistência de lei a ser confrontada, apenas cabe declarar a validade ou a invalidade das cláusulas do contrato.

Tendo em vista que a validade das cláusulas especiais depende do exame à luz de princípios, é preciso entender primeiramente seu contexto histórico, sem o que podem ser julgadas inválidas de antemão, por violação aos princípios de proteção do empregado e de liberdade de trabalho, que fundam o direito do trabalho. A bem da verdade, o conhecimento jurídico não pode prescindir da história, posto que o Direito é produto da cultura e da evolução da sociedade. Por sinal, é sábia a afirmação de Carl J. Friedrich de que a história contém um desígnio e que as fases progressivas do conhecimento representam parcelas da verdade que procuramos (FRIEDRICH, 1965, p. 23).

A par do contexto histórico, também é preciso entender quais princípios entram em jogo quando se examinam a validade de cláusulas especiais e a maneira como tais princípios interagem. Vale lembrar que os princípios possuem concretude e eficácia diversas das regras e, quando em confronto uns com outros, a solução não se dá pela exclusão de nenhum deles, mas, sim, pela ponderação.

Assim, iniciamos este artigo por uma breve análise da evolução das relações de emprego na História e de como o Direito desenvolveu-se no último século. Em seguida, analisamos os princípios que envolvem as cláusulas especiais e quais são os requisitos necessários para que tenham validade para, ao final, descrevê-las sucintamente.

3.2 Panorama histórico

As relações de emprego são caracterizadas pelo trabalho pessoal, contínuo, assalariado e subordinado. Relações com essas características são conhecidas desde a Antiguidade, porém o modelo atual teve origem no século XVIII, a partir de dois acontecimentos, em particular: a Revolução Industrial, no plano econômico, e a Revolução Francesa, no plano político. A primeira pôs em marcha o processo de industrialização e a formação da sociedade capitalista de consumo, do que resultaram, principalmente, a intensificação do labor empregado, a assunção pelo empregador do risco do empreendimento e da propriedade dos meios de produção e a alienação pelo empregado de sua força de trabalho. Por sua vez, a Revolução Francesa e seu subjacente ideal de liberdade assentaram as bases do liberalismo, cujas ideias dominaram o pensamento no ocidente durante todo o século XIX e o início do século XX.

Entre as diversas consequências das Revoluções Industrial e Francesa, merecem destaque a não intervenção do Estado na relação de emprego e a prevalência dos interesses individuais sobre os coletivos ou sociais, frutos do liberalismo. Cabe, ainda, enfatizar o êxodo rural e a oferta excessiva de mão de obra nas crescentes cidades, decorrentes do trabalho industrial. A conjugação da plena liberdade de contratação, da abundância da mão de obra e do poderio econômico do empregador resultaram em seu predomínio sobre os empregados e a valorização do direito de propriedade em detrimento dos direitos daqueles que alienavam sua mão de obra em busca da subsistência (MAGANO, 1991, p. 13-19).

As consequências danosas desses fatos implicaram o que se convencionou denominar "questão social", resumida como o conjunto de graves problemas sociais decorrentes da ausência de regras de proteção e assistência àqueles que nada possuíam. Tais problemas desencadearam o movimento de contestação ao liberalismo, marcado pelo Manifesto do Partido Comunista, de 1848, e pela Encíclica *Rerum Novarum*, de 1891, com especial menção a esta última, em que o Papa Leão XIII propôs a intervenção do Estado na relação de emprego por meio da lei, a fim de obstar a exploração do fraco pelo forte, promover o equilíbrio entre as partes e prevenir conflitos. Conforme Leão XIII:

> A classe rica faz de suas riquezas uma espécie de baluarte e tem menos necessidade da tutela pública. A classe indigente, ao contrário, sem riquezas que a ponham a coberto das injustiças, conta principalmente com a proteção do Estado. (...) O remédio, nesta parte, mais eficaz e salutar é prevenir o mal com a autoridade das leis, e impedir a explosão, removendo a tempo as causas que se prevê que hão de nascer os conflitos entre os operários e patrões (*apud* DE SANCTIS, 1991, p. 33-34).

O movimento de contestação ao liberalismo resultou na regulamentação da relação de emprego por leis imperativas, a partir do início do século XX, intensificada com a fundação da Organização Internacional do Trabalho, em 1919. Buscou-se, então, harmonizar os interesses – normalmente conflitantes – de capital e trabalho, mediante a edição de leis cogentes, indisponíveis por vontade das partes (MAGANO, 1991, p. 19-21). Assim, a legislação trabalhista tornou-se o principal instrumento de regulação, limitando a autonomia do empregado e do empregador de dispor livremente sobre seus direitos e obrigações, a ponto de se questionar durante a primeira metade do mesmo século XX se a relação entre ambos teria natureza de contrato ou representaria um gênero diverso, tal como, por exemplo, o institucional (MAGANO, 1992, p. 22-29).

Além de constituir o mais importante instrumento jurídico a regular a relação de emprego, outro fator determinou sobremaneira a aplicação da lei às relações em geral: a influência do neopositivismo lógico na Filosofia do Direito que se desenvolveu naquela mesma primeira metade de século. Não obstante seja parcialmente verdadeira, uma das ideias de tal movimento, contida também no art. 5º, II, da Constituição Federal, ainda ecoa quase um século depois: a de que só a lei pode obrigar a fazer ou deixar de fazer algo.

A proposição "ninguém será obrigado a fazer ou deixar de fazer alguma coisa senão em virtude de lei" tem maior amplitude no direito público do que no direito privado. Em relação ao direito público, especialmente no direito penal e no direito tributário, garante ao indivíduo não ser privado do direito de ir e vir e de não ter subtraído seu patrimônio pelo Estado, a não ser nas hipóteses prévia e legalmente previstas. Tais hipóteses alcançam a todos de igual maneira. No direito privado, os comportamentos exigidos ou proibidos podem ser sopesados pela aplicação de princípios, e não apenas por lei (LARAIA, 2008a).

Não obstante nos pareça facilmente demonstrável a proposição de que o princípio da legalidade tem diferente amplitude no direito público e no direito privado, a noção de que só a lei permite, obriga ou proíbe ainda é inquestionável entre os operadores do direito e merece ser revista. Inclusive porque, no plano filosófico, a noção do neopositivismo lógico de que o direito reduzir-se-ia às normas foi suplantada pela ideia pós-positivista de que se compõe de normas, fatos e valores, estes últimos veiculados por princípios[1].

Retornando ao plano econômico e social, além da intervenção do Estado por meio da legislação e de seu primado na cultura jurídica, ocorreram grandes transformações na relação de emprego durante o século XX, em decorrência do aumento da complexidade das relações econômicas e das relações sociais. O emprego hoje conhecido desenvolveu-se na indústria de transformação, em que direitos e obrigações são relativamente simples, se comparados a outros ramos de atividade. Acrescente-se que durante todo o século XIX e a primeira metade do século XX, a economia dos países da Europa e da América do Norte concentrou-se no setor secundário, conquanto fossem igualmente importantes os setores primário e terciário.

Todavia, modificaram-se a indústria e as relações entre empregado e empregador. O trabalhador que até algumas décadas atrás limitava-se a cumprir as ordens que lhe fossem determinadas, acrescentando apenas sua força de trabalho, atualmente domina cada vez mais o processo produtivo e detém informações de grande importância para quem o emprega e, frequentemente, para os concorrentes (PROSCURSIN, 2003, p. 71-77). Embora no universo geral a

---

[1] *Vide*, a propósito, Laraia (2008b, p. 136-147).

proporção seja pequena, muitos empregadores dependem estrategicamente do conhecimento detido por seus respectivos empregados, o que põe tais empregados em situação de negociar condições de trabalho com maior autonomia e, algumas vezes, torna-os objeto de disputa entre seu próprio empregador e outros do mercado.

Em outra frente, as mudanças no setor industrial provocaram o desenvolvimento do setor terciário, que hoje predomina nas economias dos países ricos. Neste setor, as relações comerciais e trabalhistas são complexas e dinâmicas e envolvem quantidade significativa de obrigações e interesses não regulados pela legislação do trabalho, cuja base foi assentada na primeira metade do século XX, quando preponderava o setor secundário da economia, isto é, a indústria de transformação. Desse descompasso entre a realidade econômica e a legislação, resulta a existência de lacunas na lei e a necessidade de supri-las, seja pelas partes na relação de emprego, seja pelo Judiciário, quando levado a dirimir conflitos postos, dada a regra *non liquet* vigente em nosso sistema, consoante o art. 4º da Lei de Introdução às Normas do Direito Brasileiro (Decreto-lei n. 4.657/42), o art. 126 do Código de Processo Civil e o art. 8º da Consolidação das Leis do Trabalho.

Nesse panorama é que se inserem as cláusulas especiais. E como, em sua maioria, as cláusulas e as situações não são reguladas por lei, é preciso fazer uso de princípios. Vejamos quais e como eles operam.

3.3 Princípios em jogo

Algumas cláusulas especiais são previstas há anos na legislação, como a de exclusividade do art. 8º da Lei n. 6.615/78, relativa ao radialista, e do art. 11 da Lei n. 6.533/78, referente ao artista. Contudo, sua disseminação no mercado de trabalho no Brasil e sua aceitação pelos Tribunais nacionais são, de certo modo, recentes. Até então, poucas eram vistas, sendo muitas vezes rejeitadas pelas cortes trabalhistas. O princípio de liberdade de trabalho, estampado no art.

5º, XIII, da Constituição Federal, e o princípio de proteção que rege o direito do trabalho constituíram os principais fundamentos para sua frequente rejeição.

O inciso XIII do art. 5º da Constituição Federal prevê que "é livre o exercício de qualquer trabalho, ofício ou profissão, atendidas as qualificações profissionais que a lei estabelecer". Dessa maneira, entendia-se que a lei ou a cláusula contratual que restringisse tal liberdade seria contrária à norma constitucional e, por esse motivo, careceria de validade. Igualmente, entendia-se que o princípio de proteção constituiria um óbice, pois, se o empregado deveria ser protegido, dada a desigualdade existente entre ele e o empregador, isso inviabilizaria eventual disposição em contrato benéfica a este último, como a cláusula de permanência no emprego por determinado período.

Entretanto, nenhum princípio é absoluto, como os princípios não são necessariamente harmônicos. Assim como as regras, também podem confrontar-se, hipótese em que cabe ponderá-los e adaptá-los, para deles obter a máxima eficácia, sem prejuízo de um ou de outro e sem que a observância de um inviabilize a aplicação dos demais. A observância rígida dos princípios de liberdade de trabalho e de proteção ao empregado pode importar violação ao princípio geral da boa-fé e aos princípios da livre-iniciativa e da livre concorrência, na medida em que seja possível ao empregado deixar o emprego a qualquer tempo, causando prejuízo ao empregador que, porventura, invista vultosos recursos em sua formação, por exemplo.

Portanto, os princípios da boa-fé objetiva, da livre-iniciativa e da livre concorrência justificam a estipulação das cláusulas especiais mencionadas de não concorrência, de sigilo e de confidencialidade, de não solicitação, de permanência no emprego e de exclusividade. Em outras palavras, o direito à liberdade de trabalho também deve ser exercido dentro de limites éticos, porque, do contrário, o abuso em seu exercício pode atentar seriamente contra a boa-fé ou inibir a livre-iniciativa ou a livre concorrência. Isso é demonstrado na hipótese em que o empregado aceite oferta de trabalho de empregador concorrente ao seu, cujo único objetivo seja obter informações estratégicas ou sigilosas de grande valia naquele segmento do mercado.

Por se tratar de princípios parcialmente antagônicos e pela circunstância de não serem excludentes, mas integrantes de um sistema, é preciso harmonizá-los, o que é feito por ponderação, conforme dito alhures. Diante do caso concreto, ponderam-se os valores a serem protegidos, observando-se preferencialmente os de maior amplitude em detrimento dos de menor amplitude, sem invalidar uns ou outros. Em termos práticos, significa privilegiar a liberdade de trabalho e a proteção do empregado e, ao mesmo tempo, a boa-fé objetiva, a livre-iniciativa e a livre concorrência, sem olvidar nenhum desses princípios. Como explica Barroso (2004, p. 352):

> Em uma ordem democrática, os princípios frequentemente entram em tensão dialética, apontando direções diversas. Por essa razão, sua aplicação deverá ocorrer mediante "ponderação": à vista do caso concreto, o intérprete irá aferir o peso que cada princípio deverá desempenhar na hipótese, mediante concessões recíprocas, e preservando o máximo de cada um, na medida do possível. Sua aplicação, portanto, não será no esquema "tudo ou nada", mas graduada à vista das circunstâncias representadas por outras normas ou por situações de fato.

No exemplo mencionado, do empregado que recebe oferta de trabalho de concorrente de seu empregador com o único fito de obter informações estratégicas ou sigilosas de grande valia em determinado segmento do mercado, negar validade a eventual cláusula que limite a liberdade de trabalho implica negar os princípios da boa-fé objetiva, da livre-iniciativa e da livre concorrência. Dar validade à cláusula, sem lhe impor restrições, implica negar os princípios de liberdade de trabalho e de proteção. Então, por ponderação, valida-se a cláusula, mas de modo a restringir ao mínimo a liberdade de trabalho e manter a proteção ao empregado, garantindo-se, assim, que os princípios respectivos sejam atendidos, vale dizer, para que sejam observados os princípios da liberdade de trabalho e de proteção, sem prejudicar os da boa-fé objetiva, da livre-iniciativa e da livre concorrência.

A chave para tanto consiste na observância ao princípio da proporcionalidade que, segundo Bonavides (2007, p. 396-397), compõe-se de três elementos: a) pertinência ou aptidão; b) necessidade; e c) proporcionalidade *stricto sensu*. Pertinência ou aptidão significa que o meio adotado seja adequado ao fim a que se destina; necessidade importa que o meio utilizado seja necessário para atingir o fim colimado; e proporcionalidade, estrito senso, implica que o meio escolhido seja proporcional ao mesmo fim objetivado.

Tomando mais uma vez o exemplo acima, de empregado que receba oferta de trabalho de concorrente de seu empregador com o fito de obter informações estratégicas ou sigilosas, cumpre indagar primeiramente qual ou quais os fins pretendidos, cuja resposta é sabida: harmonizar os interesses de empregado e empregador, isto é, garantir ao mesmo tempo a liberdade de trabalho, a proteção, a boa-fé objetiva, a livre-iniciativa e a livre concorrência. Em seguida, cabe indagar sucessivamente: se a estipulação de cláusula especial é adequada para proteção desses interesses, qual cláusula é mais útil e necessária para tanto e, por fim, se os termos respectivos são proporcionais aos fins almejados.

No exemplo referido, é claro que os interesses do empregador seriam razoavelmente atendidos por meio de cláusula dessa natureza, daí sua utilidade. Decidir qual dessas cláusulas dependeria do exame do caso concreto, vale dizer, das circunstâncias que o envolvessem. O mesmo se diz quanto a essa cláusula ser proporcional ao fim destinado. Contudo, com referência a esse aspecto e quanto aos princípios de liberdade de trabalho e de proteção, é preciso que sejam observados alguns requisitos.

3.4 Requisitos das cláusulas especiais

Considerando o princípio da proporcionalidade, visto anteriormente, o primeiro requisito a ser observado quanto às cláusulas especiais refere-se à *necessidade*. Por limitarem a proteção ao empregado e restringirem parcialmente sua liberdade de trabalho, é preciso que haja motivação razoável, portanto, que resultem de causa relevante que as justifique. Entretanto, é muito importante ressaltar que os princípios de liberdade de trabalho e de proteção são fundamentais e que prevalecem sobre os demais princípios já mencionados da boa-fé objetiva, da livre-iniciativa e da livre concorrência. Assim, é preciso que a causa invocada como justificativa para a celebração de cláusula especial seja de magnitude que permita temperar tal predomínio.

Tome-se o exemplo da cláusula de exclusividade, segundo a qual o empregado compromete-se junto a seu empregador a não prestar serviços semelhantes a outro. Estipulada por um trabalhador qualquer, não tem validade, mas é válida se estipulada por aquele cuja imagem importe algum valor significativo e não possa ser exibida comercialmente sem que importe concorrência ao empregador, como na hipótese de apresentador de programa de televisão ou de ator de telenovelas. Nesses casos, encontra amparo no art. 8º da Lei n. 6.615/78 e no art. 11 da Lei n. 6.533/78.

O segundo requisito para a validade de cláusulas especiais refere-se à *limitação material* e diz respeito ao fato de que eventual violação pelo empregado só possa implicar consequência econômica ou patrimonial e jamais possa importar restrição ao direito de prestar livremente seus serviços (OLIVEIRA, 2005, p. 139-140). Preserva-se, assim, a liberdade de trabalho, evitando-se que cláusula desse tipo represente algum modo de servidão ou condição análoga à escravidão, o que caracteriza crime (art. 149 do Código Penal) e consiste em uma da piores formas de trabalho infantil (Convenção 182 da OIT e Decreto n. 6.481/2008).

Importante notar que as consequências dessa ordem já existem na legislação: há casos em que a demissão por iniciativa do empregado implica o dever de pagar alguma importância ao empregador. O empregado contratado a prazo indeterminado que se demita sem aviso prévio pode ter descontado o salário do período respectivo (CLT, art. 487, § 2º), assim como empregado que se demita antes do termo final do contrato a prazo determinado pode ser obrigado a pagar a seu empregador indenização correspondente aos prejuízos decorrentes desse fato (CLT, art. 480). O mesmo ocorre no caso do peão de rodeio, cuja indenização é fixada por acordo individual (Lei n. 10.220/2001, art. 2º, IV), e no caso do atleta profissional, cuja indenização ao empregador também é estabelecida por contrato individual e pode alcançar duas mil vezes o salário médio contratual em caso de transferência nacional, ou valor superior, previsto no contrato e sem limite, em caso de transferência internacional (Lei n. 9.615/98, art. 28, *caput* e § 1º, I e II). Nessas hipóteses, a violação ao dever legal de comunicar previamente a demissão ao empregador (contrato de prazo indeterminado) ou ao dever contratual de prestar serviços até o termo final ajustado (contrato de prazo determinado, inclusive o peão de rodeio e o atleta profissional) dá ensejo à obrigação de indenizar, mas não impede que o empregado deixe um emprego para obter outro e exerça sua liberdade de trabalho.

O terceiro requisito refere-se à *limitação temporal*. Cláusulas especiais não podem ser estipuladas com vigência indefinida, não só em respeito à liberdade de trabalho, mas, igualmente, para que não sejam contraídas obrigações vitalícias, o que é vedado pelo Direito. Por conseguinte, devem ser celebradas por prazo razoável e suficiente para assegurar a obtenção do fim desejado e não mais do que isso (OLIVEIRA, 2005, p. 140-141). Em certos casos, podem viger durante todo o contrato e, por certo tempo, além dele, como no exemplo da cláusula de sigilo ou confidencialidade. Em outros, podem durar apenas o tempo necessário à garantia de algum resultado, como na hipótese da cláusula de permanência no emprego por um ou dois anos, depois da conclusão de curso fornecido pelo empregador.

O quarto requisito refere-se à *compensação*. A restrição feita à liberdade do empregado deve ser compensada de algum modo, mediante pagamento de valor ou concessão de vantagem (OLIVEIRA,

2005, p. 142-148), a fim de ser preservado o equilíbrio das prestações e não configurar lesão, que ocorre quando a parte, por necessidade ou inexperiência, obriga-se à prestação manifestamente desproporcional em relação à prestação oposta, nos termos do art. 157 do Código Civil.

Exemplo de compensação em dinheiro é o pagamento feito em contrapartida à cláusula de permanência no emprego por determinado prazo, também denominado *stay* ou luvas. Verifica-se quando empregadores disputam profissionais talentosos ou altamente qualificados, como artistas, executivos, operadores do mercado financeiro etc. O pagamento de remuneração diferenciada, em patamar mais elevado que o habitual, também constitui forma de compensação econômica. Por sua vez, são numerosos os exemplos de compensação por concessão de vantagem, entre os quais pode ser mencionado o fornecimento de bolsa de estudos. A falta de compensação invalida a cláusula, como ilustram os arestos do Tribunal Regional do Trabalho da 2ª Região:

> CLÁUSULA CONTRATUAL DE NÃO CONCORRÊNCIA SEM RETRIBUIÇÃO. NULIDADE QUE SE DECLARA. Em princípio, a cláusula de não concorrência pode ser avençada pelas partes, exceto quando a restrição envolver verdadeira vedação a novo emprego por período indeterminado ou por termo certo, sem qualquer retribuição econômica, diante do caráter oneroso e sinalagmático do contrato de trabalho que sempre exige reciprocidade das partes. Os efeitos do contrato não podem se estender além da sua extinção, como mera restrição ao direito ao emprego. O direito ao trabalho é o da própria vida, como a forma mais honesta de sobrevivência. Não foi sem razão que a liberdade de trabalhar, "atendidas as qualificações profissionais que a lei estabelecer", foi elevada entre os direitos e garantias fundamentais, como se deduz do inciso XIII, do artigo 5º, da CFR. Inteligência dos artigos 3º, 9º e 444 da CLT combinado com o artigo 5º, XIII, da CFR. (TRT-2, Recurso Ordinário n. 20080573295, 7ª Turma, Rel. Des. José Carlos Fogaça, j. em: 19-6-2008)

> CLÁUSULA DE NÃO CONCORRÊNCIA. NULIDADE. Nula cláusula de não concorrência que impede exercício de profissão, tendo em vista a vastidão das atividades do ex-empregador, sem a devida indenização expressiva pelo período de vigência da referida cláusula. (TRT-2, Recurso Ordinário n. 20070117254, 5ª Turma, Rel. Des. Fernando Antonio Sampaio da Silva, j. em: 27-2-2007)

> Cláusula de não concorrência. Validade. A cláusula de não concorrência foi estabelecida por tempo razoável e houve pagamento de indenização. Logo, está dentro dos princípios da razoabilidade e da proporcionalidade. É, portanto, considerada válida. Não há dano moral a ser reparado. (TRT-2, Recurso Ordinário n. 20040281579, 3ª Turma, Rel. Des. Sérgio Pinto Martins, j. em: 18-5-2004)

Por fim, o quinto e último requisito refere-se à *limitação territorial.* Na medida em que visam resguardar os interesses do empregador quanto aos limites éticos da livre-iniciativa e da livre concorrência, as cláusulas especiais devem se restringir ao âmbito em que se desenvolva a atividade do empregador, ou seja, onde possa encontrar concorrência (OLIVEIRA, 2005, p. 141-142). Jornalista que ajuste com seu empregador no Brasil não deixar o emprego para prestar serviços a veículo de notícias concorrente, mediante compensação financeira, não pode ser impedido de deixar o País para trabalhar em empresa semelhante no estrangeiro, quando não se verifique competição entre eles.

3.5 Cláusulas especiais

Feita uma breve análise da evolução das relações de emprego e do Direito no último século e vistos os princípios que envolvem as cláusulas especiais e os requisitos necessários para que sejam reputadas válidas, cabe agora descrevê-las sucintamente, a começar pela cláusula de não concorrência.

De maneira geral, todas as cláusulas especiais podem ser denominadas cláusulas de não concorrência, porque visam preservar a livre concorrência e a livre-iniciativa. Porém, de modo estrito, a *cláusula de não concorrência* é aquela pela qual o empregado compromete-se a não competir com seu empregador durante certo tempo após a cessação do contrato, sob pena de arcar com perdas e danos. É comum nas atividades comercial e industrial, que envolvam contato com informações estratégicas ou com métodos e modelos de produção, que importem elevado grau de tecnologia. Pode importar vedação ao labor em empresa concorrente, na qualidade de empregado, prestador de serviços, sócio etc., e, por isso, deve ser acompanhada de compensação na hipótese de dificultar o acesso ao mercado de trabalho (OLIVEIRA, 2005, p. 137-168).

Muito próxima a ela, a *cláusula de não solicitação* representa o compromisso de o empregado não recrutar clientes ou mesmo outros trabalhadores de seu ex-empregador, sob pena de também arcar com perdas e danos (ROCHA, 2007). Diferente da primeira, não impede o trabalho junto a outras pessoas, apenas restringe o seu recrutamento.

Já a *cláusula de permanência no emprego* ou de *duração mínima*, importa o compromisso de o empregado se manter no emprego por um período mínimo, sob pena de arcar com perdas e danos ou de restituir o que tenha sido investido na formação profissional do trabalhador ou na manutenção do vínculo (ROCHA, 2007). Tem aplicação nos casos em que o empregador custeie estudos a seu empregado ou naqueles em que pague a ele quantia para que recuse oferta maliciosa de emprego de outrem. Não impede que o empregado deixe o trabalho, mas impõe o dever de ressarcir o custo de formação ou o investimento feito pelo empregador. De ressaltar, todavia, o que já foi dito quanto à necessidade: só se justifica em circunstâncias excepcionais, em que a demissão por iniciativa do empregado viole gravemente a boa-fé objetiva, a livre-iniciativa ou a livre concorrência, sob pena de ser imputada inválida a cláusula.

De certa maneira, a cláusula de permanência assemelha-se ao previsto no art. 29 da Lei n. 9.615/98, que obriga o atleta em formação a que celebre com a entidade formadora o primeiro contrato como profissional e sua renovação e dá a ela o direito de receber indenização, caso isso não ocorra. Apenas com a diferença de que, na hipótese da lei, a indenização pode ser paga pela entidade que contratar o atleta que não formou e não pelo profissional.

A cláusula de permanência também se assemelha em parte ao art. 28 da mesma Lei n. 9.615/98, que obriga o atleta profissional a indenizar o empregador, caso venha a se demitir antes do termo final do contrato, porque não obsta a que ponha fim à relação, porém determina o pagamento de quantia significativa, a fim de desestimular tal conduta. E, nisso, assemelha-se, ainda, ao art. 480 da CLT e ao art. 2º, IV, da Lei n. 10.220/2001, que igualmente preveem sanção pecuniária na demissão voluntária do empregado admitido a prazo determinado e ao peão de rodeio.

A *cláusula de sigilo ou confidencialidade*, denominada ainda de *cláusula de não divulgação*, consiste no compromisso de o empregado não utilizar nem divulgar informação privilegiada (ROCHA, 2007), sob pena de arcar com perdas e danos. Aplica-se sempre que haja informações dessa natureza, com ênfase naquelas protegidas pela lei de propriedade industrial (Lei n. 9.276/99, art. 195, XI e XII). Da mesma forma que as demais, esta cláusula não impede o trabalho para outras pessoas, contudo restringe a divulgação e o uso de informações.

Por fim, a *cláusula de exclusividade* importa o compromisso do empregado de não prestar serviços a outro empregador ou empresa, sob pena de rompimento do contrato ou arcar com perdas e danos. Só se justifica excepcionalmente, mas é admitida legalmente nos contratos de artista (Lei n. 6.533/78, art. 11) e de radialista (Lei n. 6.615/78, arts. 8º, V, e 22).

3.6 Considerações finais

Assim, visto em linhas gerais como evoluíram as relações de emprego e o Direito no último século e quais as cláusulas especiais mais comuns – cláusula de não concorrência, cláusula de não solicitação, cláusula de permanência ou de duração mínima, cláusula de sigilo ou de confidencialidade ou de não divulgação e cláusula de exclusividade –, observa-se que decorrem, em suma, do aumento da complexidade das relações econômicas e sociais e da necessidade de preservar a boa-fé, a livre-iniciativa e a livre concorrência, sem prejuízo da liberdade de trabalho e da proteção ao trabalhador.

Conquanto não sejam previstas em lei, salvo as hipóteses da cláusula de exclusividade do art. 8º da Lei n. 6.615/78, relativa ao radialista, e do art. 11 da Lei n. 6.533/78, referente ao artista, as cláusulas especiais são lícitas se observados alguns requisitos que justifiquem limitar os caros princípios de proteção e de liberdade, que informam o direito do trabalho. São eles: a necessidade, a limitação material, a limitação temporal, a compensação e a limitação territorial. A observância a tais requisitos é o que determina a admissão ou a rejeição das cláusulas especiais.

Finalmente, da ausência de regulamentação decorre a circunstância de que o trato das cláusulas especiais se faz pela ponderação de princípios, característica da modernidade. O que impõe às partes das relações e aos operadores do direito uma nova conduta, além do mero exercício da subsunção do caso concreto às normas, isto é, informar-se acerca dos valores jurídicos em disputa e harmonizá-los mediante razoabilidade.

REFERÊNCIAS

BARROSO, Luís Roberto. **Interpretação e aplicação da Constituição**. 6. ed. São Paulo: Saraiva, 2004.

BONAVIDES, Paulo. **Curso de Direito Constitucional**. 20. ed. São Paulo: Malheiros, 2007.

BRASIL. **Decreto-Lei n. 2.848, de 7 de dezembro de 1940 (Código Penal)**. Disponível em: <http://www.planalto.gov.br/ccivil/decreto-lei/del2848.htm>. Acesso em: 23 mar. 2011.

BRASIL. **Decreto-Lei n. 4.657, de 4 de setembro de 1942 (Lei de Introdução às Normas do Direito Brasileiro)**. Disponível em: <http://www.planalto.gov.br/ccivil/Decreto-Lei/Del4657.htm>. Acesso em: 23 mar. 2011.

BRASIL. **Decreto-Lei n. 5.452, de 1º de maio de 1943 (Consolidação das Leis do Trabalho)**. Disponível em: <http://www.planalto.gov.br/ccivil/decreto-lei/del5452.htm>. Acesso em: 23 abr. 2011.

BRASIL. **Lei n. 6.615, de 16 de dezembro de 1978**. Disponível em: <http://www.planalto.gov.br/ccivil/leis/L6615.htm>. Acesso em: 23 mar. 2011.

BRASIL. **Lei n. 6.533, de 24 de maio de 1978**. Disponível em: <http://www.planalto.gov.br/ccivil/leis/L6533.htm>. Acesso em: 23 mar. 2011.

BRASIL. **Constituição da República Federativa do Brasil, de 5 de outubro de 1988**. Disponível em: <http://www.planalto.gov.br/ccivil_03/constituicao/constitui%C3%A7ao.htm>. Acesso em: 23 mar. 2011.

BRASIL. **Lei n. 10.406, de 10 de janeiro de 2002 (Código Civil)**. Disponível em: <http://www.planalto.gov.br/ccivil/leis/2002/L10406.htm>. Acesso em: 23 mar. 2011.

BRASIL. **Decreto n. 6.481, de 12 de junho de 2008**. Disponível em: <http://www.planalto.gov.br/ccivil_03/_ato2007-2010/2008/decreto/d6481.htm>. Acesso em: 23 mar. 2011.

BRASIL. **Lei n. 9.276, de 9 de maio de 1996**. Disponível em: <http://www.planalto.gov.br/ccivil/leis/L9276.htm>. Acesso em: 23 mar. 2011.

BRASIL. **Lei n. 9.615, de 24 de março de 1998**. Disponível em: <http://www.planalto.gov.br/ccivil_03/Leis/L9615consol.htm>. Acesso em: 23 mar. 2011.

BRASIL. **Lei n. 10.220, de 11 de abril de 2001**. Disponível em: <http://www.planalto.gov.br/ccivil_03/leis/leis_2001/l10220.htm>. Acesso em: 23 mar. 2011.

BRASIL. Tribunal Regional do Trabalho da 2ª Região, **Recurso Ordinário n. 20080573295**, 7ª Turma, Rel. Des. José Carlos Fogaça, São Paulo, j. em: 19-6-2008. Disponível em: <http://www.trtsp.jus.br/Geral/Consulta/Jurisprudencia/Ementas/020080573295.html>. Acesso em: 23 mar. 2011.

______. **Recurso Ordinário n. 20070117254**, 5ª Turma, Rel. Des. Fernando Antonio Sampaio da Silva, São Paulo, j. em: 27-2-2007. Disponível em: <http://www.trtsp.jus.br/Geral/Consulta/Jurisprudencia/Ementas/020070117254.html>. Acesso em: 23 mar. 2011.

______. **Recurso Ordinário n. 20040281579**, 3ª Turma, Rel. Des. Sérgio Pinto Martins, São Paulo, j. em: 18-5-2004. Disponível em: <http://www.trtsp.jus.br/Geral/Consulta/Jurisprudencia/Ementas/020070117254.html>. Acesso em: 23 mar. 2011.

DE SANCTIS, Frei Antonio. **Encíclicas e documentos sociais**. São Paulo: LTr, 1991.

FRIEDRICH, Carl Joachim. **Perspectiva histórica da Filosofia do Direito**. Rio de Janeiro: Zahar, 1965.

LARAIA, Ricardo Regis. **A dupla face do princípio da legalidade**. Tese (Doutorado em Direito) – Faculdade de Direito, Pontifícia Universidade Católica de São Paulo, São Paulo, 2008a.

______. Princípios: meio e fim. In: NANNI, Giovanni Ettore (coord.). **Temas relevantes do direito civil contemporâneo**. São Paulo: Atlas, 2008b.

MAGANO, Octavio Bueno. **Manual de direito do trabalho**. 4. ed. São Paulo: LTr, 1991, v. I.

______. **Manual de direito do trabalho**. 3. ed. São Paulo: LTr, 1992, v. II.

OLIVEIRA, Oris. **A exclusão de concorrência no contrato de emprego**. São Paulo: LTr, 2005.

ORGANIZAÇÃO INTERNACIONAL DO TRABALHO. **Convenção da OIT n. 182**. Disponível em: <http://www.oitbrasil.org.br/info/download/conv_182.pdf>. Acesso em: 23 mar. 2011.

PROSCURCIN, Pedro. **Do contrato de trabalho ao contrato de atividade**. São Paulo: LTr, 2003.

ROCHA, Andréa Presas. Contratos de trabalho. Modalidades e cláusulas especiais. Contrato de aprendizagem. 2007. Disponível em: <http://jus.uol.com.br/revista/texto/10658/contratos-de-trabalho-modalidades-e-clausulas-especiais-contrato-de-aprendizagem/1>. Acesso em: 12 maio 2011.

4 LIMITES IMPOSTOS À ATUAÇÃO DO EMPREGADOR E PROTEÇÃO DA INTIMIDADE DO EMPREGADO

Laura Bittencourt Ferreira Rodrigues

Professora do Programa de Educação Executiva da DIREITO GV (GVlaw); professora convidada da Escola Nacional da Magistratura do Trabalho – ENAMAT e da Escola Judicial do TRT da 15ª Região – EMATRA XV; professora do curso de graduação em Direito na FACAMP; doutoranda em Direito do Trabalho pela Universidade de São Paulo – USP; mestre em Direito do Trabalho pela Pontifícia Universidade Católica de São Paulo; especialista em Direito Processual Civil pela Escola Paulista da Magistratura; juíza do trabalho titular da Vara do Trabalho de Mogi-Guaçu/SP.

4.1 Introdução

Muito se afirma nos ambientes acadêmicos, doutrinários e jurisprudenciais acerca da subordinação, que é o traço diferenciador para a constatação de que determinada prestação laboral se deu nos moldes de um contrato de emprego ou se não passou de mera relação de trabalho. Realmente, tal característica definidora de um vínculo empregatício implica, em poucas palavras, o dever de obediência por parte do trabalhador, que o tipifica como empregado. Entretanto, não se pode olvidar de que, em contrapartida a esse dever, por parte do tomador desses serviços, existe o poder hierárquico, exteriorizado pelos poderes diretivo, disciplinar e regulamentar, a tipificar o empregador.

Essa correlação de poderes e deveres é que configura o contrato de trabalho no sentido estabelecido na Consolidação das Leis do Trabalho[1], sendo, portanto, de natureza contratual o vínculo obrigacional que une o empregado e o empregador. Com efeito, o liame que os une advém de ato de manifestação de vontade (expressa ou tácita) havido entre eles, qual seja, o de firmarem pacto de prestação laboral mediante pagamento salarial. Em razão de tal pactuação, o empregado assume deveres, dentre outros, de obediência e fidelidade, adquirindo o direito de ser remunerado, e o patrão, a par de seu direito de subordinar, assume o dever de contraprestação do trabalho executado.

[1] Arts. 2º e 3º da CLT.

O tema do presente artigo diz respeito justamente à amplitude do poder hierárquico patronal, que, a nosso ver, não pode ser compreendida como irrestrita. Com efeito, há limites que se impõem para a prática dos atos próprios de punição do empregado, de direção e organização do negócio explorado pelo tomador do trabalho. E isso é assim porque a efetiva superintendência e direção do empreendimento, como todas as demais relações jurídicas que se travam sob a égide do ordenamento constitucional vigente, devem submeter-se às garantias individuais estabelecidas pelo art. 5º da Lei Maior.

Sendo assim, partindo de um breve panorama acerca da elevação da proteção à privacidade e à intimidade do indivíduo em nível constitucional, passando pela mesma proteção estabelecida em nível infraconstitucional, deixaremos o mundo do "dever-ser", para ingressar no mundo do "ser" propriamente dito, vale dizer, faremos um apanhado não só do ordenamento normativo positivado no Direito brasileiro, como também observaremos situações da realidade fática que violam a referida proteção, bem como as soluções jurídicas para a reparação dessas violações ao direito.

Com isso, constataremos que a criatividade das relações humanas surpreende no tocante às circunstâncias em que as partes se envolvem resultando nas violações referidas. As novas organizações sociais, políticas, econômicas e tecnológicas, que, fundadas numa suposta aproximação entre os atores sociais, acabam, muitas vezes, por provocar o afastamento deles, não só entre si, mas também, com relação a bens da vida, materiais e imateriais, acabam proporcionando o surgimento de questões que, com frequência, se afiguram como evidentes lesões ao patrimônio moral do trabalhador, outras que não se evidenciam como tal e acabam recebendo, no ambiente processual, interpretações divergentes.

Não se pode olvidar, ainda, que o referido avanço no campo das ciências e da tecnologia da informação levou à alteração do eixo central definidor de competências e de capacidades, gerando importantes questionamentos sobre o alcance do compartilhamento dessas informações. Frequentemente, observam-se atitudes que partem da premissa de que o direito à informação não pode ser limitado, em contraponto à premissa de que ainda há um reduto no qual a interferência alheia somente pode ocorrer se consentida. O acesso aos fatos divulgados imediatamente pela internet, televisão e rádio acarreta, muitas vezes, o posicionamento dos envolvidos numa situação limítrofe entre o lícito e o ilícito. Outrossim, o acesso a *e-mails*, cartões de crédito e ligações de telefones corporativos, assim como o acesso a imagens feitas por câmeras de segurança instaladas nos mais diversos locais, são outros campos frutíferos para as relações de que se trata.

De qualquer sorte, como já dito, todas essas situações atuais ensejam diferentes pronunciamentos judiciais. Compreende-se que essa diferença de análise e de julgamento é própria do mundo do Direito, eis que este não consiste em uma ciência exata, ao contrário, o Direito requer justamente a interferência humana para a sua aplicação e, com isso, sua evolução. Observe-se que evolução não significa, necessariamente, uma superação de algo anteriormente preexistente, de qualidade inferior àquela que possui a situação que o sucedeu. Evolução, no sentido aqui utilizado, diz respeito tão somente à alteração da interpretação jurídica acerca de determinado fato, de acordo com as novas realidades observadas no momento do julgamento da questão, independentemente de qualquer juízo valorativo sobre a novel apreciação que foi levada a efeito. Trata-se, somente, portanto, de uma sucessão, possível e desejável, de interpretações, que demonstra, confirma e reafirma a função primordial do Direito, que é a de tornar públicos os valores que regem a sociedade a ele vinculada, em determinado momento no tempo.

A multiplicidade de relações que coexistem no âmbito da realidade fática não deve ser ignorada pelo Direito e, por isso, ela também justifica a coexistência de diversas decisões acerca das novas situações concretas submetidas à análise judicial. Assim, entendemos justificada e apreciada a possibilidade de uma situação ser considerada ora como violação à intimidade do trabalhador, ora como uma hipótese de inexistência de lesão à intimidade.

Não se pode deixar de referir, a propósito do tema em questão, a diversidade de decisões também no que se refere ao *quantum* fixado para a compensação do dano, pois a impossibilidade de se quantificar objetivamente a dor, a afetação da intimidade, a mutilação física ou a perda de um ente familiar, leva os Pretórios Trabalhistas a se desincumbirem de sua obrigação constitucional de fundamentação dos julgados (art. 93, IX, da CF), tão somente justificando como chegaram ao valor arbitrado, o qual necessariamente não tem relação com o salário do obreiro ou o tempo de serviço por ele prestado.

Com tudo isso, pretendemos, longe de esgotar o tema e seus reflexos correlatos, estimular o leitor à reflexão e à crítica acerca desses assuntos, tão relevantes e atuais, com que nos deparamos, cada vez mais frequentemente em nossos cotidianos forenses.

4.2 Proteção constitucional e infraconstitucional

O inciso X do art. 5º da Constituição Federal assegura o direito à proteção à intimidade, à vida privada, à honra e à imagem das pessoas, assegurando também o direito à indenização pelo dano material ou moral decorrente de sua violação.

Existe garantia constitucional, portanto, não só do objeto do pensamento, do sentimento e da vontade, mas também do comportamento adotado socialmente pelo indivíduo. Importa destacar esses âmbitos para deixar claro que a ordem constitucional protege ambos os aspectos da individualidade, vale dizer, o interno e o relacional. Isso nem sempre foi assim, eis que houve época em que o ordenamento jurídico não se atentava para a proteção do patrimônio jurídico individual interno, por considerá-lo, primeiramente, desinteressante em termos de influência social, e, em segundo lugar, por reputá-lo de quantificação imensurável.

Ocorre que a intromissão alheia nessas esferas do âmbito interno do ser humano, gerando dissabores, constrangimentos e consequências não previstas e não desejadas pela vítima, foi sendo observada e valorada, até que se concluiu, a nosso ver, acertadamente, que se tratava de um direito, cuja proteção expressa era necessária, assim como a respectiva sanção em caso de violação, consistente na indenização.

O patrimônio moral do indivíduo, albergado em sua órbita interna, afeta-lhe a estima, a honra, a privacidade, a imagem, o nome, a vergonha, a emoção e mereceu, finalmente, a proteção constitucional, consoante suprarreferido.

Releva mencionar, ainda, a ampla discussão havida acerca da autonomia do dano estético, uma vez que se entendeu, por muito tempo, que a estética era tão somente uma das faces da moral, de modo que nela estaria incluída e, assim, não comportaria indenização independente. Todavia, tal entendimento resta atualmente superado, pois se compreendeu que o aspecto estético do ser humano é a parcela de seu âmbito moral que se faz passível de exteriorização e de visualização. De tal modo, é perfeitamente possível a ocorrência de lesão ao patrimônio moral sem que se abale o patrimônio estético do indivíduo, assim como situação inversa, ou seja, o abalo estético sem violação ao patrimônio moral da pessoa[2].

A proteção de que se cuida, consistindo em norma relativa a direitos e garantias fundamentais, autoriza a conclusão de que a disposição constitucional em questão tem aplicação imediata e independente de legislação que a regulamenta.

Mas, não fosse assim, há proteção legal, em nível infraconstitucional. Com efeito, o art. 21 do Código Civil estabelece que "a vida privada da pessoa natural é inviolável, e o juiz, a requerimento do interessado, adotará as providências necessárias para impedir ou fazer cessar ato contrário a esta norma". No mesmo *codex,* encontram-se os deveres de indenizar, nos arts. 186, 950, 927, 932 e, em particular aplicação na seara trabalhista, o parágrafo único do art. 927, o inciso III do art. 932 e o art. 951. Todos esses dispositivos vão ao

---

[2] Nesse sentido, temos a Súmula 387, do STJ: "É lícita a cumulação das indenizações de dano estético e dano moral" (STJ, 2009a).

encontro do ditame constitucional, ao fixar a indenização por danos morais.

Na esfera trabalhista, a lesão há de decorrer da relação laboral mantida entre as partes, vale dizer, o ato reputado ilícito deve ter como causa remota a vinculação laboral, de modo que se constate que a violação somente tenha ocorrido por causa e em razão da existência desse liame entre as partes. É oportuno registrar que a violação de que se fala, por muito tempo, foi entendida como suficiente para afetar a vida profissional da vítima. Confira-se no julgado abaixo:

> DANO MORAL. CARACTERIZAÇÃO. Para a caracterização do dano moral, ensejador da responsabilidade civil do reclamado, é necessária a presença, concomitante, dos seguintes elementos: a) ofensa a uma norma preexistente; b) o dano; c) o nexo causal, caracterizando o exercício irregular de direito do empregador, publicamente exposto a tratamento vexatório. A indenização por dano moral é devida quando o trabalhador sofre, por parte do empregador, tratamento humilhante capaz de gerar sequelas na vida profissional. (TRT-2, Recurso Ordinário n. 01190200144602000/2003, 10ª Turma, Rel. Des. Vera Marta Públio Dias, j. em: 28-9-2004)

Todavia, o entendimento atualmente predominante é o de que a esfera moral do ser humano tem tantas outras facetas que não se pode reduzir esse patrimônio jurídico imaterial apenas ao âmbito profissional, até porque a Constituição não fez tal restrição. Sendo assim, toda e qualquer violação à dignidade moral do trabalhador, independentemente de lhe acarretar sequelas em sua vida laboral, há de ser reparada pelo agressor, ou pelo seu responsável. Veja-se:

> DANO MORAL – TRABALHADOR RURAL – TRATAMENTO DEGRADANTE – DIREITO À INDENIZAÇÃO. Houve descaso da reclamada para com o reclamante, que foi conduzido da região de Morro Agudo para trabalhar no interior do Estado de Goiás. Lá foi alojado em péssimas condições, sem água nem cozinha.

> Além disso, os sanitários permaneciam sujos, chegando a faltar papel higiênico. Também faltava energia. Vê-se, pois, falta de consideração e descaso que provocam indignação, constrangimento e um grande sentimento de impotência frente à conduta da reclamada, que "largou" o trabalhador em local ermo, distante, sem meios de sobrevivência. Por essas razões é devida a reparação dos danos morais suportados, pois a situação é incompatível com a dignidade da pessoa humana, com a valorização do trabalho e com a função social da propriedade, asseguradas pela Constituição Federal (art. 1º, III e IV, art. 5º, XIII, art. 170, "caput" e III). O trabalhador é sujeito, e não objeto da relação contratual, e tem direito a preservar sua integridade física, intelectual e moral, em face do poder diretivo do empregador. A subordinação no contrato de trabalho não compreende a pessoa do empregado, mas tão somente a sua atividade laborativa, esta sim submetida de forma limitada e sob ressalvas ao "jus variandi". Comprovado o tratamento degradante dispensado ao trabalhador, resta configurado gravíssimo atentado à dignidade dos trabalhadores, ensejador da indenização por dano moral (arts. 5º, V e X, CF; 186 e 927 do NCC). Recurso da reclamada não provido. (TRT-15, Recurso Ordinário n. 00016-2009-156-15-00-0, 10ª Câmara, 5ª Turma, Rel. Des. José Antonio Pancotti, j. em: 23-4-2010)

Embora a intuição primeira seja no sentido de que o agente causador do dano é quem deve promover a correspondente compensação dele advinda, a leitura do inciso III do art. 927 do Código Civil dá conta de que o empregador, muitas vezes, pode vir a ser responsabilizado pelos atos praticados por seus prepostos e até mesmo por seus demais empregados e pessoas que contribuem para ele na consecução do desiderato empresarial. Não obstante, se o agente que praticar o dano não constituir sequer um *longa manus* patronal, não se afigura viável a responsabilização do tomador dos serviços. De se recordar, a propósito, a teoria das penas, que, apesar de própria do direito penal, é de perfeita aplicabilidade, já que a natureza jurídica da indenização pretendida pela vítima, embora seja compensatória, é também punitiva, eis que acarreta uma condenação ao agressor. Mediante a referida teoria, a punição não passa da pessoa do agente ou da pessoa de seu responsável. Em última análise, portanto, é necessário verificar a existência de responsabilidade entre o empregador e o real agente do ato ilícito.

Ainda no âmbito trabalhista, há que perquirir o respeito ao direito de que se trata tanto na pré-contratação como no curso do contrato e também após a ruptura contratual. Com efeito, antes da contratação, tem-se observado, por exemplo, condutas do pretendido patrão no sentido de exigir exames médicos, psicológicos e até grafológicos dos candidatos ao emprego; exame de suas finanças, com verificação da inclusão atual ou pretérita de seus nomes nos serviços de proteção ao crédito, além da exigência de outras certidões negativas. Durante a contratação, os casos são mais numerosos, partindo de revistas íntimas com apalpação; instalação de câmeras em sanitários; exigências e práticas discriminatórias relativas à aparência do trabalhador (uso ou não de barba, bigode, maquiagem, cabelos presos ou curtos, bijuterias e joias); imputação de alcunhas e apelidos pejorativos e humilhantes, relacionados muitas vezes à imagem pessoal; limitação do tempo dedicado às necessidades fisiológicas, entre outros. Após a ruptura contratual, há exemplos de calúnia, injúria e difamação ao ex-empregado; inclusão do trabalhador em listas prejudiciais à obtenção de nova colocação no mercado de trabalho; anotações ilegais em Carteira de Trabalho e Previdência Social (CTPS); violação de dados armazenados em área pessoal do obreiro nos computadores da empresa.

Acerca dos danos pré e pós-contratuais, há polêmica quanto à competência do órgão jurisdicional próprio para julgamento dessas questões, pois muitos entendem que à Justiça do Trabalho cabe apenas o conhecimento das lesões de direito havidas durante o contrato de trabalho. Filiamo-nos a tese diversa, qual seja a de que a competência da Justiça Obreira alcança também os atos ilícitos praticados nas fases pré e pós-contratuais, eis que o dano, em última análise, está intimamente relacionado à relação laboral que se pretendia formar ou que já findou.

Acerca de tal polêmica, examinem-se os julgados divergentes, abaixo transcritos:

> AGRAVO REGIMENTAL. CONFLITO DE COMPETÊNCIA. CONCURSO PÚBLICO. SOCIEDADE DE ECONOMIA MISTA ESTADUAL. COMPANHIA RIOGRANDENSE DE SANEAMENTO. CANDIDATO REPROVADO EM EXAME MÉDICO. ÓBICE AO PROVIMENTO NO EMPREGO PÚBLICO. FASE PRÉ-CONTRATUAL. AUSÊNCIA DE VÍNCULO EMPREGATÍCIO. ART. 114 DA CONSTITUIÇÃO FEDERAL. REDAÇÃO DADA PELA EC 45/2004. NÃO INCIDÊNCIA. MANTIDA A COMPETÊNCIA DA JUSTIÇA ESTADUAL. AGRAVO NÃO PROVIDO. 1. Cinge-se a controvérsia à fixação da competência para processar e julgar reclamatória trabalhista ajuizada por candidato a cargo de Agente em Tratamento de Água e Esgoto junto à Companhia Riograndense de Saneamento – Corsan, sociedade de economia mista estadual, objetivando a declaração de nulidade do ato que o eliminou do processo seletivo, ante a alegação de irregularidades nos critérios adotados para a exclusão de candidatos aprovados em etapas anteriores ao exame médico. 2. A jurisprudência desta Corte orientou-se no sentido de que não compete à Justiça do Trabalho decidir os feitos em que se discutem critérios utilizados pela Administração para a seleção e admissão de pessoal nos seus quadros, uma vez que envolve fase anterior à investidura no emprego público. 3. Desse modo, não há falar na incidência do disposto no art. 114, I, da CF/88, com a redação dada pela EC 45/2004, segundo a qual compete à Justiça do Trabalho o processamento e julgamento das "ações oriundas da relação de trabalho, abrangidos os entes de direito público externo e da administração pública direta e indireta da União, dos Estados, do Distrito Federal e dos Municípios". 4. Mantida a competência do Juízo estadual. 5. Agravo regimental não provido. (STJ, AgR no CC 98.613, 1ª Seção, Rel. Min. Benedito Gonçalves, j. em: 14-10-2009)

> RECURSO DE REVISTA. PRELIMINAR DE INCOMPETÊNCIA DA JUSTIÇA DO TRABALHO. A Justiça do Trabalho é competente para conhecer e julgar pedido relacionado a período pré-contratual, decorrente da não convocação de aprovados em

> concurso público realizado por sociedade de economia mista estadual. Exegese do Artigo 114 da CF/88. Recurso de revista não conhecido. PRELIMINAR DE NULIDADE POR NEGATIVA DE PRESTAÇÃO JURISDICIONAL. Há de se mostrar omissa a decisão, mesmo após a provocação da manifestação por intermédio de embargos de declaração, para que reste demonstrada a negativa de prestação jurisdicional ensejadora do conhecimento do recurso de revista. Exegese do disposto no art. 535, inciso II, do Código de Processo Civil. Recurso de revista não conhecido. AUMENTO DO NÚMERO DE VAGAS EM CONCURSO. Os requisitos para interposição de recurso de revista encontram-se previstos nas alíneas *a* e *c*, do artigo 896 da CLT, cuja inobservância acarreta o não conhecimento do apelo. Recurso de revista não conhecido. (TST, Recurso de Revista 758787-11.2001.5.12.5555, 2ª Turma, Rel. Min. Renato de Lacerda Paiva, j. em: 10-11-2004)

De qualquer forma, os exemplos suprarreferidos dão uma pequena mostra das inúmeras possibilidades de ação ou omissão patronal que, atualmente, levam ao reconhecimento da prática de ato violador do espectro moral do trabalhador.

A título de exemplo, mencionam-se alguns dispositivos infraconstitucionais que conferem a proteção de que se cuida: arts. 5º, 373-A e 461 da CLT, Leis n. 9.029/95 e 11.340/2006 (Lei Maria da Penha).

4.3 Indenização

Importa mencionar que a natureza jurídica da indenização pretendida pela vítima não é a de vingança nem a de reparação. Isso porque, primeira e felizmente, a sociedade atual superou o fundamento que embasou a antiga Lei de Talião, mediante a qual a reciprocidade do ato praticado era necessária e somente assim haveria resposta à lesão de direito. Não há justificativa aceitável para que o Estado promova atos de retaliação em face daquele que descumpre as normas de conduta. Cabe ao Estado, sim, promover atos de justiça, que signifiquem a melhor dicção do Direito e, com isso, não só desestimule a prática de atos que violam o ordenamento jurídico, mas também enseje a formação, constituição e afirmação da sociedade que o Direito quer.

Não tem, também, a mencionada indenização de natureza reparatória, eis que há circunstâncias que, por mais sinceras e reais intenções que se tenha de vê-las reconstituídas, são irreparáveis. O comprometimento permanente e definitivo da saúde é um exemplo disso, assim como a perda de um membro ou de parte dele, e, acima de todos os outros, a própria morte é irreparável.

Todavia, em nome dessa impossibilidade de retorno ao *status quo ante*, bem como em nome da impossibilidade de se quantificar a dor, não apenas física, mas também íntima, primava o sentimento de injustiça, já que o ofensor não recebia nenhum tipo de condenação em âmbito civil, limitando-se o Estado a atuar apenas na esfera penal, atribuindo aos ofensores penas restritivas de liberdade.

Disso tudo, resulta que a natureza jurídica da indenização de que se fala é compensatória, já que o que se visa é apenas promover um alento à vítima ou aos seus familiares, no que diz respeito à dor sentida. Não se trata de ressarcir a dor por meio de pagamento pecuniário, nem de promover o aviltamento da vítima ou a mera punição do agressor. O objetivo é não enriquecer a parte credora, nem, tampouco, reduzir à pobreza a parte devedora.

Com efeito, segundo Maria Helena Diniz, a reparação do dano moral tem sua dupla função, a penal

> (...) constituindo uma sanção imposta ao ofensor, visando à diminuição de seu patrimônio, pela indenização paga ao ofendido, visto que o bem jurídico da pessoa (integridade física, moral e intelectual) não poderá ser violado impunemente, e a função satisfatória ou compensatória, pois como o dano moral constitui um menoscabo a interesses jurídicos extrapatrimoniais, provocando sentimentos que não têm preço, a reparação pecuniária visa proporcionar ao prejudicado uma satisfação que atenue a ofensa causada. (DINIZ, 2011, p. 125)

É relevante pontuar, neste momento, os requisitos para a fixação da obrigação de indenizar, quais sejam, conduta, dano, o nexo causal entre a conduta e o dano e a culpa/dolo do agente, este último requisito é dispensado quando se tratar de hipótese de responsabilidade civil objetiva. Ausente um desses elementos, descaracterizada está a responsabilidade civil que gera o dever de indenizar.

A propósito disso, polêmica também há no que diz respeito à prova da existência da dor moral, pois muitos defendem a tese de que provado o ato danoso não há necessidade de se provar a violação efetiva à imagem e à intimidade da vítima, enquanto outros advogam a tese de que, ainda que reste incontroverso ou demonstrado o fato danoso, resta a necessidade de se evidenciar o prejuízo efetivo sofrido. A defender esta última tese referida, citamos o seguinte julgado:

> Ementa: Indenização – Dano Moral – Publicação de notícias ofensivas – Inadmissibilidade – Não comprovação do dano reclamado – Recurso improvido. (TJSP, Apelação 0070972-40.1996.26.0000, 9ª Câmara de Dir. Priv., Rel. Des. Osvaldo da Silva Rico, j. em: 2-12-1997)

Já para ilustrar a primeira tese referida, podemos citar Alice Monteiro de Barros:

> Releva notar, ainda, que a responsabilidade de reparação surge tão logo se verifica o fato da violação ("damnum in re ipsa"). Não cabe cogitar, por isso, de prova do dano moral, já que não se exige do lesado a demonstração de seu sofrimento. (BARROS, 2011, p. 515)

Além dessa polêmica, atendendo ao propósito de despertar a reflexão e a crítica do leitor, também não se pode deixar de mencionar a celeuma existente acerca da necessidade de se perquirir se a responsabilidade do agente é subjetiva ou objetiva, havendo interpretações nos dois sentidos. E ainda entendimento quanto à culpa subjetiva, com inversão do ônus da prova, para que o agente demonstre a higidez do ambiente laborativo.

Acerca disso, vejam-se os seguintes julgados:

DANO MORAL. RESPONSABILIDADE OBJETIVA X SUBJETIVA. A regra geral quanto à responsabilidade civil pelos danos decorrentes de acidente de trabalho é de natureza subjetiva, conforme previsão do art. 7º, inciso XXVIII, da CF/88, devendo ser provada a culpa ou o dolo do empregador ou de seus prepostos para emergir o dever de indenizar. O CC/2002, contudo, ampliou a culpa objetiva para outros casos em que a atividade normalmente desenvolvida pelo empregador traga riscos para outrem. Verificado que a atividade desempenhada pelo acidentado não lhe acarretava um risco superior ao existente no cotidiano dos empregados de um modo geral, tem-se que a contenda merece análise à luz das disposições insertas nos artigos 186, 187 e 927 do Código Civil, que apontam as regras da responsabilidade civil subjetiva. Recurso da Autora ao qual se nega provimento. (TRT-23, Recurso Ordinário n. 01949.2009.096.23.00-1, 2ª Turma, Rel. Juíza Convocada Roseli Doraia, j. em: 13-10-2010)

(...) INDENIZAÇÃO POR DANO MORAL E MATERIAL. CULPA EXCLUSIVA DA VÍTIMA. AFASTADA. RESPONSABILIDADE CIVIL OBJETIVA. ATIVIDADE DE RISCO PERIGOSO. OPERADOR DE LAMINAÇÃO DE TIRAS. Demonstrada aplicação inadequada da Súmula 126 do TST pelo Regional, mais a aparente violação do art. 927 do NCC, é de se determinar o processamento do recurso de revista. Agravo de instrumento provido. II – RECURSO DE REVISTA DAS RECLAMANTES. INDENIZAÇÃO POR DANO MORAL E MATERIAL. CULPA EXCLUSIVA DA VÍTIMA. AFASTADA. RESPONSABILIDADE CIVIL OBJETIVA. ATIVIDADE DE RISCO PERIGOSO. OPERADOR DE LAMINAÇÃO DE TIRAS. A norma constitucional abraça a responsabilidade subjetiva, obrigação de o empregador indenizar o dano que causar mediante comprovada culpa ou dolo, e o Código Civil a responsabilidade objetiva, em que não se faz necessária tal comprovação, pois que fundada na teoria do risco da atividade econômica. A primeira, norma constitucional, trata de garantia mínima do trabalhador e não exclui a segunda, que, por sua vez, atribui maior responsabilidade civil ao empregador, perfeitamente aplicável de forma supletiva no Direito do Trabalho, haja vista o princípio da norma mais favorável, mais o fato de o Direito Laboral primar pela proteção do trabalhador e à segurança e medicina do trabalho, institutos destinados a assegurar a dignidade, integridade física e psíquica do empregado no seu ambiente laborativo. *In casu*, afastada a culpa exclusiva da vítima pela caracterização da culpa concorrente da empresa, a qual não elide a responsabilidade civil do empregador, ele deve indenizar o dano causado em decorrência de acidente de trabalho com resultado morte do empregado, em razão dos riscos próprios da atividade econômica explorada. Recurso de revista conhecido e provido. (TST, Recurso de Revista n. 26640-22.2006.5.03.0034, 6ª Turma, Rel. Min. Augusto César Leite de Carvalho, j. em: 2-2-2011)

4.4 Relato de caso

De tudo quanto foi exposto até agora, extrai-se que há fundamentos aos limites do poder hierárquico patronal.

Mas se a arte imita a vida (ou será que é a vida que imita a arte?), assim, também, apesar de toda a proteção à intimidade do trabalhador, garantida constitucional e infraconstitucionalmente, o fato é que, como já dito, a realidade se sobrepõe à norma e traz à baila situações das mais diversas relativamente ao tema em questão.

A fim de ilustrar o tema, colhe-se a notícia abaixo, referente à pressão no trabalho, extraída do *site* do Tribunal Superior do Trabalho (TST, 2010a):

> Trabalhar sob pressão, com ameaça de sofrer sanção moral vexatória, constitui imposição de dano moral ao empregado, mesmo que não se chegue a aplicar concretamente tal sanção? A questão chegou à Oitava Turma do Tribunal Superior do Trabalho através de um agravo de um vendedor que pretendia ver seu recurso de revista examinado no TST. O pedido do trabalhador, que vem sendo negado desde o Tribunal Regional do Trabalho da 10ª Região (DF/TO), é obter uma indenização por danos morais da BF Utilidades Domésticas Ltda. A Oitava Turma negou provimento ao agravo, completando uma sucessão de resultados desfavoráveis: no recurso

ordinário, no recurso de revista, no agravo de instrumento e, agora, no agravo. Assim, o teor da decisão do TRT se mantém. Para a ministra Maria Cristina Irigoyen Peduzzi, relatora do agravo, o despacho proferido no agravo de instrumento segue estritamente os artigos 896, § 5º, da CLT e 557, *caput*, do CPC, e, por essa razão, "é insuscetível de reforma ou reconsideração". Esclareceu, ainda, que o agravo de instrumento não conseguiu demonstrar a admissibilidade do recurso de revista.

Em primeira instância, o vendedor obtivera parte da indenização que pedira. No entanto, a empresa apresentou recurso ordinário e o TRT da 10ª Região (DF/TO) absolveu-a da condenação ao pagamento de indenização por dano moral, bem como negou provimento ao recurso do trabalhador quanto ao pedido de indenização por dano material. Em seus fundamentos, o Regional avaliou o próprio depoimento do autor, que confessou jamais ter sido submetido a situação humilhante por parte do seu empregador. Ao contrário, ressalta o TRT, o trabalhador tinha posição de destaque diante dos resultados frequentemente por ele obtidos.

O Regional considerou que, na maioria das profissões relacionadas a vendas, é inerente a cobrança de resultados e do alcance de metas, "não constituindo tal fato motivo bastante para ensejar a indenização postulada", pois, se fosse o contrário, levaria à situação de conceder indenização por danos morais à maioria dos trabalhadores, porque o trabalho e a vida moderna produzem estresse em todas as pessoas, "ainda que em diferentes níveis, não sendo este, por si só, um fato gerador de prejuízos à saúde do trabalhador".

Além da pressão ocupacional, o TRT verificou que o vendedor possuía perfil psíquico sensível a situações de vida desfavoráveis, pois era portador de depressão e de transtorno de ansiedade com desencadeamento de patologias. Segundo o Regional, estas eram as causas preponderantes para o quadro que acometeu o trabalhador. Além disso, considerou que não havia nenhum elemento que demonstrasse que a empresa tenha submetido o trabalhador a tal nível de estresse ocupacional que gerasse danos psicológicos a sua saúde, inclusive porque ele alcançava as metas mínimas estabelecidas pelo

> empregador. O trabalhador recorreu da decisão com recurso de revista.
>
> A presidência do TRT da 10ª Região negou seguimento ao recurso de revista, após analisar, no acórdão do recurso ordinário, que o procedimento da BF Utilidades Domésticas não expôs o empregado a situação vexatória ou capaz de abalar psicologicamente um cidadão comum. E ressaltou que o fato de o funcionário "sentir-se pressionado no trabalho, por si só, não justifica o pagamento da indenização por dano moral". Para a presidência do TRT, não foi verificada a ofensa a dispositivos legais, e qualquer alteração quanto ao entendimento adotado pela Turma do Regional implicaria o revolvimento de fatos e provas, que não é possível na instância extraordinária.
>
> Também essa foi a conclusão da relatora no TST. A ministra Peduzzi destacou, ainda, que a decisão questionada pelo trabalhador "explicitou sua conclusão de forma coerente, esclarecendo os motivos de seu convencimento, segundo o princípio da persuasão racional vigente em nosso sistema". Diante dos fundamentos expostos, a Oitava Turma negou provimento ao agravo.

Essa notícia foi objeto de escolha porque traz elementos bastante atuais, que frequentemente são trazidos à baila em processos judiciais. Referimo-nos, em particular, às questões econômicas que acarretam atitudes patronais tendentes à exploração máxima da capacidade obreira, ainda que, com isso, se acarretem danos psicológicos, físicos e profissionais.

Com efeito, as metas de vendas dos produtos comercializados no mercado, ainda que se trate do bem de maior valia que se pode obter – o dinheiro – que é comercializado pelos bancos, alcançam patamares cada vez maiores e exigentes, resultado de uma sociedade regida pelo sistema econômico do capitalismo. O objetivo de atingir mais consumidores faz, muitas vezes, que o empregador, consciente ou inconscientemente, imponha resultados cujo alcance somente pode ocorrer mediante a utilização de estratagemas e medidas de pressão para o esgotamento das potencialidades do empregado.

A cobrança de resultados leva, amiúde, à entrega de troféus do tipo "tartaruga" e "mico", e também à exposição do último colocado num palco onde ele deve ridicularizar-se perante os demais, enfim, o rol de situações é bastante extenso. É necessário, portanto, auferir o limite entre o trabalho que se exige na vida moderna, que, por si só, é estressante, daquela situação que essa circunstância acarreta danos à saúde física e psíquica do trabalhador, independentemente da existência prévia de quadro psicológico desfavorável.

A discussão mostra-se pertinente, pois mais uma vez dá ensejo à aplicação do princípio da proporcionalidade. É que o direito de propriedade do empregador, relativo aos meios de produção e ao capital investido para obtenção de lucro lhe daria o direito de estabelecer mecanismos de cobrança de produtividade com aplicação de punições de qualquer nível ao empregado, conflitando com o direito de intimidade e de acesso ao trabalho do trabalhador. Por não serem ilimitados e irrestritos os direitos de cada parte, mediante a aplicação do citado princípio da proporcionalidade, há que concluir pela proteção de um ou de outro direito no caso concreto.

As pressões, objeto da notícia, são sentidas também pelo empregador, eis que este deve buscar meios de subsistir no competitivo mercado concorrencial. A necessidade de proteção ao patrimônio também é imperiosa. Porém, o exercício de qualquer direito é livre, desde que não abusivo, de modo que, se a prática ensejar doenças laborais (acidente do trabalho, assédio moral ou sexual ou qualquer tipo de discriminação), deverá receber a correta correção, com vedação da continuidade de tais atos.

No fundo, trata-se do retorno ao antigo questionamento de se é o Direito que afeta a realidade ou é a realidade que afeta o Direito, o qual se encontra até os dias de hoje não solucionado. Mas o fato é que o Direito não pode se omitir diante das modificações da realidade que acarretem prejuízo a conquistas sociais, especialmente as pertinentes à proteção às garantias fundamentais.

Ainda sobre condutas patronais, não é demais mencionar a exigência de extensas jornadas, o uso indiscriminado de aparelhos eletrônicos portáteis de longo alcance e de fácil e rápida acessibilidade, a inclusão de "laranjas" no contrato social, a revista de bolsas e vestuário do trabalhador, e tantas outras que são questionadas individualmente.

Mas o dano de que se cuida pode se dar também de maneira coletiva, hipótese em que a atuação do Ministério Público do Trabalho e dos demais legitimados vem se apresentando fundamental. É que os próprios interesses da sociedade estão em jogo, pois o desrespeito ao direito à privacidade e à preservação da intimidade desafia medidas reparadoras em âmbito coletivo, especialmente no que se refere à disseminação das práticas e dos antídotos utilizados em face delas.

A propósito disso, veja-se a notícia abaixo, extraída do *site* do C. Tribunal Superior do Trabalho (TST, 2010c):

> A Oitava Turma do Tribunal Superior do Trabalho rejeitou (não conheceu) recurso de revista interposto pelo Ministério Público do Trabalho que pedia indenização por danos morais coletivos contra ato de uma empresa de recursos humanos que realizava exames grafológicos de cunho psicológico, sem o conhecimento prévio dos candidatos. Na prática, ficou mantido acórdão do Tribunal Regional da 5ª Região (BA), que indeferiu o pedido de reparação.
>
> O caso iniciou-se quando o Ministério Público do Trabalho da 5ª Região (BA) ajuizou Ação Civil Pública contra a Consultoria em Desenvolvimento Humano (Gente), alegando que a empresa, na condição de selecionadora de candidatos, realizava exames grafológicos de natureza psicológica, sem o prévio conhecimento e sem a anuência dessas pessoas que pleiteavam um emprego, sob pena de multa de R$ 500,00 por cada exame aplicado. O MPT pediu a condenação da empresa em face da explicitação sobre os objetivos dessas avaliações, bem como a submissão de todo o teste grafológico ao crivo dos trabalhadores. O MPT pediu ainda a condenação da empresa em danos morais coletivos alegando transgressão ao patrimônio moral das coletividades.

O juiz de primeiro grau (Vara do Trabalho) deferiu em parte a ação civil pública. Reconheceu o abuso de direito por parte da empresa, mas não concedeu os danos morais coletivos por falta de prova do dano e pela impossibilidade de se transmitir os direitos da personalidade. Contra essa decisão, o MPT recorreu ao Tribunal Regional da 5ª Região (BA), que confirmou a sentença nos mesmos termos.

Diante disso, o MPT interpôs recurso de revista no TST, alegando que, uma vez comprovado o ilícito, surge o dano moral, independentemente de prova. Quanto à intransmissibilidade dos direitos da personalidade, o MPT observou que o TRT tratou o caso como dano moral individual, diferentemente do dano moral a interesse difuso e coletivo, que se configura uma agressão injustificada a valores socialmente consagrados.

Contudo, a relatora do processo na Oitava Turma, ministra Dora Maria da Costa, não vislumbrou possibilidade de conhecimento do recurso. A ministra concluiu que foram inespecíficos os arestos relacionados à caracterização do dano moral e da desnecessidade de prová-los.

Com isso, a Oitava Turma, por unanimidade, negou conhecimento ao recurso de revista do Ministério Público do Trabalho, ficando mantida a decisão do TRT que não reconheceu a ocorrência de danos morais coletivos contra a empresa.

E ainda (TST, 2010b):

A Primeira Turma do Tribunal Superior do Trabalho manteve sentença do Tribunal Regional do Trabalho da 18ª Região que condenou o Banco Itaú ao pagamento de dano moral coletivo, pelo descumprimento de obrigação de instalação de portas giratórias em agências bancárias. No caso, o Ministério Público do Trabalho da 18ª Região ingressou com Ação Civil Pública, pedindo que a Justiça do Trabalho determinasse que o banco cumpra, em suas agências no Estado de Goiás, legislação que obriga instituições financeiras a instalar portas giratórias em agências bancárias, como forma de preservação da saúde física e mental dos trabalhadores. Na mesma ação, o MTP pedia a condenação do banco ao pagamento de indenização por dano moral coletivo.

No Tribunal Regional do Trabalho da 18ª Região, a ação foi julgada procedente, ocorrendo a condenação do banco por danos morais coletivos. O banco ingressou com Agravo de Instrumento, pois tivera o seguimento de seu recurso de revista negado, com o objetivo de reverter a condenação.

Ao analisar o recurso no TST, o relator da Primeira Turma, ministro Walmir Oliveira da Costa destacou que "o dano moral coletivo não decorre necessariamente de repercussão de um ato no mundo físico ou psicológico, podendo a ofensa a um bem jurídico ocorrer tão somente por um incremento desproporcional do risco com grave repercussão entre os empregados e a clientela". Portanto, para o ministro, a recusa do banco de instalar as portas giratórias gerou a "potencialização dos riscos de roubos às agências", com reflexos nos clientes e empregados autorizando a condenação por dano moral coletivo.

O ministro Vieira de Mello Filho observou que existe lei que obriga a instalação de portas giratórias como medida de segurança, observa-se, no caso, o seu descumprimento por parte do banco que se recusa a instalar. "Em um país onde a impunidade é regra, quando o agente (Ministério Público), exige que se cumpra uma ordem que irá garantir um pouco mais de segurança para os empregados, ordem esta que teoricamente não pode se enquadrar como interesse homogêneo, enquadra-se no processo do trabalho como interesse difuso plenamente passível de dano coletivo".

Vê-se, pois, que os direitos ora tratados têm recebido a atenção devida por parte dos legitimados à sua proteção, assim considerados o próprio indivíduo e o ente de proteção ao direito transindividual.

4.5 Considerações finais

É de suma importância social a relação jurídica que se estabelece entre o trabalhador e o tomador de seus serviços, cabendo a cada qual a observância de seus direitos e deveres. Isso porque "onde há sociedade, aí está o Direito e onde está o Direito, aí está a sociedade", nos termos de antigo brocardo jurídico. E, assim, em que pese não haver resposta à questão se cabe ao Direito o papel de afirmar os fundamentos nos quais a sociedade se desenvolverá ou se cabe à sociedade promover as modificações no Direito em razão das inovações econômicas, científicas e tecnológicas supervenientes, o fato é que há de ser apreciada com proporcionalidade a dinâmica entre os direitos patronais de propriedade e de gestão de seu negócio, com os direitos do empregado à intimidade e à privacidade.

Não se trata de questionar o direito de cada um, mas sim de analisá-los tomando em conta todas as circunstâncias que a eles se relacionam, de modo a não promover interferência no poder hierárquico patronal, nem praticar omissão com relação à integridade do patrimônio moral do trabalhador.

Cumpre ao tomador dos serviços promover atos que levem ao efetivo alcance de seu objetivo maior, que é o lucro, sem, todavia, ignorar que, para isso, deverá respeitar os limites da esfera individual pertinente à privacidade e à intimidade do obreiro, selecionando, de acordo com o cotidiano laboral, as medidas que se fizerem necessárias para tanto. Arriscar-se na prática irrefletida de quaisquer medidas que possam significar ato ilícito invasivo da esfera moral do empregado pode acabar maculando gravemente as finanças empresariais, eis que a compensação jurídica prevista para essa hipótese é o pagamento de indenização, cujo valor é justificado judicialmente, porém, não segue critérios objetivos previstos legalmente.

A correção e a vedação aos atos discriminatórios é buscada judicialmente tanto individual como coletivamente e se afigura como um importante meio de difusão da cultura ao respeito das garantias constitucionais suso referidas.

O objetivo central é a proteção da dignidade da pessoa humana em toda a extensão desse conceito, com o intuito de definir os lugares que devem ser ocupados pelo homem e pelo capital, sem perder de vista o equilíbrio que deve caracterizar essa tensa, porém indispensável e necessária relação.

É de nosso conhecimento que as abordagens levadas a efeito no presente artigo são meros indicativos que retratam uma parcela da realidade atual acerca do tema. Era justamente esse o objetivo, pois as linhas aqui traçadas permitirão a cada qual, diante de uma situação concreta, promover amplo e abrangente estudo da matéria, a fim de que, ao final, prevaleçam as bases que o Direito quer para a sociedade da qual emanou.

REFERÊNCIAS

BARROS, Alice Monteiro de. **Proteção à intimidade do empregado**. São Paulo: LTr, 1997.

______. **Curso de direito do trabalho**. 7. ed. São Paulo: LTr, 2011.

BRASIL. **Decreto-Lei n. 5.452, de 1º de maio de 1943**. Disponível em: <http://www.planalto.gov.br/ccivil/decreto-lei/del5452.htm>. Acesso em: 5 abr. 2011.

BRASIL. **Constituição da República Federativa do Brasil de 1988**. Disponível em: <http://www.planalto.gov.br/ccivil_03/constituicao/constitui%C3%A7ao.htm> . Acesso em: 5 abr. 2011.

BRASIL. **Lei n. 9.029, de 13 de abril de 1995**. Disponível em: <http://www.planalto.gov.br/ccivil_03/Leis/L9029.htm>. Acesso em: 5 abr. 2011.

BRASIL. **Lei n. 10.406, de 10 de janeiro de 2002**. Disponível em: <http://www.planalto.gov.br/ccivil/leis/2002/L10406.htm>. Acesso em: 5 abr. 2011.

BRASIL. **Lei n. 11.340, de 7 de agosto de 2006**. Disponível em: <http://www.planalto.gov.br/ccivil_03/_ato2004-2006/2006/lei/l11340.htm>. Acesso em: 5 abr. 2011.

BRASIL. Superior Tribunal de Justiça (STJ). **Súmula n. 387, de 26 de agosto de 2009** (2009a). Disponível em: <http://www.stj.jus.br/SCON/sumulas/doc.jsp?livre=%40docn&&b=SUMU&p=true&t=&l=10&i=85>. Acesso em: 5 abr. 2011.

______. **Agravo Regimental no Conflito de Competência 98.613**, 1ª Seção, Rel. Min. Benedito Gonçalves, Brasília, j. em: 14-10-2009 (2009b). Disponível em: <https://ww2.stj.jus.br/revistaeletronica/ita.asp?registro=200802010617&dt_publicacao=22/10/2009>. Acesso em: 26 out. 2011.

BRASIL. Tribunal Regional do Trabalho da 2ª Região (TRT-2). **Recurso Ordinário n. 01190200144602000/2003**, 10ª Turma, Rel. Des. Vera Marta Públio Dias, São Paulo, j. em: 28-9-2004. Disponível em: <http://www.trtsp.jus.br>. Acesso em: 26 out. 2011.

BRASIL. Tribunal Regional do Trabalho da 15ª Região (TRT-15). **Recurso Ordinário n. 00016-2009-156-15-00-0**, 10ª Câmara, 5ª Turma, Rel. Des. José Antonio Pancotti, Campinas, j. em: 23-4-2010. Disponível em: <http://consulta.trt15.jus.br/consulta/owa/pDecisao.wAcordao?pTipoConsulta=PROCESSO&n_idv=1041426>. Acesso em: 26 out. 2011.

BRASIL. Tribunal Regional do Trabalho da 23ª Região (TRT-23). **Recurso Ordinário n. 01949.2009.096.23.00-1**, 2ª Turma, Rel. Juíza Convocada Roseli Daraia, Cuiabá, j. em: 13-10-2010. Disponível em: <http://portal.trt23.jus.br/ecmdemo/public/trt23>. Acesso em: 26 out. 2011.

BRASIL. Tribunal Superior do Trabalho (TST). **Recurso de Revista n. 758787-11.2001.5.12.5555**, 2ª Turma, Rel. Min. Renato de Lacerda Paiva. Brasília, j. em: 10-11-2004. Disponível em: <http://ext02.tst.jus.br/pls/ap01/ap_red100.resumo?num_int=51309&ano_int=2001&qtd_acesso=1730969>. Acesso em: 26 out. 2011.

______. **Recurso de Revista n. 26640-22.2006.5.03.0034**, 6ª Turma, Rel. Min. Augusto César Leite de Carvalho, Brasília, j. em: 2-2-2011. Disponível em: <http://ext02.tst.jus.br/pls/ap01/ap_red100.resumo?num_int=3028&ano_int=2007&qtd_acesso=975917>. Acesso em: 26 out. 2011.

______. Notícia "Apenas sentir-se pressionado no trabalho não justifica indenização por dano moral". Disponível em: <http://ext02.tst.jus.br/

pls/no01/NO_NOTICIAS.Exibe_Noticia?p_cod_noticia=10447&p_cod_area_noticia=ASCS&p_txt_pesquisa=Trabalhar%20sob%20press%E3o%2C%20com%20amea%E7a%20de%20sofrer%20san%E7%E3o%20moral%20vexat%F3ria%2C%20constitui%20imposi%E7%E3o%20de%20dano%20moral%20>. 22 de março de 2010 (2010a). Acesso em: 5 abr. 2011.

______. Notícia "Recusa de instalar portas giratórias em agências bancárias gera dano moral coletivo". Disponível em: <http://ext02.tst.jus.br/pls/no01/NO_NOTICIAS.Exibe_Noticia?p_cod_noticia=10474&p_cod_area_noticia=ASCS&p_txt_pesquisa=A%20Primeira%20Turma%20do%20Tribunal%20Superior%20do%20Trabalho%20manteve%20senten%E7a%20do%20Tribunal%20Regional%20do%20Trabalho%20da%20%31%38%AA%20Regi%E3o%20que%20condenou%20>. 25 de março de 2010 (2010b). Acesso em: 5 abr. 2011.

______. Notícia "MPT não consegue reconhecimento de danos morais coletivos decorrente de exames grafológicos feitos por empresa". Disponível em: <http://ext02.tst.jus.br/pls/no01/NO_NOTICIAS.Exibe_Noticia?p_cod_noticia=10616&p_cod_area_noticia=ASCS&p_txt_pesquisa=A%20Oitava%20Turma%20do%20Tribunal%20Superior%20do%20Trabalho%20rejeitou%20%28n%E3o%20conheceu%29%20recurso%20de%20revista%20interposto%20pelo%20Minist%E9rio%20P%FAblico%20do%20Trabalho%20que%20pedia%20indeniza%E7%E3o%20por%20danos%20morais%20coletivos%20contra%20ato%20de%20uma%20empresa%20de%20recursos%20humanos%20que%20realizava%20exames%20grafol%F3gicos%20>. 20 de abril de 2010 (2010c). Acesso em: 5 abr. 2011.

DINIZ, Maria Helena. **Curso de direito civil brasileiro**. 25. ed. São Paulo: Saraiva, 2011, v. 7.

FELKER, Reginaldo. **Dano moral, o assédio moral e o assédio sexual nas relações de trabalho**: doutrina, jurisprudência e legislação. São Paulo: LTr, 2010.

FRANÇA, Rubens Limongi. **Instituições de direito civil**. 3. ed. São Paulo: Saraiva, 1994.

MARTINS, Sergio Pinto. **Dano moral decorrente do contrato de trabalho**. 2. ed. São Paulo: Atlas, 2010.

MORAES, Alexandre de. **Direitos humanos fundamentais:** teoria geral, comentários aos arts. 1º a 5º da Constituição da República Federativa do Brasil, doutrina e jurisprudência. 3. ed. São Paulo: Atlas, 2000.

______. **Constituição do Brasil interpretada e legislação constitucional**. 2. ed. São Paulo: Atlas, 2003.

OLIVEIRA, Sebastião Geraldo de. **Indenizações por acidente do trabalho ou doença ocupacional**. 2. ed. São Paulo: LTr, 2006.

SÃO PAULO. Tribunal de Justiça do Estado de São Paulo, **Apelação n. 0070972-40.1996.8.26.0000.** 9ª Câmara de Direito Privado, Rel. Des. Osvaldo da Silva Rico, j. em: 2-12-1997. Disponível em: <http://esaj.tjsp.jus.br/cpo/sg/search.do?paginaConsulta=1&localPesquisa.cdLocal=-1&cbPesquisa=NUMPROC&tipoNuProcesso=UNIFICADO&numeroDigitoAnoUnificado=0070972-40.1996&foroNumeroUnificado=0000&dePesquisaNuUnificado=0070972-40.1996.8.26.0000&dePesquisa=&pbEnviar=Pesquisar>. Acesso em: 3 ago. 2011.

SILVA, José Afonso da. **Curso de direito constitucional positivo**. 8. ed. São Paulo: Malheiros, 1992.

SIMÓN, Sandra Lia. **A proteção constitucional da intimidade e da vida privada do empregado**. São Paulo: LTr, 2000.

STOLZE, Pablo e PAMPLONA, Rodolfo. **Novo curso de direito civil:** responsabilidade civil. 12. ed. São Paulo: Saraiva, 2010, v. III.

5 A QUESTÃO DO MEIO AMBIENTE NO ÂMBITO DAS RELAÇÕES DE TRABALHO

Vilma Dias Bernardes Gil

Professora do Programa de Educação Executiva da DIREITO GV (GVlaw); professora adjunta da Faculdade de Direito da Universidade Mackenzie; doutora em Direito pela Faculdade de Direito da Universidade São Paulo; assessora técnica da Superintendência Regional do Trabalho e Emprego no Estado de São Paulo; advogada.

5.1 Introdução

Quando o Estado percebeu a necessidade de interferir nas relações que se formaram entre capital e trabalho, para equilibrar as forças ali atuantes especialmente a partir da Revolução Industrial, começou estabelecendo limites de jornada e idade mínima para o trabalhador, além, obviamente, de normas tendentes a garantir condições mínimas de higiene e segurança nos locais de trabalho. A integridade física do trabalhador foi o primeiro alvo do Estado, já que as máquinas mutilavam, uma vez que os trabalhadores não estavam acostumados com elas.

Com o passar do tempo, os estudos e as pesquisas foram impelindo o Estado a cuidar do tema de forma cada vez mais abrangente. Dessa forma, inicialmente estabelecido em lei ordinária, o direito à saúde insere-se, atualmente, no âmbito dos direitos sociais assegurados pela Constituição Federal (art. 6º). Também no âmbito dos direitos sociais da Carta Magna, está o de redução dos riscos inerentes ao trabalho por meio de normas de saúde e segurança cuja elaboração, no Brasil, compete ao Ministério do Trabalho e Emprego.

Em face das constantes transformações a que se submete o trabalho e em razão dos avanços tecnológicos que possibilitam o aperfeiçoamento dos meios de proteção da saúde e da integridade física dos trabalhadores, com a adoção de novos e modernos equipamentos ou métodos de trabalho, a revisão dessas normas e a elaboração de outras novas são frequentes e precedidas de ampla discussão com as entidades patronais e profissionais. O resultado é a integração das partes interessadas e a perfeita adequação da norma à realidade que ela visa regular. Além disso, o objetivo também é o de democratizar a elaboração de normas concernentes à saúde e segurança dos trabalhadores nos locais de trabalho em face do reconhecimento, por parte do governo brasileiro, do Princípio do Tripartismo Paritário (governo, trabalhador e empregador), preconizado pela OIT, que enfatiza sua aplicação especialmente para a construção de regulamentações nas áreas de saúde e segurança.

No entanto, inicialmente destinadas exclusivamente aos trabalhadores empregados, hoje já se começa a pensar num modo de estender a aplicação dessas normas às relações de trabalho em geral. Com efeito, o papel destinado ao direito do trabalho é também o de garantir aos trabalhadores a melhoria de sua condição social e, por isso mesmo, projetar-se sobre todos os que, vivendo do próprio trabalho, deixam à mostra sua dependência vital em relação ao capital, ao poder econômico. Abandonar esses trabalhadores à própria sorte do mercado é caminho conhecido e rejeitado por grande parte da sociedade no curso da história. É preciso, pois, realçar a vocação social do direito do trabalho, tornando-a efetiva em face das relações que se estabelecem hoje no campo laboral.

Atualmente, a discussão sobre a melhoria das condições de trabalho insere-se num patamar muito mais abrangente: o do meio ambiente do trabalho, o que permite o estudo e a avaliação de todo e qualquer elemento presente nas relações trabalhistas, capazes de interferir na saúde do trabalhador. A própria Lei Orgânica da Saúde reconhece que o trabalho, dentre outros, é fator determinante e condicionante da saúde do trabalhador.

Com efeito, a partir da Constituição Federal de 1988, o Brasil assumiu a posição de, alinhado com a sociedade internacional, defender o meio ambiente como elemento essencial à qualidade de vida dos seres humanos e do planeta em geral (art. 225). O direito ao meio ambiente ecologicamente equilibrado envolve todos os elementos que o compõem, aí incluído o meio ambiente do trabalho:

> (...) claro que quando a Constituição Federal, em seu art. 225, fala em meio ambiente ecologicamente equilibrado, está mencionando todos os aspectos do meio ambiente. E, ao dispor, ainda, que o homem para encontrar uma sadia qualidade de vida necessita viver nesse ambiente ecologicamente equilibrado, tornou obrigatória também a proteção do ambiente no qual o homem, normalmente, passa a maior parte de sua vida produtiva, qual seja, o trabalho. (PADILHA, 2002, p. 32)

5.2 Meio ambiente

5.2.1 Conceito

O conceito de meio ambiente, segundo Tessler (2004, p. 47), varia em função da concepção adotada pelo intérprete: "Partindo-se de uma concepção ecocêntrica, o conceito de meio ambiente engloba apenas os elementos ambientais naturais. Já em uma compreensão antropocêntrica, assume um perfil mais amplo – abarca, além dos elementos naturais, os efeitos de suas relações com o homem". Para a autora, o direito ambiental tutela as relações entre o homem e a natureza e suas consequências.

No Brasil, até 1981, a proteção jurídica do meio ambiente dava-se por meio de diversas normas esparsas, que incidiam sobre determinados elementos naturais (fauna, flora, recursos minerais, entre outros), "em razão da utilidade econômica que esses elementos representavam como insumos do processo produtivo", como ensina Marchesan (2006, p. 27), "refletindo uma percepção fragmentária e utilitarista do Estado".

Com a edição da Lei n. 6.938/81, o meio ambiente passou a ser visto de forma abrangente e foi reconhecido como *bem jurídico autônomo*, cuja proteção deve se dar em razão da sua importância para a manutenção do equilíbrio ecológico como um todo. Com efeito, o conceito de meio ambiente está declarado no art. 3º, I, da lei referida, como "o conjunto de condições, leis, influências e interações de ordem física, química e biológica, que permite, abriga e rege a vida em todas as suas formas". A corroborar essa nova percepção do meio ambiente, o art. 2º, I, desse mesmo diploma legal instituiu, como *Princípio da Política Nacional do Meio Ambiente*, "a ação governamental na manutenção do equilíbrio ecológico, considerando o meio ambiente como um patrimônio público a ser necessariamente assegurado e protegido, tendo em vista o uso coletivo".

Para José Afonso da Silva (1997, p. 1), "O meio ambiente é (...) a interação do conjunto de elementos naturais, artificiais e culturais que propiciem o desenvolvimento equilibrado da vida em todas as suas formas". Pautando-se nessa conceituação, Rossit sustenta que o bem *imediato* é a qualidade do meio ambiente e o *mediato*, a saúde. Neste sentido, mostra-se o objetivo último do direito ambiental em proteger a qualidade do meio ambiente em função da qualidade de vida e sua preservação. Para a autora, preservação da vida significa:

> (...) a manutenção das condições que permitem não apenas ao ser humano viver e desenvolver-se, como todas as demais espécies, em uma visão de interdependências e intercâmbios. Destas relações é que surge o chamado *holismo*, termo atualmente em voga, que representa o todo organicamente equilibrado. Esse todo equilibrado favorece o próprio ser humano, razão por que a proteção das demais espécies também tem esse escopo. (ROSSIT, 2001, p. 28)

5.2.2 O meio ambiente na Constituição brasileira

A partir da Conferência de Estocolmo, ocorrida em 1972, a tutela do meio ambiente passou a fazer parte das Constituições dos países no mundo todo. No Brasil, com o advento da Constituição Federal de 1988, consolidou-se a autonomia jurídica do meio ambiente, qualificado como bem de uso comum do povo.

Com efeito, segundo o art. 225, *caput*, do texto constitucional, "Todos têm direito ao meio ambiente ecologicamente equilibrado, bem de uso comum do povo e essencial à sadia qualidade de vida, impondo-se ao Poder Público e à coletividade o dever de defendê-lo e preservá-lo para as presentes e futuras gerações".

Por ser o meio ambiente de titularidade difusa, interessando inclusive às futuras gerações, a ninguém é dado exauri-lo ou degradá-lo, cabendo a todos a sua conservação e recuperação (MARCHESAN; STEIGLEDER; CAPPELLI, 2006, p. 15-17).

Segundo Tessler (2004, p. 47), da disposição constitucional destacam-se as seguintes características do meio ambiente:

a) direito subjetivo: em razão da expressão "todos têm direito", todas as pessoas têm direito subjetivo ao meio ambiente equilibrado (como aspecto individual);

b) direito de todos: sendo direito de todos e não apenas de um só, o meio ambiente equilibrado ganha uma dimensão transindividual ou metaindividual, passível de outras formas de tutela pelo ordenamento brasileiro;

c) bem de uso comum do povo: preservar o meio ambiente é dever de todos os indivíduos e não só do Poder Público; é dever de toda a coletividade: Poder Público, população e mercado; e

d) direito intergeracional: por força da expressão "para as presentes e futuras gerações" contida no final do art. 225, *caput*. Nesse sentido, fundamenta o desenvolvimento sustentável por meio do qual se busca garantir a manutenção dos recursos naturais para as futuras gerações.

Finalmente, ressalta a autora que a Constituição da República tem como um de seus fundamentos a dignidade da pessoa humana (art. 3º, III, da CF) e que uma vida digna não prescinde de que garantias mínimas sejam asseguradas, dentre elas o meio ambiente ecologicamente equilibrado.

5.2.3 O meio ambiente como direito fundamental

Como referido anteriormente, o meio ambiente é direito difuso, cuja definição é dada pelo art. 81 da Lei n. 8.078/90, que aprovou o Código de Defesa do Consumidor – CDC. Conforme esse dispositivo, os direitos difusos são "direitos transindividuais, de natureza indivisível, de que sejam titulares pessoas indeterminadas e ligadas por uma circunstância de fato".

As características do direito ambiental, enquanto direito difuso, são:

> a) indeterminação de sujeitos: decorre da inexistência de um vínculo jurídico. Os sujeitos são agregados pelo fato de, ocasionalmente, encontrarem-se na mesma conjuntura;
>
> b) indivisibilidade do objeto: os benefícios, assim como os prejuízos gerados são sentidos por todos, indistintamente. Não pode ser cindido, individualizado, pois ao mesmo tempo em que pertence a todos, não pertence a ninguém especificamente;
>
> c) inexistência de vínculo jurídico: compensada pela ligação decorrente da situação de fato, em que pese ser esta contingente;
>
> d) intensa litigiosidade interna: própria de sua natureza metaindividual. Como a titularidade do bem é de todos, todos se sentem no direito de utilizá-lo da forma que melhor lhes convém. Se de um lado alguns destes cotitulares pretendem preservar os recursos ambientais, de outro, há aqueles que almejam deles se apropriar;
>
> e) relevância da situação de fato: a caracterização do direito depende apenas de uma situação contingencial. Portanto, quando os sujeitos encontram-se naquela situação tornam-se titulares do direito. A índole contingencial do direito difuso é identificada pelo fato de consistirem em direitos que, se não executados, se modificam conforme a alteração da situação fática que os ensejou. Por isso têm duração efêmera e, portanto, precisam ser tutelados de imediato, já que passada aquela situação fática o direito já não é mais o mesmo. (TESSLER, 2004, p. 64-66)

No entanto, como pressuposto para uma vida digna, o ambiente ecologicamente equilibrado ganha também o *status* de direito fundamental. Segundo Tessler:

> A configuração do direito ao meio ambiente como direito fundamental tem como justificativa viabilizar sua utilização como instrumento de consagração do direito à vida. Da análise das normas constitucionais, sobretudo da conjugação dos arts. 225 e 170 da

> Carta de 1988, infere-se que, da mesma forma que se enaltece a defesa do meio ambiente como valor preponderante em relação ao crescimento econômico e à propriedade privada, entende-se que a proteção do meio ambiente justifica-se como forma de proteção da vida humana. A tutela do meio ambiente é concebida como um instrumento de garantia da qualidade da vida humana. (TESSLER, 2004, p. 77)

De acordo com o 1º Princípio da Declaração do Meio Ambiente de Estocolmo (1972):

> O homem tem o direito fundamental à liberdade, à igualdade e ao desfrute de condições de vida adequadas em um meio cuja qualidade lhe permita levar uma vida digna e gozar de bem-estar, e tem a solene obrigação de proteger e melhorar esse meio para as gerações presentes e futuras.

Uma vez reconhecido como direito fundamental, o direito ao meio ambiente ecologicamente equilibrado (art. 225 da CF) produz para o seu titular um direito diante do Estado de que este não viole a higidez ambiental, assim como um direito de que o Estado proteja o ambiente (TESSLER, 2004, p. 88-89). Trata-se, portanto, de um direito cuja efetividade impõe uma prestação ao Estado.

5.3 Meio ambiente do trabalho

Como já referido, um dos fundamentos da República Federativa do Brasil é a dignidade da pessoa humana (art. 1º, III, da CF). E a plena realização do ser humano depende da efetivação de outros direitos previstos na Carta Magna, os chamados direitos sociais, a exemplo do trabalho, da saúde, da moradia, da segurança e da previdência social (art. 6º). No entanto, de conformidade com o art. 170 da CF, a ordem econômica brasileira assenta-se na *valorização social do trabalho* e na *livre-iniciativa* e tem por fim a realização da justiça social. Nesse sentido, o trabalho humano – e o trabalho humano valorizado – é uma das bases da ordem econômica (ROSSIT, 2001, p. 59-60).

Se, por um lado, a saúde é um direito fundamental do homem, a preservação do meio ambiente de forma a garantir qualidade de vida também o é.

De acordo com a Organização Mundial da Saúde – OMS, saúde é um estado de completo bem-estar físico, mental e social e não diz respeito apenas à ausência de enfermidade. Poder-se-ia perguntar: o que significa completo bem-estar? A resposta não passaria, necessariamente, por uma avaliação subjetiva do intérprete? Trata-se, na verdade, de uma situação desejada, almejada, e que, por isso mesmo, impele a sociedade a buscar o aperfeiçoamento dos mecanismos e das condições em geral que, circundando o homem, inclusive e especialmente em seu local de trabalho, são capazes de interferir em sua saúde, em que se conclui que a efetivação do direito à saúde passa necessariamente pela efetivação do direito ao meio ambiente saudável, aí incluído o do trabalho.

A implementação do direito à saúde, assim como do direito ao meio ambiente saudável e equilibrado, depende, ao contrário de outras categorias de direitos fundamentais, da efetiva ação do Estado. Do ponto de vista específico dos trabalhadores, o art. 7º da CF/88 garante, em seu inciso XXII, a redução dos riscos inerentes ao trabalho, por meio de normas de saúde, higiene e segurança. O Estado, mediante o Ministério do Trabalho e Emprego, elabora as normas referidas e, para que elas sejam verdadeiramente eficazes, garante durante o processo de elaboração a participação efetiva dos atores sociais seja por meio de seus representantes sindicais, seja por meio de especialistas e prevencionistas de um modo geral.

Com efeito, em nosso ordenamento jurídico, o direito à segurança e saúde do trabalhador, antes regulamentado por norma ordinária, hoje integra o rol dos direitos constitucionalmente assegurados aos trabalhadores (art. 7º, XXII). No plano ordinário, a CLT disciplina o assunto em seu Capítulo V, com a redação que lhe imprimiu a Lei n. 6.514, de 22 de dezembro de 1977. Um ano depois dessa alteração, 1978, o então Ministro do Trabalho, Arnaldo Prieto, aprovou por meio da Portaria n. 3.214, de 8 de junho de 1978, um conjunto de 28 Normas Regulamentadoras – NRs, cada uma delas cuidando de um determinado aspecto do tema, desde a inspeção do estabelecimento até as penalidades administrativas a serem aplicadas em caso de descumprimento das normas, passando por dispositivos referentes à ergonomia no ambiente de trabalho, à insalubridade e periculosidade, ao combate e à prevenção de incêndios, às instalações elétricas, às condições sanitárias nos locais de trabalho, aos parâmetros mínimos para manutenção de armários, cozinhas, chuveiros, pisos, enfim, uma enxurrada de regras que detalham, minuciosamente, os requisitos mínimos a serem observados nessa esfera das relações de trabalho. No entanto, referida Portaria, vigente há 18 anos, vem sendo regularmente atualizada e aperfeiçoada, tendo sofrido, por isso, inúmeras alterações e acréscimos desde sua entrada em vigor.

5.3.1 A necessidade de conscientização dos atores sociais

Apesar de todo esse aparato legal, no Brasil ainda subsiste um perfil de patrão e de empregado, na maioria das vezes, muito pouco refratário ao conjunto de medidas que os vários segmentos sociais interessados na questão têm oferecido ao debate relativo à redução dos acidentes de trabalho e à melhoria das condições de higiene e segurança nos locais de trabalho.

A necessidade de conscientização desses atores sociais, contudo, não passou despercebida também aos olhos do próprio legislador. Tanto em relação ao empregador como em relação ao Serviço Especializado em Engenharia de Segurança e em Medicina do Trabalho e à Comissão Interna de Prevenção de Acidentes, foram reservados dispositivos específicos que tratam da obrigação de conscientizar.

Assim, o item 1.7, da NR-1, da Portaria n. 3.214/78, dispõe que cabe ao empregador elaborar ordens de serviço sobre segurança e medicina do trabalho, dando ciência aos empregados, com os objetivos de prevenir atos inseguros no desempenho do trabalho; divulgar as obrigações e proibições que estes devem conhecer e cumprir, dando a conhecer, inclusive, de que serão passíveis de punição, pelo descumprimento das ordens de serviço expedidas; determinar os procedimentos que deverão ser adotados em caso de acidente do trabalho e doenças profissionais ou do trabalho. Cabe-lhe, ainda, informar aos trabalhadores os riscos profissionais que possam originar-se nos locais de trabalho; os meios para prevenir e limitar tais riscos e as medidas adotadas pela empresa; os resultados dos exames médicos e de exames complementares de diagnóstico aos quais os próprios trabalhadores forem submetidos e, finalmente, os resultados das avaliações ambientais realizadas nos locais de trabalho.

Também a NR-4, do mesmo diploma legal, ao tratar dos serviços especializados em engenharia de segurança e em medicina do trabalho, inclui, entre a competência dos profissionais ali referidos, a de promover a realização de atividades de conscientização, educação e orientação dos trabalhadores para a prevenção de acidentes do trabalho e doenças ocupacionais, tanto por meio de campanhas quanto por meio de programas de duração permanente e, bem assim, de esclarecer e conscientizar os empregados a respeito desses temas, estimulando-os em favor da prevenção.

O mesmo se observa em relação à NR-5 ao tratar da Comissão Interna de Prevenção de Acidentes – CIPA. Dentre as atribuições da referida Comissão, está a de elaborar, ouvidos os trabalhadores de todos os setores do estabelecimento, e com a colaboração do Serviço Especializado em Engenharia de Segurança e em Medicina do Trabalho – SESMT, o mapa de riscos dos locais de trabalho, assim como promover a divulgação e zelar pela observância das normas de segurança e saúde no trabalho, despertar o interesse dos empregados pela prevenção de doenças e acidentes do trabalho e, finalmente, promover, anualmente, em conjunto com o SESMT, a Semana Interna de Prevenção de Acidentes do Trabalho – SIPAT, com vistas àqueles objetivos. Recentemente, a NR-18 sofreu profunda alteração do que se originou a obrigatoriedade de treinamento para os trabalhadores ali referidos. Além de dispor sobre a obrigatoriedade de se colocar em local visível para os trabalhadores cartazes alusivos à prevenção de acidentes e doenças de trabalho (item 18.37.1), referida NR, ao tratar de condições e meio ambiente de trabalho na indústria da construção, determina, em seu item 18.28.1, que todos os empregados devem receber treinamentos, por ocasião da admissão, visando garantir a execução de suas atividades com segurança. Esse treinamento, que terá carga horária mínima de 6 horas, deve ser ministrado dentro do horário de trabalho, antes de o trabalhador iniciar suas atividades, constando de informações sobre as condições e meio ambiente do trabalho; riscos inerentes a sua função; uso adequado dos Equipamentos de Proteção Individual – EPI e informações sobre os Equipamentos de Proteção Coletiva – EPC, existentes no canteiro de obra.

Também no campo institucional, objetivando permanentemente reduzir o número de acidentes do trabalho, o Ministério do Trabalho, dentre outras medidas, lançou a Campanha Nacional de Combate aos Acidentes do Trabalho – CANCAT, concentrando suas ações não só na área de fiscalização como também na "área educativa e de sensibilização da sociedade", valorizando o diálogo e as soluções negociadas. Com efeito, dentre os objetivos da CANCAT, apontam-se os de:

> (...) sensibilizar os segmentos sociais na busca de soluções para o grande número de acidentes de trabalho que provocam morte ou incapacidade permanente dos trabalhadores; articular a formação de parcerias entre os órgãos governamentais e não governamentais, visando garantir a mobilização, bem como a complementaridade das ações desenvolvidas; além de aprimorar as informações sobre os acidentes de trabalho e doenças profissionais para o aperfeiçoamento do planejamento em segurança e saúde no trabalho. (BRASIL, 1996a)

5.3.2 Trabalho *versus* doença – evolução histórica

Embora escassas, algumas referências sobre a associação entre trabalho e doença podem ser observadas, segundo os historiadores, desde os primórdios da Antiguidade. A principal razão, como esclarecem, é a de que nesse período da história o trabalho pesado ou de maior risco ficava a cargo dos escravos – povos subjugados por meio das guerras entre as nações. Considerados *res*, os escravos sofriam castigos que muitas vezes ceifavam-lhe a vida ou os mutilavam, o que era permitido aos senhores, razão pela qual pouca ou nenhuma medida protetiva voltada para os infortúnios do trabalho concretizou-se à época.

Carentes de proteção, os trabalhadores também eram vítimas de doenças relacionadas ao trabalho, a exemplo do saturnismo (intoxicação provocada pelo chumbo), cujo quadro clínico encontrado em trabalhador de mina já fora descrito desde Hipócrates (460-375 a.C), considerado o maior médico da Antiguidade (COSTA, [s.d.]).

Além do chumbo, também o mercúrio e as poeiras afetavam os trabalhadores. Ao relatar estarrecido o aspecto dos trabalhadores expostos, após visitar alguns locais de trabalho, em especial galerias de minas, Caius Plinius Secundus (23-79 d.C) refere, inclusive, a iniciativa dos próprios escravos em utilizar sobre o rosto, como se fossem máscaras, pedaços de panos ou membranas de bexiga de carneiro, na tentativa de minimizar a ação das poeiras minerais (MENDES, 1995, p. 86).

Principal efeito das condições desfavoráveis a que estavam expostos, a morte prematura dos trabalhadores causava indignação, como se observa das palavras de Lucrécio, um século antes do início da Era Cristã, ao perguntar sobre os cavouqueiros das minas: "Não viste ou ouviste como morrem em tão pouco tempo, quando ainda tinham tanta vida pela frente?" (MENDES, 1995, p. 87). Tais observações parecem marcar, segundo Mendes (1995, p. 87), o início da preocupação pela patologia do trabalho, além de, atualmente, servirem de fundamento à técnica epidemiológica recentemente desenvolvida e que tem se mostrado útil para medir a importância relativa de um problema de saúde pública, ou seja, a de estimar os "anos potenciais de vida perdidos". No entanto, o aprofundamento do estudo da proteção médico-legal dos trabalhadores e a consequente elaboração de normas teria se dado já no Império Romano, com destaque para Plínio e Rotário, pioneiros no estabelecimento dessas medidas, recomendando, pela primeira vez, o uso de máscaras para evitar que os trabalhadores respirassem poeiras metálicas (LIMA, [s.d.]).

Adentrando na Idade Moderna, o tema sofre grande impulso, entre outros, pela ação destacada no levantamento das doenças profissionais, levado a cabo pelas associações de trabalhadores medievais, ganhando notoriedade Samuel Stockausen, considerado pioneiro da inspeção médica no trabalho. René Mendes (1995, p. 89) esclarece que o conhecimento acerca da relação entre trabalho e saúde, pequeno na Idade Média, evolui com foco nos problemas provocados pela atividade extrativa mineral, o que se justifica porque a importância das nações do século XVI era determinada em função da quantidade de metais preciosos extraídos. A ilustrar esse fato, citam-se, entre outras obras famosas da época, as de Georgius Agricola (1494-1555), publicada em 1556 – *De Re Metallica* –, enfocando as doenças mais comuns entre os mineiros voltados para a extração e fundição do ouro e da prata, e a de Paracelso (1493-1541) – *Von der Bergsucht und anderen Bergkrankheiten* –, publicada 11 anos mais tarde, ou seja, em 1567, descrevendo a *mala metallorum*, doença pulmonar que atingia os mineiros da região de Schneeberg, tirando-lhes a vida de forma muito precoce (LIMA, [s.d.], p. 1).

Mas é com Bernardino Ramazzini (1633-1714) que se iniciam os estudos de sistematização das doenças que acometiam trabalhadores que desempenhavam idêntico labor. Em 1760, o médico tido como pai e fundador da Medicina do Trabalho, publicou na cidade de Modena, Itália, sua célebre obra *De Morbis Artificum Diatriba*, sobre as doenças dos trabalhadores em mais de 50 ocupações (LIMA, [s.d.], p. 1). Esse autor inovou ao defender o ensino de Medicina do Trabalho no próprio ambiente do trabalhador. Foi dele a iniciativa de incluir, entre as perguntas normalmente feitas aos doentes para investigar a doença, as "perguntas hipocráticas fundamentais na anamnese", como: Qual é sua ocupação? (LIMA, [s.d.], p. 1.)

Como preleciona Hertz Jacinto Costa ([s.d.]), a obra de Ramazzini, considerada clássica, constitui verdadeiro marco na história da Medicina Ocupacional, refletindo "o momento histórico das transformações da ordem social, política e econômica da Europa, precursoras da Revolução Industrial". Segundo o autor, a partir daí "o ambiente de trabalho passou a ser estudado a fim de introduzirem-se modificações visando proteger a integridade física do trabalhador, lançando-se, dessa forma, a base da engenharia de segurança do trabalho".

Registra-se, ainda, em 1779, a preocupação com o tema no âmbito acadêmico – inclusão de trabalho nos anais da Academia de Medicina da França, sobre as causas e a prevenção de acidentes – e, em Milão, a fundação da primeira sociedade filantrópica visando ao bem-estar do trabalhador, por Pietro Verri, um dos grandes iluministas do século XVIII e um dos principais representantes do iluminismo italiano (LIMA, [s.d.], p. 1).

Segue-se a Revolução Industrial e, no início do século XX, a primeira sistematização de procedimentos preventivos, nos Estados Unidos e, após a criação, em 1919, da Organização Internacional do Trabalho, o surgimento dos comitês de segurança e higiene, na África, Ásia, Austrália e América Latina (LIMA, [s.d.], p. 24).

5.3.3 Os impactos da Revolução Industrial sobre a saúde dos trabalhadores

Os impactos sociais da Revolução Industrial foram brutais, destacando-se aqueles que recaíram sobre a saúde dos trabalhadores. Com efeito, as longas jornadas, o trabalho perigoso e insalubre e as péssimas condições de higiene observadas nos locais de trabalho geraram graves danos à saúde dos trabalhadores.

Esse cenário que se verificou no interior das fábricas sacudiu a opinião pública, gerando várias comissões de inquérito no Parlamento Britânico com vistas a apurar a real situação dos trabalhadores (COSTA, [s.d.]). Assim, em 1802, foi aprovada a primeira lei de proteção dos trabalhadores na Inglaterra, denominada "Lei de saúde e moral dos aprendizes", que, além de estabelecer o limite diário de 12 horas de trabalho e proibir o trabalho noturno, tornou obrigatória a ventilação nos ambientes de trabalho e a lavagem das paredes das fábricas duas vezes por ano (MIRANDA, 2002).

Apesar dessa medida, muitos problemas persistiam nos locais de trabalho, gerando intensos debates e indignação da sociedade. Segundo René Mendes (1995, p. 89), o panorama começa a se modificar graças ao clamor da sociedade, que acaba levando políticos e legisladores a introduzir medidas legais de controle das condições e ambientes de trabalho.

Assim, em 1833, o Parlamento Britânico promulgou o *Factory Act* – Lei da Fábrica –, voltada para a proteção dos trabalhadores. Entre outras medidas, estabeleceu a jornada de trabalho entre 5:30h e 20:30h, sendo que para os menores foram estabelecidos os seguintes limites: de 14 a 18 anos, 12 horas, e de 9 a 13 anos, 8 horas, sempre com uma hora para refeição. Proibiu o trabalho aos menores de 9 anos na indústria têxtil e o trabalho noturno aos menores de 18 anos. As crianças entre 9 e 13 anos deveriam ter garantidas duas horas por dia para os estudos. Além disso, fixou a exigência de realização de exames médicos em todas as crianças trabalhadoras.

Inicia-se, a partir de então, a contratação de médicos por parte das empresas, para o controle da saúde dos trabalhadores nos locais de trabalho (MENDES, 1995, p. 89). Em 1834 surge, na Inglaterra, o Primeiro Serviço de Medicina do Trabalho instalado em estabelecimento fabril, por iniciativa de Robert Dernham, proprietário de uma fábrica têxtil. Além disso, começam a surgir importantes estudos que dariam início à construção do conhecimento sobre a patologia do trabalho, num período que se estendeu até o final do século XIX. Como exemplos, Mendes cita as obras de Charles Turner Thackrah (1795-1833), Percivall Pott (1713-1788) e William Farr

(1807-1883). O primeiro, médico da cidade industrial de Leeds, apontou, em 1831, as péssimas condições de trabalho e a vida naquela cidade como responsáveis pelas altas taxas de doença e mortalidade ali observadas, em comparação a regiões circunvizinhas; o segundo, cirurgião em Londres, estabeleceu nexo causal entre o câncer de escroto e o trabalho na limpeza de chaminés, executado na adolescência dos pacientes, enquanto outros médicos da época consideravam o tumor como de origem venérea. Finalmente, Farr, Chefe do Departamento de Estatística do *General Register Office* da Inglaterra, analisou a mortalidade dos mineiros de diferentes regiões de seu país, produzindo importante marco no estudo das doenças respiratórias nessa categoria de trabalhadores[1].

Outros importantes estudos foram produzidos na França, líder no tema da Medicina e Higiene, durante a primeira metade do século XIX, como os de Louis René Villermé (1782-1863), *Tableau de l'État Physique et Moral des Ouvriers Employés dans les Manufactures de Coton, de Laine et de Soie,* publicado em 1840; e de Tanquerel des Planches (1809-1862), *Traité des Maladies de Plomb ou Saturnines,* de 1839 (MENDES, 1995, p. 89).

Finalmente, e com apoio em Weindling (1985) e McIvor (1987), Mendes aponta a fadiga, o envelhecimento precoce, o desgaste e as alterações de comportamento (estas já no campo da psicopatologia do trabalho), como danos à saúde do trabalhador "de difícil caracterização objetiva e rigorosamente 'médica', mas de inconfundível nexo com o trabalho", já descritos naquela época (MENDES, 1995, p. 89).

---

[1] Apoiando-se em Hunter (1974) e Waldron (1983), René Mendes esclarece que Pott, "ao estabelecer o nexo causal com a ocupação pregressa, com bases exclusivamente epidemiológicas (...) antecipou-se o cirurgião aos achados dos estudos experimentais desenvolvidos no começo deste século, por Yamagiwa e Ichikawa, e à descoberta da substância química cancerígena (3,4-benzopireno) ocorrida na década de 40" (MENDES, 1995, p. 48).

5.3.4 Evolução legislativa no Brasil

O Brasil foi o último país da América a abolir o regime de escravidão, o que ocorreu somente em 1888. Por essa razão, não se tem notícia de qualquer direito trabalhista ou regra de proteção à saúde do trabalhador antes desse período.

A Constituição do Império tratou apenas de assegurar a liberdade de trabalho, além de abolir as corporações de ofício. Segundo Cesarino Júnior, "o raro trabalho livre" era regulado pelas disposições das Ordenações do Reino, do Código Comercial e algumas leis especiais, como as que regulavam a prestação de serviços agrícolas (CESARINO JÚNIOR, 1970, p. 45).

Entretanto, as fábricas só foram instaladas no país a partir de 1808, com a chegada da família real portuguesa. Dessa forma, por mais de três séculos, as atividades industriais no Brasil restringiram-se praticamente à fabricação do açúcar nos engenhos e à mineração, com técnicas muito rudimentares (MIRANDA, 2002, p. 3). Com efeito, os primeiros estabelecimentos fabris surgiram no Brasil a partir de 1840 e a primeira máquina a vapor só foi instalada em 1869, na Fiação São Luiz, em Itu, Estado de São Paulo (MIRANDA, 2002, p. 3).

No entanto, as primeiras normas sobre condições de trabalho na indústria só surgiram quase meio século depois, a partir de 1890, com a criação do Conselho de Saúde Pública.

A Constituição Republicana, promulgada em 1891, manteve a liberdade de trabalho, silenciando acerca de qualquer outro direito trabalhista. O trabalho dos menores, contudo, já era objeto de grande preocupação à época. Assim, a primeira referência legal à Inspeção do Trabalho no Brasil foi feita no Decreto n. 1.313, de 17 de janeiro de 1891, que estabeleceu medidas no intuito de regularizar o trabalho dos menores empregados nas fábricas da Capital Federal, na época, a cidade do Rio de Janeiro, sob o comando do então Presidente da República, Deodoro da Fonseca. Os objetivos, que foram declarados no preâmbulo desse diploma legal, eram os de "atender à conveniência e à necessidade de regularizar o trabalho e as condições dos membros em avultado número de fábricas existentes na Capital Federal, a fim de impedir que, com prejuízo próprio e da propriedade futura da Pátria, sejam sacrificadas milhares de crianças..." (AZEVEDO NETO, 2002, p. 27).

Considerado o primeiro diploma legal de proteção à infância, referido Decreto proibiu o trabalho de menores de 12 anos, admitindo, porém, o trabalho do menor a partir de 8 anos na função de aprendiz nas fábricas de tecidos. Proibiu também o trabalho com máquinas em movimento e na faxina. O limite de jornada era de 7 horas diárias para o trabalhador menor de 14 anos e de 9 horas para os que tivessem entre 14 e 18 anos[2]. Sua eficácia, contudo, não foi atingida e os menores continuaram explorados (RESSEL, 2007)[3].

No tocante à fiscalização, o Decreto previu um sistema composto por um inspetor geral, subordinado ao Ministério do Interior, que deveria visitar os estabelecimentos fabris mensalmente (MIRANDA, 1998). Todavia, como, à época, a competência para legislar sobre a matéria havia sido repassada aos Estados da Federação, a regra tinha vigência restrita e, ainda assim, de forma muito pouco eficiente.

As péssimas condições de trabalho, contudo, continuavam a ser denunciadas. Em 1906, durante o I Congresso Operário do Brasil, ocorrido no Rio de Janeiro por iniciativa da Federação Operária Regional daquela cidade, prevaleceram as teses apresentadas pelos anarquistas, que dominaram o plenário em razão de sua grande combatividade. Prevaleceram as ideias de que a guerra causava grandes prejuízos aos trabalhadores, que foram incitados a promover a propaganda e o protesto contra o mal.

No entanto, durante o referido Congresso, foram assentadas as bases para a fundação da Confederação Operária Brasileira – COB, que começou a funcionar em 1908, integrada por várias associações

---

[2] Em 1917, esse limite foi unificado em seis horas diárias.

[3] Disponível em: <http://www.sintropab.org.br/Trabalho%20Infantil.asp>. Acesso em: 26 maio 2009.

de classe. Nas palavras de Linhares (1977, p. 44), a COB era uma "central sindical inspirada nos moldes da CGT francesa, isto é, a primeira organização sindical de âmbito nacional".

Inicia-se, a partir daí, um longo período de influência anarcossindicalista no movimento operário brasileiro (LINHARES, 1977, p. 44). Na época, mais precisamente em 1907, o Rio de Janeiro contava com 522.000 habitantes e São Paulo, com 240.000. Trinta por cento das indústrias estavam no Rio e 16% em São Paulo e a produção tinha como foco principal a produção de móveis, calçados, vestuário etc., por mãos de operários brasileiros, italianos, portugueses e espanhóis. Em 1908 eclodem várias greves, com destaque para a dos tecelões da Fábrica Rodolfo Crespi e a dos chapeleiros da Fábrica M. Nuhamim, ambas em São Paulo, a do Moinho Santista, em Santos, e a das docas de Santos.

Nesse cenário, como não podia deixar de ser, o segundo grande marco legislativo se deu com a criação da Lei de Acidentes do Trabalho, em 1919, que, segundo Miranda (1998, p. 3), "assinalaria o ponto de partida da intervenção do Estado nas condições de consumo da força de trabalho industrial em nosso país". Precedeu a elaboração da referida lei a fundação do Instituto de Higiene de São Paulo, em 1918, com o propósito de discutir, propagar e implementar "novas concepções sobre higiene, saúde, trabalho e educação"[4]. A primeira norma no Brasil a tratar do acidente do trabalho, o Decreto Legislativo n. 3.724, de 15 de janeiro de 1919, foi regulamentada pelo Decreto n. 13.498, de 12 de março de 1919, sob o comando do então vice-presidente em exercício Delfim Moreira da Costa Ribeiro.

Segundo Russomano (1995, p. 36), foram inúmeras as tentativas feitas anteriormente, a exemplo dos projetos de Medeiros e Albuquerque (1904), Gracho Cardoso (1908), do Departamento Estadual do Trabalho do Estado de São Paulo, apresentado pelo se-

[4] Transformado, em 1931, na Escola de Higiene e Escola de Saúde Pública, ganhando autonomia, em 1945, como Faculdade de Higiene e Saúde Pública da USP.

nador Adolpho Gordo (1915), o substitutivo de João Maximiano de Figueiredo (1917) e Prudente de Morais (1918). A dificuldade de aprovação desses projetos residia no descontentamento do empresariado acerca da forma como se propunha indenizar o acidentado, qual seja, a do pagamento de uma renda mensal (pensão), atual benefício de prestação continuada.

A norma buscou seu fundamento jurídico na chamada teoria do risco profissional, segundo a qual o risco é inerente ao próprio exercício da atividade, sendo a empresa, por essa razão, responsável pelas consequências patrimoniais do infortúnio. No entanto, criou a obrigatoriedade de comunicação dos acidentes à autoridade policial, tornando compulsória a intervenção dessa autoridade em todos os processos de acidentes do trabalho.

5.3.5 As doenças dos trabalhadores e a saúde pública

Antes disso, porém, as doenças dos trabalhadores estavam compreendidas na temática da saúde pública, que teve vários desdobramentos, como se verifica a seguir, com os principais diplomas legais relativos ao tema.

Em 1890, foram criados o Conselho de Saúde Pública e a Inspetoria Geral de Higiene e, sob a égide da Constituição de 1891, a notificação de moléstias transmissíveis – febre amarela, cólera, peste, difteria, escarlatina e sarampo – tornou-se compulsória. Essa obrigação, contudo, teve de ser reforçada em 1902, sob os rigores da lei penal. Em 1892, criaram-se em São Paulo os laboratórios de saúde pública e, no ano seguinte, o Serviço Sanitário dos Portos e Inspetoria Geral de Saúde naqueles locais. Em 1894, nasce, no Rio de Janeiro, o Instituto Sanitário Federal.

Em 1897, iniciou-se o processo de organização dos serviços estaduais de higiene, com a criação da Diretoria Geral de Saúde Pública, mais tarde substituída pelo Departamento Nacional de Saúde Pública, criado em 1920. No entanto, nesse mesmo ano – 1920 –, outro acontecimento importante na história da proteção à saúde e segurança dos trabalhadores deve ser assinalado: a contratação do primeiro Médico de Fábrica no Brasil, pela Fiação Maria Zélia, situada no bairro de Tatuapé, em São Paulo (MIRANDA, 2002, p. 75).

Segue-se, em 1923, a promulgação do Regulamento Sanitário Federal (Reforma Carlos Chagas: 1920-1926), que incluiu, no âmbito da saúde pública, a higiene profissional e industrial (MIRANDA, 1998). Incorporando a expressão Vigilância Sanitária, o Regulamento utilizou-a indistintamente para o controle sanitário de pessoas doentes ou suspeitas de doenças transmissíveis, de estabelecimentos e de locais.

5.3.6 Os anos 1930 e a criação do Ministério do Trabalho, Indústria e Comércio

No início dos anos 1930, a classe trabalhadora vivia momentos de grande desespero. Na sua grande maioria egressos da zona rural, os desempregados amontoavam-se nas ruas e praças esperando algum chamado para trabalho. Por sua vez, os que ainda trabalhavam aceitavam redução de salário para se manter empregados. Estima-se que, em 1931, havia aproximadamente dois milhões de desempregados e subempregados, o que contribuiu para o aumento dos ataques a lojas e armazéns, que eram saqueados por essa multidão carente de recursos. Tais fatos geravam conflitos com a polícia: os trabalhadores eram presos, agredidos e muitos desapareciam (SILVA F., 2000, p. 252).

A questão social, portanto, era tratada de forma absolutamente equivocada, ou seja, como um caso de polícia, o que acirrava ainda mais os ânimos da classe operária. Suas manifestações ameaçavam as elites dominantes que não se julgavam capazes de controlar as camadas populares. Amedrontadas, passaram a aceitar o Estado como intermediador desses conflitos, o que propiciou o surgimento da política populista de Getúlio Vargas. Com efeito, Getúlio conseguiu, com seu populismo, submeter os diferentes grupos sociais ao comando estatal, inibindo a luta de classes. O caminho trilhado por Vargas para conseguir disciplinar as relações entre capital e trabalho foi, em grande parte, o do controle dos sindicatos de um lado, e, de outro, o da concessão gradual de direitos trabalhistas. Tudo isso por meio do Ministério do Trabalho, Indústria e Comércio, criado em 1930, por meio do qual Vargas intervém profunda e definitivamente na questão trabalhista. No tocante aos direitos concedidos, muitos já eram objeto de reivindicação antiga dos trabalhadores e foram atendidos com o propósito de neutralizar as massas populares e suas manifestações. Por essa razão, para muitos, essa medida beneficiou principalmente as classes dominantes. Já em relação aos sindicatos, desde 1931, quando foram obrigados a filiar-se ao Ministério então criado, perderam grande parte da autonomia, que foi definitivamente sacrificada quando, durante o Estado Novo, as entidades passaram a reger-se por sufocante legislação governamental, que os transformou em verdadeiros "braços" do Estado, o que acabou por oficializar o peleguismo[5].

A política trabalhista de Vargas também causava preocupações. Desde aqueles tempos, o fantasma dos encargos sociais já assombrava de forma equivocada o empresariado, como acontece nos dias atuais. Do mesmo modo, a competição com os produtores estrangeiros já estava presente no discurso nacional (SIMONSEN, 1937, p. 66).

Com a criação do Ministério do Trabalho, Indústria e Comércio, fato que vai marcar definitivamente as relações de trabalho no Brasil, o tema da saúde e segurança dos trabalhadores passou para o âmbito dessa pasta. Além disso, seguindo, ainda que tardiamente[6], a diretriz estabelecida pela OIT relativa à criação de um serviço

---

[5] "... política de 'amaciamento' das massas sindicalizadas pelos 'pelegos' – burocratas sindicais a serviço do governo e dos empresários" (SILVA F., 2000, p. 254).

[6] Em 1919, a OIT adotou a Recomendação n. 5 sobre o tema.

público de higiene nos países-membros, o Brasil criou, em 1931, um sistema nacional de inspeção, a cargo do Departamento Nacional do Trabalho, órgão inserido na estrutura do recém-criado Ministério. No ano seguinte, 1932, outro passo importante foi dado para a expansão e o fortalecimento da inspeção do trabalho no Brasil: foram criadas as Inspetorias Regionais, transformadas posteriormente nas Delegacias Regionais e, atualmente, nas Superintendências Regionais do Trabalho do Ministério referido. Para cuidar do tema da saúde e segurança especificamente, criou-se, em 1934, a Inspetoria de Higiene e Segurança no Trabalho.

Em 1943, todas as normas trabalhistas até então editadas no governo Vargas foram reunidas na Consolidação das Leis do Trabalho – CLT, o que representou um grande avanço no reconhecimento dos direitos trabalhistas, mas o processo de estruturação do serviço federal de inspeção arrastou-se por longo tempo, sendo que, somente em 1957, foi aprovado o Regimento Interno das Delegacias Regionais do Trabalho (MIRANDA, 1998).

5.3.7 Evolução das normas sobre acidentes do trabalho após 1930

Apesar de constituir-se num marco importante para o desenvolvimento de uma regulamentação apropriada do tema, a Lei Acidentária de 1919 tinha lacunas. Assim, por exemplo, embora tenha criado a obrigação de indenizar o segurado ou a família, proporcionalmente à gravidade das sequelas do acidente (SCHUBERT, 2002), não garantiu o pagamento dessa indenização, o que levou alguns empresários mais conscientes a contratar seguros para enfrentar situações inesperadas em seus estabelecimentos, o que acabou influenciando, ao longo do tempo, a criação do seguro social no Brasil (PEREIRA, 1999). Dessa forma, após a Revolução de 1930, a lei acidentária é alterada através do Decreto n. 24.637, de 10 de julho de 1934.

Após algumas alterações[7], essa norma foi revogada pelo Decreto-Lei n. 7.036, de 10 de novembro de 1944, que incumbiu às autoridades do Ministério do Trabalho a fiscalização da lei acidentária. A grande novidade, porém, é que a norma tratou da prevenção de acidentes e da higiene do trabalho, criando para todo empregador a obrigatoriedade de proporcionar a seus empregados a máxima segurança e higiene no trabalho, zelando pelo cumprimento dos dispositivos legais pertinentes, protegendo-os, especialmente, contra as imprudências que pudessem resultar do exercício habitual da profissão. Além disso, aqueles que possuíssem um número de empregados superior a 100 ficaram obrigados a providenciar a organização de comissões internas em seus estabelecimentos, com representantes dos empregados, para o fim de estimular o interesse pelas questões de prevenção de acidentes, apresentar sugestões quanto à orientação e fiscalização das medidas de proteção ao trabalho, realizar palestras instrutivas, propor a instituição de concursos e prêmios e tomar outras providências tendentes a educar o empregado na prática de prevenir acidentes. Estava criada a Comissão Interna de Prevenção de Acidentes – CIPA.

Em 28 de fevereiro de 1967, o Decreto-Lei n. 293 continuava obrigando o empregador a manter seguro privado para cobertura dos riscos de acidente do trabalho. Ao fazer o seguro, o empregador transferia à entidade seguradora a responsabilidade pelo acidente, dela ficando desobrigado, exceto quanto ao direito regressivo no caso de infração ao contrato de seguro. Vigente por apenas alguns meses, esse Decreto-Lei foi substituído pela Lei n. 5.316, de 14 de setembro daquele mesmo ano, que acabou integrando o seguro de acidentes do trabalho na Previdência Social. Além disso, a

[7] Alterada em 5 de março do mesmo ano, pelo Decreto n. 13.493 e, em 10 de novembro de 1934, pelo Decreto n. 24.637, de 10 de julho de 1934, que manteve a concepção do risco profissional mas ampliou a abrangência da concepção de "doença profissional".

lei inovou ao considerar como acidente do trabalho aquele ocorrido no trajeto entre a residência e o trabalho e vice-versa e ao dispor sobre a adoção, pela Previdência Social, de programas de prevenção de acidentes e de reabilitação profissional.

Em 1976, a Lei n. 6.367, de 19 de outubro, ao dispor sobre o seguro de acidentes do trabalho a cargo do então INPS (hoje INSS), estabeleceu, para o custeio dos encargos nela previstos, um acréscimo nas contribuições previdenciárias, a cargo exclusivo da empresa, variável de acordo com o grau de risco. Referida Lei foi regulamentada pelo Decreto n. 79.037, de 24 de dezembro de 1976.

Representando grande evolução no tema, a Lei n. 8.213, de 24 de julho de 1991, estabeleceu a responsabilidade da empresa pela adoção de medidas de proteção à saúde e segurança dos trabalhadores. Além disso, criou a estabilidade no emprego, pelo período de 12 meses, ao empregado que permanecer incapacitado para o trabalho por mais de 15 dias, em razão de acidente do trabalho.

5.3.8 Evolução das normas de saúde e segurança após 1930

Com o advento da nova pasta em 1930, foi criada em 1934, como já referido, a Inspetoria de Higiene e Segurança no Trabalho, posteriormente denominada Serviço, Divisão, Departamento, Secretaria e, atualmente, Departamento de Saúde e Segurança do Trabalho, integrante da Secretaria de Inspeção do Trabalho – SIT. Depois disso, segundo Carlos Roberto Miranda (2002, p. 27), o tema saúde e segurança no trabalho foi esquecido "por décadas e somente a partir de 1970 começam a surgir, espontaneamente, os primeiros serviços médicos de empresa, instalados em grandes empresas estatais ou multinacionais".

Em 1972, por meio da Portaria n. 3.237, o governo criou o "Programa de Valorização do Trabalhador", obrigando as empresas a criar serviços médicos conforme o grau de risco e o número de empregados; com isso, inicia-se um programa de formação de médicos do trabalho com cursos ministrados pela Fundacentro[8].

Em 1977, outro marco legislativo de grande importância entrou em vigor: a Lei n. 6.514, de 22 de dezembro, que imprimiu nova redação ao Capítulo V da Consolidação das Leis do Trabalho – CLT, que trata da saúde e segurança dos trabalhadores.

No ano seguinte, foi editada a Portaria n. 3.214/78, já referida anteriormente, que aprovou Normas Regulamentadoras sobre o tema.

Desde 1988, o direito à segurança e saúde do trabalhador, antes regulamentado por norma ordinária em nosso ordenamento jurídico, integra o rol dos direitos constitucionalmente assegurados aos trabalhadores (art. 7º, XXII).

Em 1990, por meio da Lei n. 8.028, de 12 de abril, foram criados os seguintes órgãos: Conselho Nacional de Seguridade Social; Conselho Nacional do Trabalho; Conselho de Gestão da Proteção ao Trabalhador; Conselho de Gestão da Previdência Complementar; Conselho de Recursos do Trabalho e Seguro Social. Foram também extintos os seguintes órgãos: Conselho Nacional de Política Salarial; Conselho Nacional de Política de Emprego. Além disso, a referida lei também alterou a denominação do Ministério, que passou a se chamar Ministério do Trabalho e da Previdência Social.

Ao Conselho Nacional do Trabalho, de acordo com o art. 22 do Decreto n. 5.063, de 3 de maio de 2004, que aprovou a Estrutura Regimental e o Quadro Demonstrativo dos Cargos em Comissão e das Funções Gratificadas do Ministério do Trabalho e Emprego, cabe exercer as competências estabelecidas no art. 1º do Decreto n.

---

[8] Criada em 1966 e vinculada ao Ministério do Trabalho em 1974, tem como missão produzir e difundir "conhecimentos que contribuam para a promoção da segurança e saúde dos trabalhadores e das trabalhadoras, visando ao desenvolvimento sustentável, com crescimento econômico, equidade social e proteção do meio ambiente". Cf. a página eletrônica da Fundacentro, disponível em: <http://www.fundacentro.gov.br/>.

1.617, de 4 de setembro de 1995: participar da formulação das políticas públicas da área do trabalho, propondo estratégias de desenvolvimento e supervisão de sua execução; propor diretrizes a serem observadas na elaboração dos planos, programas e normas de competência do Ministério do Trabalho, tendo como marco as informações conjunturais e prospectivas das situações política, econômica e social do país; acompanhar e avaliar, para promovê-los, os desempenhos dos planos e programas do Ministério do Trabalho e de suas relações institucionais; avaliar as propostas de medidas legislativas e complementares no âmbito do Ministério do Trabalho; exercer a função de conciliação no âmbito das relações entre capital e trabalho; acompanhar o cumprimento dos direitos constitucionais dos trabalhadores urbanos e rurais, bem como das convenções e tratados internacionais ratificados pelo Brasil, com incidência no campo social; promover e avaliar as iniciativas que tenham por finalidade o fortalecimento de ações como a geração de empregos, o amparo ao trabalhador desempregado, o aperfeiçoamento da legislação e das relações de trabalho e a melhoria dos ambientes de trabalho, especialmente nas áreas de formação e reciclagem profissional, riscos inerentes ao trabalho, trabalho da criança, do adolescente e do deficiente, entre outros, e pronunciar-se sobre assuntos que lhe sejam submetidos pelo Ministro de Estado, na sua área de competência.

Em 1992, a pasta passou a ser denominada Ministério do Trabalho e da Administração Federal, por meio da Lei n. 8.422, de 13 de maio. Nesse mesmo ano, por meio do Decreto n. 509, de 24 de abril, foram extintos os seguintes órgãos: Conselho Nacional de Seguridade Social; Conselho de Gestão da Proteção ao Trabalhador; Conselho de Gestão da Previdência Complementar; Conselho de Recursos do Trabalho e Seguro Social; Conselho Nacional do Trabalho. Nesse ano também, por meio da Lei n. 8.490, de 19 de novembro, foi criado o Conselho Nacional do Trabalho e alterada a denominação da pasta para Ministério do Trabalho, que passou a ter nova estrutura organizacional por meio do Decreto n. 1.643, de 25 de setembro de 1995. Em 1999, passou a ser Ministério do Trabalho e Emprego, por meio da Medida Provisória n. 1.799, de 1º de janeiro e, nesse mesmo ano, teve sua estrutura modificada pelo Decreto n. 3.129, de 9 de agosto.

5.4 Saúde e segurança do trabalhador perante a OIT

No que concerne aos agravos à saúde do trabalhador, a OIT sempre teve papel destacado. Com efeito, como preleciona Hertz Jacinto Costa ([s.d.], p. 3), já em 1925, na Convenção n. 18, aquele organismo reconheceu três enfermidades profissionais (saturnismo, hidrargirismo e infecção carbunculosa), decorrentes do envenenamento por chumbo, mercúrio e antraz. Em 1934, a Convenção n. 42 acrescentou outras dez enfermidades profissionais à lista. Em 1964, outras quinze doenças constaram da Convenção n. 121, e assim até os dias atuais.

Voltadas a temas relacionados à saúde e segurança do trabalho citam-se, entre outras, as Convenções n. 6 (1919), sobre o trabalho noturno dos menores na indústria; n. 12 (1921), sobre a indenização por acidentes do trabalho na agricultura; n. 16 (1921), sobre o exame médico de menores no trabalho marítimo; e n. 19 (1925), sobre a igualdade de tratamento entre estrangeiros e nacionais em acidentes do trabalho.

O Brasil ratificou a maior parte desses instrumentos, assinalando-se, entre as principais mais recentes, as de n. 148, de 1986, que dispõe sobre a Proteção dos Trabalhadores contra os Riscos Profissionais devido à Contaminação do Ar, ao Ruído e às Vibrações no local de Trabalho (Decreto n. 93.413, de 15 de outubro de 1986); n. 155, de 1994, que dispõe sobre a Segurança e Saúde dos Trabalhadores e o Meio Ambiente de Trabalho (Decreto n. 1.254, de 29 de setembro de 1994); e n. 161, de 1991, que dispõe sobre os Serviços de Saúde do Trabalho (Decreto n. 127, de 22 de maio de 1991).

De outra parte, em 1950, o Comitê misto integrado pela OIT e pela Organização Mundial da Saúde – OMS aprovou uma Resolução que estabeleceu a primeira definição sobre as funções da

Medicina do Trabalho, apontando como objetivos da Saúde Ocupacional a promoção e a manutenção do mais alto nível de bem-estar físico, mental e social dos trabalhadores de todas as ocupações; a prevenção dos desvios de saúde provocados pelas condições de trabalho, e a proteção dos trabalhadores, em seus empregos, dos riscos resultantes de fatores adversos à saúde e a "adaptação do trabalho ao homem e de cada homem à sua atividade" (MENDES, 2004).

Três anos depois, a OIT aprovou uma Resolução[9] recomendando aos países-membros a organização de serviços de medicina do trabalho e a formação de médicos do trabalho qualificados e, em 1959, finalmente adota uma Recomendação sobre "Serviços de Medicina do Trabalho nos lugares de Emprego" – n. 112[10]. A esses serviços, obrigatórios, caberá assegurar a proteção dos trabalhadores contra todo o risco que prejudique a sua saúde, resultante de seu trabalho ou das condições em que este se efetue; contribuir à adaptação física e mental dos trabalhadores às atividades que serão desempenhadas; adequar o trabalho às aptidões dos trabalhadores, e estabelecer e manter o nível mais elevado possível de bem-estar físico e mental dos trabalhadores (CARVALHO, 2007). No entanto, essa Recomendação definiu como essencialmente preventivas as funções dos serviços de medicina do trabalho, entre elas: realização de exames médicos ocupacionais; visitação periódica dos locais de trabalho e inspeção periódica das instalações sanitárias e de conforto; registro de todas as informações referentes à saúde dos trabalhadores; primeiros socorros etc. (MIRANDA, 2002, p. 3).

Finalmente, em 1985, a OIT aprova a Convenção n. 161, "Serviços de Saúde no Trabalho", recomendando a adoção de uma "Política Nacional de Saúde no Trabalho", além de ampliar o conceito de medicina do trabalho. Os serviços, segundo a norma inter-

---

9 Disponível em: <http://www.ilo.org/public/english/bureau/leg/resolutions.htm>.

10 Disponível em: <http://www.ilo.org/ilolex/cgi-lex/convde.pl?R112>.

nacional, deverão ser multidisciplinares, desempenhando suas funções em colaboração com outros serviços na empresa, além de prestar assessoria quanto ao planejamento e à organização do trabalho. Tais serviços prestigiarão a difusão da informação, a formação e a educação nas áreas de saúde e higiene do trabalho e na de ergonomia. Os trabalhadores, no entanto, deverão ser informados dos riscos inerentes ao trabalho (MIRANDA, 2002, p. 3).

5.5 Tutela do meio ambiente do trabalho

A vigilância do cumprimento das normas de proteção ao trabalho, aí incluídas aquelas relativas à saúde e segurança dos trabalhadores nos locais de trabalho, compete à Inspeção do Trabalho, organizada, mantida e executada pela União.

Trata-se, na verdade, de exercício de poder de polícia, atividade-fim do Estado. De acordo com a Convenção n. 81, da OIT, compete à Inspeção do Trabalho velar pelo cumprimento das normas de proteção do trabalho; informar e assessorar os parceiros sociais sobre o cumprimento das referidas normas e levar ao conhecimento das autoridades os abusos que continuam sem punição, tendo em vista a inexistência de instrumentos legais.

Entre os poderes da Inspeção do Trabalho, destaca-se o livre acesso aos locais sujeitos à inspeção, a qualquer hora do dia ou da noite, podendo fazer interrogatórios, exigir apresentação de documentos e retirar amostras de material; notificar sua presença ao empregador ou seu representante ou, dependendo das circunstâncias, deixar de identificar-se no início da inspeção, se julgar conveniente; determinar as medidas que objetivem garantir a saúde ou a segurança dos trabalhadores, com o intuito de modificar as instalações, imediatamente ou, conforme o caso, concedendo um determinado prazo.

Mas a eficácia social da norma, como se sabe, não significa total ausência de seu descumprimento. Sempre haverá aquele que se recusa a cumpri-la, daí a necessidade do elemento coercitivo que nela se reconhece. Esse elemento coercitivo será tanto mais intenso quanto maior o significado do bem que a norma pretende proteger. Assim, além da fiscalização que atua preventiva e repressivamente, contam os cidadãos para defender seus direitos inerentes à saúde com a tutela judicial trabalhista que pode se dar mediante propositura de reclamatória trabalhista, de dissídio coletivo ou de ação civil pública, conforme o caso.

De acordo com Raimundo S. de Melo:

> (...) O Estado, através do Ministério do Trabalho e de outros órgãos governamentais é responsável pelo estabelecimento de normas de segurança e medicina do trabalho (Lei 6.514/77 e Portaria 3.214/78) e pela fiscalização do seu cumprimento. Mas, não obstante existam normas legais a respeito do assunto – em alguns aspectos até em demasia –, na prática tais normas não são efetivamente cumpridas, como mostram as estatísticas de acidentes, porque, se de um lado existe a cultura atrasada e perversa de parte do empresariado, de outro, as multas fixadas administrativamente pelos órgãos fiscalizadores são insuficientes para se obrigar os responsáveis a manter um ambiente de trabalho seguro e salubre. Isto se agrava mais ainda quando as soluções dependem da implementação de medidas de caráter coletivo, que são, evidentemente, muito mais caras do que o simples fornecimento de equipamentos individuais. Daí porque, não cumprindo o Estado o seu papel na órbita administrativa, necessário se faz a busca de solução perante o Poder Judiciário, pelo empregado, individualmente – porque o direito ao meio ambiente seguro e adequado é um dos primeiros a constituir o conteúdo do contrato de trabalho – ou coletivamente, pelos sindicatos, Ministério Público e demais entidades autorizadas, nos termos da Constituição Federal (arts. 81, inciso III, 129, inciso III, e Lei 7.347/85, art. 51). Com a Constituição de 1988, que priorizou e incentivou a questão da prevenção de acidentes e alterou substancialmente as atribuições do Ministério Público, novas ações passaram a ser ajuizadas, agora se buscando obrigar o empregador a cumprir as normas de segurança e higiene e prevenir efetivamente o meio ambiente do trabalho. Estas são as Ações Civis Públicas (...) (MELO, 1997, p. 95).

Atualmente, a empresa é responsável pela adoção e pelo uso das medidas coletivas e individuais de proteção e segurança da saúde do trabalhador, constituindo contravenção penal, punível com multa, deixar de cumprir as normas de segurança e higiene do trabalho. É seu dever, também, prestar informações pormenorizadas sobre os riscos da operação a executar e do produto a manipular (§§ 1º, 2º e 3º, do art. 19, da Lei n. 8.213, de 24 de julho de 1991).

Além disso, no âmbito do Judiciário, é possível compelir-se o empregador a indenizar o empregado em razão dos danos causados por acidente do trabalho, independentemente da indenização prevista em lei. É que o art. 7º, XXVIII, da CF/88, ao considerar direito dos trabalhadores, quer urbanos, quer rurais, o seguro contra acidentes do trabalho, a cargo do empregador, não exclui a indenização a que este está obrigado, quando incorrer em dolo ou culpa. Assim, em princípio baseado na teoria do risco profissional, com responsabilidade objetiva, o ordenamento jurídico criou o seguro obrigatório para os acidentes do trabalho, de forma que, mediante contribuição, os planos de previdência social atendem, nos termos da lei, a cobertura dos eventos de doença, invalidez, morte, incluídos os resultantes de acidentes do trabalho (art. 201, I, da CF/88). Constatando-se, todavia, conduta dolosa ou culposa por parte do empregador ou de seus prepostos, cogitar-se-á de reparação civil, acrescentando-se, ainda, que são cumuláveis as indenizações por dano material e dano moral (Súmula 37 do STJ).

No entanto, o texto constitucional estabelece que "as condutas e atividades lesivas ao meio ambiente sujeitarão os infratores, pessoas físicas ou jurídicas, a sanções penais e administrativas, independentemente da obrigação de reparar os danos" (art. 225, § 3º,VI), inserindo, na expressão meio ambiente, a do trabalho (art. 200,VIII). Nesse sentido, a não observância das condições mínimas de higiene e segurança nos locais de trabalho traduzem-se, indubitavelmente, em conduta lesiva ao meio ambiente do trabalho o que, por si só, deve implicar na obrigação, para o empregador, de reparar danos, morais e/ou materiais, além de sujeitá-lo à sanção penal cabível.

5.6 Considerações finais

A evolução das normas trabalhistas e o aperfeiçoamento das instituições que lidam com o mundo do trabalho foram fundamentais para o bem-estar e a segurança dos trabalhadores.

Atualmente, ao Estado cabe não só tornar efetivas as normas trabalhistas, mas ir além disso; é preciso que participe ativamente do cenário das relações trabalhistas, antecipando-se à elaboração da norma, por meio da ação proativa no campo das relações trabalhistas, seja orientando e prevenindo conflitos, seja investigando os motivos, as causas do descumprimento ou da tentativa de burla à legislação.

No entanto, por conta de sua origem, o direito do trabalho só se aplica ao empregado, mas é preciso que haja um redimensionamento desse ramo do Direito para garantir aos trabalhadores em geral os direitos mínimos fundamentais, direitos que transcendem sua condição de trabalhador e levam em conta sua condição de ser humano e cidadão.

No tocante à elaboração pelo Estado das normas regulamentadoras de saúde e segurança dos trabalhadores, é incontroversa a importância da participação dos próprios interessados, posto que sabem, como ninguém, onde residem as fragilidades no cotidiano dos locais de trabalho. Além disso, nessa tarefa, o Estado consegue antecipar-se à gama variada de doenças e acidentes resultantes das más condições de trabalho, prevenindo-os por meio de uma legislação adequada e em perfeita sintonia com a realidade dos diversos setores da atividade econômica.

Dentro de um universo mais abrangente, hoje a sociedade e o Estado se preocupam com o meio ambiente capaz de propiciar uma vida saudável e digna a todos os cidadãos e, mais especificamente, aos trabalhadores que dedicam a maior parte de sua vida a um recorte específico do meio ambiente, o do trabalho.

REFERÊNCIAS

ALEXY, Robert. **Teoría de los derechos fundamentales**. Madrid: Centro de Estudios Constitucionales, 1997.

ANTUNES, Luís Filipe Colaço. **A tutela dos interesses difusos em direito administrativo – para uma legitimação processual**. Coimbra: Livraria Almedina, 1998.

AZEVEDO NETO, Celso de Lacerda. **Medidas de proteção do trabalho do menor**. Monografia apresentada como requisito parcial à conclusão do curso de pós-graduação em Medicina do Trabalho na Sociedade Universitária Estácio de Sá. Campo Grande, 2002. Disponível em: <http://www.saudeetrabalho.com.br/download/medidas-trabalho-menor.pdf>. Acesso em: 3 ago. 2009.

BOBBIO, Norberto. **A era dos direitos**. Rio de Janeiro: Campus, 1992.

BRASIL. **Constituição da República Federativa do Brasil, de 5 de outubro de 1988**. Disponível em: <http://www.planalto.gov.br/ccivil_03/constituicao/constitui%C3%A7ao.htm>. Acesso em: 19 abr. 2011.

BRASIL. **Decreto n. 79.037, de 24 de dezembro de 1976**. Disponível em: <http://www3.dataprev.gov.br/sislex/paginas/23/1976/79037.htm>. Acesso em: 20 abr. 2011.

BRASIL. **Decreto n. 127, de 22 de maio de 1991**. Disponível em: <http://www.jusbrasil.com.br/legislacao/113891/decreto-127-91>. Acesso em: 26 abr. 2011.

BRASIL. **Decreto n. 509, de 24 de abril de 1992**. Disponível em: <http://www.planalto.gov.br/ccivil_03/decreto/1990-1994/D0509.htm>. Acesso em: 20 abr. 2011.

BRASIL. **Decreto n. 1.254, de 29 de setembro de 1994**. Disponível em: <http://www.jusbrasil.com.br/legislacao/112849/decreto-1254-94>. Acesso em: 26 abr. 2011.

BRASIL. **Decreto n. 1.643, de 26 de setembro de 1995**. Disponível em: <http://www.jusbrasil.com.br/legislacao/112501/decreto-1643-95>. Acesso em: 20 abr. 2011.

BRASIL. **Decreto n. 3.219, de 9 de agosto de 1999**. Disponível em: <http://www.jusbrasil.com.br/legislacao/110168/decreto-3129-99>. Acesso em: 20 abr. 2011.

BRASIL. **Decreto n. 5.063, de 3 de maio de 2004**. Disponível em: <http://www.jusbrasil.com.br/legislacao/97765/decreto-5063-04>. Acesso em: 20 abr. 2011.

BRASIL. **Decreto-Lei n. 293, de 28 de fevereiro de 1967**. Disponível em: <http://www3.dataprev.gov.br/sislex/paginas/24/1967/293.htm>. Acesso em: 20 abr. 2011.

BRASIL. **Lei n. 5.316, de 14 de setembro de 1967**. Disponível em: <http://www3.dataprev.gov.br/sislex/paginas/42/1967/5316.htm>. Acesso em: 20 abr. 2011.

BRASIL. **Lei n. 6.367, de 19 de outubro de 1976.** Disponível em: <http://www.planalto.gov.br/ccivil/leis/L6367.htm>. Acesso em: 20 abr. 2011.

BRASIL. **Lei n. 6.514, de 22 de dezembro de 1977.** Disponível em: <http://www.planalto.gov.br/ccivil/leis/L6514.htm>. Acesso em: 20 abr. 2011.

BRASIL. **Lei n. 6.938, de 31 de agosto de 1981**. Disponível em: <http://www.planalto.gov.br/ccivil_03/Leis/L6938.htm>. Acesso em: 19 abr. 2011.

BRASIL. **Lei n. 8.028, de 12 de abril de 1990**. Disponível em: <http://www3.dataprev.gov.br/sislex/paginas/42/1990/8028.htm>. Acesso em: 20 abr. 2011.

BRASIL. **Lei n. 8.078, de 11 de setembro de 1990**. Disponível em: <http://www.planalto.gov.br/ccivil_03/Leis/L8078.htm>. Acesso em: 20 abr. 2011.

BRASIL. **Lei n. 8.213, de 24 de julho de 1991**. Disponível em: <http://www.planalto.gov.br/ccivil/leis/L8213cons.htm>. Acesso em: 20 abr. 2011.

BRASIL. **Lei n. 8.422, de 13 de maio de 1992**. Disponível em: <http://www.planalto.gov.br/ccivil_03/Leis/L8422.htm>. Acesso em: 20 abr. 2011.

BRASIL. **Lei n. 8.490, de 19 de novembro de 1992**. Disponível em: <http://www010.dataprev.gov.br/sislex/paginas/42/1992/8490.htm>. Acesso em: 20 abr. 2011.

BRASIL. Ministério do Trabalho e Emprego. **Portaria n. 3.214, de 8 de junho de 1978**. Disponível em: <http://www010.dataprev.gov.br/sislex/paginas/63/mte/1978/3214.htm>. Acesso em: 20 abr. 2011.

______. Cartilha **Ganhe a vida. Combata acidentes de trabalho**. Brasília, 1996a.

BRASIL. Senado Federal. **Direitos Humanos**: Declarações de Direitos e Garantias. Constituição do Brasil. Constituições Estrangeiras. 2. ed. Brasília: Senado Federal, Subsecretaria de Edições Técnicas, 1996b.

BRASIL. Superior Tribunal de Justiça. **Súmula 37**, promulgada em: 12 de março de 1992. Disponível em: <http://www.stj.jus.br/SCON/sumulas/doc.jsp?livre=%40docn&&b=SUMU&p=true&t=&l=10&i=435>. Acesso em: 20 abr. 2011.

CANOTILHO, José Joaquim Gomes. **Direito constitucional e teoria da Constituição**. 2. ed. Coimbra: Almedina, 1998.

CARVALHO, Aizenaque Grimaldi de. **35 anos de criação do SESMT** (Serviço Especializado de Segurança e Medicina do Trabalho). 2007. Disponível em: <http://www.sintesp.org.br/includes/site/1passo/primeiro%20passo%20197.pdf>. Acesso em: 25 out. 2011.

CESARINO JÚNIOR, Antonio Ferreira. **Direito social brasileiro**. 6. ed. São Paulo: LTr, 1970.

CONFERÊNCIA DAS NAÇÕES UNIDAS SOBRE O MEIO AMBIENTE HUMANO. **Declaração de Estocolmo sobre o Ambiente Humano**. 1972. Disponível em: <http://www.dhnet.org.br/direitos/sip/onu/doc/estoc72.htm>. Acesso em: 29 mar. 2007.

COSTA, Hertz Jacinto. **Resumo histórico**: acidente do trabalho. [s.d.] Disponível em: <http://www.acidentedotrabalho.adv.br/resumo/01.htm>. Acesso em: 24 jul. 2008.

FERREIRA FILHO, Manoel Gonçalves. **Curso de direito constitucional**. 26. ed. São Paulo: Saraiva, 1999.

LIMA, George Duarte de. **História da segurança do trabalho no mundo**. [s.d.] Disponível em: <http://georgedlima.blogspot.com/2007/05/historia-da-seguranca-do-trabalho-no.html>. Acesso em: 23 jul. 2008.

LINHARES, Hermínio. **Contribuição à história das lutas operárias no Brasil**. 2. ed. São Paulo: Alfa-Ômega, 1977.

MARCHESAN, Ana Maria Moreira; STEIGLEDER, Annelise Monteiro; CAPPELLI, Sílvia. **Direito ambiental**. 3. ed. Porto Alegre: Verbo Jurídico, 2006.

MASSINI, Carlos Ignacio. **El derecho de los derechos humanos y el valor del derecho**. Buenos Aires: Abeledo-Perrot, 1987.

MELO, Raimundo Simão de. Meio ambiente do trabalho: prevenção e reparação. Juízo competente, **Revista do Ministério Público do Trabalho**, n. 14, 1997.

MENDES, René. A medicina do trabalho há 30 anos e hoje. O que mudou? **Seminário em comemoração aos 30 anos de APAMT**. Curitiba, 2 de setembro de 2004. Disponível em: <http://www.anamt.org.br/documentos/conferencia_set_04.ppt>. Acesso em: 24 jul. 2008.

______ (org.). Aspectos históricos da patologia do trabalho. **Patologia do trabalho**. Rio de Janeiro: Atheneu, 1995.

MIRANDA, Carlos Roberto. **Inspeção do trabalho, epidemiologia e segurança e saúde no trabalho**. 1998. Disponível em: <http://www.higieneocupacional.com.br/download/textos-miscelania-3.doc>. Acesso em: 3 ago. 2009.

______. Organização dos serviços de saúde do trabalhador. 2002. Disponível em: <http://nr7.sat.sites.uol.com.br/sesmt.htm>. Acesso em: 24 jul. 2008.

MORAES, Alexandre de. **Direitos humanos fundamentais**. 8. ed. São Paulo: Atlas, 1998.

ORGANIZAÇÃO INTERNACIONAL DO TRABALHO. **Convenção n. 18.** Disponível em: <http://www.ilo.org/ilolex/cgi-lex/convde.pl?C018>. Acesso em: 20 abr. 2011.

______. **Convenção n. 42.** Disponível em: <http://www.ilo.org/ilolex/cgi-lex/convde.pl?C042>. Acesso em: 26 abr. 2011.

______. **Convenção n. 121.** Disponível em: <http://www.ilo.org/ilolex/cgi-lex/convde.pl?C121>. Acesso em: 26 abr. 2011.

______. **Convenção n. 155**. Disponível em: <http://www.ilo.org/ilolex/cgi-lex/convde.pl?C155>. Acesso em: 26 abr. 2011.

______. **Convenção n. 161**. Disponível em: <http://www.ilo.org/ilolex/cgi-lex/convde.pl?C161>. Acesso em: 26 abr. 2011.

PADILHA, Norma Sueli. **Do meio ambiente do trabalho equilibrado**. São Paulo: LTr, 2002.

PELLEGRINA, Maria Aparecida; SILVA, Jane Granzoto Torres da (coord.). Escola da Magistratura do Tribunal Regional do Trabalho da 2ª Região. **Constitucionalismo social**: estudos em homenagem ao Ministro Marco Aurélio Mendes de Farias Mello. São Paulo: Revista dos Tribunais, 2003.

PEREIRA, Luiz da Rocha Castello. A lei de acidentes no trabalho no Brasil, **A Notícia,** 15 jan. 1999. Disponível em: <http://www1.an.com.br/1999/jan/15/0opi.htm>. Acesso em: 23 jul. 2008.

PINHEIRO, Carla. **Direito internacional e direitos fundamentais**. São Paulo: Atlas, 2001.

PIOVESAN, Flávia. **Direitos humanos e o direito constitucional internacional**. 2. ed. São Paulo: Max Limonad, 1997.

RESSEL, Sandra. O Estatuto da Criança e do Adolescente na erradicação do trabalho infantil. 2007. Disponível em:<http://www.ambito-juridico.com.br/site/index.php?n_link=revista_artigos_leitura&artigo_id=1859>. Acesso em: 3 ago. 2009.

ROCHA, Julio Cesar de Sá da. **Direito ambiental do trabalho**. São Paulo: LTr, 2002.

ROSSIT, Liliana Allodi. **O meio ambiente de trabalho no direito ambiental brasileiro**. São Paulo: LTr, 2001.

RUSSOMANO, Mozart Victor. **Curso de direito do trabalho**. 5. ed. Curitiba: Juruá, 1995.

SCHUBERT, Baldur. A evolução do sistema de segurança e saúde no Brasil. Palestra apresentada durante o *workshop* **Os riscos do trabalho no Brasil e no Mundo**. Brasília, 2 a 4 de setembro de 2002.

SILVA, Francisco de Assis. **História do Brasil**. São Paulo: Moderna, 2000.

SILVA, José Afonso da. **Curso de direito constitucional positivo**. 20. ed. São Paulo: Malheiros, 2002.

______. **Direito ambiental constitucional**. 2. ed. São Paulo: Malheiros, 1997.

SIMONSEN, Roberto. **A indústria em face da economia nacional**. São Paulo: Empresa Graphica da Revista dos Tribunaes, 1937.

TESSLER, Luciane Gonçalves. **Tutelas jurisdicionais do meio ambiente**. São Paulo: Revista dos Tribunais, 2004.

6 A AFIRMAÇÃO DOS DIREITOS FUNDAMENTAIS NO TRABALHO COMO PRESSUPOSTO PRIMEIRO DA RESPONSABILIDADE SOCIAL EMPRESARIAL

Marcos César Amador Alves

Professor do Programa de Educação Executiva da DIREITO GV (GVlaw); doutorando em Direito do Trabalho pela Faculdade de Direito da Universidade de São Paulo – USP; mestre em Direito das Relações Sociais pela Pontifícia Universidade Católica de São Paulo – PUCSP; MBA em Administração de Empresas para Graduados na Fundação Getulio Vargas de São Paulo – FGV-SP – CEAG; International Fellowship Program na Organização das Nações Unidas (ONU), em Nova York; realizou estudos pós-graduados e atividades acadêmicas na Facoltà di Giurisprudenza della Università degli Studi di Roma Tor Vergata, na Facoltà di Giurisprudenza della Università degli Studi di Roma La Sapienza e na Columbia Law School, em Nova York; foi Presidente da Comissão de Direito Empresarial do Trabalho da OAB/SP e Membro Oficial de Missão Diplomática na Organização das Nações Unidas (ONU), em Nova York; advogado, sócio de Amador Alves Advogados.

"O problema fundamental em relação aos direitos do homem, hoje, não é tanto o de justificá-los, mas o de protegê-los."

Norberto Bobbio (1992, p. 24)

6.1 Introdução

O ativista americano Marc Kasky (SCEU, 2003), de São Francisco, Califórnia, acusou a Nike de se apresentar como empresa socialmente responsável em campanha de *marketing* e de relações públicas durante 1996, sendo que, em verdade, ocultava as indignas condições de trabalho dos operários que fabricavam seus produtos na Ásia. Na mesma época, a empresa estava sendo atacada por indivíduos e organizações não governamentais pela violação de direitos trabalhistas em sua cadeia de fornecedores. As diversas acusações tratavam da utilização de trabalho infantil e superexploração de mão de obra.

A marca Nike, que surgiu em 1972, responde, na atualidade, por negócios superiores a US$ 20 bilhões por ano. É reconhecida como um dos fenômenos do *marketing* contemporâneo. Sua maior estratégia para transformar a marca em líder mundial de artigos esportivos foi o uso intensivo de publicidade.

As denúncias de Marc Kasky produziram enorme repercussão, com o questionamento da reputação da empresa. Houve forte reverberação da iniciativa, com campanhas diretas da sociedade civil contra a marca.

A Nike reagiu, negando as alegações ao afirmar que era líder em melhoria das condições de trabalho e que oferecia postos de trabalho altamente desejáveis. Nunca negou que terceirizou a produção dos calçados para ganhar competitividade. Em momento seguinte, a Nike respondeu aos ataques dizendo que seus produtos eram manufaturados em vários locais do mundo de acordo com um severo código de conduta, livres de violações às condições decentes de trabalho.

Kasky alegou que tais declarações eram falsas ou enganosas. Por essa razão, deveriam ser censuradas de acordo com as leis de concorrência desleal do Estado da Califórnia. Após a questão ter sido enfrentada pela Suprema Corte da Califórnia, afastando a alegação da empresa de que suas declarações estavam protegidas pela garantia constitucional de liberdade de expressão, as afirmações da Nike, no contexto específico, foram submetidas à apreciação judicial. Em julgamento, a denúncia de que o público consumidor teria sido ludibriado com suas declarações.

Para resolver a disputa judicial, a Nike contratou um grupo de monitoramento chamado *GoodWorks International* para avaliar as condições de trabalho nas indústrias em questão. Após a realização de mais de 500 procedimentos e auditorias em fábricas vinculadas à marca, a empresa reconheceu irregularidades como o excesso de horas de trabalho e o assédio moral de seus empregados – sobretudo de empregadas. De modo geral, o relatório emitido pelo grupo de monitoramento foi favorável aos registros da Nike, mas a reputação da marca foi duramente testada, com impactos sensíveis nas decisões de compra dos consumidores em relação a seus produtos, o que ensejou alterações positivas de suas condutas trabalhistas.

O efeito produzido pelas escolhas de consumo determina as características do mundo em que vivemos. Ao decidirem sobre consumo, as pessoas estão delineando o mundo em que querem viver. O caso envolvendo a multinacional Nike revela como uma corporação pode e deve revisar ou modificar o seu comportamento para atender às pressões exercidas pela sociedade, respeitando as diretivas de responsabilidade social empresarial.

A postura corporativa que se restrinja a almejar lucro não é mais sustentável na sociedade contemporânea. A responsabilidade social empresarial pode, verdadeiramente, representar a reconciliação efetiva e prática entre desenvolvimento econômico e justiça social.

Apresentar, ainda que de modo objetivo e abreviado, os aspectos essenciais do instituto da responsabilidade social empresarial em sua relação concludente com a efetivação dos direitos fundamentais no trabalho é o desígnio do vertente artigo. Sobretudo, preconizando a afirmação dos direitos fundamentais no trabalho como pressuposto primeiro da responsabilidade social empresarial.

6.2 Responsabilidade social empresarial

O tema da responsabilidade social empresarial ou corporativa tem emergido com notável intensidade na atualidade. Trata-se, incontestavelmente, de expressão autêntica do processo de desenvolvimento histórico da humanidade, motivado pela dinâmica inerente aos atores sociais e de suas perspectivas culturais, políticas, econômicas, a deflagrar a eclosão de novos conceitos, novas posturas, novos comportamentos. As empresas fazem parte de uma sociedade, portanto, estão sujeitas às modificações exigidas nos meios sociais. A efetivação da responsabilidade social empresarial trata-se da expressão de um autêntico movimento de mudança, o qual demanda a ruptura concreta com a visão tradicional da empresa que cinge seus objetivos à obtenção de lucro e à função econômica.

Em suas atividades, os interesses das corporações, permanentemente, inter-relacionam-se com os interesses dos demais grupos. A responsabilidade social empresarial corresponde a um processo de sensibilização com as questões sociais, ao comprometimento das organizações e de seus gestores com os demais agentes com os quais interagem na busca pelo desenvolvimento de toda a sociedade. A conscientização social está no cerne do surgimento da responsabilidade social empresarial, influenciando a transformação do clássico modelo econômico liberal.

Sistematizando os elementos caracterizadores da responsabilidade social empresarial, o Conselho Empresarial Mundial para o Desenvolvimento Sustentável propôs, em 1988, a seguinte definição:

> Responsabilidade social corporativa é o comprometimento permanente dos empresários de adotar um comportamento ético e contribuir para o desenvolvimento econômico melhorando, simultanea-

mente, a qualidade de vida de seus empregados e de seus familiares, da comunidade local e da sociedade como um todo (*apud* SILVEIRA, 2003).

As empresas estão no centro do desenvolvimento econômico, influenciando toda a sociedade. São, verdadeiramente, agentes essenciais que, no desenvolvimento de suas atividades, exercem impactos sobre a sociedade e sobre o meio ambiente. A empresa, assim, é impelida a cumprir, integralmente, com as suas finalidades objetivas em suas dimensões econômica, social e ambiental, nos espaços internos e externos. A atuação corporativa, por isso, vê-se efetivamente comprometida com a melhoria contínua, atendendo às expectativas da sociedade e respeitando, sobretudo, o desenvolvimento pleno das pessoas.

A responsabilidade social empresarial tornou-se, efetivamente, um fator determinante de competitividade para os negócios, inserta na própria estratégia corporativa, exigida, notadamente, por consumidores.

O comprometimento com a responsabilidade social abrange, permanentemente, a ação empresarial que busca o desenvolvimento sustentável, que satisfaz as necessidades do presente sem comprometer a capacidade de as futuras gerações satisfazerem suas próprias necessidades. Tal noção apresenta três grandes dimensões, quais sejam, a econômica, a social e a ambiental. A expressão em inglês *triple bottom line* corresponde ao trinômio *profit-people-planet*, ou seja, lucro-pessoas-planeta. As corporações, com isso, devem atender aos três critérios fundamentais, os quais devem ser obedecidos simultaneamente, a saber: equidade social, prudência ecológica e eficiência econômica.

No sentido de se alcançar a equidade social, insere-se, quanto aos trabalhadores, a valorização dos padrões de trabalho digno, com a melhoria das condições laborais, assistência social, incentivo às atividades culturais, artísticas, entre outros elementos.

A valorização do trabalho humano está, sem dúvida, em diferenciado patamar de importância no que concerne às práticas de responsabilidade social empresarial. Conforme ensinam Giovanni Caso e Lafaiete Pussoli (1999, p. 227):

> No que diz respeito à vida interna da empresa, espera-se que os ritmos, as modalidades e os ambientes de trabalho respeitem a dignidade da pessoa do trabalhador; que sirva ao homem e às suas necessidades reais, que a empresa seja uma verdadeira comunidade de pessoas.

Não há dúvida de que, entre as diversas dimensões da responsabilidade social empresarial, aquela que evidencia maior proeminência é a que se preocupa com o público interno e com as práticas trabalhistas que adotam seus fornecedores ao longo da cadeia de produção – em razão, até mesmo, das atividades corporativas em si. Segundo a consideração de Jean-François Chanlat (2005, p. 49):

> O foco interno é uma das facetas mais importantes da prática de responsabilidade social por parte das empresas, pois representam políticas e ações focadas em seu próprio corpo de trabalhadores, que devem permear a concepção da gestão de pessoas nas organizações, abrangendo o comportamento humano, o sentido do trabalho e os desafios que a gestão de recursos humanos enfrenta para propiciar a inclusão social no ambiente interno das empresas.

Em referido encaminhamento, a afirmação dos direitos fundamentais do trabalho, como se verá, deve ser contemplada como pressuposto primeiro da responsabilidade social empresarial.

6.3 Interseções entre responsabilidade social empresarial e direito

A formulação das diretrizes definidoras da responsabilidade social empresarial coliga-se, necessariamente, à definição de padrões éticos, afeitos ao comportamento das corporações. O Direito, como sistema de normas de conduta destinado a regular, com força cogente, as relações sociais, conjuga, intrinsecamente, elementos éticos.

A disciplina da responsabilidade social empresarial apresenta mútuas relações com o Direito. A ética é o principal elemento de ligação em referida comunicação. O conceito de responsabilidade social corporativa evidencia forte conotação normativa advinda de fontes privadas sobre o dever das corporações em promover o desenvolvimento social. Assim, o Direito se reflete e, de certo modo, se integra à responsabilidade social empresarial, sem perder suas características únicas. Enunciada simbiose, embora não implique qualquer crise de identidade a afligir cada campo do conhecimento, tem o desejável potencial de otimizar a efetividade.

A positivação dos direitos não significa, por si só, garantia de sua efetivação. O encontro entre Direito e responsabilidade social enseja a aspirada potencialização da ação ética, a qual está modificando as condutas sociais.

Não há qualquer dúvida de que a responsabilidade social empresarial é um fenômeno que tem demonstrado consistente crescimento, com impactos no contexto normativo e nos comportamentos das corporações. A principal razão do estudo da responsabilidade social empresarial no campo jurídico reside na sua capacidade de aplicação e efetivação dos Direitos Humanos. No âmbito de interesse da presente pesquisa, as condutas empresariais, no que tange às relações de trabalho, parecem não ser determinadas apenas pelas leis, pelo Direito positivado. São diversos e distintos os elementos definidores do modo de agir nas empresas, como Direito, Ética, consciência social e objetivos econômicos. Há autêntica necessidade de interação de diferentes instrumentos que se identificam e se complementam, especialmente para determinar o respeito e a afirmação da dignidade da pessoa humana do trabalhador nas relações laborais.

A dignidade humana está no centro da ética. As transformações e os acentuados desequilíbrios que caracterizam o mundo contemporâneo, em sua crescente complexidade, têm conduzido a uma intensa reflexão sobre valores. A aspiração humana, no entanto, que se revela cada vez mais clara, mais profunda e mais universal, corresponde a viver de maneira digna. Concretizar tal aspiração exige a conjugação de diversos instrumentos. É algo totalmente indispensável, hodiernamente, a composição do pensar ético-moral no plano do Direito, sob pena de afastamento do movimento de transformação da humanidade.

Em tal contexto, a responsabilidade social empresarial mantém vínculos com os conceitos de ética, moral e direito. Notadamente, seu enfoque concerne ao bem comum, elemento fundamental de qualquer doutrina de justiça social. Na dimensão econômica, corresponde à justa distribuição da renda ou riqueza, de acordo com as necessidades e a capacidade das pessoas, com o aumento do nível de renda das massas, com a diminuição progressiva das diferenças de classe. O sentido de justiça, na ética dos negócios, é importante para tratar a dimensão de distribuição dos benefícios da atividade produtiva. A valorização da dignidade do trabalho humano é um componente essencial para a justiça social.

Se o direito positivo, só por si, com esteio em suas normas jurídicas de natureza imperativo-atributiva e exigível, produzisse a concretização de seus mandamentos, seria suficiente sua isolada ação para a efetivação de seus desígnios. No Estado de Direito, o império da lei determina que nenhuma conduta pode se afastar das normas jurídicas impostas. Entretanto, tal não condiz com a realidade dos fatos, repercutindo, em consequência, no exame da questão da eficácia social.

Segundo a lição de Amauri Mascaro Nascimento (2004b, p. 784):

> A legislação trabalhista que promove a igualdade não conseguiu surtir os efeitos desejados, o que fica claro diante das desigualdades, algumas até mesmo gritantes, que a realidade social mostra. Discute-se, assim, o que poderia ser feito para dar maior eficácia às normas jurídicas, ainda que sejam medidas complementares à lei.

Nesse sentido, a responsabilidade social empresarial contém um elemento de efetividade o qual se revela fundamental para a afirmação de direitos. Os próprios instrumentos de normalização, que definem os parâmetros definidores das condutas exigidas para a conformação da responsabilidade social empresarial, incorporam as normas legais pertinentes. Ao preconizar a assunção de uma postura verdadeiramente ética, uma empresa deve reconhecer, em primeiro plano, as normas legais aplicáveis, sujeitando-se a seu pleno cumprimento. Trata-se, em princípio, de uma decisão motivada, mas voluntária, da corporação, a qual ensejará os mais diversos reflexos positivos. O comprometimento ético, com base em enunciada resolução, passa a ser cobrado, verificado objetivamente, exigido. A efetividade, pois, se manifesta.

De modo crescente, os direitos sociais previstos reclamam efetivação. Não se admite a inviabilização ou anulação de garantias das necessidades vitais do indivíduo, ou, então, a afronta ao princípio da dignidade humana estará caracterizada, determinando o desmoronamento da base de toda a sistemática dos direitos fundamentais. Irany Ferrari (1998, p. 19) afirma, categoricamente, que "o trabalho há de ser o centro dos valores numa visão ideal do Estado Moral".

Os direitos de proteção ao trabalho humano constituem um sistema ético e legal, baseado no ideal da justiça social. Embora a responsabilidade social empresarial, por meio dos instrumentos de normalização que a caracterizam, não possa substituir o direito positivado, o fato é que seus parâmetros definem um desejável encontro com os direitos fundamentais no trabalho destinado à afirmação da dignidade humana do trabalhador.

A conjugação do Direito com a responsabilidade social, fora de dúvida, demonstra-se primordial para exercer determinante impacto no elevado propósito da implementação dos direitos fundamentais no trabalho, sem os quais, decisivamente, nenhum outro direito ou preceptivo de tutela ao trabalho subsistirá.

6.4 Direitos fundamentais no trabalho

É essencialmente por meio do trabalho que toda pessoa busca atingir o pleno desenvolvimento de suas potencialidades e, sobretudo, o sentido de completude. O trabalho, em sua concepção humanista, apresenta-se como referência simbólica fundamental da sociedade contemporânea. Para Josué Lafayete Petter (2005, p. 153), "valorizar o trabalho, então, equivale a valorizar a pessoa humana, e o exercício de uma profissão pode e deve conduzir à realização de uma vocação do homem".

Em enunciado sentido, temos a lição de Miguel Reale:

> Não entendo como se possa dizer que o trabalho não seja criador de valores. Ele já é, por si mesmo, um valor, como uma das formas fundamentais de objetivação do espírito enquanto transformador da realidade física e social, visto como o homem não trabalha por que quer, mas sim por uma exigência indeclinável de seu ser social, que é um "ser pessoal de relação", assim como não se pensa porque se quer, mas por ser o pensamento um elemento intrínseco ao homem, no seu processo existencial, que se traduz em sucessivas "formas de objetivação". Trabalho e valor, bem como, por via de consequência, trabalho e cultura, afiguram-se termos regidos por essencial dialética de complementaridade (*apud* FERRARI; NASCIMENTO; MARTINS FILHO, 1998, p. 18-19).

A valorização do trabalho humano, fora de dúvida, tem por objetivo e fundamento a proteção da existência digna do homem. A afirmação e proteção de tão precioso bem se insere, dessarte, na esfera dos direitos fundamentais, dos direitos humanos, como resultado de avanços e conquistas sociais alcançados ao longo da história, notadamente a partir do século XIX, consolidando espaços reivindicatórios e de luta pela dignidade da pessoa humana.

A conceituação de direitos humanos, essencial ao vertente artigo, apresenta-se, para José Carlos Vieira de Andrade (1987, p. 12), como o complexo de "direitos de todas as pessoas humanas, em todos os tempos e em todos os lugares". Para Alexandre de Moraes (2002, p. 39), é o "conjunto institucionalizado de direitos e garantias do ser humano que tem por finalidade básica o respeito a sua dignidade, por meio de sua proteção contra o arbítrio do poder estatal e o estabelecimento de condições mínimas de vida e desenvolvimento da personalidade humana".

Os direitos sociais, nesse sentido, são, exatamente, classificados como direitos humanos de segunda dimensão ou geração, correspondendo à garantia da igualdade entre os indivíduos. A afirmação da proteção dos direitos do trabalhador insere-se em tal tipologia. O surgimento dos denominados direitos sociais está associado à transição do Estado Liberal para o Estado Social. Nesse processo, privilegia-se a proteção do indivíduo, diante do extremo poder econômico notado no Estado Liberal. Percebeu-se que, sujeitando os homens ao livre jogo das "leis do mercado", ameaçada restava a garantia de uma existência digna e de satisfação de necessidades básicas, ensejando iniquidades e desigualdades. Dessa verificação e da necessidade de superar a ameaça dela decorrente nasceram os chamados direitos sociais.

O primado da dignidade da pessoa humana exige, de modo basilar, a concepção da proteção do trabalho. Do trabalho exercido em condições de dignidade. A essencialidade da proteção jurídica do trabalho pode ser amplamente compreendida a partir da magistral lição de Manoel Gonçalves Ferreira Filho (1999, p. 355):

> O trabalho é ao mesmo tempo um direito e uma obrigação de cada indivíduo. Como direito, deflui diretamente do direito à vida. Para viver, tem o homem de trabalhar. A ordem econômica que lhe rejeitar o trabalho, lhe recusa o direito a sobreviver. Como obrigação, deriva do fato de viver o homem em sociedade, de tal sorte que o todo depende da colaboração de cada um.

O trabalho, sem dúvida, é o meio fundamental dado à pessoa humana para efetivar e sublimar sua existência com dignidade. Sua proteção, em decorrência, assume diferenciado relevo e superior importância. Daí a construção dos direitos fundamentais no trabalho.

No século XX e início do século XXI, a emergência da economia global e da doutrina neoliberal despertou, a um só tempo, temores e entusiasmos. Novos produtos, tecnologias, espaços para criação de riqueza, resultantes do fenômeno de globalização e do aperfeiçoamento dos mercados, pareciam evidenciar significativa esperança de mudança em direção aos ideais de igualdade na distribuição de recursos e equidade social. As profundas transformações nas relações humanas, com notáveis impactos na ordem econômica e na ordem social, no entanto, não se traduziram nos avanços esperados, especialmente em relação aos países em desenvolvimento.

A globalização, como fator produzido pela dinâmica do capitalismo, é um processo de integração econômica, social, cultural e política, motivado pelos avanços tecnológicos observados, notadamente, nos meios de transporte, nos sistemas de informática e na comunicação dos países. Acopladas ao seu núcleo de formação, posicionaram-se a liberalização do comércio internacional, a privatização da produção, a desregulamentação dos mercados, a eliminação de barreiras aos fluxos financeiros e a flexibilidade do mercado de trabalho.

Em consequência, novas formas de produção foram concebidas e a concorrência internacional acirrou-se de modo tormentoso. Sensíveis impactos foram produzidos no campo das relações de trabalho, que se demonstrou mais suscetível aos postulados de mitigação de proteção social exigidos pelos atores econômicos em evidência. Segundo afirma Arnaldo Sampaio de Moraes Godoy (2003), "o empresário vê-se forçado a competir em condições que exigem mão de obra barata e manipulação de horários. Uma fúria neoliberal estaria minando conquistas laborais construídas ao longo de penosa jornada histórica".

A realidade que se apresenta revela que os benefícios advindos da nova economia global não atingiram os indivíduos de modo uniforme e justo. O particular modo como a riqueza criada é distribuída é de fundamental importância para determinar a construção de uma sociedade justa. As consequências sociais da globalização demandavam a afirmação de posicionamentos e ações efetivas, capazes de conter retrocessos. Enunciado panorama ressaltou a necessidade, no universo laboral, do estabelecimento de padrões universais de proteção do trabalho, a serem seguidos e observados por todas as nações do mundo.

Como reação às condições injustas, indignas e degradantes de muitos trabalhadores em todo o mundo, a Organização Internacional do Trabalho – OIT, agência multilateral especializada nas questões do trabalho ligada à Organização das Nações Unidas – ONU, a partir do processo de reformulação de suas políticas estratégicas, iniciado em 1987, apresenta, em 1998, a Declaração sobre os Princípios e Direitos Fundamentais no Trabalho. Seguidamente, durante a Conferência Internacional do Trabalho realizada em 1999, externa a ideia e as dimensões do denominado trabalho decente.

A 86ª Conferência Internacional do Trabalho, realizada em junho de 1998, aprovou a edição da Declaração sobre Princípios e Direitos Fundamentais no Trabalho. Trata-se da afirmação das convenções fundamentais da OIT como normas internacionais do trabalho tidas como principais.

O relevante documento produzido é a reafirmação universal do compromisso dos Estados-membros e de toda a comunidade internacional de respeitar, promover e aplicar os direitos fundamentais no trabalho. Na declaração destaca-se que todos os membros são obrigados a respeitar as convenções correspondentes, mesmo que não as tenham ratificado.

Na Declaração da OIT são sistematizados os quatro princípios fundamentais, que estabelecem direitos apoiados em oito convenções internacionais do trabalho, a saber: a) a liberdade sindical e o reconhecimento efetivo do direito de negociação coletiva – Convenção n. 87, de 1948, sobre a liberdade sindical e a proteção do direito sindical, e Convenção n. 98, de 1949, sobre direito de sindicalização e de negociação coletiva; b) a eliminação de todas as formas de trabalho forçado ou obrigatório – Convenção n. 29, de 1930, sobre o trabalho forçado ou obrigatório, e Convenção n. 105, de 1957, relativa à abolição do trabalho forçado; c) a abolição efetiva do trabalho infantil – Convenção n. 138, de 1973, sobre a idade mínima de admissão a emprego, e Convenção n. 182, de 1999, sobre a proibição das piores formas de trabalho infantil e a ação imediata para sua eliminação; e d) a eliminação da discriminação em matéria de emprego e ocupação – Convenção n. 100, de 1951, sobre a igualdade de remuneração de homens e mulheres trabalhadores por trabalho de igual valor, e Convenção n. 111, de 1958, sobre a discriminação em matéria de emprego e profissão.

No mesmo sentido, a OIT, ciosa de seu papel no cenário mundial, adotou novo posicionamento diante dos desafios que se apresentaram em razão do novo cenário do trabalho na economia globalizada. Propondo o reordenamento estratégico da organização em torno das questões suscitadas e, notadamente, a reafirmação de sua função de referência internacional para os assuntos ligados ao trabalho, a OIT lança, como tema central da 87ª reunião da Conferência Internacional do Trabalho, realizada em Genebra em 1999, o trabalho decente. O Diretor-Geral da OIT, Juan Somavía, assim se expressou a respeito da fundamental importância da questão enunciada (OIT, 1999b): "Trabalho decente é uma reivindicação mundial com a qual estão confrontados os dirigentes políticos e empresários de todo o mundo. Nosso futuro comum depende em grande parte de como será enfrentado esse desafio"[1].

Para o doutrinador José Cláudio Monteiro de Brito Filho (2004, p. 61), "trabalho decente é um conjunto mínimo de direitos do trabalhador que corresponde: à existência de trabalho; à liberdade de trabalho; à igualdade no trabalho; ao trabalho com condições justas, incluindo a remuneração, e que preservem sua saúde e segurança; à proibição do trabalho infantil; à liberdade sindical; e à proteção contra os riscos sociais". E prossegue o mesmo autor (2004, p.

---

[1] Tradução livre de: "El trabajo decente es una reivindicación mundial con la que están confrontados los dirigentes políticos y de empresa de todo el mundo. Nuestro futuro común depende en gran parte de cómo hagamos frente a ese desafío".

62): "Negar o trabalho nessas condições, dessa feita, é negar os Direitos Humanos do trabalhador e, portanto, atuar em oposição aos princípios básicos que os regem, principalmente o maior deles, a dignidade da pessoa humana".

O trabalho decente apresenta quatro distintas dimensões, pertinentes a diferentes enfoques de valorização e tutela, quais sejam: a) a proteção e aplicação dos princípios e direitos fundamentais no trabalho e normas internacionais do trabalho; b) a geração de oportunidades de trabalho, emprego e renda; c) a proteção e a segurança social; e d) o diálogo social e o diálogo tripartite.

A definição dos direitos fundamentais no trabalho, como o conjunto dos elementos propostos e formalmente adotados nas Conferências essenciais citadas, surgia. Sua efetivação, neste sentido, é medida demandada por todos.

6.5 A INCORPORAÇÃO DOS DIREITOS FUNDAMENTAIS NO TRABALHO ÀS NORMAS DEFINIDORAS DA RESPONSABILIDADE SOCIAL EMPRESARIAL

As ações reivindicatórias e as lutas pelo respeito aos direitos fundamentais no trabalho têm, nas declarações internacionais, seu assentamento. A aplicação e efetivação da proteção a tão valiosos bens da humanidade, no entanto, demandam a conjugação de novos e vigorosos instrumentos. Para Jean-Claude Javillier (1996, p. 16), "no que concerne às relações de trabalho, todo o mundo deve estar em condições de obter o máximo benefício político, social e também econômico desse patrimônio normativo da humanidade que constituem os convênios e as recomendações internacionais do trabalho". Afeta decisivamente a proteção do trabalho, neste sentido, a insuficiência dos instrumentos normativos tradicionais para, isoladamente, assegurar a concretização dos preceitos das declarações de direitos destinadas e a afirmação da dignidade da pessoa humana nas relações de trabalho, fator que se faz sentir com expressiva dimensão diante da complexidade da economia global contemporânea.

Em referido cenário, exsurge a responsabilidade social empresarial, por meio da qual valiosas contribuições podem ser prestadas para fomentar e otimizar a aplicação de direitos fundamentais no trabalho. A responsabilidade social empresarial, ao preconizar a concretização dos direitos fundamentais no trabalho definidos internacionalmente, exige, das corporações, o comprometimento ético com o respeito à dignidade humana do trabalhador. Tal comportamento empresarial passa a ser demandado por todos os que interagem com a corporação, mormente os consumidores.

Ao se apropriarem dos mandamentos definidores do trabalho em condições dignas como exigência ética, a responsabilidade social empresarial e seus instrumentos de normalização desempenham a função de alicerce essencial para a aplicação prática do direito internacional do trabalho, contribuindo notadamente para a afirmação dos direitos humanos nas diversas nações. No contexto da globalização, corporações multinacionais, as quais adotam a responsabilidade social empresarial, produzem virtuosos efeitos aos trabalhadores dos países em que atuam.

A irrecusável valorização do trabalho humano, como referência fundamental da sociedade contemporânea, exige a plena efetivação dos padrões básicos de proteção ao trabalhador no âmbito global. Desde o despontar da civilização, o trabalho humano tem sido o grande fator de estabilidade e progresso da sociedade. É, pois, fator determinante da perspectiva civilizatória e da evolução social. Dessarte, a valorização do trabalho emerge como uma forma de proteção humanista ao trabalhador, depreciado que foi em razão dos resultados econômicos de sua exploração.

A adoção de uma norma jurídica pelos instrumentos definidores da responsabilidade social empresarial é, sem dúvida, meio consistente e provável para a sua efetividade, para a sua aplicação real e prática.

Os parâmetros definidores das condutas exigidas para a conformação da responsabilidade social empresarial, atividade denominada normalização, são formalmente estabelecidos por instrumentos construídos como base para verificações de conformidade de práticas adotadas. A normalização em responsabilidade social empresarial visa estabelecer um sistema de gestão para introduzir valores, princípios, sustentabilidade e responsabilidade social corporativa nas organizações. É, efetivamente, atividade que institui, em relação a problemas existentes ou potenciais, prescrições destinadas à utilização comum e repetitiva, com vistas à apreciação do comportamento ético das empresas. Em particular, a atividade consiste nos processos de elaboração, difusão e implementação de padrões de comportamento. A normalização proporciona importantes benefícios, possibilitando a adequação das ações empresariais às finalidades para as quais foram concebidos os preceitos estatuídos, contribuindo para que sejam aferidos comportamentos.

As normas são documentos estabelecidos por consenso e aprovados por organismo reconhecido, que fornecem, para uso comum e repetitivo, regras, diretrizes ou características para atividades ou seus resultados – no caso vertente, o comprometimento social das empresas. A compreensão da normalização da responsabilidade social na afirmação dos direitos fundamentais no trabalho corresponde ao atendimento, quanto aos comportamentos verificados nas corporações, das regras, diretrizes ou características para a efetivação de padrões de emprego e ocupação laboral que respeitam os direitos humanos no trabalho.

Em idêntico sentido, a normalização em responsabilidade social empresarial visa instaurar um sistema de gestão para introduzir valores, princípios, sustentabilidade, responsabilidade social e corporativa nas organizações. De se destacar, neste particular, a Norma SA 8000, da *Social Accountability International* (SAI, 2008)[2], a qual institui, em relação a problemas existentes ou potenciais, prescrições destinadas à utilização comum e repetitiva, com vistas à aplicação de

[2] Para mais informações: <www.sa-intl.org/>.

direitos fundamentais no trabalho. O desenvolvimento e a implantação de um sistema de gestão da responsabilidade social, baseado na Norma SA 8000 corresponde, efetivamente, ao diagnóstico das condições do ambiente de trabalho, à criação de uma política de responsabilidade social, à elaboração de ferramentas de gestão da responsabilidade social da cadeia de fornecedores da empresa, além da capacitação das equipes gerenciais e operacionais e realização de auditorias para avaliação dos resultados e correção de desvios.

A Norma SA 8000 destina-se, objetivamente, a estabelecer padrões de relações de trabalho, garantindo os direitos fundamentais dos trabalhadores envolvidos em processos produtivos, além de promover a padronização, passível de auditoria e certificação, em todos os setores de negócios e em diferentes países. Seu escopo encontra-se, exatamente, em conformidade com a responsabilidade social das empresas nas relações laborais e com os postulados de direitos humanos propostos, essencialmente, pela OIT.

Nesse momento, concretiza-se a incorporação dos direitos fundamentais no trabalho pela responsabilidade social empresarial. Referido entrelaçamento permite o enfrentamento do desafio de se encontrarem os meios de efetivação das declarações de direitos que se referem aos padrões essenciais no trabalho estabelecidos no plano internacional.

A norma destacada incorpora, efetivamente, os direitos fundamentais no trabalho definidos pela OIT. Os requisitos (BSD, 2008) da Norma SA 8000 envolvem nove aspectos principais[3], a saber:

a) *saúde e segurança* – devem ser asseguradas. Manutenção de um ambiente de trabalho saudável, foco na prevenção de acidentes, manutenção de máquinas, utilização de equipamentos de segurança e treinamentos regulares devem constar em um sistema de gerenciamento de saúde e segurança da empresa;

[3] A Norma SA 8000 privilegia a regra mais favorável ao obreiro contida na legislação trabalhista nacional ou nas convenções da OIT.

b) *liberdade de associação e negociação coletiva* – devem ser garantidas. Os trabalhadores não precisam necessariamente associar-se, mas devem ter direito ao diálogo com a empresa. A comunicação direta deve ser estimulada;

c) *discriminação* – não é permitida. Especialmente em caso de contratação, remuneração, acesso a treinamento, promoção ou encerramento de contrato baseados em critérios como raça, classe social, etnia, sexo, orientação sexual, religião, deficiência, associação a sindicato ou afiliação política;

d) *práticas disciplinares* – não são permitidas. Punições físicas ou mentais, coerção física e abuso verbal, pagamento de multas por não cumprimento de metas são todas práticas não permitidas;

e) *horário de trabalho* – não deve ultrapassar 48 horas semanais (ressalvadas as condições locais mais favoráveis), além de 12 horas extras semanais. Pelo menos um dia de descanso deve ser providenciado num período de sete dias;

f) *remuneração* – deve ser suficiente para cobrir custos de moradia, vestuário, alimentação, além de uma renda extra. A empresa deve ainda assegurar que não sejam realizados contratos por trabalho executado ou esquemas de falsa aprendizagem para evitar o cumprimento de obrigações impostas por lei;

g) *trabalho infantil* – não é permitido. Trabalho infantil é aquele executado por pessoa menor de 15 anos (ou a idade mínima estabelecida pelas leis locais, o que for mais restritivo);

h) *trabalho forçado* – não é permitido. É caracterizado trabalho forçado aquele em que o trabalhador não recebe remuneração em troca de seu esforço;

i) *sistemas de gestão* – deve existir um sistema de gestão que garanta a efetividade do cumprimento de todos os requisitos da norma, por meio de documentação, implementação, manutenção, comunicação e monitoramento da empresa em relação às questões abordadas na norma, num processo de melhoria contínua.

A afirmação dos direitos fundamentais no trabalho por meio da responsabilidade social empresarial decorre, ainda, de outros instrumentos de normalização e de diretrizes autônomas para a proteção da dignidade do trabalhador. Dentre eles, destacam-se os acordos globais, os códigos de conduta empresarial, os preceitos de governança corporativa e as diretivas de responsabilidade social diversas. A conjugação da responsabilidade social empresarial com o conteúdo jurídico das declarações de direitos humanos representa, incontestavelmente, conspícuo lineamento voltado à materialização dos direitos fundamentais no trabalho.

6.6 A afirmação dos direitos fundamentais do trabalho como pressuposto primeiro da responsabilidade social empresarial

Importa, neste ponto, reafirmar que o trabalho é o meio fundamental dado à pessoa humana para efetivar sua existência com dignidade. Ao mesmo tempo, é por meio da produção do trabalho que a sociedade atende às suas necessidades. Sua proteção, em decorrência, assume superior importância.

A responsabilidade social empresarial pode se manifestar em diferentes áreas, como em questões ambientais, comunitárias, práticas relacionadas ao consumidor, mas é nas relações de trabalho que ela deve manifestar-se de modo primeiro, principal. As interações no ambiente de trabalho devem respeitar, absolutamente, a dignidade da pessoa do trabalhador. O primado da dignidade da pessoa humana exige, de modo basilar, a concepção da proteção do trabalho. Do trabalho digno.

A autêntica responsabilidade social empresarial deve prestigiar, com ênfase maior e precípua, a formatação de padrões de emprego e ocupação laboral que respeitam os direitos humanos no trabalho. Nessa direção, a incorporação e a afirmação dos direitos fundamentais no trabalho como pressupostos da responsabilidade social empresarial.

Para Paulo Rogério dos Santos Lima (2005, p. 51):

> Pode-se dizer que a verdadeira responsabilidade social começa em casa, ou seja, por meio da valorização profissional e da melhoria da qualidade de vida dos funcionários e, em uma perspectiva mais ampla, de suas famílias. É compreensível essa afirmação. Para muitos teóricos da administração, e para muitos práticos também, o principal diferencial de uma empresa moderna, principalmente na Era do Conhecimento e das novas tecnologias, de comunicação e informação, é possuir, em todos os setores operacionais e administrativos, um capital humano da melhor qualidade.

Valorizar as pessoas corresponde à verdadeira humanização da atuação empresarial. Se fosse estabelecida uma hierarquia entre os instrumentos e manifestações da responsabilidade social empresarial, o respeito aos direitos fundamentais no trabalho, sem dúvida, estaria no plano sobrejacente. De nada adianta promover uma ação de responsabilidade social voltada à preservação ambiental numa área longínqua, se as condições de trabalho no interior da corporação não são adequadas ou são indignas.

Trata-se, como se percebe, da valorização da responsabilidade social empresarial interna. A implantação dos requisitos da Norma SA 8000 é uma das formas de efetivá-la, pois preconiza a concretização real e metódica dos direitos fundamentais no trabalho.

É preciso reconhecer que as práticas de responsabilidade social direcionadas ao público interno são as que podem ser implantadas com maior facilidade. E seus benefícios não se dirigem apenas à sociedade ou aos trabalhadores. Elas se revertem, com notável intensidade, em prol da própria empresa. E de diferentes modos, como:

- um bom lugar para se trabalhar torna os produtos e os serviços melhores, com maior qualidade;
- os trabalhadores mostram-se mais criativos e inovadores, além de assumirem mais responsabilidades;
- os trabalhadores são mais flexíveis, capazes de responder rapidamente às mudanças;

- as empresas envolvidas na prestação de um bom ambiente de trabalho aos seus profissionais têm menores taxas de rotatividade do pessoal;
- aumenta a produtividade da empresa, pois reduz absenteísmo no trabalho e o *stress*. Melhora, sensivelmente, a satisfação com o trabalho;
- a promoção da responsabilidade social das empresas otimiza o empenho e a lealdade dos empregados;
- a existência de um ambiente de trabalho que se escora na confiança e no respeito ajuda a atrair e reter talentos;
- a responsabilidade social no ambiente de trabalho contribui decisivamente para valorizar a imagem da marca e melhorar a sua reputação.

É claramente perceptível a relação de dependência e proveito mútuo a estimular a adoção da responsabilidade social empresarial nas relações de trabalho.

A responsabilidade social empresarial é um fenômeno que tem demonstrado célere e consistente desenvolvimento, com impactos no âmbito dos procedimentos e práticas das corporações. O autêntico comportamento social da empresa, na relação entre capital e trabalho, apenas se configura com o cumprimento e efetivação dos direitos trabalhistas.

A aplicação irrestrita dos direitos fundamentais no trabalho é pressuposto primeiro para o verdadeiro reconhecimento da responsabilidade social empresarial, correspondendo à relação de trabalho responsável.

6.7 Responsabilidade social empresarial na jurisprudência trabalhista

A temática da responsabilidade social empresarial tem sensibilizado a todos de modo incisivo. Neste passo, segmentos do Poder Judiciário plenamente sintonizados com os anseios da sociedade, próximos ao jurisdicionado, que observam atentamente as manifestações da vida social e econômica, razões de ser de toda a evolução jurídica, têm incorporado, em seus julgados o sentido da responsabilidade social empresarial e a importância de sua efetivação.

Em reclamação trabalhista proposta em face do Banco Bradesco S.A., na qual o autor afirma ter sido vítima de discriminação imposta em seu local de trabalho, a afligir, notadamente, seu direito fundamental ao trabalho, aspectos sensíveis da responsabilidade social empresarial foram explorados. Entre outros pontos, o autor da ação requereu indenização por danos morais sofridos. O banco negou a prática de atos discriminatórios. Na sentença, foi reconhecida a prática de tais atos a ensejar latente dano moral ao trabalhador, vitimado em sua honra subjetiva. A conduta do empregador foi considerada como *mobbing,* ou seja, terror psicológico, apresentando dois elementos, quais sejam o abuso de poder e a manipulação perversa.

Configurado o ato ilícito praticado pelo empregador, a reparação determinada adotou, quanto à valoração de indenização, os critérios da natureza do dano causado, o tempo que perdurou a lesão, a capacidade econômica das partes e as características específicas do agressor. Destaca-se, quanto ao último aspecto, a fundamentação adotada pelo Juízo (sentença proferida pela Juíza do Trabalho Fernanda Stipp, no Rio de Janeiro, em 29-1-2009 – TRT-1 – Processo 00500-2008-023-01-00-5):

> E quem é o banco? Sem dúvida nenhuma hoje uma das maiores entidades financeiras do país. Em página do próprio, na internet acessando o site "www.bradesco.com.br/rsa/", nesta data, pode se ler quais os valores da Ré que são apresentados para o público:
>
> *Valores: Sempre valorizando o diálogo e a capacidade realizadora do trabalho*, sempre respeitando a ética e a transparência, ao longo dos anos o nome Bradesco tornou-se uma das principais referências brasileiras de *comprometimento com a responsabilidade socioambiental.* Para o Bradesco, a atividade empresarial é, acima de tudo, um instrumento eficiente de indução do desenvolvimento, de integração nacional e de difusão da cidadania.

E ainda:

O respeito à ética e à dignidade. O respeito ao respeito.

No cotidiano de negócios e nas iniciativas de relacionamento com a comunidade, o Bradesco defende e pratica os seguintes valores:

- cliente como razão da existência da Organização;
- relacionamento ético e transparente com clientes, acionistas, investidores, parceiros e funcionários;
- crença no valor das pessoas e na capacidade de desenvolvimento;
- *respeito à dignidade do ser humano, preservando a individualidade e privacidade, não admitindo a prática de atos discriminatórios por condição social, crença religiosa, cor, raça, fé ou ideologia política;*
- pioneirismo em tecnologia e soluções para os clientes;
- responsabilidade social, destacando-se investimentos na área de educação;
- capacidade de enfrentar com determinação diferentes ciclos econômicos e a dinâmica das mudanças sociais.

Deste modo, certo que todo o exposto neste processo o que se vislumbra é a verdadeira contradição entre o que a Ré diz ser para angariar clientes e aquilo que efetivamente ela é na realidade prática de seus atos, o que torna ainda mais graves os atos discriminatórios praticados pela mesma.

Portanto, ante todo o exposto e os critérios considerados, arbitro em R$ 400.000,00 (quatrocentos mil reais) a indenização por danos morais devida pela Ré ao Autor, na qual resta condenada. A indenização fixada teve o seu valor praticamente duplicado pelo fato de a Ré apresentar-se como empresa respeitadora do socioambiental para toda a sociedade e dispensar aos empregados os tratamentos discriminatórios delineados nas linhas *supra*. Assim, não fosse a propaganda da Ré, esta Juíza arbitraria a condenação em duzentos mil reais, considerando ser a mesma uma instituição financeira. No entanto, ante a publicidade apresentada pela mesma, tenho que os atos discriminatórios restam ainda mais graves não só ao Autor, mas para toda a sociedade, pelo que deve ser indenizado valor superior com fito punitivo-educacional, para que a agressora efetivamente observe os valores que prega ao público (destacamos).

A ação, portanto, foi julgada procedente em parte em primeiro grau de jurisdição, sendo de se destacar a utilização da disciplina responsabilidade social empresarial e sua relação com as práticas trabalhistas verificadas para o estabelecimento de expressiva indenização por danos morais.

Importante enfatizar, em idêntico sentido, reclamação trabalhista proposta em face da empresa JBS-Friboi S.A., líder mundial na produção de carnes, a qual resultou na condenação ao pagamento de indenização por *dumping* social. A decisão contra a JBS-Friboi S.A. é considerada um marco importante na jurisprudência do *dumping* social no Brasil. No entendimento da Justiça do Trabalho, em julgamento de recurso ordinário que confirmou os termos da sentença da Vara do Trabalho de Ituiutaba, práticas constantes que desrespeitam a legislação trabalhista – como não registrar em carteira e não pagar horas extras – com o objetivo de reduzir os custos de produção configuram o *dumping* social. A condenação por *dumping* social não está prevista na legislação trabalhista do Brasil.

Na decisão contra o grupo JBS-Friboi S.A., levou-se em consideração que, desde 2008, mais de 20 ações foram propostas contra a empresa pela falta de pagamento de horas extras. Nesses processos, os trabalhadores alegaram ter sido obrigados a permanecer nas dependências da empresa por mais de 10 horas diárias.

A indenização fixada é de valor simbólico, qual seja, R$ 500,00 em favor de um ex-funcionário do grupo. Mas a repercussão da sentença poderá mudar o rumo de outros processos semelhantes, inclusive contra outras empresas que atuam no Brasil.

Configurado o ato ilícito praticado pelo empregador, a reparação determinada adotou, quanto à valoração de indenização, a temática da responsabilidade social. Destaca-se, quanto ao último aspecto, a fundamentação adotada pelo Juízo (voto condutor proferido pelo Desembargador do Trabalho Júlio Bernardo do Campo, em Belo Horizonte, em 19-8-2009 – TRT-3 – Processo 00866-2009-063-03-00-3):

2.2 Responsabilidade social – indenização – *dumping* social

No tópico, a recorrente argumenta, em síntese, que o *dumping* social seria a prática abusiva de mão de obra barata e superexplorada, praticada na produção de produtos que tornariam os seus preços mais competitivos para o mercado, em busca de "burlar" a lei trabalhista, o que não ocorreu no presente caso. Alega que não restou provado que os produtos que comercializa possuem os preços mais competitivos do mercado e que não está incluída no rol de empresas que exploram seus empregados, tampouco utiliza mão de obra barata, tendo em vista que o piso salarial da categoria é corretamente reajustado pelo índice IGP-M acumulado todo ano no mês de maio. Assevera que não se trata, ademais, de intermediação de empresa, mas de relação de trabalho entre empresa e colaborador, o que descaracteriza o *dumping* social e afirma que cabe ao Ministério Público e não ao juiz *a quo* a fiscalização sobre a existência de jornada de trabalho excessiva em alguns dias e aplicação de sanções legais, se for o caso.

Pretende, sob enfoques tais, seja excluída da condenação a indenização no importe de R$ 500,00 deferida, ou fixado valor bem inferior ao estabelecido.

Ab initio, segundo Jorge Luiz Souto Maior, denomina-se *dumping* social a prática na qual se busca vantagens comerciais através da adoção de condições desumanas de trabalho.

Pode ser também definido – ou caracterizado – como o desrespeito às normas trabalhistas, por meio da utilização de formas precárias de trabalho como o escravo. Podemos também entendê-lo através da prática de produzir produtos mais baratos com a exploração da mão de obra adquirida a baixos custos, não condizentes com os direitos humanos e trabalhistas. Com o emprego dessa prática, produtos importados a preços inferiores aos praticados pelo país importador, que cumpre as normas trabalhistas e internacionais, desequilibram seu mercado interno.

O Brasil, como vários países periféricos, caracteriza-se por praticá-lo: longas jornadas de trabalho, baixos salários, utilização da mão de obra infantil e condições de labor inadequadas são algumas modalidades exemplificativas do denominado *dumping* social, favorecendo em última análise o lucro pelo incremento de vendas, inclusive de exportações, devido à queda dos custos de produção nos quais encargos trabalhistas e sociais se acham inseridos. "Alega-se, sob esse aspecto, que a vantagem derivada da redução do custo de mão de obra é injusta, desvirtuando o comércio internacional. Sustenta-se, ainda, que a harmonização do fator trabalho é indispensável para evitar distorções num mercado que se globaliza" (LAFER, Celso. "*Dumping* Social", *in* Direito e Comércio Internacional: Tendências e Perspectivas, Estudos em homenagem ao Prof. Irineu Strenger, LTr, São Paulo, 1994, p. 162).

Para o direito do trabalho o dumping *social ocorre mediante agressões reincidentes aos direitos trabalhistas, gerando um dano à sociedade, dano esse que configura ato ilícito, por exercício abusivo do direito, já que extrapola limites econômicos e sociais, nos exatos termos dos artigos 186, 187 e 927 do Código Civil. Encontra-se no art. 404, parágrafo único, do Código Civil, o fundamento de ordem positiva para impingir ao agressor contumaz uma indenização suplementar, como, aliás, já previam os artigos 652, "d", e 832, § 1º, da CLT e, nessa ordem de ideias, tanto doutrina quanto jurisprudência têm se pronunciado no sentido de admitir a responsabilização das empresas pela desconsideração dos direitos sociais coletivamente assegurados.*

A propósito, o dano moral gerado é coletivo, uma vez que a reparação dele, em alguns casos, pode ter natureza social e não meramente individual, atingindo toda a massa trabalhadora (portanto, parcela determinável da sociedade) e não difuso, que atinge indistintamente toda a sociedade.

As empresas não podem considerar irrelevante o *dumping* social, pois essa prática pode acarretar problemas comerciais, de ordem financeira, bem como de ordem punitiva como barreiras não tarifárias (restrições quantitativas, licenciamento de importações, procedimentos alfandegários e medidas anti*dumping*), como formas de sanção aos países que não cumprirem as normas mínimas de trabalho internacional e praticarem o *dumping* social ou, ainda, o pagamento de multas e autuações pela inadequação às normas internacionais de trabalho criadas por organismos internacionais, tais como a OIT – Organização Internacional do Trabalho e a OMC – Organização

Mundial do Comércio, sendo que esta levou a debate a inclusão de cláusulas sociais em seus estatutos.

Não se pode deixar de mencionar, ainda, o fator da responsabilidade social, ao qual as empresas estão sujeitas e são avaliadas pelos compradores de seus produtos e serviços e, também, pelos órgãos governamentais.

Existem países que se recusam a comprar produtos de empresas que utilizam dessa prática desleal, lembrando que a adoção de cláusulas sociais nas negociações internacionais reflete o fenômeno da globalização.

A propósito, vale ressaltar que foi aprovado, na 1ª Jornada de Direito Material e Processual na Justiça do Trabalho, realizada no final de 2007, o Enunciado n. 4, justamente a respeito do tema, *in verbis*:

"DUMPING *SOCIAL. DANO À SOCIEDADE. INDENIZAÇÃO SUPLEMENTAR. As agressões reincidentes e inescusáveis aos direitos trabalhistas geram um dano à sociedade, pois com tal prática desconsidera-se, propositalmente, a estrutura do Estado Social e do próprio modelo capitalista com a obtenção de vantagem indevida perante a concorrência. A prática, portanto, reflete o conhecido* 'dumping *social', motivando a necessária reação do Judiciário trabalhista para corrigi-la. O dano à sociedade configura ato ilícito, por exercício abusivo do direito, já que extrapola limites econômicos e sociais, nos exatos termos dos arts. 186, 187 e 927 do Código Civil. Encontra-se no art. 404, parágrafo único, do Código Civil, o fundamento de ordem positiva para impingir ao agressor contumaz uma indenização suplementar, como, aliás, já previam os artigos 652, 'd', e 832, § 1º, da CLT*".

Nesse contexto, verifica-se que restará caracterizado o *dumping* social quando a empresa, por meio da burla na legislação trabalhista, acaba por obter vantagens indevidas, através da redução do custo da produção, o que acarreta um maior lucro nas vendas. Logo, representa uma prática prejudicial e condenável, haja vista uma conduta desleal de comércio e de preço predatório, em prejuízo da dignidade da pessoa humana.

Na espécie, o d. Juízo *a quo* ressaltou que foram julgados, desde 2008, cerca de 20 (vinte) processos propostos contra a reclamada, somente sobre o não pagamento de horas extras – como, aliás, também aponta a documentação trazida pelo autor à colação, em razões de contrariedade.

> Em contrapartida, os autos demonstram o cumprimento de jornada extraordinária além da 10ª hora diária em empresa enquadrada no risco três – INSS – em termos de riscos ergonômicos para os trabalhadores e o risco de acidentes, configurando-se o dano social.
>
> Portanto, considera-se escorreita a fixação de uma sanção pecuniária, em prol do reclamante, a ser paga pelo reclamado, no importe de R$ 500,00 (quinhentos reais), em parcela única, com espeque nos arts. 186, 187, parágrafo único do art. 404, 927 e 1.553, todos do Código Civil; arts. 8º, *caput,* 652, 'd', 769 e 832, § 1º, todos da CLT.
>
> Tal valor, inclusive, a meu ver, comportaria majoração, obstada, na espécie, pelo princípio da *non reformatio in pejus*. Nego provimento. (Destacamos).

Denota-se, ante o exposto, a sensível e crescente influência da disciplina da responsabilidade social empresarial em decisões judiciais no campo trabalhista, particularmente.

6.8 Relação de trabalho responsável

A conscientização social está no cerne do surgimento da responsabilidade social empresarial, influenciando a transformação do clássico modelo econômico liberal. As empresas fazem parte de uma sociedade. Estão, portanto, sujeitas às modificações exigidas nos meios sociais. A efetivação da responsabilidade social empresarial trata-se da expressão de um autêntico movimento de mudança, o qual exige a ruptura concreta com a visão tradicional da empresa que cinge seus objetivos à obtenção de lucro, à função econômica.

Em referido direcionamento, a conceituação de relação de trabalho responsável, ora destacada, demanda a consideração dos elementos definidores da responsabilidade social empresarial e as dimensões propostas pelos direitos fundamentais no trabalho, admitindo e reconhecendo, com especial ênfase, a centralidade da proteção da dignidade da pessoa humana do trabalhador como valor ético.

Em mencionado empenho, é possível afirmar que:

> (...) relação de trabalho responsável é o vínculo ético-jurídico mantido entre a empresa socialmente responsável e o trabalhador, destinado a assegurar a dignidade humana do obreiro por meio da concretização dos direitos fundamentais no trabalho, resguardando, sempre, a humanização dos vínculos laborais e o comprometimento da corporação e de seus gestores com o desenvolvimento e a sustentabilidade da sociedade (ALVES, 2011, p. 137).

Suscita, pois, a plena efetivação da liberdade de associação e de organização sindical, o reconhecimento efetivo do direito de negociação coletiva, a eliminação de todas as formas de trabalho forçado ou obrigatório, a abolição efetiva do trabalho infantil, a eliminação da discriminação em matéria de emprego e ocupação, a geração de oportunidades de trabalho, emprego e renda, o diálogo social e a equidade, a proteção social dos trabalhadores, a afirmação do trabalho seguro e saudável. Tutela e promove, assim, um trabalho produtivo e apropriadamente remunerado, executado em condições de liberdade, equidade e segurança, sem discriminação e apto para assegurar uma vida digna aos indivíduos que dele dependam.

A responsabilidade social empresarial focada na correção das práticas trabalhistas, ao enaltecer o respeito aos direitos fundamentais no trabalho, sem dúvida, torna-se instrumento precioso para a concretização da proteção da dignidade do trabalhador.

O conceito de relação de trabalho responsável corresponde à melhoria da vida das pessoas no exercício laboral, no qual direitos fundamentais dos trabalhadores necessitam ser respeitados, concretizados. Todo trabalhador tem direito ao trabalho, respeitando-se sua dignidade e seus direitos fundamentais declarados. Diante da progressividade exigida, enunciada sistemática deve se dar, sempre, em direção aos mais altos padrões de direitos humanos e trabalhistas, como ora se propõe.

Manter relações de trabalho responsáveis no âmbito das empresas atrai diversas vantagens e benefícios. Nesse sentido, a ativação de estruturas garantidoras demonstra crucial importância, sendo certo que a relação de trabalho responsável deve ser:

- promovida e exigida pelo Estado e órgãos governamentais, notadamente nos contratos públicos;
- reivindicada e demandada pelos trabalhadores;
- defendida e estimulada pelos sindicatos, organizações não governamentais e imprensa;
- verificada e cobrada pelos consumidores em suas decisões de compra (consumo responsável);
- convencionada como condição obrigatória para concessões de financiamentos, investimentos e empréstimos por agências de fomento, instituições bancárias e fundos de investimento (critério ético); e
- preconizada e defendida pelas empresas em toda a cadeia de produção e distribuição.

O efetivo modelo de desenvolvimento da sustentabilidade empresarial exige a adoção progressiva dos elementos da relação de trabalho responsável.

6.9 Considerações finais

As empresas ocupam, fora de questionamento, proeminente posição no contexto das relações sociais. São vistas como influentes membros da sociedade, responsáveis diretas pelo seu desenvolvimento e aprimoramento em sentido integral. A responsabilidade social corporativa, como exigência de movimentos de mudança, eclode, exatamente, para definir um novo relacionamento ético das empresas com os diversos grupos com os quais interagem, notadamente os trabalhadores.

A autêntica responsabilidade social empresarial, a qual se situa no foco do artigo ora apresentado, prestigia, com proeminência, a formatação de padrões de emprego e ocupação laboral que respeitam os direitos humanos no trabalho, afastando a busca pura e simples pelo lucro como única e exclusiva preocupação de acionistas e gestores das corporações. A afirmação dos direitos fundamentais no trabalho, por conseguinte, é assumida como pressuposto primeiro da responsabilidade social empresarial. Trata-se da ambicionada reconciliação entre desenvolvimento econômico e justiça social, entre livre-iniciativa, investimento produtivo e a proteção jurídica de direitos fundamentais, na busca do autêntico capitalismo humanista.

A responsabilidade social empresarial pode prover decisiva contribuição para a máxima concretização dos direitos fundamentais no trabalho. Pode, assim, servir como instrumento verdadeiro de justiça nas relações laborais e como mecanismo efetivo de equalização de oportunidades dadas aos trabalhadores para mitigar as mazelas sociais largamente existentes em pleno século XXI e que se demonstram inconciliáveis com os elevados preceitos dos direitos humanos.

Em todo o mundo, quase mil trabalhadores são vítimas fatais de acidentes em seu ambiente laboral diariamente. O escritor português José Saramago, detentor do Prêmio Nobel de Literatura, vaticinou:

> Se o homem não é capaz de organizar a economia mundial de forma a satisfazer a necessidade de uma humanidade que está a morrer de fome e de tudo, que humanidade é esta? Nós, que enchemos a boca com a palavra humanidade, creio que ainda não chegamos a ela, não somos seres humanos. Talvez cheguemos a sê-lo um dia, mas não o somos, falta-nos muitíssimo. O espetáculo do mundo está aí e é de dar calafrios[4].

Valorizar os trabalhadores corresponde à verdadeira humanização da atuação empresarial. Somente se concretizados, os direitos fundamentais no trabalho serão instrumentos efetivos para a afirmação da dignidade do trabalhador, conquista inalienável da pessoa humana e anseio de toda a comunidade internacional.

---

[4] Acervo oficial da exposição **José Saramago: a consistência dos sonhos**, realizada no Instituto Tomie Ohtake em São Paulo, de 28-11-2008 a 15-2-2009, sob a curadoria do Diretor da Fundação César Manrique, Fernando Gómez Aguilera.

Os direitos de proteção ao trabalho constituem um sistema ético e legal, baseados no ideal da justiça social. Ao jurista, mais do que analisar a norma e sua estrutura formal, apresenta-se o desafio de encontrar os meios de efetivação das declarações de direitos destinadas a consolidar uma sociedade verdadeiramente justa. A responsabilidade social empresarial orientada para a afirmação do conteúdo jurídico das declarações de direitos humanos no trabalho, dos direitos fundamentais no trabalho, por corresponder ao escopo perquirido, deve ser fortalecida.

A sociedade contemporânea vivencia um momento histórico único, em que a força intensa e inexorável de movimentos de mudança é evidenciada com expressões como a responsabilidade social empresarial, a sustentabilidade, a governança corporativa, o consumo consciente. Ao consumirem, as pessoas podem usar seu poder de escolha para maximizar os impactos positivos e minimizar os negativos. O consumidor que simplesmente deixa de comprar um produto, por saber que é feito com utilização de trabalho escravo ou inseguro, inviabiliza a empresa. O efeito produzido pelas escolhas de consumo determina as características do mundo em que vivemos. Ao decidirem sobre consumo, as pessoas estão delineando o mundo em que querem viver. A efetividade do consumo consciente é incontestável.

Os atores sociais precisam ser sensibilizados para a nevrálgica e decisiva importância da questão trabalhista, a qual atinge a todos de modo absolutamente contundente. O despertar efetivo da sociedade para a proteção dos direitos fundamentais no trabalho pode ser influenciado, definitivamente, pelo paradigma da relação de trabalho responsável.

Há um extenso caminho a ser percorrido para que a responsabilidade social empresarial produza todos os desejados efeitos no propósito da concretização plena dos direitos fundamentais no trabalho. Em tal sentido, é de essencial importância mobilizar não somente as empresas, mas também toda a sociedade, para o estabelecimento de uma nova ética global. Uma ética de afirmação dos direitos humanos, de humanização verdadeira das relações de trabalho.

A disseminação da poderosa interação decorrente da conjugação da responsabilidade social empresarial com o conteúdo jurídico das declarações de direitos humanos representa, na vertente de proteção ao trabalho humano, influente aparato destinado ao enfrentamento dos desafios da efetivação dos direitos fundamentais no trabalho.

REFERÊNCIAS

ALEXY, Robert. **Teoría de los derechos fundamentales**. Madri: Centro de Estudios Políticos y Constitucionales, 2002.

ALVES, Marcos César Amador. **Relação de trabalho responsável**. São Paulo: LTr, 2011.

ANDRADE, José Carlos Vieira de. **Os direitos fundamentais na Constituição portuguesa**. Coimbra: Almedina, 1987.

ASHLEY, Patrícia Almeida. **Ética e responsabilidade social nos negócios**. São Paulo: Saraiva, 2005.

BLANCHET, Jeanne D'Arc Anne Marie Lucie. **A função social da empresa, a liberdade econômica e o bem comum**. Curitiba: Genesis, 2004.

BOBBIO, Norberto. **A era dos direitos**. Rio de Janeiro: Campus, 1992.

BUSINESS AND SOCIAL DEVELOPMENT (BSD). SA8000: gestão da responsabilidade social empresarial interna. Informações gerais para a implementação da norma, ago. 2002. Disponível em: <http://www.crescer.org/glossario/doc/108.pdf>. Acesso em: 13 fev. 2011.

BRITO FILHO, José Claudio Monteiro de. **Trabalho decente**: análise jurídica da exploração, trabalho forçado e outras formas de trabalho indigno. São Paulo: LTr, 2004.

CANOTILHO, José Joaquim Gomes. **Direito constitucional e teoria da Constituição**. 3. ed. Coimbra: Almedina, 1999.

______. **Estudos sobre direitos fundamentais**. Coimbra: Coimbra Editora, 2004.

CARROL, Archie B. The Pyramid of Corporate Social Responsibility: Toward the Moral Management of Corporate Stakeholders, **Business Horizons**, n. 34, jul./ago. 1991.

CASO, Giovanni e PUSSOLI, Lafaiete. **Ética social. A exigência ética hoje**. Ética na virada do milênio. 2. ed. São Paulo: LTr, 1999.

CASSESE, Antonio. **I diritti umani nel mondo contemporaneo**. 5. ed. Roma: Laterza, 1999.

CHANLAT, Jean-François; MORIN, Estelle. Foco interno. Entrevista concedida a Isabella Vasconcelos e Pedro F. Bendassolli, **Revista GV Executivo**, São Paulo, v. 4, n. 1, fev./abr. 2005.

COMPARATO, Fábio Konder. **A afirmação histórica dos direitos humanos**. 5. ed. São Paulo: Saraiva, 2007.

DELGADO, Maurício Godinho. **Curso de direito do trabalho**. São Paulo: LTr, 2007.

ESTADOS UNIDOS DA AMÉRICA. Suprema Corte dos Estados Unidos (SCEU). **Nike v. Kasky**, j. em: 27-6-2003. Disponível em: <http://www.reclaimdemocracy.org/nike/>. Acesso em: 3 fev. 2011.

FARIA, José Eduardo. **Direitos humanos, direitos sociais e justiça**. São Paulo: Malheiros, 1994.

FARIAS, Edílsom Pereira de. **Colisão de direitos**. Porto Alegre: Sergio Antonio Fabris Editor, 1996.

FERRARI, Irany; NASCIMENTO, Amauri Mascaro; MARTINS FILHO, Ives Gandra. **História do trabalho, do direito do trabalho e da Justiça do Trabalho**. São Paulo: LTr, 1998.

FERREIRA FILHO, Manoel Gonçalves. **Curso de direito constitucional**. 26. ed. São Paulo: Saraiva, 1999.

FILHO, José Soares. A crise do direito do trabalho em face da globalização, **Revista LTr**, São Paulo, v. 66, 2002.

FRIEDMAN, Thomas. **O mundo é plano**: uma breve história do século XXI. Rio de Janeiro: Objetiva, 2005.

GODOY, Arnaldo Sampaio de Moraes. Direito do trabalho e globalização, dez. 2003. Disponível em: <http://jus.com.br/revista/texto/6042/direito-do-trabalho-e-globalizacao>. Acesso em: 23 nov. 2011.

HABERMAS, Jürgen. **O discurso filosófico da modernidade**. Lisboa: Publicações Dom Quixote, 2000.

HART, Herbert L. A. **O conceito de direito**. Lisboa: Fundação Calouste Gulbenkian, 1986.

JAVILLIER, Jean-Claude. Pragmatismo e inovação no direito internacional do trabalho. Resumo do artigo publicado em **Revista Internacional del Trabajo**, v. 113/94. **Revista Synthesis**, São Paulo: Tribunal Regional do Trabalho da 2ª Região, n. 22, 1996.

JOÃO, Paulo Sérgio. **Participação nos lucros ou resultados das empresas**. São Paulo: Dialética, 1998.

KANT, Immanuel. **A paz perpétua e outros opúsculos**. Lisboa: Edições 70, 1995.

LIMA, Paulo Rogério dos Santos. **Responsabilidade Social – a experiência do Selo Empresa Cidadã na cidade de São Paulo**. São Paulo: Educ, 2005.

MANUS, Pedro Paulo Teixeira. **Direito do trabalho**. 6. ed. São Paulo: Atlas, 2001.

MINAS GERAIS. Tribunal Regional do Trabalho da 3ª Região. **Voto condutor proferido nos autos do Processo n. 00866-2009-063-03-00-3**. Des. Rel. Júlio Bernardo do Carmo, j. em: 19-8-2009. Disponível em: <http://as1.trt3.jus.br/jurisprudencia/acordaoNumero.do?evento=Detalhe&idAcordao=716201&codProcesso=710388&datPublicacao=31/08/2009&index=0>. Acesso em: 15 fev. 2011.

MORAES, Alexandre de. **Direitos humanos fundamentais**: teoria geral. 4. ed. São Paulo: Atlas, 2002.

NASCIMENTO, Amauri Mascaro. **Curso de Direito do Trabalho**. 19. ed. São Paulo: Saraiva, 2004a.

_______. **Direito do trabalho na Constituição de 1988**. São Paulo: Saraiva, 1991.

_______. O direito do trabalho analisado sob a perspectiva do princípio da igualdade, **Revista LTr**, São Paulo, v. 68, n. 7, jul. 2004b.

ORGANIZAÇÃO INTERNACIONAL DO TRABALHO (OIT). **A fair globalization – creating opportunities for all**. Genebra: World commission on the social dimension of globalization, 2004.

_______. **Decent work**. Genebra: International labour office, 1999a.

_______. **Decent working time – new trends, new issues**. Genebra: International labour office, 2006.

_______. **Declaración de la OIT relativa a los principios y derechos fundamentales en el trabajo**. Disponível em: <http://www.ilo.org/declaration/thedeclaration/textdeclaration/lang--es/index.htm>. Acesso em: 24 maio 2004.

_______. **Governance, international law & corporate social responsibility**. Genebra: International labour office, 2008.

_______. Memoria del director general – Trabajo decente, jun. 1999b. Disponível em: <http://www.ilo.org/public/spanish/standards/relm/ilc/ilc87/rep-i.htm>. Acesso em: 20 fev. 2011.

_______. **Perspectives on decent work**. Genebra: International labour office, 2000.

PIOVESAN, Flávia. **Direitos humanos e o direito constitucional internacional**. São Paulo: Saraiva, 2006.

PETTER, Josué Lafayete. **Princípios Constitucionais da Ordem Econômica**: o significado e o alcance do art. 170 da Constituição Federal. São Paulo: Revista dos Tribunais, 2005.

REALE, Miguel. **Filosofia do Direito**. 17. ed. São Paulo: Saraiva, 1996.

______. **Lições Preliminares de Direito**. São Paulo: Saraiva, 1998.

RIO DE JANEIRO. Tribunal Regional do Trabalho da 1ª Região, **Sentença proferida nos autos do Processo n. 00500-2008-023-01-00-5**, Juíza do Trabalho Fernanda Stipp, j. em: 29 jan. 2009.

SARLET, Ingo Wolfgang. **A eficácia dos direitos fundamentais**. 4. ed. Porto Alegre: Livraria do Advogado, 2004.

SINGER, Paul. **Globalização e desemprego**: diagnóstico e alternativas. São Paulo: Contexto, 2001.

SILVEIRA, Maria do Carmo Aguiar da Cunha. O que é responsabilidade social empresarial. 26 fev. 2003. Disponível em: <http://www.sfiec.org.br/artigos/social/responsabilidade_social_empresarial.htm>. Acesso em: 20 jan. 2011.

SOCIAL ACCOUNTABILITY INTERNATIONAL (SAI). **Norma SA 8000**. 2008. Disponível em: <http://www.sa-intl.org/_data/n_0001/resources/live/2008StdPortuguese.pdf>. Acesso em: 10 mar. 2011.

SOUZA NETO, Cláudio Pereira; SARMENTO, Daniel (org.). **A constitucionalização do direito**. Rio de Janeiro: Lumen Juris, 2007.

SÜSSEKIND, Arnaldo Lopes. **Convenções da OIT**. São Paulo: LTr, 1994.

______. **Direito Internacional do Trabalho**. São Paulo: LTr, 1983.

ZENONE, Luiz Cláudio. **Marketing social**. São Paulo: Thompson Learning, 2006.

7 O SISTEMA PREVIDENCIÁRIO NO BRASIL: PREVIDÊNCIAS SOCIAL E COMPLEMENTAR

Denise Poiani Delboni

Coordenadora e professora do Programa de Educação Executiva da DIREITO GV (GVlaw); doutora em Administração pela Fundação Getulio Vargas de São Paulo – FGV-SP; mestre em Administração pela Faculdade de Economia e Administração da Universidade de São Paulo – USP; sócia e advogada do escritório Delboni Advogados Associados.

7.1 Introdução

Vários são os fatores que vêm contribuindo para o temor de que a previdência social seja ineficaz quanto à manutenção dos aposentados e daqueles que, por qualquer razão, tenham perdido sua capacidade laboral. Dentre eles, o alardeado envelhecimento da população e, no caso específico do Brasil, onde vigora o sistema de repartição simples, com os trabalhadores ativos custeando os inativos, também o crescimento desenfreado do trabalho informal, que resulta em ausência de contribuição para o sistema previdenciário.

Assim, diante da resistência demonstrada pela sociedade brasileira quanto a quaisquer mudanças na atual e pesada legislação trabalhista, mantendo-se a tendência das empresas em contratar trabalhadores sem vínculo empregatício, caso queiram manter-se competitivas no mercado global, é possível afirmar que a previdência social tem seus dias contados, até que haja um esvaziamento dos cofres públicos, com consequências desastrosas para a manutenção dos aposentados em nosso país.

E, diante desse cenário, a previdência privada torna-se a única forma alternativa para manter um equilíbrio econômico no Brasil, possibilitando aos cidadãos que, por razões diversas, perderam sua capacidade para o trabalho, que mantenham, minimamente, um poder de compra capaz de movimentar a economia num país que não será mais constituído de uma maioria jovem, num futuro bem próximo.

O aumento crescente da expectativa de vida dos brasileiros também faz aumentar a preocupação com o sistema previdenciário vigente e os critérios atuais para a elegibilidade dos futuros aposentados. De acordo com a Organização Mundial de Saúde, o Brasil abrigará, por volta do ano 2020, a quinta população do mundo com mais de 65 anos de idade[1], principalmente em função do aumento da expectativa de vida, que terá passado, então, dos 45 anos, em 1950, para bem mais de 70 anos de idade já nos próximos anos. Em termos percentuais, estima-se que os pouco mais de 10% da população nesta faixa etária saltarão para 24% de idosos em 2050 (ABRAPP, 2011).

Apesar disso, as discussões em nossa sociedade ainda se limitam a questões como formalização do trabalho e queda do fator previdenciário – mecanismo que visa desencorajar a aposentadoria precoce –, ao passo que estímulos à contratação de previdência complementar ou iniciativas para a colocação e manutenção dos idosos no mercado de trabalho ainda são bastante tímidas se comparadas ao que já ocorre em outros países.

Desde a década de 1990, alguns países da América Latina deram início a discussões profundas sobre as necessárias reformas em seus modelos de previdência, a fim de que fosse possível optar por algum modelo de reforma para a manutenção apenas da previdência privada, para a coexistência entre previdência privada e previdência social e, finalmente, a manutenção da previdência social com um modelo de previdência privada capaz de complementar aquela renda (COELHO, 2003, p. 144).

Isso porque, de um modo geral, a América Latina negligenciou, ao longo da gestão inicial de seus planos de previdência social, a relação ativos/inativos, além de aproveitar o superávit obtido no início da implementação daqueles planos para oferecer vantajosos benefícios e condições apenas para grupos específicos da sociedade. No caso brasileiro, os privilegiados foram os servidores públicos que, mesmo sem contribuírem para o sistema do modo como faziam os

[1] Sendo precedida, provavelmente, pela Itália, Japão, Alemanha, EUA e Canadá.

empregados da iniciativa privada, foram beneficiados com aposentadoria integral extensiva aos familiares (SILVA, 2007).

Diante dessa conjuntura, "a importância da previdência privada, também denominada previdência complementar, torna-se cristalina, uma vez que poderá aliviar, de certo modo, a carga de desembolsos do Estado para com os cidadãos idosos ou impossibilitados para o trabalho" (DELBONI, 2003, p. 19).

Fato é que os mecanismos privados de previdência, do modo como concebidos e implantados nos dias atuais, são relativamente novos no Brasil, existindo há cerca de 20 anos e ainda com um inexpressivo número de beneficiados quando comparado aos beneficiados pelo regime da previdência social.

Deste modo, o presente artigo tem por objetivo estabelecer um paralelo entre os atuais sistemas previdenciários oferecidos em nosso país, além de elucidar as diferenças e o funcionamento para cada um deles.

7.2 Previdência Social

A preocupação com a manutenção da renda após a fase de vida profissional ativa e a consciência de que são necessárias ações do governo para que não se perca por completo a capacidade de compra dos idosos são patentes, no Brasil, desde o início do período colonial. No ano de 1534, surge a Casa de Misericórdia de Santos, considerada a primeira organização de caráter assistencial em nosso país (ABRAPP, 1992), seguida, em 1795, de um plano de benefícios para os órfãos e viúvas dos funcionários da Marinha e, posteriormente, em 1827, a criação de um Montepio do Exército e, em 1835, o lançamento de um Montepio Geral de Economia dos Servidores do Estado – MONGERAL, este sim considerado como a primeira instituição previdenciária brasileira (CEPAL, 1999).

Entretanto, o primeiro decreto sobre aposentadoria, do modo como a conhecemos hoje, com a contribuição de empregados, somente viria a ocorrer no final do século XIX, precisamente em 1890, direcionado para os funcionários das Estradas de Ferro da Central do Brasil. E, ainda, quanto aos benefícios pagos ao trabalhador em caso de acidente do trabalho, somente seriam garantidos ao empregado a partir de 1919, com a Lei n. 3.724 (DELBONI, 2003, p. 28-29).

Quanto à legislação específica sobre previdência pública, é possível afirmar que teve por marco regulatório a Lei Eloy Chaves[2], que determinou, a partir de 1923, a criação de Caixas de Aposentadoria e Pensões – CAPs, especificamente para os empregados de cada empresa ferroviária, sendo a primeira empresa a dos servidores da Estrada de Ferro Great Western do Brasil.

Até meados da década de 1930, havia 183 "caixas de aposentadoria" no Brasil, sendo que para seu financiamento já se previa a participação de empregados, empresas e Estado. Os empregados contribuíam com um percentual sobre seus vencimentos (3%), enquanto os empregadores deveriam contribuir com um percentual sobre a renda bruta anual (1%). Quanto ao Estado, os recursos para sua participação seriam provenientes de uma taxa adicional sobre os serviços prestados pelas empresas a que estas "caixas de aposentadoria" pertenciam (PASSANEZI, 2002, p. 123). Como se nota, as contribuições do Estado eram fruto de recursos obtidos mediante a incidência de uma taxa sobre os serviços e produtos ofertados pelas empresas, configurando-se, portanto, como uma espécie de imposto destinado a arrecadar recursos para aquela finalidade (BELTRÃO *et al*, 1993, p. 134).

Sua estrutura, exceto pela forma de contribuição instituída, era, portanto, muito próxima dos planos de previdência privada atuais, uma vez que não havia qualquer participação do Estado na capitalização dos valores a serem devolvidos sob a forma de benefícios para os empregados. Naquela época, o Estado sequer interferia nos tipos de investimentos a serem feitos pelos fundos gerados, limitando-se seu papel à interferência somente no caso de disputas

---

[2] Criada pelo Decreto Legislativo n. 4.682/1923.

judiciais. Entretanto, alguns anos mais tarde, o próprio Estado trataria de estender o modelo, por meio de decreto, para os portuários e marítimos, surgindo o benefício da estabilidade no emprego após 10 anos de trabalho e, ainda, a eliminação de idade mínima para aposentadoria (KATO, 2000, *apud* DELBONI, 2003, p. 30).

Conforme mencionado anteriormente, noutros tantos países, assim como no Brasil, a quase totalidade do sistema de previdência social baseia-se no regime financeiro de repartição simples, no qual o benefício dos aposentados é pago diretamente pelas contribuições dos trabalhadores que se encontram em atividade. Ora, o valor pago pelos ativos é, portanto, "repartido" entre os inativos, daí o termo "repartição simples". Assim, seu regime de caixa prevê que a contribuição dos trabalhadores ativos suporta o pagamento dos benefícios aos inativos num mesmo momento. Este sistema é compulsório para os trabalhadores com vínculo formal de emprego e é embasado num efeito denominado "distributivo", em que as arrecadações efetuadas pelos contribuintes somam-se a uma massa geral de contribuições em vez de formar poupanças individuais, como acontece nos planos de previdência complementar. Este modelo da previdência social, além de mostrar-se ineficaz diante de uma série de restrições advindas com as sociedades modernas (algumas delas mencionadas na Introdução deste trabalho), pode acarretar uma série de custos difíceis de serem absorvidos pela sociedade e que, de algum modo, poderiam até mesmo ser transferidos em parte para as empresas a partir da constituição de fundos de pensão.

O sistema público de previdência é tão falho e desvantajoso nos dias atuais que, para que se tenha uma ideia da ineficácia pretendida quanto à digna manutenção financeira dos aposentados, atualmente o valor máximo pago pela previdência pública aos aposentados é de R$ 3.218,90, equivalente a aproximados 6 salários mínimos, quando a legislação já indicou, em 1994, que o valor máximo a ser pago para os aposentados deveria oscilar em torno de 10 salários mínimos.

Fazendo-se um comparativo ao longo dos anos, observa-se que o salário mínimo sofreu uma variação percentual de 617,7% contra 452,3% do valor do limite máximo do RGPS, o que é inadmissível para a manutenção do poder de compra dos inativos, conforme tabela a seguir.

Tabela 1 *Valor limite do salário de benefício x evolução do salário mínimo – 1994 a 2009*

Mês/Ano	Salário Mínimo	Valor Limite
Julho/1994	R$ 64,79	R$ 582,86
Fevereiro/2009	R$ 465,00	R$ 3.218,90
Variação (%)	617,7 %	452,3 %

Fonte: LOVERA, 2009.

Assim, apesar de a Constituição Federal brasileira assegurar o reajustamento dos benefícios para preservar-lhes o valor real, o que se observa, ao longo do tempo, é uma perda galopante do poder aquisitivo quanto ao valor recebido a título de aposentadoria.

Tudo isso sob a justificativa de que o impacto dos benefícios de aposentadoria é muito grande sobre a sociedade como um todo, uma vez que incita a necessidade de aumento das contribuições, o que nem sempre é viável.

Também por essa razão, a maioria dos países vem estudando a implementação de políticas capazes de diminuir os impactos da longevidade sobre a previdência. Uma delas, na qual vários Estados apostam, é o adiamento da idade mínima para aposentadoria, o que tem um efeito duplo sobre os atuais sistemas de previdência: alonga-se o período de contribuição, pois o trabalhador que se aposenta mais tarde permanece em atividade, mantendo-se o recolhimento de suas contribuições e, adicionalmente, encolhe-se o período de pagamento de benefícios, cortando-se as despesas previdenciárias (DELBONI, 2003, p. 21).

E, neste ponto, há que diferenciar seguridade e previdência social: esta última é parte da primeira, ao lado da assistência social e da saúde. A previdência social visa amparar o trabalhador no instante em que perder sua capacidade laborativa, ou por um incidente ou pela perda natural previamente programada; abrange, portanto, cobertura de eventos como doença, invalidez e morte, dentre outros (SANTOS, 2009). Já a assistência social destina recursos às pessoas que nunca contribuíram para o sistema, enquanto a saúde visa à redução de doenças e outros problemas correlatos. Conforme a legislação previdenciária vigente, entende-se que a seguridade deve ser estendida a todos os cidadãos, sendo proibida a redução dos benefícios concedidos[3].

E mais, a previdência social justamente se presta a amparar os cidadãos que trabalharam durante sua vida ativa e que, de tal sorte, contribuíram para os cofres previdenciários (BORGES, 2006). Mas o que se tem verificado com o sistema público de previdência não pode ser admitido: a finalidade prevista pela lei magna brasileira, qual seja a de manter o sustento para o trabalhador que se aposenta, não pode ser negligenciada pelos órgãos públicos, ao diminuir lentamente, ao longo do tempo, o valor máximo desta renda inicial para os cidadãos em vias de se aposentarem no futuro.

A Emenda Constitucional n. 20/88 dispõe sobre novas regras para a concessão da aposentadoria no Brasil, pelas quais o segurado para ter direito à aposentadoria desde que contribua no mínimo durante 35 anos, se homem, ou 30 anos, se mulher. No caso da aposentadoria por idade, o homem necessita ter, no mínimo, 65 anos e a mulher, 60. Entretanto, a Constituição de 1988 manteve o modelo atual da previdência social, que é composto basicamente por dois segmentos: o Regime Geral de Previdência Social – RGPS (que atende aos trabalhadores do setor privado) e o Regime Jurídico

[3] Nos termos do que dispõe o art. 1º do Regulamento Geral da Previdência Social, ao abordar os "Princípios e Diretrizes da Seguridade Social".

Único – RJU, cuja clientela é formada pelos funcionários públicos da União, dos Estados e dos Municípios contratados sob este regime (DELBONI, 2003, p. 88).

Mesmo assim, especificamente no caso brasileiro, estima-se que mais da metade da PEA – População Economicamente Ativa ocupe postos de trabalho com informalidade, de tal sorte que não contribua para os cofres previdenciários (IPEA, 2010). Isso significa que será beneficiada, na velhice, pela seguridade social, mantida pelo mesmo cofre previdenciário que somente recebeu contribuições dos empregados ativos.

Não apenas a informalidade, mas, de um modo geral, o baixo número de contribuintes, que, atualmente, tangencia apenas pouco mais de 50% da PEA, são fatores que vêm colaborando para o déficit que se verifica no setor previdenciário, ocasionando problemas estruturais aparentemente difíceis de serem sanados[4], conforme demonstrado na tabela a seguir.

Tabela 2 *Resultado Previdenciário RGPS – de 2005 a 2009 (em R$ milhões)*

	2005	2006	2007	2008	2009
1. Arrecadação líquida	108.434,1	123.520,2	140.411,8	163.355,3	182.008,4
2. Despesas com benefícios	146.010,1	165.585,3	185.293,4	199.562,0	224.876,4
RESULTADO PREVIDENCIÁRIO	-37.576,0	-42.065,1	-44.881,7	-36.206,7	-42.867,9

Fonte: BRASIL, 2009c, p. 2.

[4] De acordo com estudo do Ministério da Previdência Social, "na década de 1950, oito contribuintes financiavam um aposentado. Em 1970, essa relação era de 4,2 para um. Nos anos 1990, são 2,3 trabalhando para um aposentado. No ano 2020, se as atuais regras forem mantidas, a proporção será de um para um" (BRASIL, 1997, p. 28).

Como se percebe, a arrecadação líquida acumulada no ano de 2009 atingiu o patamar de R$ 182 bilhões, o que até espelha um aumento nominal de 11,4% quando comparado ao ano de 2008. Entretanto, a despesa com benefícios previdenciários foi de R$ 224,9 bilhões, representando um crescimento nominal de 12,7% frente ao ano de 2008, gerando uma necessidade de financiamento de R$ 42,9 bilhões (BRASIL, 2009a).

Assim, a relação positiva que já existiu nestes cálculos foi alterada no decorrer da existência de um plano de previdência, o que ocorreria invariavelmente em modelos como o nosso, denominados "sistema de repartição simples". Isso porque, no início, há um número crescente de contribuintes e um número pequeno de benefícios pagos. Entretanto, após determinado período de existência, os participantes começam a aproximar-se da idade para recebimento do benefício, fazendo com que se torne negativa a relação contribuinte/segurado.

A queda dessa relação é ainda mais acentuada quando concorrem dois outros fatores: o aumento crescente da expectativa de sobrevida das pessoas[5] e a redução do número de futuros trabalhadores ativos (decorrente da queda nas taxas de natalidade, dos reflexos da situação econômica ou, ainda, do desemprego estrutural, provocado pelo uso de novas tecnologias e formas de gestão) (MARQUES *et al*, 2002, *apud* DELBONI, 2003, p. 16-17).

Quanto ao envelhecimento dos trabalhadores, países como o Japão são capazes de bem ilustrar o cerne da questão previdenciária: mudanças inesperadas na característica da população vêm afetando sensivelmente o panorama da previdência naquele país, onde quase 23% da população tem idade igual ou superior a 65 anos[6], o que representa um comprometimento muito maior do PIB com a previdência para os idosos.

---

[5] Ver Tabela 3.

[6] Disponível em: <http://www.ionline.pt/mundo/japao-ha-mais-dez-anos-estado-coma?quicktabs_sidebar_tabs=1>. Acesso em: 11 out. 2011.

Também os EUA vêm sofrendo as consequências do envelhecimento de sua população, composta por aproximados 15% de idosos com mais de 65 anos de idade. Em 1962, a idade média da força de trabalho americana era de 40,5 anos. Em 1979, com a entrada dos *baby boomer*[7] no mercado de trabalho, a idade média caiu para 34,7 anos, mas, com o envelhecimento da população mundial, tudo indica que esta idade voltará a aumentar nos próximos anos. Deste modo, o crescimento positivo de taxas de empregados na faixa dos 25-34 anos e 35-44 anos durante os anos 1970 e 1980 tornou-se negativa, especialmente no final da década de 1990 (LAROCK, 1999, p. 42, *apud* DELBONI, 2003, p. 16-17).

No Brasil, a situação referente ao envelhecimento da população não é diferente, já que a elevada concentração de pessoas na faixa dos 15 aos 39 anos, durante a década de 1990, aponta para uma rápida mudança de faixa etária nos próximos anos, com o consequente aumento de nossa população de idosos[8], conforme demonstrado na tabela a seguir.

Tabela 3 *População brasileira – crescimento populacional – 1940-2008*

Esperança de vida ao nascer		Fecundidade		Crescimento populacional	
			Taxa		Taxa média
Período	Média de anos	Período	(em %)	Período	(em %)
1940	45,9	1940	6,16	1940/1950	2,39
1960	54	1960	6,28	1950/1960	2,59
1970	60,08	1970	5,76	1960/1970	2,89
1980	61,76	1980	4,3	1970/1980	2,4

[7] A expressão *baby boomers* refere-se à entrada de trabalhadores muito mais jovens do que a faixa etária média dos empregados no mercado de trabalho americano.

[8] Na década de 1970, 53% da população tinha menos que 20 anos de idade. Em 2000, esse contingente já havia caído para 40,1% da população, de acordo com dados do IBGE.

1991	66	1991	2,4	1980/1991	1,9
2000	68,6	2000	2,2	1991/2000	1,6
2008	72,78	2008	1,8	2001/2008	1,05

Fonte: IBGE/Diretoria de Pesquisas. Coordenação de População e Indicadores Sociais. Gerência de Estudos e Análises da Dinâmica Demográfica. Projeção da População do Brasil por Sexo e Idade para o Período 1980-2050 – Revisão 2008 (*apud* DELBONI, 2003, p. 18).

Como se nota, num período de 50 anos, entre 1940 e 1990, a esperança de vida ao nascer da população brasileira aumentou em cerca de 20 anos, passando de 45,9 para 66 anos de idade, ou seja, uma média de 4 anos por década. Também é possível observar que os maiores ganhos em termos de esperança de vida ocorreram na década de 1970, quando a expectativa de vida dos brasileiros conseguiu ultrapassar a casa dos 60 anos de idade. E, de acordo com novas projeções, o IBGE aponta para uma esperança de vida de 76 anos em 2020, o que indica que as reformas previdenciárias deverão continuar.

7.3 Previdência complementar

No entanto, as questões referentes à previdência privada, inclusive às de entidades fechadas de previdência, que previam complementação de aposentadorias proporcionadas pelo sistema social, somente viriam a ser regulamentadas em 1977. De tal sorte, seriam capazes de acrescentar valores sobre os padrões mínimos pretendidos não apenas para que se verificasse a segurança econômico-financeira do sistema mas, sobretudo, protegendo os interesses dos trabalhadores beneficiados pelos novos planos privados.

É bem verdade que, até aquela época, já existiam formas mais tímidas de fundos de pensão[9], sendo possível inferir que sua verdadeira origem deu-se na década de 1920 quando foi instituída uma indenização obrigatória para o trabalhador acidentado em serviço,

[9] Com exceção do fundo de pensão da PETROS, instituído oficialmente em 31 de março de 1970, nos moldes dos fundos de pensão norte-americanos.

o que coincidiu com a criação das caixas de aposentadoria e pensões aos funcionários da Casa da Moeda e das ferrovias, mediante Lei Eloi Chaves, de 1923, já mencionadas anteriormente.

Aliás, o surgimento dessas entidades de previdência complementar, no caso brasileiro, coincide com o período de crescimento econômico sem precedentes históricos em nossa economia, a fase do chamado "milagre econômico", inclusive com a expansão da previdência privada também a partir de incentivos do governo e da pressão dos trabalhadores (LEITE, 1994, p. 10).

De modo análogo ao que ocorreu nos EUA[10], onde os fundos de pensão antecederam à institucionalização de mecanismos de seguridade social[11] por parte do governo, no Brasil, antes mesmo da criação de qualquer mecanismo legal, PETROS e PREVI, respectivamente, fundos de pensão da Petrobras e do Banco do Brasil, já existiam e beneficiavam alguns trabalhadores, o primeiro deles instituído em 31 de março de 1970.

Em nosso país, o marco legal a ser considerado para a implantação da estrutura que se tem atualmente para os planos de previdência complementar ocorreu somente em 1977, com a promulgação da Lei n. 6.435, posteriormente alterada e complementada pela Lei n. 6.262/78, além de regulamentada pelos Decretos n. 81.240/78 (que dispunha sobre as Entidades Fechadas de Previdência Privada – EFPP) e n. 81.402/78 (que dispunha sobre as Entidades Abertas de Previdência Privada – EAPP) (DELBONI, 2003, p. 45-46).

---

[10] Nos EUA, a criação do primeiro fundo de pensão americano (da *American Express Company*) ocorreu em 1875, seguido apenas em 1921, pela intervenção do governo, por meio do *Internal Revenue Act*, modificado, posteriormente, em 1926.

[11] A expressão seguridade social surgiu nos EUA como fruto da crise de 1929, que provocou sérias mudanças no país especialmente de ordem econômica, com grande desordem no sistema bancário e no mercado de valores. Difere da Previdência Social na medida em que a seguridade social incumbe-se de assegurar o direito relativo à saúde, à previdência e à assistência social, enquanto à previdência cabe, primordialmente, a proteção aos trabalhadores quando da perda de sua capacidade laboral.

Alterações na legislação vêm sendo frequentemente discutidas e, desde 1988, com a promulgação da Constituição[12], várias delas foram feitas quanto ao funcionamento do sistema previdenciário, tanto público como privado. Foram introduzidas mudanças no sistema público, como princípios básicos da universalização, equiparação dos benefícios rurais e urbanos, irredutibilidade do valor das prestações, diversificação das fontes de financiamento, e descentralização e participação dos trabalhadores na gestão.

Com a Emenda Constitucional n. 20, de 1998, duas leis complementares passaram a vigorar: LC n. 108 e 109, no ano de 2001, tratando, respectivamente, dos planos previdenciários público e privado. Assim, a Lei n. 6.435/77 somente foi revogada pela Lei Complementar n. 109/2001 que, dentre algumas inovações, trouxe a possibilidade de os ativos financeiros serem transferidos de um para outro fundo de pensão, ou seja, deu vazão à chamada portabilidade, que pode ser traduzida como um direito do participante de transferir o saldo de suas contribuições numa previdência complementar fechada para outra, aberta ou fechada, quando de seu desligamento da empresa patrocinadora (SANTOS, 2003).

Em 2003, o Decreto n. 4.942 passaria a prever sobre a fiscalização e as penalidades quanto à gestão dos fundos, sendo seguido, em 2004, pela Lei n. 11.053, que atribuiu aos fundos o tratamento tributário vigente.

Com a criação da previdência complementar, que tem caráter facultativo e voluntário, pode-se dizer que, no Brasil, passou a ocorrer um sistema com três modalidades autônomas e distintas de previdência: previdência social (mantida pelo Governo Federal), previdência complementar aberta (que visa lucro e é comercializada pelas instituições financeiras a qualquer pessoa física) e, finalmente, previdência complementar fechada (que não visa lucro e pode

[12] O art. 202 da Constituição Federal dispõe sobre os Fundos de Pensão ou Previdência Complementar.

ser oferecida pelas empresas ou associações de classe aos empregados ou associados).

7.3.1 Previdência complementar aberta

A previdência privada aberta possui fins lucrativos e é formada pelas chamadas Entidades Abertas de Previdência Privada – EAPP, atualmente denominadas Entidades Abertas de Previdência Complementar – EAPC, refere-se aos "planos de custeio e de benefícios que ensejam pecúlios e rendas mensais, não necessariamente implementares, suplementares ou complementares da prestação básica, geridos por sociedades anônimas ou companhias seguradoras, desenvolvidos com vistas no lucro. Caracteriza-se por adesão voluntária do financeiramente capaz, esteja ou não filiado a algum regime básico ou ao complementar fechado" (MARTINEZ, 2001, p. 197).

De acordo com a Superintendência de Seguros Privados – SUSEP (BRASIL, 2011), os planos previdenciários podem ser contratados de forma individual ou coletiva e podem oferecer alguns tipos de benefícios como: aposentadoria, renda por invalidez, pensão por morte, pecúlio por morte e pecúlio por invalidez.

Neste tipo de regime previdenciário, coexistem os planos: a) PGBL – Plano Gerador de Benefício Livre[13], sem garantia mínima de renda durante o período de diferimento do benefício de complementação da aposentadoria e prevê aplicação de recursos que variam de acordo com o perfil econômico de cada participante (Jornal do Terceiro Congresso Brasileiro de Previdência Complementar, 2003, p. 22). Sua vantagem parece ser a transparência na gestão dos recursos e atualização do valor das cotas (ANAPP, 2000); b) PRGP – Plano com Remuneração Garantida e Performance, que inclui um prazo mínimo de garantia a partir do início do recebi-

---

[13] A versão do plano PGBL aprovada em 26-8-2002 prevê, adicionalmente, renda mensal vitalícia reversível ao cônjuge com continuidade aos menores.

mento dos benefícios pelo participante; c) PAGP – Plano com Atualização Garantida e Performance, que prevê apuração de resultados financeiros também durante a época de diferimento dos benefícios; d) PRSA – Plano com Remuneração Garantida e Performance sem Atualização, cuja diferença básica refere-se ao cálculo do benefício de acordo com o valor acumulado à época do pedido para diferimento; e e) PRI – Plano de Renda Imediata, capaz de garantir, sob a forma de contribuição única, o pagamento de benefício por sobrevivência sob a forma de renda imediata.

Caracterizam-se as Entidades Abertas de Previdência Complementar – EAPC pela ausência de necessidade de grande volume de capital inicial, pela não existência de "déficit técnico" uma vez que cada participante arca com o ônus de sua participação no plano previdenciário[14] e, ainda, pela previsão antecipada do nível de renda e tempo de poupança pretendidos, sendo que não há vínculo empregatício com a empresa patrocinadora (MATSUMOTO, 1982).

De acordo com Meyer (2000), os planos oferecidos pelas EAPC devem ser fiscalizados pela Secretaria de Previdência Complementar e pela Superintendência de Seguros Privados – SUSEP, sendo que a primeira ocupa-se dos fundos de pensão e a segunda das EAPC.

7.3.2 Previdência complementar fechada

Nos EUA, a previdência privada formalmente estruturada surgiu em 1875, mas as primeiras regulamentações estabelecendo diretrizes a serem seguidas pelos programas de seguridade somente surgiram em 1921, com o *Internal Revenue Code* – IRC, sendo fiscalizadas pelo *Internal Revenue Service* – IRS. É interessante observar

[14] Nas Entidades Fechadas de Previdência Privada – EFPP, a cobertura deste déficit técnico pode ser feita pelo reajuste da contribuição da patrocinadora e dos participantes, pela redução dos benefícios e, ainda, por injeções de recursos pela patrocinadora, o que a torna mais onerosa.

que o sistema público de seguridade social nos EUA somente veio a ser criado em 1935, portanto, com 60 anos de diferença entre os planos previdenciários público e privado (UPDEGRAVE, 2002, p. 112; HEBB, 2003, p.14).

Com a necessidade de retomar o fôlego no processo produtivo, depois da Segunda Guerra Mundial, as empresas americanas passaram a competir na oferta de benefícios para os empregados assalariados, que também passaram a ser item obrigatório nas negociações coletivas com os sindicatos (que representavam à época 1/3 dos trabalhadores americanos). Outro fator que contribuiu para o crescimento dos benefícios previdenciários foi a crença de que quanto mais permanecessem nas organizações mais produtivos ficariam acumulando experiência necessária ao trabalho. E, de tal sorte, apostando na tendência de crescimento da economia, as empresas pretendiam reter o máximo possível seus empregados. É importante lembrar que o período que se segue, na década de 1960, era de crescimento econômico e de mudanças sociais, depois de 15 anos de depressão e guerra.

Além disso, as tendências reforçavam a necessidade por segurança: o *baby boom*, mais tarde, viria confirmar que havia um grande número de filhos por trabalhador comparativamente às anteriores gerações, o que reforçava a necessidade de aposentadoria para os pais. Por seu turno, o governo contribuiu com a formação de novos planos de previdência fechada, ao praticar uma política de impostos que permitia às empresas a dedução dos custos dos benefícios (DELBONI, 2003, p. 36-39).

Hoje, este modelo é adotado em mais de 54 países e sua principal característica é o fato de que cada participante possui reserva individualizada, que pode ser transferida para outros tipos de planos (ANAPP, 2000).

De acordo com Leite (1994), a instituição dos fundos de pensão ajudou a criar e desenvolver mercados, primeiro o mercado de capitais, por se constituir no maior investidor internacional, com poupança de longo prazo e, em segundo plano, os mercados de bens e serviços, por permitir que os trabalhadores aposentados por empresas ofertantes deste tipo de benefício mantivessem um melhor poder de compra após a sua aposentadoria.

Também na América Latina, observou-se a ascensão do modelo de previdência privada, particularmente no caso do Chile, que conta com todo o sistema previdenciário privado e da Argentina, por exemplo, país onde o sistema previdenciário é misto, tendo sofrido profundas reformas recentemente (SILVA, 1996, p. 31). Aliás, o Chile encontra-se ao lado da Austrália e da Suíça na categoria dos países que confiam fortemente em políticas de poupança obrigatória privada para a aposentadoria (HARRIS, 2001), não evitando que os menos privilegiados, entretanto, fiquem à mercê do Estado mas seus fundos previdenciários já representavam, em 2002, 59,9% do PIB (OHARA, 2002).

No caso do Brasil, o governo introduziu, em 1981, um sistema de pensão obrigatório baseado em contas de contribuição definidas, para as quais todos os meses os trabalhadores depositavam 10% de seus salários em suas próprias contas de poupança individuais de pensão junto às administradoras de fundos (RODRIGUEZ, 1999, p. 3).

As EFPC estão vinculadas ao Ministério da Previdência Social e são controladas pelo Conselho de Gestão da Previdência Complementar – CGPC (órgão normativo) e pela Secretaria de Previdência Complementar – SPC (órgão executivo que normatiza e coordena atividades de fiscalização, operações e penalidades para os fundos)[15], enquanto os planos previstos pelas EAPC são fiscalizados pela Superintendência dos Seguros Privados – Susep, particularmente na questão de controle dos fundos e reservas.

Além disso, outros institutos como Associação Brasileira de Previdência Privada – Abrapp, Sindicato Nacional das Entidades

[15] A Secretaria da Previdência Complementar é um órgão fiscalizador, em nível federal, sendo subordinada ao Ministério da Previdência Social.

Fechadas de Previdência Complementar – Sindapp e Instituto Cultural de Seguridade Social – ICSS representam, coordenam os fundos e promovem atividades de cunho educacional na área da seguridade social, respectivamente.

As EFPC são sociedades civis ou fundações (estruturadas na forma do art. 35 da LC n. 109/2001), sem fins lucrativos, destinadas à instituição de planos privados de concessão de benefícios complementares assemelhados aos da previdência oficial, acessíveis aos empregados ou dirigentes, excluídos os diretores e conselheiros das empresas públicas, sociedades de economia mista e fundações vinculadas à administração pública de uma empresa ou grupo delas chamadas patrocinadoras.

E todo plano de previdência tem um regulamento, que é o contrato de natureza civil, onde constam os direitos e obrigações da entidade, patrocinadores, participantes e assistidos. Cada regulamento define as regras de contribuição, benefícios oferecidos e condições de acesso aos benefícios. Ainda assim, se considerada aposentadoria por tempo de contribuição, a média dos trabalhadores participantes destes planos fechados, independentemente de seu modelo ou regras, recebe, atualmente, bem mais do que receberia pelo sistema de previdência social.

Uma EFPC é composta por conselho deliberativo, diretoria executiva e conselho fiscal e a legislação impõe limites máximos para alocação dos recursos administrados: renda fixa – 100%, renda variável – 50%, imóveis – 11% e empréstimos e financiamentos – 15%.

As EFPC são, portanto, obrigadas a aplicar seus recursos de coberturas das reservas matemáticas de modo a alcançar os níveis de rentabilidade mínimos necessários à viabilização do cumprimento dos recursos assumidos com os participantes. Em razão do fato de serem consideradas instituições de caráter beneficente, são equiparadas às entidades de assistência social, o que lhes permite gozar de imunidade tributária. Nos fundos de pensão empresariais, a participação de cada empregado (que é voluntária) é considerada parte da remuneração total que lhe é oferecida[16].

O Decreto n. 81.240/78 possibilitou que as empresas fornecessem o capital inicial, a favor da entidade, a título de dotação inicial correspondente a 7% da folha de salários dos participantes no ano imediatamente anterior, para abertura do fundo. Entretanto, há duas situações distintas e possíveis: a primeira delas quanto aos planos em que a patrocinadora arca sozinha com a contribuição e a outra, com relação aos planos de contribuição definida, para os quais não é necessária qualquer dotação inicial por parte da patrocinadora (LEITE, 1994 *apud* DELBONI, 2003, p. 48-49).

De acordo com a legislação vigente, existem 3 tipos de EFPC: 1) *entidades fechadas próprias*, ou seja, patrocinadas por uma única empresa; 2) *entidades multipatrocinadas*, constituídas por várias empresas, comumente ligadas a um mesmo grupo econômico, podendo abrigar um ou mais planos de aposentadoria; e 3) *entidades de fundos múltiplos,* constituídas por instituições financeiras, essencialmente bancos comerciais cujo objetivo principal é a captação de recursos financeiros para administração. Estes funcionam como condomínios, onde as empresas não têm qualquer ligação econômica entre si, mas parecem ser a tendência depois da década de 1990, em virtude da estabilização da economia e do movimento de terceirização que atingiu muitas empresas no Brasil.

Aliás, o nicho de mercado dos fundos múltiplos parece ser o das empresas de pequeno e médio porte, ou seja, com efetivo entre 100 e 200 empregados, até o máximo de 1500 empregados. Esta preferência ocorre, em tese, porque aquelas empresas têm dificuldade para criar entidades fechadas próprias, além da justificativa de que

---

16 Nos planos de Contribuição Definida, os valores de benefício para o empregado são calculados a partir do valor depositado pelo empregado até sua aposentadoria, bem como é levada em consideração a saúde financeira dos fundos e o montante de contribuições como um todo.

existiria um aumento do custo de administração para tal atitude, em função dos custos de escala. São diferentes de fundos multipatrocinados, que têm sua origem em empresas de um mesmo grupo econômico que partilharam de forma solidária um único plano de aposentadoria (SILVA, 1996).

Dentre suas vantagens, as EFPCs apresentam: a) imunidade tributária: são isentas de tributos de qualquer espécie, pois, conforme mencionado anteriormente, são consideradas instituições de caráter assistencialista[17]; b) podem ter despesas administrativas de até 15% do total das receitas anuais[18]; c) podem oferecer serviços assistenciais, como é o caso de atividades de lazer, biblioteca, creche, restaurante e convênios em geral, além de empréstimos em dinheiro ao participante; d) devem ter permanência dos lucros na entidade[19], que acaba revertendo em prol dos próprios participantes; e) além de complemento aos benefícios da previdência social[20], podem conceder auxílio-doença, auxílio-natalidade, salário-família, salário-maternidade, auxílio-reclusão e abono de natal; f) devem reter 30% das reservas pela patrocinadora; e g) possibilidade de reajuste dos benefícios de prestação continuada de acordo com vários indicadores econômicos e com o plano desenhado pela empresa (MATSUMOTO, 1982, *apud* DELBONI, 2003, p. 49-50).

[17] Nos termos do que prevê a letra *c* do item III do art. 19 da CF.

[18] Este percentual indica uma vantagem comparativamente às entidades abertas de previdência complementar, que estão autorizadas a despesas desta natureza entre 15 e 30% do plano, fora as despesas de comissão de corretagem que poderão atingir um máximo de 30% do valor de contribuição efetivamente paga pelo associado durante os doze primeiros meses de permanência neste plano ou 15% nos primeiros 5 anos (cf. circular SUSEP 50, de 1979, itens 6.6.7 e 6.9.27).

[19] Nas EAPC, ao contrário, a geração de lucro é imprescindível, uma vez que o acionista deseja ter acesso à sua parte na distribuição dos lucros.

[20] Aposentadorias por tempo de serviço, por velhice, especial, por invalidez, pensões e pecúlios aos beneficiários ou dependentes dos empregados.

Além disso, as EFPCs possuem baixos custos e maior controle por parte da patrocinadora, sendo capaz de administrar de perto e operar alguma manobra necessária nos custos no caso de queda abrupta de seu superávit (SANTOS, 2009).

Apesar de várias restrições quanto a investimentos, o sistema de previdência privada é privilegiado por benefícios fiscais como forma de incentivar a iniciativa privada a gerar poupança interna. Dentre eles: a) permitir que a empresa deduza de seu lucro, para fins de imposto de renda da pessoa jurídica, as contribuições que realizou para uma instituição de previdência privada, em benefício de seus empregados; b) isentar da incidência de impostos os ganhos auferidos com o investimento do dinheiro das entidades privadas de previdência; e c) diferir a tributação no caso de pessoas físicas, isentando de impostos as contribuições correntemente destinadas a um plano de aposentadoria e tributando os benefícios, somente por ocasião do recebimento (WOYKE, 1993).

Outra importante definição a ser estudada nos planos oferecidos pelas EFPCs refere-se ao sistema a ser adotado, se baseado em *contribuições definidas* (ou plano CD) ou *benefícios definidos* (ou plano BD). E, aqui, é necessário que se esclareça a diferença entre estes dois conceitos: planos de *benefício definido* são aqueles nos quais as empresas prometem aos empregados pagamento fixo específico, geralmente correspondente a um percentual do último salário, a título de benefícios da aposentadoria; já os planos de *contribuição definida* referem-se aos planos para os quais os empregados fazem contribuições específicas fixas para uma conta de aposentadoria em nome do empregado, o valor final do benefício pode alterar-se, por exemplo, quando há baixos retornos sobre os investimentos feitos pelo fundo.

Até 1983, as 137 entidades fechadas de previdência então existentes operavam exclusivamente com plano de benefício definido. Entretanto, a partir de 1984, foi criado o primeiro plano de *contribuição definida*, com patrocinadora multinacional. Embora os planos de *benefício definido* sejam mais atraentes para os empregados, diante da certeza dos valores a receber, particularmente em países com instabilidades políticas e econômicas, não se pode descartar possibilidades de ocorrências graves nestes tipos de planos, como é o caso da insolvência da empresa ou da patrocinadora, única razão pela qual não se pode afirmar com precisão de que se tratam de planos melhores e mais seguros para os empregados. Por esta razão, para as empresas, de um modo geral, na atualidade, os planos de *contribuição definida* representam maior estabilidade e mais baixo grau de comprometimento, uma vez que os valores a serem recebidos pelos empregados no momento de sua aposentadoria vão depender exclusivamente do levantamento sobre os valores existentes no saldo de suas contas (DELBONI, 2003, p. 82).

A Lei Complementar n. 109/2001, além da portabilidade, ou seja, da possibilidade de migração entre fundos, também previu o benefício denominado *vesting* ou "benefício proporcional diferido"[21], que se refere à manutenção do direito à previdência complementar, na forma de benefício de valor reduzido, proporcional[22], mesmo que o empregado deixe a empresa antes de sua elegibilidade à aposentadoria. Neste caso, o indivíduo muda de emprego ou deixa seu vínculo empregatício e fica aguardando a elegibilidade para o recebimento do benefício, de acordo com as regras definidas pela empresa da qual se desligou.

Outra novidade trazida, à época, pela Lei Complementar n. 109/2001 foi a certeza de que não apenas as empresas, mas, ainda, as entidades associativas de um modo geral também poderiam oferecer um plano fechado de previdência complementar. Este é o caso dos sindicatos e dos conselhos profissionais, por exemplo[23].

Embora seja o oitavo do mundo em volume de ativos, o sistema brasileiro de Previdência Complementar Fechada ainda é

---

[21] Regulamentado, parcialmente, pela Resolução n. 13/2002.

[22] Incluindo parte do empregado e da patrocinadora.

[23] Os pioneiros no uso desta faculdade legal foram a Associação de ex-alunos da Fundação Getulio Vargas (FGV), o Sindicato dos Engenheiros de São Paulo e a Associação de Polícias Militares Civis de Minas Gerais.

pouco representativo em termos de porcentagem do PIB (cerca de 18%) se comparado, por exemplo, à Holanda e à Inglaterra, países cuja participação dos fundos de pensão no Produto Interno Bruto corresponde a 119% e 78%, respectivamente (ABRAPP, 2010).

Gráfico 1 *Evolução dos ativos das EFPC (em bilhões de Reais)*

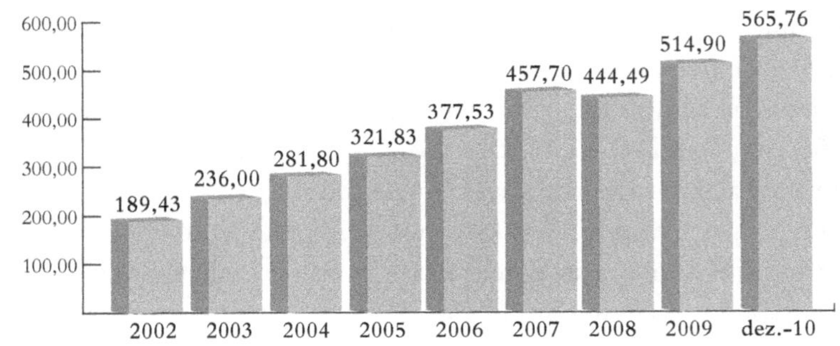

Fonte: BRASIL, 2010.

No caso brasileiro, como se nota pelo gráfico anterior, embora haja um significativo aumento nos ativos, em Reais, das EFPC, ao longo dos últimos anos, é possível afirmar que o setor privado vem encolhendo a oferta de planos previdenciários de previdência complementar enquanto no setor público a tendência é de aumento do número de planos oferecidos aos servidores, conforme se verifica na Tabela 4 a seguir:

Tabela 4 *Crescimento das EFPC nos setores público e privado – de 2007 a 2009*

CLASSIFICAÇÃO QUANTO AO PATROCÍNIO	Anos	Total	Tipo de patrocinador				
			Público				**Privado**
			Total	Federal	Estadual	Municipal	
	2007	367	81	37	42	2	274
	2008	370	82	37	43	2	274
TOTAL	**2009**	**369**	**82**	**38**	**42**	**2**	**269**

Fonte: BRASIL, 2009b.

7.4 Considerações finais

Ao estabelecermos um paralelo entre as diferentes formas de previdência oferecidas no Brasil, nota-se que não há, nos dias atuais, quaisquer expectativas de melhora próxima para o sistema de previdência social. Isso porque, para que, quiçá, pudesse voltar a ser superavitário, o governo dependeria pelo menos de duas variáveis bastante improváveis de ocorrer: de um lado, o aumento da arrecadação, a partir da entrada maciça de jovens no mercado de trabalho formal e da forte fiscalização no combate ao trabalho sem registro; e de outro lado, imprescindível o aumento da idade para que se requeira a aposentadoria, prática verificada em quase todos os países, ricos ou não, a fim de que seja adiado o desembolso com pagamento de benefícios, permitindo a formação de caixa nos cofres previdenciários, já que nosso sistema previsto constitucionalmente é o da repartição simples.

Ainda assim, mesmo se superadas todas as dificuldades em relação às duas variáveis apresentadas, é fato que não há qualquer garantia de que sejam elevados os valores ínfimos atualmente pagos para os aposentados, principalmente diante do fantasma do envelhecimento da população, que apontaria uma direção de nova situação deficitária no futuro. De tal sorte, insistir na previdência social do modo como a vemos hoje seria o mesmo que validar a inobservância da previsão constitucional que garante aos inativos um sustento digno.

No entanto, a previdência complementar apresenta-se como alternativa para a composição de renda dos trabalhadores à época de sua aposentadoria. É bem verdade que o passado trouxe uma experiência diferente com relação ao predomínio de sistemas com benefício definido, ou seja, com a certeza do *quantum* a ser recebido a partir do período de inatividade. Todavia, é certo que a perspectiva desses planos para o futuro indica a predominância de planos de contribuição definida, nos quais o saldo a ser revertido em favor de cada aposentado é fruto de sua contribuição individual para o plano.

Esta parece ser a lógica em termos de previdência, especialmente em nosso país onde há de forma quase isolada do resto do mundo um sistema previdenciário paralelo, destinado aos funcionários públicos, capaz de aniquilar as reservas constituídas em grande parte pelos trabalhadores da iniciativa privada, em decorrência da manutenção dos salários da ativa para o servidor e sua família após a aposentadoria.

Especificamente quanto à previdência complementar fechada, há que questionar sobre um dos pontos cruciais para a sua oferta no Brasil: ao lado da oferta de trabalho informal, o predomínio de postos de trabalho em empresas de pequeno porte, ou seja, aquelas que, como já visto no decorrer deste artigo, não se interessam pela oferta de planos previdenciários no afã de reter bons empregados. E, neste caso, há que ser incentivada, quiçá, a oferta de planos multipatrocinados, mais atraentes aos olhos dos pequenos empresários, em razão do menor risco oferecido. Entretanto, o interesse dos empresários por este tipo de benefício, frise-se, depende exclusivamente do comportamento do mercado de trabalho: ofertas excessivas de profissionais jamais seriam capazes de fomentar a manutenção de benefícios diferenciados para os empregados, que poderiam ser facilmente encontrados e substituídos pelas empresas.

Além disso, apostar todas as fichas apenas em fundos de previdência complementares poderia significar a médio e longo prazos um número cada vez maior de dependentes da assistência social ou das ínfimas importâncias pagas pela previdência, o que afetaria o poder de consumo e até mesmo a economia do país. Isto porque não há como ser beneficiado por um fundo de pensão, por exemplo, aquele trabalhador que ainda faz parte das assustadoras estatísticas de informalidade em nosso país.

No entanto, o que se nota é que, a despeito da falta de proteção para a maioria dos trabalhadores brasileiros, os fundos de pensão vêm crescendo nas empresas estatais, o que aponta para uma situação ainda melhor para os servidores públicos, que já são privilegiados em termos de rendimentos em sua fase de inatividade.

REFERÊNCIAS

AFONSO, Luiz Eduardo. Previdência social e fundos de pensão, **Cadernos de Seguro – Teses**, São Paulo: Fundação Escola Nacional de Seguros – FUNENSEG, n. 1, jul. 1996.

ANAND, Vineeta. Who is friendlier to pension funds? **Pensions & Investments**, Chicago, v. 28, ago. 2000.

APPELBAUM, Steven H., PATTON, Eric e SHAPIRO, Barbara. The early retirement incentive program: a downsizing strategy, **Journal of Europcan Industrial Training**, v. 27, n. 1, 2003.

ASSOCIAÇÃO BRASILEIRA DAS ENTIDADES FECHADAS DE PREVIDÊNCIA COMPLEMENTAR – ABRAPP. **Cenários de previdência social e reflexo para os fundos de pensão**, 1992.

______. ***Pensamentos sobre os fundos de pensão*** (entrevista com Devanir da Silva, Superintendente da ABRAPP), São Paulo, 1998. Documento interno.

______. **Previdência privada no mercado global**: tributação, tendências e *e-commerce*. São Paulo, maio 2000.

______. Previdência complementar – ferramentas para o seu crescimento no Brasil, **Revista dos Fundos de Pensão**, n. 366, jul. 2010.

______. Reforma da Previdência – RPPS gasta 27 vezes mais por aposentado do que RGPS, *Revista dos Fundos de Pensão*, n. 372, jan. 2011.

BELTRÃO, K. I.; OLIVEIRA, F. E. B; LUSTOSA, B. J.; PASINATO, M. T. M. Fontes de financiamento da seguridade social brasileira. **A previdência social e a revisão constitucional**. Brasília: MPAS/CEPAL, 1993, v. 2.

BORGES, Mauro R. **Previdência funcional**: teoria geral e critérios de elegibilidade aos benefícios previdenciários à luz das reformas constitucionais. Curitiba: Editora Juruá, 2006.

BRASIL. **Circular da Superintendência de Seguros Privados – SUSEP n. 50, de 27 de junho de 1979**. Disponível em: <http://www.susep.gov.br/bibliotecaweb/biblioteca.aspx>. Acesso em: 9 maio 2011.

BRASIL. **Constituição da República Federativa do Brasil, de 5 de outubro de 1988**. Disponível em: <http://www.planalto.gov.br/ccivil_03/constituicao/constitui%C3%A7ao.htm>. Acesso em: 3 maio 2011.

BRASIL. **Decreto n. 4.942, de 30 de dezembro de 2003**. Disponível em: <http://www.planalto.gov.br/ccivil_03/decreto/2003/D4942.htm>. Acesso em: 9 maio 2011.

BRASIL. **Emenda Constitucional n. 20, de 15 de dezembro de 1998**. Disponível em: <http://www.planalto.gov.br/ccivil_03/constituicao/emendas/emc/emc20.htm>. Acesso em: 6 maio 2011.

BRASIL. **Lei n. 6.435, de 15 de julho de 1977**. Disponível em: <http://www.planalto.gov.br/ccivil_03/Leis/L6435.htm>. Acesso em: 6 maio 2011.

BRASIL. **Lei Complementar n. 108, de 29 de maio de 2001**. Disponível em: <http://www.planalto.gov.br/ccivil_03/Leis/LCP/Lcp108.htm>. Acesso em: 9 maio 2011.

BRASIL. **Lei Complementar n. 109, de 29 de maio de 2001**. Disponível em: <http://www.planalto.gov.br/ccivil_03/Leis/LCP/Lcp109.htm>. Acesso em: 9 maio 2011.

BRASIL. **Lei n. 11.053, de 29 de dezembro de 2004**. Disponível em: <http://www.planalto.gov.br/ccivil_03/_ato2004-2006/2004/Lei/L11053.htm>. Acesso em: 9 maio 2011.

BRASIL. **Regulamento da Previdência Social: Decreto n. 3.048, de 6 de maio de 1999**. Brasília: MPAS, Assessoria de Comunicação Social, 2008.

BRASIL. **Resolução MPAS/CGPC n. 13, de 2 de outubro de 2002**. Disponível em: <http://www.mpas.gov.br/arquivos/office/3_081014-110811-715.pdf>. Acesso em: 9 maio 2011.

BRASIL. Controladoria-Geral da União. **Prestação de contas do Presidente da República** – 2009 (2009a). Parte V – Atuação por setor governamental. Disponível em: <http://www.cgu.gov.br/Publicacoes/PrestacaoContasPresidente/2009/Arquivos/5111.pdf>. Acesso em: 20 jan. 2011.

BRASIL. Ministério da Fazenda (Superintendência de Seguros Privados – SUSEP). **Previdência Complementar Aberta**. 2011. Disponível em: <http://www.susep.gov.br/menuatendimento/previdencia_aberta_consumidor.asp>. Acesso em: 20 fev. 2011.

BRASIL. Ministério da Previdência Social. **Anuário Estatístico da Previdência Social 2009** (2009b). Disponível em: <http://www.previdencia.gov.br/conteudoDinamico.php?id=1010>. Acesso em: 11 out. 2011.

______. **Previdência complementar: estatística mensal**. Dezembro de 2010. Disponível em: <http://www.previdencia.gov.br/arquivos/office/3_110518-175204-777.pdf>. Acesso em: 11 out. 2011.

BRASIL. Presidência da República. **Por que reformar a Previdência?**: Livro Branco da Previdência Social. Brasília, 1997. Disponível em: <http://www.biblioteca.presidencia.gov.br/area-presidencia/pasta.2008-10-08.1857594057/pasta.2008-10-08.9262201718/pasta.2008-12-16.0710539708/pasta.2009-08-15.1277050055/porque%20reformar%20a%20previdencia.pdf>. Acesso em: 20 jan. 2011.

BRASIL. Tribunal de Contas da União. Previdência Social. **Versão Simplificada das Contas do Governo da República – Exercício de 2009** (2009c). Disponível em: http://portal2.tcu.gov.br/portal/page/portal/TCU/comunidades/contas/contas_governo/contas_09/Textos/Ficha%207%20-%20Previdencia.pdf>. Acesso em: 20 jan. 2011.

BRITAIN: the amazing shrinking pension funds. **The Economist**, Londres, v. 366, issue 8316, mar. 2003.

BURG, Brad. A big new break for pension plans. **Medical Economics**, Oradelli, v. 77, issue 17, set. 2000.

COELHO, Vera Schattan P. **A reforma da previdência social na América Latina**. São Paulo: FGV Editora, 2003.

______. A reforma da previdência e o jogo político no interior do executivo. **Novos Estudos – Revista Cebrap**, São Paulo, n. 55, nov. 1999.

COMISSÃO ECONÔMICA PARA A AMÉRICA LATINA E O CARIBE – CEPAL. **Anais do XI Seminário Regional de Política Fiscal**. 25-28 jan. 1999.

3º CONGRESSO Brasileiro de Previdência Complementar. São Paulo: LTr, jul. 2007.

COOPER, D. R. Occupational pensions for all employees. **Employee Relations**, Chicago, v. 21, n. 2, 1999.

DELBONI, Denise Poiani. **A previdência complementar como instrumento da política de recursos humanos**: estudo em empresas do setor farmacêutico. Tese (Doutorado em Administração) – Fundação Getulio Vargas de São Paulo, São Paulo, 2003.

DEPARTAMENTO INTERSINDICAL DE ESTATÍSTICA E ESTUDOS SOCIOECONÔMICOS – DIEESE. **A situação do trabalho no Brasil**. São Paulo, 2001. Documento interno.

FAIRLAMB, David. These pension plans are no panaceas, **Business Week – Industrial/technology edition**, New York, issue 3704, out. 2000.

FEINBERG, Phyllis. Pension and Investments, **Pension & investments**, Chicago, v. 30, 25 nov. 2002.

FUNDAÇÃO GETULIO VARGAS – FGV. Fundos de Pensão, **Conjuntura Econômica**. Rio de Janeiro, v. 55, n. 10, out. 2001.

FUNDAÇÃO SEADE. **Anuário Estatístico do Estado de São Paulo** – 2008. São Paulo: Fundação SEADE, 2009. Disponível em: <http://www.seade.gov.br/produtos/anuario/>. Acesso em: 30 out. 2010.

GUARDIA, Eduardo R. **O regime fiscal brasileiro**. Tese (Doutorado em Economia) – Faculdade de Economia e Administração, Universidade de São Paulo, São Paulo, 1999.

HARRIS, David O. As políticas, padrões e demografia de reforma de sistemas de pensão em nações desenvolvidas (22º Congresso Brasileiro dos Fundos de Pensão), **Revista ABRAPP**, São Paulo, 2001.

HEBB, Tessa. Emerging trends in corporate engagement by public pension funds, **Employee Benefits Journal**, Brookfield, v. 28, issue 1, mar. 2003.

HR outsourcing trends, **Pension & Benefits**. Nova York, v. 11, dez. 2002.

INSTITUTO DE PESQUISA ECONÔMICA APLICADA – IPEA. Análise do mercado de trabalho, **Boletim Mercado de Trabalho**, n. 42, fev. 2010. Disponível em: <http://www.ipea.gov.br/sites/000/2/boletim_mercado_de_trabalho/mt42/02_analise_do_mercado.pdf>. Acesso em: 21 nov. 2011.

IPPOLITO, Richard. **Pension plans and employee performance evidence, analysis and policy**. Chicago: The University of Chicago Press, 1997.

______. A study of the regulatory effect of the Employee Retirement Income Security Act, **Journal of Law and Economics**, Chicago, v. 31, abr. 1988.

JORNAL do Terceiro Congresso Brasileiro de Previdência Complementar. São Paulo: Congressos LTr, 28 e 29 de julho de 2003.

KATO, Jerry Miyoshi. **Estratégia competitiva e avaliação de desempenho aplicados a uma empresa de previdência privada aberta no Brasil**. Tese (Doutorado em Administração de Empresas) – Faculdade de Administração de Empresas da Universidade Federal de Santa Catarina, Florianópolis, 2000.

LAROCK, Seymour. The shape of the future: its impact on human resources and benefit plans, **Employee Benefit Plan Review**, Chicago, v. 54, issue 2, ago. 1999.

LEITE, Marcel Guedes. O processo de financeirização do segmento da previdência complementar privada. MARQUES, R. M.; FERREIRA, M. R. J. (org.). **O Brasil sob a nova ordem**: a economia brasileira contemporânea: uma análise dos governos Collor a Lula. São Paulo: Saraiva, 2009.

______. **A previdência privada no Brasil**: avaliação da situação atual, face a sua importância na retomada do crescimento econômico. Dissertação (Mestrado em Administração de Empresas) – Escola de Administração de Empresas da Fundação Getulio Vargas de São Paulo, São Paulo, 1994.

LOVERA, Ari. **O limite máximo para os benefícios do regime geral de previdência social** – RGPS e a Previdência Complementar. 18 mar. 2009. Disponível em: <http://www.sindjustica.org.br/fala_servidor/visualizar_mensagem.asp?cod_mensagem=14837>. Acesso em: 20 jul. 2011.

MARQUES, Rosa, BATICH, Mariana e MENDES, Áquila. **Previdência social brasileira**: um balanço da reforma. Disponível em: <http://www.scielo.br/scielo.php?pid=S0102-88392003000100011&script=sci_arttext>. Acesso em: 30 abr. 2009.

MARQUES, R. e MENDES, A. A proteção social no primeiro quartel do século XXI: brincando com cenários. **Análise Econômica**, Porto Alegre: Faculdade de Ciências Econômicas – UFRGS, ano 18, n. 33, mar. 2001.

MARTINEZ, Wladimir N. **Portabilidade na previdência complementar**. São Paulo: LTr, 2004.

______. **Pareceres selecionados de previdência complementar**. São Paulo: LTr, 2001.

MATSUMOTO, Alberto S. **As opções de previdência privada no Brasil após a Lei n. 6.435, de 15-7-77**. Dissertação (Mestrado em Administração de Empresas) – Faculdade de Economia e Administração, Universidade de São Paulo, São Paulo, 1982.

MEYER, W. Who owns whom, the family tree of every major corporation in America, **Directory of Corporate Affiliations**, Chicago: National Register Publications Co., v. 4, 2000.

NOLAN, Michael. Using nonqualified benefits to recruit and retain physicians. **Healthcare Financial Management**, Westchester, v. 54, issue 10, out. 2000.

NUMBER of companies contributing to pension plans may double next year. **Pension & Benefits**, Nova York, v. 12, fev. 2003.

OHARA, Fábio. Palestra: Avaliação, gestão e regulação dos riscos de investimento. **Workshop avaliação e gestão de riscos de planos de previdência**. EAESP-FGV: São Paulo, 22 maio 2002.

ORNÉLAS, Waldeck. A previdência social sem "caixa-preta". **Conjuntura social**, Brasília: MPAS, v. 11, n. 1, jan./mar. 2000.

ORSZAG, P. **How the "cross testing" pension loophole harms low-and-moderate-income workers**. Londres: Center on Budget and Policy Research, 2000.

PASSANEZI, Paula M. S. **A evolução das instituições segundo Douglass North – Uma visão crítica com aplicação para o caso da previdência social no Brasil**. Tese (Doutorado em Economia) – Escola de Administração de Empresas, Fundação Getulio Vargas de São Paulo, São Paulo, 2002.

PAULANI, Leda Maria. Seguridade social, regimes previdenciários e padrão de acumulação: uma nota teórica e uma reflexão sobre o Brasil. In: POCHMANN, Marcio. **Debates contemporâneos, economia social e do trabalho**. São Paulo: LTr, 2008.

RABELO, Flavio Marcilio. Relatório n. 1 do Projeto "Estudo Técnico sobre o Potencial de Crescimento da Previdência Complementar no Brasil". **Convênio de Cooperação Técnica BID/MPAS/SPC ATN/MT** – 5949. Brasília, 1999.

______. Perspectivas de expansão da previdência privada fechada no Brasil. **RAE – Revista de Administração de Empresas**, São Paulo, v. 40, n. 4, out./dez. 2000.

RODRIGUEZ, L. Jacobo. Chile's private pension system at 18: its current state and future challenges. **Social Security Privatization**, Washington D. C.: CATO Institute, n. 17, jul. 1999.

SALISBURY, Dallas. Benefits: where are we headed? **Benefits Quarterly**, v. 9, issue 1, 1993.

SANTOS, Dean M. Adoção dos fundos de previdência complementar: suas vantagens para o equilíbrio financeiro na aposentadoria do servidor público. Disponível em: <http://www.administradores.com.br/informe-se/artigos/adocao-dos-fundos-de-previdencia-complementar-suas-vantagens-para-o-equilibrio-financeiro-na-aposentadoria-do-servidor-publico/37167/>. Acesso em: 20 jan. 2011.

SANTOS, Eraldo O. Portabilidade. Migração dos fundos fechados para os fundos abertos, **Jornal do 3º Congresso Brasileiro de Previdência Complementar**. São Paulo: LTr, jul. 2003.

SCHWARZER, H. Perfis da remuneração média do trabalho por idade, posição na ocupação, gênero e escolaridade no Brasil e sua relação com a regra de cálculo do salário de benefício no regime geral da Previdência Social. **Conjuntura Social**, v. 10, n. 4, 1999.

SILVA, Eder Carvalhaes da Costa. **Os fundos de pensão na sociedade do conhecimento**. Dissertação (Mestrado em Administração de Empresas) – Escola de Administração de Empresas, Fundação Getulio Vargas de São Paulo, São Paulo, 1996.

SILVA, Sidney Jard da. **Reforma da previdência em perspectiva comparada**: Executivo, Legislativo e Sindicatos na Argentina e no Brasil. São Paulo: FAPESP, 2007.

SPENCER, Ross D. Time needed to prepare employees, board for change to cash balance plan. **Employee Benefit Plan Review**, Chicago, v. 54, issue 7, jan. 2000.

UPDEGRAVE, Walter. Your greatest retirement fear. **Money**, Nova York, v. 31, issue 11, special 30th anniversary issue, Fall 2002.

VASCONCELOS, Flavio C. e CYRINO, Álvaro. Vantagem competitiva: os modelos teóricos atuais e a convergência entre estratégia e teoria organizacional. **RAE – Revista de Administração de Empresas**, São Paulo, v. 40, n. 4, out./dez. 2000.

WOYKE, John F. Taxing Pension Funds – Is the US next?, **Employee Relations Law Journal**, v. 18, 1993.

8 GRUPOS DE EMPRESA E O CONTRATO DE TRABALHO. SUCESSÃO TRABALHISTA E *DISREGARD DOCTRINE*

Bianca Bastos

Professora do Programa de Educação Executiva da DIREITO GV (GVlaw)*; professora de pós-graduação* lato sensu *na área de Direito do Trabalho no Legale Cursos Jurídicos; desembargadora do Tribunal Regional do Trabalho da 2ª Região.*

8.1 Introdução

São inúmeras as questões que se colocam no trato da responsabilidade patrimonial trabalhista. Porém, nenhuma delas se soluciona apenas com o texto da Consolidação das Leis do Trabalho: sempre há a invocação de matéria interdisciplinar.

Tal fato ocorre não porque as disposições celetistas sejam insuficientes ou desatualizadas. É certo que o regramento, especialmente no tocante à responsabilidade patrimonial nas obrigações trabalhistas, é lacunoso. Entretanto, não se pode negar que a previsão de normas com conceitos abertos tem se mostrado útil ao intérprete que, nesses 68 anos de existência da Consolidação das Leis do Trabalho, atuou no direito do trabalho e evoluiu na solução de situações concretas com louvável juridicidade.

Este artigo se propõe a tecer algumas considerações relacionadas à formação dos grupos de empresas no direito societário e no direito trabalhista. Serão feitas considerações sobre sua tipologia e a consideração do grupo econômico como empregador único. Este último ponto (grupo econômico como empregador único) será tratado segundo uma vertente jurisprudencial, já adotada no Tribunal Superior do Trabalho (Súmula 129).

Continuamente, será abordada a sucessão trabalhista sob a ótica da responsabilidade do sucedido, exceção à regra geral de que as obrigações decorrentes do contrato de trabalho são todas transferidas ao sucessor. O aspecto de interesse é uma argumentação sobre a escolha de um fundamento adequado para sustentar a exceção. Assim, a disposição do art. 1.146 do Código Civil será trazida à análise porque, cotidianamente, é citada nos processos trabalhistas para esse fim.

Finalmente, a *disregard doctrine* será abordada sob um aspecto também interdisciplinar. A proposta é relacionar a teoria da desconsideração da personalidade jurídica prevista no art. 50 do Código Civil com a disposição usualmente utilizada para a vinculação do patrimônio do sócio à execução trabalhista, que é o § 5º do art. 28 da Lei n. 8.080/90, e justificar o redirecionamento da responsabilidade patrimonial ao sócio de sociedade limitada insolvente por razões de direito societário e aplicação do princípio da despersonalização do empregador.

8.2 Formação dos grupos de empresa no direito societário e no direito do trabalho

Não é novidade a relevância dos *grupos de empresa* na economia, pois no contexto da regulação e organização dos mercados as sociedades empresariais não repercutem ações e reações de relevância isoladamente. A formação de grupos de empresa é fenômeno de concentração de natureza econômica, da qual se extrai a expressão da promoção de políticas públicas na condução da economia dos países que a regulamentaram.

A forma como se dão as ligações entre as sociedades empresariais pode variar entre simples *cooperação,* até a formação de *grupos,* sendo que estes ficam sujeitos a vínculos de concentração empresária.

Há pontos de convergência entre os *grupos de sociedade* do direito de empresa com o *grupo econômico* previsto como tema básico do direito do trabalho, no § 2º do art. 2º da CLT, até porque os modelos de constituição dos grupos previstos na legislação do trabalho foram extraídos do direito societário.

Mas há limites a serem traçados diante da previsão legal local (§ 2º do art. 2º da CLT e art. 265 da Lei n. 6.404/76), a fim de estabelecer a harmonização na aplicação de dispositivos legais de ambos os ramos do direito como, e especialmente, seus respectivos limites, derivados da incompatibilidade entre normas que regulam interesses conflitantes, como são os dos empresários em relação aos dos empregados.

Obviamente, a formação dos grupos de empresa pressupõe a manutenção da autonomia jurídica das sociedades empresariais, normalmente visualizada na distinta personalidade jurídica das empresas que o compõem. Assim, o grupo se define como um conjunto de unidades autônomas, submetidas à unidade pela concentração empresarial.

O grupo econômico trabalhista (art. 2º, § 2º, da CLT, e art. 3º, § 2º, da Lei n. 5.589/70) foi criado segundo o modelo alemão (*Konzern*) que prevê tanto o agrupamento por *subordinação* como por *coordenação*. Esse modelo alemão está regulado na reforma societária alemã de 1965. A regulação alemã também inspirou a regulamentação do grupo de empresa no direito societário brasileiro (art. 265 da Lei n. 6.404/76[1]), que adotou apenas o *grupo de sociedades* por *subordinação*.

O que caracteriza a existência de concentração é o fato de o agrupamento estar caracterizado por *subordinação* ou pela *unidade de direção*, elementos determinantes da existência do grupo.

Conceitua-se o grupo de empresa alemão (*Konzern*) como "o grupo de empresas juridicamente independentes e autônomas (pessoas jurídicas) que, não obstante, obedecem a uma *direção única*, que

---

[1] "Art. 265. A sociedade controladora e suas controladas podem constituir, nos termos deste Capítulo, grupo de sociedades, mediante convenção pela qual se obriguem a combinar recursos ou esforços para a realização dos respectivos objetos, ou a participar de atividades ou empreendimentos comuns. § 1º A sociedade controladora, ou de comando do grupo, deve ser brasileira e exercer, direta ou indiretamente, e de modo permanente, o controle das sociedades filiadas, como titular de direitos de sócio ou acionista, ou mediante acordo com outros sócios ou acionistas. § 2º A participação recíproca das sociedades do grupo obedecerá ao disposto no art. 244."

se costuma chamar de gestão unitária e central" (CARVALHOSA, 2009, p. 313). Como o modelo alemão não se restringe a agrupamentos empresariais hierarquizados, o ordenamento legal prevê que:

> (...) [o] *Konzern* é de subordinação quando existe controle acionário por parte da *holding* sobre sociedades que integram o grupo. Será o *Konzern* de *coordenação* quando existe apenas uma *unidade de direção*, que é uma forma de controle não acionária, mas de *centro* de decisão por parte de uma sociedade de comando sem, no entanto, participação majoritária (controle) no capital votante das demais sociedades do grupo (CARVALHOSA, 2009, p. 313).

Portanto, o grupo de empresas pode ser facilmente identificado como uma coletividade em que haja concentração, por hierarquia ou coordenação, em situação de pluralidade de empresas. A *direção única* independe do controle acionário da sociedade empresarial, enquanto a *subordinação* se concretiza por meio dele. Define-se a *direção única* como "condição que possibilita o estabelecimento de uma política geral a ser seguida pelo grupo, bem como a observância dela por parte dos membros respectivos", assegurando a "coesão do grupo e a realização de seus objetivos" (MAGANO, 1979, p. 109). Nesta definição, uma relação de coordenação é concebida, da qual se constata concentração empresarial.

Assim, o grupo de empresas não se caracteriza apenas por prática controladora, sendo que sua identificação pela *direção única* é muito mais abrangente. Legitima-se o direcionamento que vem sendo dado ao grupo econômico trabalhista, já que é reconhecido mesmo sem a evidência de controle hierárquico no agrupamento empresarial.

Ressalte-se que a *concentração na pluralidade* é a tônica na formação dos grupos de empresa, independentemente da modalidade de que se trate (grupo de subordinação ou coordenação), ou do campo do direito em que se verifique sua formação, se no direito de empresa ou no direito do trabalho. Outra é a situação jurídica em que há *concentração na unidade*, quando realizadas *fusões* e *incorporações de empresas*. O objetivo não é o da formação de grupo, mas o de estabelecimento de relação de "concentração monolítica" (MAGANO, 1979, p. 109), em que várias unidades convertem-se numa só, de maior porte. É o que a doutrina denomina de *concentração na unidade*. Nesta situação, não há formação de grupo de empresas, sendo que no âmbito trabalhista esses fenômenos empresariais se enquadram no estudo da sucessão trabalhista.

Porém, é certo que, mantida a autonomia jurídica das empresas, estabelecem-se outras formas de relacionamento empresarial em que não ocorre concentração. Há pluralidade, mas não se caracteriza a unidade de direção. E assim não há que falar na existência de grupo. São situações próprias ao direito de empresa. Todavia, sendo o contrato de trabalho elemento da "empresa"[2], é natural que as relações interempresariais possuam ressonância nas relações trabalhistas, o que muitas vezes gera pretensões de reconhecimento de agrupamento empresarial para fins de responsabilidade patrimonial diante do contrato de trabalho.

Se existirem interesses que justifiquem a colaboração entre sociedades empresárias, produz-se normalmente modelos de proteção jurídica a tais interesses. Entretanto, essas relações empresariais não geram o reconhecimento de grupos de sociedade no âmbito empresarial ou grupo econômico em seara trabalhista.

É o que ocorre nos acordos de transferência de *know-how* quanto a procedimentos na fabricação de determinado produto ou da forma da prestação de serviços, ou mesmo *franchising*, em que a relação entre as empresas se constitui pela negociação de licença de

---

[2] Não se tem a pretensão de aplicar o vocábulo "empresa" no seu sentido conceitual estabelecido atualmente no direito de empresa, o que demandaria argumentação imprópria aos limites deste artigo. E tampouco se intenciona situar o vocábulo no contexto da definição legal de "empregador" (art. 2º, *caput*, da CLT) que é fonte de intermináveis discussões, que não se pretende reavivar. O vocábulo é utilizado como sinônimo de *sociedade empresarial* ou simplesmente para indicar o componente do grupo econômico ou identificar o empregador.

utilização de marca e prestação de serviços de organização e métodos de trabalho[3].

E, embora possa parecer paradoxal a referência da caracterização do grupo de empresas pela concorrência de *unidade de direção* e *subordinação*, com a *pluralidade*, decorrente da previsão de autonomia de cada uma das sociedades, não há qualquer contradição. O que se diz é que as formas de *concentração* (*hierarquia* ou *coordenação*) são latentes, de modo que, uma vez existente a concentração, estabelece a possibilidade do controle ou coordenação, sem que seu exercício seja imprescindível à constatação ou manutenção do grupo. Ao contrário do que possa parecer, sustenta-se que a ingerência decorrente da *direção única*, embora perceptível, não compromete a preservação da autonomia da organização empresarial[4]. As associações entre empresas no direito de empresa apresentam-se em diferentes modali-

[3] "*I – AGRAVO DE INSTRUMENTO INTERPOSTO POR MERIDIEN DO BRASIL TURISMO LTDA. GRUPO ECONÔMICO.* Violação do art. 2º, § 2º, da CLT aparentemente demonstrada. Agravo de instrumento a que se dá provimento, nos termos da Resolução Administrativa n. 928/2003. *II – RECURSO DE REVISTA. GRUPO ECONÔMICO.* No acórdão recorrido, não se consigna o controle de uma empresa sobre a outra, mas a existência de contrato de assistência comercial, ou seja, contrato de gestão, o que não importa na existência de grupo econômico. Recurso de revista a que se dá provimento." (TST, RR 31240-71.2001.5.05.0013, 5ª Turma, Rel. Min. Kátia Magalhães Arruda, j. em 3-10-2007)

[4] É ponderável a sustentação contrária no sentido de que é simplista o posicionamento daqueles que entendem que o grupo de empresas reúne empresas juridicamente autônomas e economicamente unidas. Modesto Carvalhosa sustenta que não há essa dicotomia porque a convenção que estabelece o grupo afeta substancialmente a gerência das empresas, pela sujeição dos administradores às regras da convenção. Registra o autor que "[a]inda que se mantenha *formalmente* autônoma a sociedade participante, *substancialmente* é ela despersonificada. (...) Não há, portanto, dicotomia entre empresa e sociedade. A convenção do grupo afeta tanto uma como outra esfera, não obstante a lei declarar a subsistência (formal) das pessoas jurídicas das sociedades convenentes (art. 266)" (CARVALHOSA, 2009, p. 326-327).

dades (MAGANO, 1979, p. 29-47)[5], segundo os interesses coletivos, muitas vezes de natureza econômica, que se proponham a preservar. Exemplos de grupos de empresas: o cartel[6], o consórcio[7], a *holding company*[8], o conglomerado[9], a multinacional[10] e a *joint venture*[11].

A ocorrência de relevante participação societária é ditada no direito local pelos arts. 1.098 a 1.100[12] do Código Civil brasileiro,

[5] Registro que as definições que se seguem nas notas de rodapé números 10 a 15 foram extraídas da obra de Magano (1979, p. 29-47).

[6] Cartel é acordo entre empresas concorrentes para regular o mercado em que atuam, com finalidade de eliminação de concorrência, o que torna esse tipo de acordo, via de regra, proibido. Trata-se de aliança em que se estabelece ao menos a fixação de preço comum à venda, delimitação de zonas de atuação e fixação da produção para controlar a oferta e procura.

[7] Consórcio pode ser visto de duas formas: de modo mais restrito, como limitação recíproca de concorrência, distinguindo-se do cartel diante da existência de uma *organização comum*, pela qual se realiza uma fiscalização da atividade dos consorciados, e de forma mais ampla, pela qual se estabelece o consórcio como forma de adequar a produção às exigências ou possibilidades do mercado.

[8] *Holding company* é um instrumento de formação de empresas, constituindo-se uma sociedade com controle sobre as ações de outras, desde que as ações não sejam adquiridas com a mera finalidade de investimento. É modelo de grupo de empresas anglo-americano, prevista na seção 154 do *Companies Act* de 1948.

[9] Conglomerado é forma de concentração econômica em que se reúnem atividades díspares, constituindo grupo de empresas que operam em mercados separados e que se mantêm unidas por vínculos financeiros e administrativos.

[10] Multinacional é empresa que se dedica a atividades internacionais, produzindo bens e serviços em país estrangeiro, e na qual a organização empresarial obedece a uma estratégia comum, estabelecida internacionalmente, considerada uma atitude de "globalismo".

[11] *Joint venture* constitui forma de reunião de empresas típica do direito americano, tendo por escopo um empreendimento temporário.

[12] "Art. 1.098. É controlada: I – a sociedade de cujo capital outra sociedade possua a maioria dos votos nas deliberações dos quotistas ou da assembleia geral e o poder de eleger a maioria dos administradores; II – a sociedade de cujo controle, referido

normas que estabelecem como critério de identificação das sociedades empresariais controladas e coligadas, ou mesmo a mera participação de investimento, por meio da mensuração da propriedade de ações com direito a voto. Esses dispositivos legais estão dissociados da prática trabalhista. Não há previsão legal expressa nesse sentido na CLT, com estabelecimento de qualquer critério numérico para fixar a ideia de controle ou de hierarquia de que trata o § 2º do art. 2º da CLT.

No entanto, a previsão da Lei n. 6.404/76 possui diferente método para definir a posição da *sociedade controladora*. O modelo brasileiro, embora criado a partir da previsão alemã, dele se distancia na medida em que o art. 272 da lei estabelece que a "direção única estará a cargo de uma *administradora própria do grupo*, apartada e autônoma com respeito à administração da controladora" (CARVALHOSA, 2009, p. 324). Portanto, no modelo brasileiro "[a] relação de subordinação opera-se entre a *direção autônoma do grupo* (art. 272) e de todas as suas integrantes, inclusive a sociedade controladora" (CARVALHOSA, 2009, p. 325). Esta previsão do direito de empresa é inaplicável na esfera trabalhista porque a regulação do grupo econômico trabalhista por subordinação se apoia na descrição de *aspectos* que exteriorizam a concentração hierárquica (*controle*, *direção* e *subordinação*).

Esse contorno ao instituto se alinha à aplicação do princípio da primazia da realidade, orientador do direito do trabalho, em que são privilegiados os fatos, diante da forma ou estrutura utilizada pelo empregador. É o que justifica a evolução do entendimento jurisprudencial na caracterização e enquadramento do grupo econômico.

---

no inciso antecedente, esteja em poder de outra, mediante ações ou quotas possuídas por sociedades ou sociedades por esta já controladas.

Art. 1.099. Diz-se coligada ou filiada a sociedade cujo capital outra sociedade participa com dez por cento ou mais, do capital da outra, sem controlá-la.

Art. 1.100. É de simples participação a sociedade de cujo capital outra sociedade possua menos de dez por cento do capital com direito a voto."

Assim, embora com origem comum, o *grupo de sociedades* e o *grupo econômico* se distanciam em estrutura e efeitos. Quanto a estes, é nítida a diferença entre as previsões das normas locais na medida em que o *grupo econômico trabalhista* estabelece a *responsabilidade solidária* entre as empresas agrupadas e o *grupo de sociedades* nem sequer prevê *responsabilidade subsidiária* da controladora. Aliás, apenas o Código das Sociedades Comerciais de Portugal, de 1985, prevê o grupo de sociedades[13] com responsabilidade subsidiária[14].

Nos *grupos de sociedades* de que trata a Lei n. 6.404/76 mantém-se a autonomia das empresas em relação às dívidas assumidas. Neste ponto tecem-se críticas[15] ao modelo adotado na esfera societária, perseguindo-se solução para a proteção dos credores por meio da *desconsideração da personalidade jurídica.*

Não existindo previsão legal para a responsabilidade solidária nos *grupos de sociedades*, apenas a previsão contratual poderá suprir a lacuna, por meio de disposição neste sentido na convenção de que trata o art. 269 da Lei n. 6.404/76. Portanto, o direito do trabalho,

[13] O art. 493 dispõe que "uma sociedade pode, por contrato, subordinar a gestão da própria atividade à direção de uma outra sociedade, quer seja sua dominante, quer não" (*apud* CARVALHOSA, 2009, p. 323).

[14] Textualmente: "Uma regra extremamente positiva, que não é encontrada nem no *Konzernrecht* nem na lei brasileira, é a da responsabilidade subsidiária da sociedade dominante por todas as obrigações assumidas pelas sociedades dominadas, mesmo que contraídas antes da convenção" (CARVALHOSA, 2009, p. 324).

[15] Consigna-se que: "O único elemento de autonomia que se mantém em nosso direito societário é o da *responsabilidade* das sociedades participantes. Esse é o ponto mais controvertido do nosso direito societário, o dos grupos convencionais de sociedades que, despersonificando suas filiadas (art. 272) e retirando a sua autonomia administrativa e patrimonial (art. 276) não outorgam aos credores os direitos sobre o patrimônio comum no caso de inadimplência. Cabe, portanto, ao construtivismo jurisprudencial criar essa responsabilidade, sob a égide da *desconsideração da personalidade jurídica.* Também não há essa solidariedade legal no caso de ato ilícito extracontratual praticado por sociedade do grupo" (CARVALHOSA, 2009, p. 329).

ao dispor expressamente sobre o efeito patrimonial do grupo econômico, dá contornos mais amplos à regulação do agrupamento empresarial, o que se fez com o propósito de assegurar maior garantia ao crédito do trabalhador.

Dispõe o § 2º do art. 2º da CLT que:

> (...) Sempre que uma ou mais empresas, tendo, embora, cada uma delas, personalidade jurídica própria, estiver sob a direção, controle ou administração de outra, constituindo grupo industrial, comercial ou de qualquer outra atividade econômica, serão, para os efeitos da relação de emprego, solidariamente responsáveis a empresa principal e cada uma das subordinadas.

E a Lei do Trabalhador Rural prevê no § 3º do art. 3º que:

> (...) Sempre que uma ou mais empresas, embora tendo cada uma delas personalidade jurídica própria, estiverem sob direção, controle ou administração de outra, ou ainda quando mesmo guardando cada uma sua autonomia, integrem grupo econômico ou financeiro rural, serão responsáveis solidariamente nas obrigações decorrentes da relação de emprego.

O modelo legal trabalhista foi inserido nos dispositivos legais que definem a figura do empregador (urbano e rural), como sujeito da relação de emprego. A definição legal restringe a formação do grupo trabalhista a sociedades empresariais[16], o que exclui pessoas jurídicas sem finalidade lucrativa.

---

[16] O que exclui a formação de grupo de empresas no caso de associações conforme já decidido pelo TST, de acordo com a seguinte ementa: "*COMPANHIA VALE DO RIO DOCE – EXISTÊNCIA DE GRUPO ECONÔMICO.* A Fundação Vale do Rio Doce de Habitação e Desenvolvimento Social, instituída pela Companhia Vale do Rio Doce, com objetivos filantrópicos, não integra grupo econômico com a empresa-mãe, porquanto não exerce atividade econômica, e possui atividade distinta da primeira. Assim a circunstância de a empregadora haver cedido empregado seu para prestar serviço na Fundação, não torna esta solidária com aquela quanto às obrigações trabalhistas, nem empregadora do cedido." (TST, RR 489809-74.1998.5.01.5555, 5ª Turma, Rel. Min. João Batista Brito Pereira, j. em: 13-9-2000)

A finalidade do grupo trabalhista é a de preservar os direitos dos empregados de uma empresa. No atual contexto de globalização e constantes inovações tecnológicas, o fenômeno de concentração de empresas, com a mobilidade do capital diante da globalização, torna atual a justa preocupação com a proteção de credores, no caso de insolvência de uma das empresas do grupo em seara trabalhista.

A concentração empresarial cria monopólios e inibe a livre concorrência e, ainda que o fortalecimento econômico aconselhe a convergência do capital para obtenção de maior representação comercial, é fato que a tendência legal é a de limitar a atuação de *grupos de sociedades.* Ainda que o direito de empresa não tenha alcançado previsões legais para proteção dos credores, a regência própria do direito do trabalho atende a esta expectativa, realizando na prática o que determinam os princípios da proteção e da busca da verdade real.

8.2.1 Grupos de subordinação e grupos de coordenação no direito do trabalho

Conforme já visto, há, basicamente, dois modelos de grupos de empresa: o grupo hierarquizado e o grupo *por coordenação* (*igualitário*). Ambos possuem elementos comuns, isto é, a *direção única* e persistência da *autonomia* das empresas componentes. O elemento que os diversifica é a prevalência ou não de uma relação de dependência entre as empresas componentes do grupo. A dominação de uma empresa por outra é expressa no grupo de empresas hierarquizado.

A previsão da Consolidação das Leis do Trabalho (art. 2º, § 2º) define o *grupo de empresas trabalhista* pela unidade do poder diretivo no campo hierárquico. Interpretando-se referida disposição consolidada literalmente, é exato afirmar que o grupo trabalhista é hierarquizado, na medida em que há empresa dominante de um lado e empresas dependentes no lado contraposto. O controle revela a possibilidade do exercício de uma "influência dominante" (MAGANO, 1979, p. 99) de uma empresa sobre as outras, o que vem expresso no texto consolidado ao se referir à existência de "direção", "controle" ou "administração" de uma empresa por outra.

A primeira questão que se coloca diante da disciplina do § 2º do art. 2º da CLT está relacionada à previsão de forma que identifique a existência de hierarquia. A definição legal é clara ao prever um conceito aberto, o que possibilita a evolução no entendimento do que seja, segundo o momento que se aprecia, o poder de controle empresarial.

O modelo de grupo hierarquizado construído em 1943 na CLT levou em conta a situação da época. Embora hoje não represente todos os aspectos do exercício do poder de controle, ainda permite interpretação que viabiliza a modernização do instituto. Outros modelos se estabeleceram como, por exemplo, o modelo francês. É bem verdade que este não possui conjunto de regras sistematizado para conceituar o *grupo de sociedades*, restrito a leis que regulam as sociedades comerciais das quais se infere o cabimento de grupo hierarquizado, segundo o critério de participação societária relevante. É de leis esparsas que se extrai o que seja a participação societária relevante, "a que se compreende entre os limites de 10% e 50%, de uma sociedade, no capital de outra. Se a participação é inferior a 10%, presume-se que tem natureza meramente financeira. As medidas de proteção aos credores estão previstas nos arts. 99 e 101 da Lei n. 67.563, de 13-7-1967, consistindo na solidariedade entre as empresas componentes do grupo, no caso de liquidação da devedora"[17].

O modelo francês, que valoriza a participação societária, não repercutiu na definição do grupo econômico trabalhista. Mas, como visto, há disposições legais no atual Código Civil brasileiro quanto ao direito de empresa, que ao disciplinar as *sociedades coligadas* o prestigiam (arts. 1.097 a 1.101).

[17] GUYÉNOT, Jean. Les Groupes de Sociétés, *Rivista delle Società*, Milano, 1974, ano XIX, fascs. 1-2, p. 33. *Apud* MAGANO, 1979, p. 117-118.

É interessante notar que o art. 1.100 do Código Civil define como investimento a participação de sociedade que possua menos de 10% do capital social com direito a voto. Entretanto, esse dispositivo legal não derroga a disposição consolidada no § 2º do art. 2º da CLT. Pelo contrário, sua aplicação supletiva é incabível ante a disposição do parágrafo único do art. 8º da CLT[18]. Portanto, o grupo econômico de subordinação do direito do trabalho conforma-se apenas ao conceito de *direção única*, segundo os aspectos do *controle* (do qual a *direção* constitui sua própria efetivação e a *administração*, a visão de sua organização).

A par do grupo hierarquizado, hoje é inquestionável o posicionamento doutrinário no sentido de que a definição do grupo econômico abrange empresas que mantenham relação de simples *coordenação* entre si (DELGADO, 2003, p. 397). É o denominado *grupo econômico por coordenação ou horizontal* (BARROS, 2009, p. 386), já consagrado na jurisprudência[19]. Normalmente adotado nos julga-

[18] "Art. 8º (...) Parágrafo único. O direito comum será fonte subsidiária do direito do trabalho, naquilo em que não for incompatível com os princípios fundamentais deste."

[19] "(...) *GRUPO ECONÔMICO POR COORDENAÇÃO.* Diante da dinâmica das relações empresariais e empregatícias existentes na atualidade, admite-se, também, a configuração do grupo econômico decorrente do vínculo de coordenação entre os empregadores, independentemente da existência de uma relação hierárquica entre eles. Na hipótese dos autos, conforme assentado pelo Tribunal Regional, os elementos constantes da decisão recorrida demonstram que havia relação de coordenação entre os reclamados, suficiente para a caracterização do grupo econômico por coordenação. Isso porque a esposa do quarto reclamado recebeu as notificações de todos os outros reclamados e no mesmo endereço. Além disso, o Regional assinala que os reclamados constituíram o mesmo procurador para atuar no feito e contrataram o quarto reclamado para gerenciar suas carvoarias, e os salários e demais vantagens desse gerente eram divididos pelos empregadores. Como se observa, esses dados demonstram que, de fato, os reclamados exerciam sua atividade empresarial de forma interligada. Portanto, não se constata violação direta e literal do disposto no art. 2º, § 2º, da CLT. Para se concluir de forma contrária, seria pre-

dos trabalhistas, resta-nos então buscar o fundamento legal de sua aplicação local, embasando o nexo relacional por coordenação entre as empresas integrantes do grupo.

A disposição do § 2º do art. 3º da Lei n. 5.889/73 (Lei do Trabalhador Rural) "favorece a tese do nexo relacional de simples coordenação" (DELGADO, 2003, p. 398).

A lei do trabalho rural, além de prever a existência dos grupos constituídos por subordinação (empresa sob a direção, controle ou administração de outra), prevê também grupos compostos por coordenação, ao dispor que constituem grupo econômico as empresas que "(...) estiverem sob direção, controle ou administração de outra, ou ainda quando, mesmo guardando cada um sua autonomia, integrem grupo econômico ou financeiro rural, serão responsáveis solidariamente nas obrigações decorrentes da relação de emprego" (art. 3º, § 2º, da Lei n. 5.889/73), e acresce à definição da CLT outro modelo de formação do grupo, em que o nexo relacional entre as empresas não necessita ser hierarquizado.

Desse modo, basta considerar que a tipificação do grupo econômico trabalhista está disciplinado em ambos os dispositivos legais (o referido neste parágrafo e o § 2º do art. 2º da CLT), para se embasar o entendimento de que o direito do tarabalho contém previsão legal ao grupo econômico horizontal.

E mesmo para aqueles que não veem solução na conjugação de tais dispositivos legais para a obtenção da definição do modelo legal do grupo econômico trabalhista, entendendo que a norma celetista não se integra da disposição da Lei do Trabalhador Rural porque esta somente poderia ser admitida em caráter supletivo, não se autoriza a interpretação restritiva do instituto.

---

ciso revolver os fatos e as provas dos autos, procedimento vedado nesta instância extraordinária, nos termos da Súmula n. 126 do TST. Agravo de instrumento, desprovido." (TST, AIRR 43340-13.2008.5.03.0096, 2ª Turma, Rel. Min. José Roberto Freire Pimenta, j. em 27-4-2011)

O propósito da previsão do grupo econômico foi o de garantir o crédito do trabalhador. Na época em que foi editada, a norma sinalizou com o grupo hierarquizado. A caracterização do *grupo econômico* mediante a constatação da *direção*, *controle* ou *administração* de uma empresa por outra era à época o aspecto aparente que identificava o grupo, o que deixou de ocorrer na medida em que a verticalização no controle empresarial não mais caracteriza a economia moderna (VIANA, 1996, p. 331).

Desse modo, ainda que se exclua a previsão do § 3º do art. 3º da Lei n. 5.589/73, o § 2º do art. 2º da CLT, interpretado segundo o fim para o qual foi previsto, permite-se incluir essa forma de *direção única*, que é a relação de coordenação.

A coordenação que caracteriza o grupo econômico horizontal decorre de condição existente entre as empresas, de estabelecer uma política geral, na busca de fim comum. E essa política geral se perfaz diante de uma organização que viabilize a *colaboração*, *participação* ou *coesão* das empresas integrantes do grupo. Essa definição pode ter o significado de *administração*, dependendo da face interpretativa que se lhe pretenda emprestar. E desse modo, mesmo na primeira regulamentação do *grupo econômico trabalhista*, segundo a previsão do § 2º do art. 2º da CLT, pode-se inferir a adoção da dupla tipologia do grupo de empresa, por *subordinação* e *coordenação*.

Seguindo-se esse entendimento, justifica-se o grupo econômico horizontal no próprio dispositivo consolidado, excluindo-se a aplicação da Lei do Trabalhador Rural como fonte analógica à CLT porque se passa a entender que "[n]a verdade, mais do que regular de outro modo a situação do rurícula, a Lei n. 5.889/73 indica *como se deve entender a CLT* no tocante ao urbano. Assim, trata-se não de aplicá-la analogicamente, mas de utilizá-la como parâmetro de interpretação desta última" (VIANA, 1996, p. 329).

8.2.2 O grupo econômico como empregador único. Súmula 129 do TST

A existência do grupo de empresas trabalhista conduz à solidariedade da empresa e de cada um dos participantes do grupo para "os efeitos da relação de emprego" (§ 2º do art. 2º da CLT).

Antes de analisar a figura do grupo econômico como empregador único, é conveniente investigar o fundamento da alteração subjetiva no contrato de emprego e na própria responsabilidade trabalhista em face da solidariedade estabelecida na CLT.

Distinguir o porquê da alternância subjetiva da posição de um dos sujeitos do contrato de emprego é tarefa inquietante, que no âmbito do direito obrigacional do trabalho conta com embasamento legal, facilitando a tarefa. E assim se pode, em breve análise, chegar ao entendimento de um fundamento para que o contratante originário seja substituído em sua relação obrigacional trabalhista. E isso sem ter de recorrer à clássica explicação de que a solidariedade resulta da lei ou de contrato[20].

É ponto pacífico que a solidariedade depende de previsão expressa no ordenamento legal ou na avença entabulada. E assim o é no direito do trabalho, especialmente na disposição do § 2º do art. 2º da CLT. Mas isso não explica o que fundamenta a alteração subjetiva na estrutura da obrigação trabalhista, que é composta pelos mesmos elementos que norteiam a teoria geral das obrigações: prestação, sujeitos e vínculo.

No caso do grupo econômico, a solidariedade produz alternância subjetiva na relação obrigacional (substituindo a posição de um de seus sujeitos originários: o empregador) com fundamento no princípio da despersonalização do empregador.

---

[20] Embora o fundamento da solidariedade seja de grande interesse para a compreensão da responsabilidade, conflitos teóricos ainda não solucionados levam a prática a apenas admitir a solidariedade mediante a previsão de suas fontes (lei ou contrato).

O contrato de trabalho caracteriza-se como pacto *intuitu personae* apenas em relação a um de seus sujeitos contratuais, o empregado. A despersonalização do empregador está abarcada na definição desta figura, como se vê no *caput* do art. 2º da CLT, que diz ser o "empregador a empresa", vinculando o contrato de emprego diretamente à organização empresarial.

Por força da definição legal do empregador, o contrato de trabalho gera obrigação despersonalizada, na medida em que seu cumprimento não fica restrito àquele que a assumiu como contratante, podendo ser transferida sempre que a lei assim o estabeleça.

A despersonalização do empregador induz a uma subjetividade secundária (CATHARINO, 1972, p. 135) deste sujeito contratual (empregador) e favorece a compreensão de que o legislador vinculou o contrato de trabalho à "empresa" no *caput* do art. 2º da CLT, para estender maiores e melhores garantias ao trabalhador sem a intenção de romper com o conceito de "empresa", que ora se encontra sedimentado no âmbito do direito societário (SÜSSEKIND, 1999, p. 70).

Considerando que os autores do Anteprojeto da Consolidação das Leis do Trabalho, ao elaborar o texto do art. 2º da CLT, intencionaram proteger o trabalhador, questiona-se se pretenderam instituir no § 2º do citado dispositivo legal a solidariedade dual, ou apenas a solidariedade passiva. A se entender que a responsabilidade seria *ativa* e *passiva* (dual) estaria justificado o grupo econômico como empregador único. De modo contrário, a solidariedade passiva restringiria a responsabilidade do grupo apenas pelos débitos trabalhistas.

As consequências práticas a que levam um ou outro entendimento não são poucas. Citam-se comumente a variação das soluções, segundo a corrente adotada, em situações como as de: a) existência de mais de um contrato de trabalho caso o empregado preste serviços concomitantemente a mais de uma empresa do grupo econômico; b) possibilidade de equiparação salarial entre empregados de empresas diferentes, mas componentes do mesmo grupo; c) viabilidade de reintegração de trabalhador com garantia de emprego em outra empresa do grupo, quando o ex-empregador tenha encerrado atividade; e d) efeitos da transferência de empregado de uma para outra empresa do grupo econômico, quando rescindido o contrato de trabalho e entabulada nova avença, mormente quando a contratante inicial seja empresa estrangeira e a prestação de serviços tenha se dado, inicialmente, no exterior.

A favor da corrente que prestigia o entendimento de que a existência de grupo econômico gera responsabilidade ativa e passiva alinham-se renomados doutrinadores[21], além do próprio Tribunal Superior do Trabalho, por meio de jurisprudência sumulada. Expressa o verbete da Súmula 129 no seguinte sentido:

> **SUM-129 CONTRATO DE TRABALHO. GRUPO ECONÔMICO**
>
> A prestação de serviços a mais de uma empresa do mesmo grupo econômico, durante a mesma jornada de trabalho, não caracteriza a coexistência de mais de um contrato de trabalho, salvo ajuste em contrário. (TST, 2003a)

Como se vê, a jurisprudência transcrita encerra o posicionamento predominante na doutrina, que interpreta com amplitude a solidariedade decorrente do grupo de empresas trabalhista. Diante do posicionamento jurisprudencial consolidado, não há como negar a inexistência de mais de um contrato de trabalho quando o trabalhador presta serviços à empresa do mesmo grupo econômico, já que se encontra definitivamente solucionada a questão por meio da Súmula 129 do Tribunal Superior do Trabalho.

---

[21] Em sua dissertação de mestrado, Edilton Meirelles arrola os autores que consideram que as empresas agrupadas formam empregador único, a saber: Octávio Bueno Magno, Délio Maranhão, Roberto Norris, José Martins Catharino, Arnaldo Süssekind, Evaristo de Moraes Filho, Mozart Victor Russomano, Paulo Emílio Ribeiro de Vilhena, Francisco Antônio de Oliveira, Francisco Ferreira Jorge Neto e Jouberto de Quadros Pessoa Cavalcante (MEIRELLES, 2001, p. 256).

O posicionamento jurisprudencial adotado não se alterou desde a edição dessa súmula. Ao contrário, confirmou-se a prevalência do posicionamento pelo cancelamento da Súmula 205[22] do Tribunal Superior do Trabalho (Resolução Administrativa n. 121, de 28 de outubro de 2003, publicada no *DJ* 25-11-2003). A exclusão da Súmula que considerava necessária a presença da empresa componente do grupo na fase de conhecimento para que respondesse solidariamente na execução foi impulsionada pela constatação de que havia contradição entre a manutenção do entendimento de que o grupo econômico é empregador único com a exigência de sua participação na formação do título judicial (MEIRELES, 2001, p. 9). Merecedoras eram as críticas ao verbete cancelado. Não fosse a contradição presente na jurisprudência daquela Corte (entre a cancelada Súmula 205 e a Súmula 129 do TST), a simples definição legal de solidariedade, contida à época no art. 896 do Código Civil brasileiro (atualmente, art. 264), representaria sério contraste à jurisprudência sumulada. Num primeiro aspecto, considerado ante a coerência que deve existir entre os verbetes jurisprudenciais, o fato de a Súmula 129 do TST considerar o grupo econômico como empregador único traz ínsita a situação de que, uma vez presente o empregador (contratante) na relação processual, os demais integrantes do grupo encontram-se devidamente representados, para fins de exercício de seu direito de defesa. E, sucessivamente, da própria definição de obrigação solidária no direito material decorre a responsabilidade patrimonial de cada um dos integrantes do grupo econômico (devedores solidários) pela integralidade da dívida.

Mas nem sempre a consideração do grupo econômico como empregador único traz vantagens ao trabalhador. Debate-se ocor-

22 "*GRUPO ECONÔMICO – EXECUÇÃO – SOLIDARIEDADE – CANCELADA*. O responsável solidário, integrante do grupo econômico, que não participou da relação processual como reclamado e que, portanto, não consta do título executivo judicial, como devedor, não pode ser sujeito passivo na execução (Re. 11/1985, *DJ* 11-7-1985)." (TST, Súmula 205 – cancelada, 2003b)

rência de vantagem na possibilidade de transferência do empregado de grupo econômico que mantenha estabelecimentos em diversos locais. Mesmo considerados os termos do art. 469 da CLT, detém o trabalhador justa expectativa da manutenção do âmbito geográfico em que está sediada sua contratante.

Em hipótese diversa, no caso de contrato de estrangeiro que seja transferido para o país, noutra empresa do grupo, a situação pode ser outra. Rompida a primeira avença, pode-se sustentar a unicidade contratual, seguindo o consenso de que o contratante inicial e a empresa do grupo constituem empregador único[23]. Eis a razão pela qual, nas situações de transferência do local de trabalho, o reconhecimento do grupo como empregador único poderá representar solução favorável ou prejudicial ao trabalhador, dependendo da situação concreta.

É certo que a construção do instituto jurídico não se prende a casuísmos. Todavia, o esforço que se fez para interpretar o § 2º do art. 2º da CLT de forma extensiva fundamenta-se no princípio da proteção. E este nem sempre será alcançado na admissão do grupo econômico como empregador único de forma irrestrita.

Depois de extinto o estabelecimento da ex-empregadora, a determinação de reintegração, na fase de execução, em empresa do grupo econômico pode representar embaraço ao trabalhador e causar problema à empresa agrupada quanto à adaptação de trabalhador em serviço relacionado a atividade empresarial distinta da exercida pela ex-empregadora.

Essas dificuldades, que muitas vezes se colocam contra a finalidade da norma (proteção do hipossuficiente), fazem com que alguns

[23] A regência normativa da remoção de empregados do exterior ao Brasil é ditada pelo princípio da *lex loci executionis*, contemplada na Súmula 207 do Tribunal Superior do Trabalho, *in verbis*: "*CONFLITOS DE LEIS TRABALHISTAS NO ESPAÇO – PRINCÍPIO DA 'LEX LOCI EXECUTIONIS'*. A relação jurídica trabalhista é regida pelas leis vigentes no país da prestação de serviço e não por aquelas da contratação" (TST, Súmula 207, 2003c).

refutem o grupo econômico como empregador único. Embora em situação minoritária, o ponto de vista é sustentável. Destaque-se que o texto da Consolidação das Leis do Trabalho não expressa ao grupo econômico a qualificação de empregador único. Aliás, o grupo de empresas foi inicialmente previsto no art. 1º da Lei n. 435, de 17 de maio de 1937. E o parágrafo único de referido dispositivo legal o considerava como "empregador único". Dispunha o referido artigo:

> Art. 1º Sempre que uma ou mais empresas, tendo, embora, cada uma delas personalidade jurídica própria estiverem sob direção, controle ou administração de outra, constituindo grupo industrial ou comercial, para efeitos da legislação trabalhista, serão solidariamente responsáveis a empresa principal e cada uma de suas subordinadas.
>
> Parágrafo único. Essa solidariedade não se dará entre as empresas subordinadas, nem diretamente, nem por intermédio da empresa principal, *a não ser para o fim único de se considerarem todas elas como um mesmo empregador.* (grifo meu)

A reprodução desse texto legal no § 2º do art. 2º da Consolidação das Leis do Trabalho, em 1943, excluiu a previsão do parágrafo único, afastando o consenso do grupo econômico como empregador único. Portanto, do ponto de vista histórico, a previsão de grupo econômico como empregador único foi extirpada da legislação.

E quanto à Súmula 129 do Tribunal Superior do Trabalho, sustenta-se que foi editada para pacificar a jurisprudência relacionada a:

> (...) uma situação específica: trabalho, dentro do mesmo horário, tendo em vista situação fática conhecida, ou seja, dos gerentes de Bancos que atuam durante seu trabalho, na colocação de seguros e ações de outras empresas, não significando que, com esse Enunciado, quisesse o Tribunal constituir a figura do empregador único (MACIEL, 1989, p. 1337).

Na jurisprudência atual há dificuldade em compatibilizar a figura do grupo econômico com a do empregador único. Latente é o embaraço no caso em que se defende o direito à equiparação salarial do trabalhador contratado por uma empresa, em relação a outra empresa do grupo econômico. A jurisprudência do Tribunal Superior do Trabalho já é firme no sentido de que é incabível a equiparação salarial entre empregados de empresas distintas, embora integrantes do mesmo grupo econômico. Tal jurisprudência assenta-se em entendimento de que, à luz da disposição do art. 461 da CLT, é incabível a equiparação salarial entre empregados que trabalhem em empresas diferentes, ainda que pertencentes ao mesmo grupo econômico[24]. Ocorre que o *caput* do art. 461 da CLT pressupõe trabalho ao mesmo "empregador" e não à mesma "empresa", assim entendida como sociedade empresarial. Se o empregador é único, a causa de distinção entre os empregados cai por terra.

Alguns julgados do Tribunal Superior do Trabalho assentam fundamentação no sentido de que, para fins de equiparação salarial, os empregados de empresas diversas do grupo econômico não prestam serviços ao "mesmo empregador"[25]. E nessa linha de argumentação é inafastável a conclusão de que o próprio Tribunal Superior

[24] "*RECURSO ORDINÁRIO. AÇÃO RESCISÓRIA. EQUIPARAÇÃO SALARIAL. EMPREGADORES DISTINTOS. INTEGRANTES DO MESMO GRUPO ECONÔMICO. VIOLAÇÃO DO ARTIGO 461 DA CONSOLIDAÇÃO DAS LEIS DO TRABALHO.* O fato de o reclamante e o empregado paradigma prestarem serviços a empresas distintas, ainda que integrantes do mesmo grupo econômico, impede o deferimento da equiparação salarial, pois ausente um dos requisitos exigidos pelo artigo 461 da Consolidação das Leis do Trabalho. Neste contexto, a decisão rescindenda, ao deferir diferenças salariais e reflexos decorrentes da equiparação salarial, violou o mencionado dispositivo legal. Recurso ordinário a que se dá provimento." (TST, RO 43600-53.2009.5.03.0000, Subseção II Especializada em Dissídios Individuais, Rel. Min. Pedro Paulo Manus, j. em: 8-6-2010)

[25] "*RECURSO DE REVISTA. EQUIPARAÇÃO SALARIAL. GRUPO ECONÔMICO.* Nos termos de reiterada jurisprudência desta Corte, inviável a equiparação salarial entre empregados que laboram em empresas diferentes, ainda que pertencentes ao mesmo grupo econômico, porquanto não se trata de prestação de serviços ao mesmo empregador. Precedentes deste Tribunal. Recurso de revista não conhecido (...)." (TST, RR 51300-09.2001.5.02.0382, 6ª Turma, Rel. Min. Augusto Cesar Leite de Carvalho, j. em 10-3-2010)

do Trabalho afasta a figura do empregador único para fins de equiparação salarial.

A divergência jurisprudencial ganha relevo em situações de formação de grupos econômicos em instituições bancárias, organizações empresariais em que as funções exercidas pelos empregados seguem modelos de identidade funcional próprios à atividade bancária e facilitam o exercício da pretensão à equiparação salarial.

Nesse contexto, há posicionamento que reafirma que:

> [o] empregado integrante de grupo econômico continua a ele vinculado pelo contrato de trabalho que com ela celebrou. Ele não celebrou contrato de trabalho com *'qualquer das empresas, componentes do grupo'*, mas com certa e determinada empresa, que é o seu único e legítimo empregador; não com outra qualquer empresa nem com o grupo como um todo. O que o art. 2º, § 2º, da CLT institui é a *solidariedade passiva* entre as empresas que compõem o grupo. Por tal motivo, o empregado não pode ser compelido a prestar serviços a qualquer das empresas, não pode ser transferido sem seu consentimento de uma para outra empresa etc. (ROMITA, 1997, p. 327)

"*RECURSO DE EMBARGOS. NULIDADE DO ACÓRDÃO PROLATADO PELA TURMA. NEGATIVA DE PRESTAÇÃO JURISDICIONAL.* A v. decisão apreciou os temas sobre os quais fora instado a se manifestar, a tornar ilesos os dispositivos invocados, porque não se verificou nulidade da decisão da c. Turma, por negativa de prestação jurisdicional. Embargos não conhecidos. *EQUIPARAÇÃO SALARIAL. EMPRESAS PERTENCENTES AO MESMO GRUPO ECONÔMICO. IMPOSSIBILIDADE. REQUISITO MESMO EMPREGADOR.* O fato de o reclamante e o empregado paradigma prestarem serviços a empresas distintas, ainda que integrantes do mesmo grupo econômico, impede o deferimento da equiparação salarial. As empresas que formam o grupo econômico constituem empregadores distintos, têm personalidade jurídica própria, com organização, estrutura funcional independentes, impossibilitando a presença da identidade funcional exigida por lei para o reconhecimento do direito à equiparação salarial. Embargos conhecidos e providos." (TST, E-RR 27940-75.1999.5.01.0048, Subseção I Especializada em Dissídios Individuais, Rel. Min. Aloysio Corrêa Veiga, j. em 11-3-2010)

E, mesmo em relação à reintegração do empregado noutra empresa agrupada, quando extinta a sociedade empresarial que figurou como contratante do trabalhador, não há jurisprudência uniformizada. O que se constata na análise dos julgados do Tribunal Superior do Trabalho é que as controvérsias possuem soluções casuísticas, sempre direcionadas à solução do conflito na resolução fática do caso, normalmente para excluir a possibilidade de reintegração. Desse modo, o Tribunal Superior do Trabalho não se manifesta explicitamente acerca da tese jurídica referente ao alcance dos efeitos da solidariedade decorrente do grupo econômico para fins de reintegração, em face dos termos do verbete da Súmula 129.

Essas decisões são provenientes de julgamentos dos Tribunais Regionais do Trabalho, não se avançando na análise jurídica da existência de empregador único no grupo econômico para fins de reintegração, em face dos limites de admissão do recurso de revista. Mesmo em casos de recurso direcionado às Subseções de Dissídios Individuais prevalece essa postura[26].

[26] "*RECURSO ORDINÁRIO EM MANDADO DE SEGURANÇA – CONCESSÃO DE TUTELA ANTECIPADA ANTES DE APRESENTAÇÃO DA CONTESTAÇÃO DETERMINANDO A REINTEGRAÇÃO DO EMPREGADO – ESTABILIDADE DE MEMBRO DA CIPA – EXTINÇÃO DO ESTABELECIMENTO – CONTROVÉRSIA SOBRE A POSSIBILIDADE DE APROVEITAMENTO DO EMPREGADO EM OUTRA EMPRESA INTEGRANTE DO MESMO GRUPO ECONÔMICO NA LOCALIDADE – DEMONSTRADA EXISTÊNCIA DE DIREITO LÍQUIDO E CERTO DA IMPETRANTE* – A Corte Regional julgou procedente o pedido formulado no presente *mandamus*, por entender que a antecipação da tutela, consistente em reintegração do litisconsorte, de forma provisória, viola o direito do empregador de dispensar o empregado, pois pende discussão em torno da extinção do estabelecimento em que trabalhava o reclamante e, também, sobre a obrigatoriedade de a empresa aproveitar o trabalhador em empresa do mesmo grupo econômico na localidade. De fato, a antecipação da tutela tomando por base apenas a estabilidade do membro da CIPA, quando há controvérsia em torno da extinção do estabelecimento e da obrigação do empregador de transferir o empregado para outra empresa do grupo econômico, como

É preciso refletir sobre os estreitos limites da normatização do grupo econômico trabalhista. Sua regulação está inserida em um único parágrafo da Consolidação das Leis do Trabalho, e em outro em legislação esparsa, o que se revela insuficiente para um sistema jurídico em que o direito é aplicável segundo modelos legais preestabelecidos. Daí a razão pela qual a fixação de um direcionamento pelo Tribunal Superior do Trabalho implicaria verdadeira regulação jurídica na matéria, na medida em que, na ausência da lei, a jurisprudência uniforme passa a ser fonte de direito.

Ao se buscar a segurança jurídica pela interpretação uniforme de um instituto de grande abrangência como é o *grupo econômico*, deve ser assegurado o amadurecimento das teses de direito na solução de casos concretos. A pacificação por meio de regulamentação dos verbetes jurisprudenciais nem sempre conduz ao intuito almejado, bastando considerar que a Súmula 129 do Tribunal Superior do Trabalho foi publicada há 29 anos e, ainda hoje, a matéria é altamente controvertida.

8.3 Sucessão trabalhista

A sucessão trabalhista está prevista nos arts. 10[27] e 448[28] da Consolidação das Leis do Trabalho. Entretanto, essas disposições legais pouco dizem sobre a definição do instituto que regula uma das facetas da responsabilidade patrimonial trabalhista.

---

admite o recorrente, afasta a verossimilhança das alegações exigida para o acolhimento dessa pretensão, por demandar ampla dilação probatória. Recurso ordinário conhecido e desprovido." (TST, RO 316-25.2010.5.15.0000, Subseção II Especializada em Dissídios Individuais, Rel. Min. Luiz Philippe Vieira de Mello Filho, j. em: 29-3-2011).

27 "Art. 10. Qualquer alteração na estrutura jurídica da empresa não afetará os direitos adquiridos de seus empregados."

28 "Art. 448. A mudança na propriedade ou na estrutura jurídica da empresa não afetará os contratos de trabalho dos respectivos empregados."

Ocorre sucessão trabalhista pela substituição do empregador, por aquisição derivada, sem necessário liame subjetivo com o antecessor, desde que mantido nexo causal entre as relações de direito anterior e posterior (MORAES FILHO, 1960, p. 52). Pela definição do instituto, chega-se à solução prática das questões mais controvertidas envolvendo a sucessão trabalhista.

Mas é na natureza jurídica da sucessão trabalhista e na delimitação de seus efeitos que se encontra hoje solução para resolver a controvérsia sobre a responsabilidade do sucedido.

Diante da disposição do art. 1.146 do Código Civil brasileiro, passou-se a entender que este é o embasamento legal para justificar a vinculação do antecessor como responsável na dívida trabalhista.

É contra esse posicionamento que se passa a discorrer, com alguns argumentos que visam apenas resgatar o que já foi dito e que muito contribui na fundamentação dessa questão atual.

8.3.1 A responsabilidade do sucedido em face da disposição do art. 1.146 do Código Civil

Muito se discutiu acerca da explicação para que o sucessor respondesse por obrigação assumida pelo antecessor, decorrente do vínculo de emprego. Inicialmente, pretendeu-se esclarecer a responsabilidade do sucessor com base em institutos civilistas (cessão de crédito, novação, delegação, estipulação a favor de terceiro), o que resultou infrutífero, dados os estreitos limites do direito obrigacional comum, em que os modelos de contratos são estabelecidos segundo um pressuposto de autonomia de vontade dos contratantes.

No direito do trabalho, o princípio protetor provoca a intervenção estatal, a fim de se garantir ao trabalhador condições de entabulação e execução do contrato, no qual sua proteção, na condição de credor, seja dinâmica e eficiente. Portanto, as incidências de normas legais voltadas à preservação da obrigação impedem que modelos de origem civilista explicitem a causa da superação subjetiva do contrato de trabalho, com vinculação irrestrita daquele que não se obrigou, mas que será responsável pelo cumprimento do avençado.

Os impedimentos à aplicação de institutos civilistas são relacionados a algumas circunstâncias ínsitas à definição da sucessão trabalhista. Inicialmente, deve-se destacar que nem sempre a transmissão da organização empresarial decorre da vontade do antecessor ou sucessor, o que somente ocorre quando se tratar de *sucessão voluntária.* A sucessão empresarial pode decorrer de ato coativo estatal (*sucessão independente*), como no exemplo de liquidação extrajudicial ou de privatização.

É bem verdade que a transferência por atos de coerção algumas vezes exclui a própria sucessão trabalhista, situação que muito se discutiu e cuja controvérsia está pacificada. Trata-se das situações de *recuperação judicial* e *falência*, em que as vendas de ativos em hasta pública impedem a transferência ao adquirente das obrigações trabalhistas quanto a direitos trabalhistas de empregados da antecessora[29]. Mas neste caso deve ser considerado que, além de independentes (decorrentes de ato estatal), essas situações caracterizam situação em que a transferência se dá de forma originária e não derivada. A compra em hasta pública é forma de aquisição originária da propriedade, assim como aquela decorrente de desapropriação ou de encampação. E a concretização da sucessão trabalhista está conceitualmente vinculada à transferência derivada da organização empresarial.

Outra circunstância que afasta a incidência de modelos civilistas para explicitar a vinculação do sucessor como responsável trabalhista é a de que na sucessão trabalhista há permanência do

[29] Essa questão foi pacificada por meio de julgamento do Supremo Tribunal Federal no RE 583.955 RG/RJ, Pleno, Rel. Min. Ricardo Lewandowski, j. em: 28-5-2009, julgado com repercussão geral, validando a alienação de ativos financeiros na recuperação judicial e afastando sucessão trabalhista reconhecida na Justiça do Trabalho em relação aos mesmos bens, por meio de entendimento de que a competência do juízo universal da falência para decidir questões da execução.

mesmo vínculo jurídico na obrigação. Há substituição da figura do contratante, pura e simplesmente. O contrato de emprego, na hipótese de continuidade da prestação laboral ao sucessor, prevalece nas condições em que foi entabulado, circundado pela proteção decorrente do princípio da intangibilidade objetiva da avença (art. 468 da CLT).

O sucessor substitui o contratante e isso se viabiliza em face do princípio que norteia a definição desta figura contratual, o princípio da despersonalização do empregador (art. 2º, *caput*, da CLT).

A responsabilidade patrimonial no caso da sucessão trabalhista é definida pela lei, independentemente da anuência do credor, o que torna evidente que não se aplica qualquer regramento em que vigore o *princípio da autonomia da vontade*. A sucessão trabalhista retrata alteração contratual subjetiva permitida pelos arts. 10 e 448 da CLT. Não obstante revestida de unilateralidade, a alteração não afronta o disposto no art. 468 da CLT, que se dirige às alterações contratuais objetivas.

É incontestável que a sucessão trabalhista se opera por força de lei (*ope legis*), e que a alteração na estrutura do contrato, especialmente no que tange à substituição do contratante, é explicada pela despersonalização do empregador. Assim, para se explicitar a transferência obrigacional, basta que se entenda que o próprio contrato de trabalho de cada um dos empregados compõe a estrutura organizacional. Os serviços admitidos na empresas por meio dos contratos de trabalho se tornaram elemento do próprio estabelecimento. Dessa forma, pela aplicação do princípio da aderência, entende-se o porquê de a obrigatoriedade do sucessor arcar com a responsabilidade de dívida assumida pelo antecessor.

Pouco importa que se estabeleça cláusula de não transferência de obrigações entre sucessor e antecessor, já que tal avença não atinge o direito do trabalhador. Essa disposição, prevista no contrato de alienação da organização empresarial, não vincula os empregados, cujos contratos, com todos seus vínculos obrigacionais (crédito e débito), compõem o próprio objeto de transferência dominial (organização empresarial).

Esta também é a razão pela qual prevalece o entendimento atual de que ocorre sucessão trabalhista mesmo em casos em que as dívidas decorram de contratos extintos antes da transferência da organização empresarial, situação não acobertada na doutrina clássica.

Justificada a força obrigatória da transferência das obrigações do antecessor ao *sucessor*, discute-se a possibilidade de vincular o *sucedido* por obrigações assumidas ao tempo em que ocupava a posição de empregador. A doutrina clássica entende que a responsabilidade trabalhista é assumida integralmente pelo sucessor.

Repise-se que a doutrina clássica considera que a ocorrência da sucessão trabalhista define a responsabilidade trabalhista do sucessor[30], sem que o trabalhador possa opor-se à alteração subjetiva de seu contrato de trabalho. Trata-se de consequência da modificação do sujeito contratual: tanto o contratante não pode opor-se a seus efeitos patrimoniais como o contratado fica vinculado ao sucessor, independentemente de sua vontade.

Entretanto, a disposição do art. 1.146 do Código Civil, assim dispõe:

> Art. 1.146. O adquirente do estabelecimento responde pelo pagamento dos débitos anteriores à transferência, desde que regularmente contabilizados, *continuando o devedor primitivo solidariamente obrigado pelo prazo de um ano*, a partir, quanto aos créditos vencidos, da publicação, e, quanto aos outros, da data do vencimento. (grifo meu)

---

30 "*RECURSO ORDINÁRIO DA RECLAMANTE. SUCESSÃO DE EMPRESAS. RESPONSABILIDADE.* A sucessão de empregadores está disciplinada nos artigos 10 e 448, ambos da Consolidação das Leis do Trabalho, em razão dos quais se conclui que é da empresa sucessora a responsabilidade plena pelos direitos trabalhistas e outros decorrentes do contrato de trabalho dos empregados que tenham sido transferidos para a nova sociedade empresarial. Recurso a que se nega provimento, no item." (TRT-4, RO 0020100-61.2008.5.04.0841, 3ª Turma, Red. João Ghislene Filho, j. em: 8-6-2011)

Essa disposição legal incitou o questionamento quanto ao aperfeiçoamento da norma do direito de empresa em relação ao disposto na Consolidação das Leis do Trabalho (arts. 10 e 448). Como não há regulação em relação à responsabilidade do sucedido, alçou-se a possibilidade de se conjugar a aplicação desse dispositivo legal conjugado ao dispositivo consolidado que regula a sucessão trabalhista.

Nesse quadro, passou-se a invocar a disposição do art. 1.146 do Código Civil para amparar a vinculação do sucedido ao crédito trabalhista. Entretanto, o dispositivo em questão não é adequado à sustentação da responsabilidade trabalhista do sucedido.

Primeiro, ao contrário do que possa parecer, não representa esse dispositivo legal adoção de modelo novo de responsabilidade patrimonial. Essa norma vem reproduzir modelo previsto no Código Civil italiano, especificamente no art. 2.112[31] daquele texto normativo, adotando sistema de assunção de dívidas diverso daquele previsto na Consolidação das Leis do Trabalho para a sucessão trabalhista.

Adota o texto consolidado o que se denomina a assunção privativa de dívida (*acollo privativo*), enquanto o texto do art. 1.146 do Código Civil assume a assunção de dívidas cumulativas (*acollo cumultativo*), que define a responsabilidade solidária entre o adquirente e o alienante (MORAES FILHO, 1960, p. 252-253). Obviamente, o sistema adotado na norma consolidada possui maior amplitude, na medida em que o modelo de assunção de dívida previsto na norma civilista, ao vincular temporariamente o sucedido ao pagamento da dívida, altera o sistema de responsabilização do sucessor, que somente poderá ser acionado por dívidas contabilizadas antes do transpasse da empresa.

[31] "Art. 2.112. Em caso de transferência do estabelecimento, se o alienante não despediu o prestador de serviços, o seu contrato de trabalho continua com o adquirente, conservados os direitos adquiridos da antiguidade, alcançada antes do traslado."

Afasta-se, portanto, a invocação desse dispositivo legal, que não é eficiente para resolver a controvérsia.

Entretanto, mesmo antes da vigência do atual Código Civil, defendia-se a extensão da responsabilidade de crédito trabalhista ao sucedido. Era detectável a resistência ao entendimento de que a sucessora responde por todos os encargos trabalhistas dos empregados da empresa sucedida, e que o sucedido encontra-se isento de qualquer responsabilidade.

Para superar a construção clássica do sistema de responsabilidade, sustentou-se que "não há qualquer dispositivo legal em toda CLT que imponha a conclusão de que o sucedido fica isento de qualquer responsabilidade pelos débitos contraídos por si até a data da sucessão" (MEIRELES, 1996, p. 19). E também:

> Não afirmando de forma clara e irrefutável, os arts. 10 e 448 da CLT, que o sucedido fica isento de responsabilidade, não há por que concluir neste sentido sob pena de se interpretar essas normas de forma desfavorável ao empregado, retirando-lhe o direito de haver seus créditos da pessoa que se beneficiou e enriqueceu à custa de seu labor, atentando-se, assim, contra os mais comezinhos princípios do Direito do Trabalho, *data maxima venia* (MEIRELES, 1996, p. 19).

Anote-se que a jurisprudência abona esse fundamento, adotando o posicionamento exposto[32].

---

[32] "*SUCESSÃO TRABALHISTA. POSSIBILIDADE DE O EMPREGADO VOLTAR-SE APENAS CONTRA A EMPRESA SUCEDIDA.* Configurada a sucessão trabalhista, a aplicação dos preceitos consolidados nos arts. 10 e 448 concedem ao empregado a garantia de voltar-se contra quem, na esfera decisiva da realidade, possuir a empresa para facilitar-lhe e garantir-lhe o recebimento de seus créditos, não havendo obstáculo legal a que tanto o empregador anterior quanto aquele que assumiu o empreendimento para o qual prestou ele serviços, ou ambos, respondam pela satisfação de seus créditos trabalhistas. É inegável que a empresa sucessora atrai, sem sombra de dúvida, o que estabelecem de forma cristalina os dispositivos legais citados. Mas, ao redigir tais dispositivos, que devem ser aplicados não apenas à fase de conhecimento dos processos trabalhistas, mas também à sua

Outro fundamento acrescido para sustentar a responsabilidade do sucedido foi o de realizar uma interpretação literal do art. 10 da CLT, no sentido de que este dispositivo assegura os *direitos adquiridos* dos empregados, e que esse enunciado estaria prejudicado caso se retirasse a garantia econômica retratada na responsabilidade do sucedido (MEIRELES, 1996, p. 19).

Este posicionamento parece adequado se conjugado ao dispositivo legal citado o princípio emergente do art. 468[33] da CLT: o princípio da intangibilidade objetiva do contrato de trabalho impede que a transferência do empreendimento empresarial altere as condições de garantia do contrato. Infringido o princípio, legitima-se a vinculação do sucedido como responsável patrimonial.

Não se trata aqui de responsabilizar o sucedido em face da existência de fraude na transferência da organização empresarial. Havendo fraude, incide a disposição do art. 9º da CLT[34], de modo que, para restabelecer a aplicação das disposições consolidadas, se reconhece a solidariedade dos fraudadores com base nesse dispositivo legal[35].

fase de execução, pretendeu o legislador, simplesmente, preservar o contrato de trabalho, garantindo os direitos do empregado nessas transformações que se operam sem a sua intervenção, de modo que, entender-se que o sucedido se desonera dessas obrigações equivale a interpretar aqueles dispositivos legais de forma flagrantemente contrária a sua finalidade, que é a de proteger os obreiros dentro desse quadro de transformações." (TRT-3, RO 01576-2004-008-03-00-0, 5ª Turma, Rel. José Roberto Freire Pimenta, j. 10-5-2005)

[33] "Art. 468. Nos contratos individuais de trabalho só é lícita a alteração das respectivas condições, por mútuo consentimento, e, ainda assim, desde que não resultem, direta ou indiretamente, prejuízos ao empregado, sob pena de nulidade da cláusula infringente desta garantia."

[34] "Art. 9º Serão nulos de pleno direito os atos praticados com o objetivo de desvirtuar, impedir ou fraudar a aplicação dos preceitos contidos na presente Consolidação."

[35] *"SUCESSÃO TRABALHISTA. EXCLUSÃO DA LIDE DO PROCESSO. RESPONSABILIDADE SOLIDÁRIA.* A responsabilização do sucessor não im-

A exceção à regra geral, de que ao sucedido não é preservada qualquer responsabilidade pelas obrigações decorrentes do contrato de trabalho pode ceder ao entendimento quanto

> (...) [à] existência de *responsabilidade subsidiária* do antigo empregador pelos valores resultantes dos respectivos contratos de trabalho, desde que a modificação ou transferência empresariais tenham sido aptas a *afetar* (arts. 10 e 448) os contratos de trabalho (DELGADO, 2000, p. 16).

Pode-se concluir que o contrato de trabalho se reveste de uma garantia econômica que lhe é subjacente e que possui natureza objetiva. Desde que a sucessão trabalhista altere condição de segurança econômica do contrato de trabalho, estabelece-se a favor do empregado a pretensão de responsabilização do sucedido, por afronta ao art. 468 da CLT. E esse fundamento vem autorizando o reconhecimento não só da responsabilidade subsidiária, mas também da solidária.

Segue-se que, independentemente da vontade do trabalhador, a transferência da organização empresarial se concretizará. Entretanto, o empregado poderá opor-se aos efeitos da sucessão sobre seu contrato de trabalho, em face de uma situação concreta e individualizada decorrente da sucessão, qual seja, a alteração de segurança quanto ao cumprimento do contrato pelo pagamento da contraprestação pecuniária que lhe é devida. Isso porque a permissão legal para a alteração unilateral do contrato de trabalho quanto ao seu aspecto subjetivo (arts. 10 e 448 da CLT) não autoriza que se opere violação à preservação objetiva do pacto laboral (art. 468 da CLT), na qual se inserem todas as garantias e condições existentes no momento da entabulação do pacto laboral.

plica no afastamento da responsabilização do sucedido, portanto a intenção dos artigos 10 e 448 da CLT é garantir ao empregado a possibilidade de cobrança de seus créditos daquele que detém o patrimônio. Evidenciada a fraude intentada, impõe-se reconhecer a responsabilidade solidária dos reclamados, ante a possibilidade de não haver ativo suficiente do sucessor para o pagamento dos créditos trabalhistas. Apelo provido." (TRT-4, 2011)

8.4 *Disregard doctrine*

A teoria da desconsideração da personalidade jurídica surgiu com a finalidade de relativizar a autonomia patrimonial decorrente da atribuição da personalidade jurídica a sociedades empresariais. O princípio da autonomia patrimonial, que decorre da formalização da sociedade empresária em pessoa jurídica, passou a ter utilização contrária a seus fins, com prática de abuso e fraude, a fim de mitigar a responsabilidade patrimonial do sócio.

Para proteger o instituto da pessoa jurídica, a jurisprudência[36] rompeu com a separação patrimonial decorrente da personificação das sociedades e responsabilizou o sócio pelo cumprimento de obrigações da sociedade. E formou-se um posicionamento nos tribunais por meio de um conjunto de julgados que determinavam a suspensão da vigência do princípio da separação entre a pessoa jurídica e a pessoa-membro. Preservou-se, assim, a *pessoa jurídica*, rompendo-se com sua eficácia apenas no caso concreto. Desse modo, contornou-se o que se identificava como a *crise da pessoa jurídica*.

A *disregard doctrine* contou com previsão legal a partir do Código Civil de 2002, que em seu art. 50 estabeleceu pressupostos para sua aplicação. A norma veio suprir dificuldade corrente na utilização da ferramenta, já que o instrumento para a superação da pessoa jurídica no caso concreto surgiu no sistema do *common law* e, mesmo

[36] O primeiro julgado que desconsiderou a personalidade jurídica foi proferido pelo Juiz Marshall em 1809, no caso *Bank of United States v. Deveaux*, tratando-se de contribuição norte-americana (SUPREMA CORTE DOS ESTADOS UNIDOS, 1809). Não obstante, o caso que ganhou maior repercussão foi o *Salomon v. Salomon & Co Ltd.*, julgado em 1897 (CÂMARA DOS LORDES DO PARLAMENTO BRITÂNICO, 1897). Entre nós, a teoria da desconsideração da personalidade jurídica foi introduzida por Rubens Requião em palestra proferida na Universidade Federal do Paraná, no ano de 1969, que foi seguida de um artigo intitulado *Abuso de direito e fraude através da personalidade jurídica*. Este artigo se tornou referência doutrinária no Brasil quanto à *disregard doctrine* (REQUIÃO, 2002).

ante a sistematização promovida por Rolf Serik (década de 1950, Alemanha)[37], eram patentes as dificuldades na transposição desse instrumento de solução de conflitos ao sistema romano-germânico.

Entretanto, a aplicação do art. 50 do Código Civil na execução trabalhista é de difícil consecução, não se realizando na prática. No caso de sociedades empresárias insolventes, o que se vê diuturnamente na jurisprudência é o redirecionamento da dívida ao sócio, muitas vezes por decisões interlocutórias que não enfrentam os pressupostos do abuso de personalidade por *desvio de finalidade* ou *confusão patrimonial*, superando-se a previsão do artigo destacado.

A proposta desta breve exposição é alocar um fundamento para esta situação, mas restrita à análise às sociedades limitadas. Não será demais antecipar que há outra disposição legal que normalmente é citada nas decisões trabalhistas, para justificar a vinculação do sócio: o art. 28 da Lei do Código de Defesa do Consumidor (Lei n. 8.078/90). Far-se-á então uma análise dessa disposição legal. Não para trazê-la como fundamento ao direito do trabalho, como usualmente ocorre, mas para explicitar o que em comum justifica solução igual a esses dois tipos de credores.

[37] Rolf Serik foi o pioneiro a dar tratamento específico à teoria da desconsideração da personalidade jurídica. Ele pesquisou e sistematizou casos jurisprudenciais norte-americanos, analisando as soluções encontradas e traduzindo-as ao sistema romano-germanístico. Esse jurista alemão elaborou uma teorização da jurisprudência norte-americana, apresentando uma tese à Universidade de Tübigen no semestre letivo do inverso de 1952/1953, intitulada "Rechtsform und Realität juristischer Personen – Ein rechtsvergleichender Beitrag zur Frage des Durchgriffs auf die Personen oder Gegenstände hinter der juristichen Person) que foi literalmente traduzida por José Larmatine Corrêa de Oliveira: "Forma jurídica e realidade das pessoas jurídicas – Contribuição de Direito Comparado à questão da penetração destinada a atingir pessoas ou objetos situados atrás da pessoa jurídica" (OLIVEIRA, 1979, p. 296).

8.4.1 O fundamento da vinculação do patrimônio do sócio de *sociedade limitada* insolvente na execução trabalhista

Estabeleceu-se uma crise pelo mau uso da pessoa jurídica. E, a par dela, há outra crise em curso: a crise da limitação da responsabilidade societária.

Preliminarmente, é necessário destacar que entre essas duas crises há uma confusão conceitual quanto à causa da limitação da responsabilidade dos sócios nas sociedades empresárias. Por muito tempo se sustentou que a limitação da responsabilidade societária se estabelece pela personificação da sociedade. Como a pessoa jurídica promove a separação patrimonial entre o ente formal (a própria pessoa jurídica) e seus membros, entendeu-se que pela constituição da sociedade empresária com forma de pessoa jurídica é que se limitava a responsabilidade de seus sócios. Isso de fato não ocorre, já que a personificação das sociedades empresárias promove apenas a separação patrimonial, sendo que a limitação de responsabilidade emerge da estrutura legal do modelo societário. De fato, o regime de responsabilidade dos sócios em face do descumprimento de obrigações da sociedade para com terceiros não decorre do fato de a sociedade empresarial estar constituída em pessoa jurídica. É consequência do modelo legal de cada sociedade empresarial e se firmou em face da própria evolução na constituição dos tipos societários.

Portanto, não é a formalização da sociedade empresarial por meio de pessoa jurídica que é a causa da limitação da responsabilidade dos sócios. A limitação da responsabilidade dos sócios surgiu segundo um critério relacionado à relação mantida pelo sócio na estrutura interna das sociedades comerciais. A evolução histórica dos modelos societários revela que a limitação da responsabilidade patrimonial se estabeleceu em face do vínculo interno existente entre os sócios e a sociedade: a figura de sócio que mantém o *status* de dono (ou que exerça *poder de controle*) detém responsabilidade ilimitada na estrutura das sociedades empresariais. Aquele sócio que figure sem essa relação dominial compõe a sociedade na condição de sócio com responsabilidade limitada. Assim, a causa da limitação da responsabilidade societária vincula-se à natureza dos direitos do sócio sobre o patrimônio e os resultados da empresa (WARDE JÚNIOR, 2007, p. 160-161). E isso por previsão do próprio modelo societário, como ocorre, por exemplo, na sociedade anônima, na sociedade em comandita simples e na sociedade em conta de participação. Veja-se que os sócios que não detenham direito dominial na estrutura interna da sociedade possuem *responsabilidade limitada*, como acontece com os *acionistas* de sociedade anônima, o *sócio comanditário*, da sociedade em comandita simples, e o *sócio oculto*, da sociedade em conta de participação. Ressalva-se, em relação à sociedade anônima, a situação do *acionista* que detenha *poder de controle* sobre a sociedade. Este é verdadeiro dono e, desse modo, responderá ilimitadamente pelas obrigações assumidas pela sociedade empresária.

De outra parte, os sócios que detenham direito dominial na relação interna societária possuem *responsabilidade ilimitada* na estrutura societária, como é o caso do *sócio comanditado*, na comandita simples, do *sócio ostensivo* na sociedade em conta de participação e de todos os sócios na *sociedade em nome coletivo.*

Mas não é esta a única causa da limitação da responsabilidade societária. A evolução da limitação da responsabilidade dos sócios contou com razões impostas pelo direito econômico. A valorização do mercado exterior como fonte da riqueza do Estado e a busca pelo regime de concorrência perfeita impulsionou a promoção do ingresso de operadores no mercado. Então, era necessário fomentar a criação de novas sociedades empresariais. E como o capital tem natural aversão a riscos, essa necessidade culminou com a criação das *sociedades por quotas de responsabilidade limitada* no século XIX, hoje denominadas *sociedades limitadas.*

Nas *sociedades limitadas*, distinguidas por sua capacidade de mitigar riscos ao capital, passou-se a discutir os custos sociais da limitação da responsabilidade. Essa discussão ocorreu a partir da década de 1960 e continua em desenvolvimento e estudo, segundo uma análise econômica do direito. Ocorre que a diminuição do custo provoca uma externalização do risco. E, desse modo, são os credores que assumem parte considerável dos riscos empresariais. Existem certos tipos de credores, como bancos e grandes fornecedores, que assumem voluntariamente os riscos e podem negociá-los. Entretanto, há outro tipo de credores que não podem se ressarcir antecipadamente dos danos causados pelo inadimplemento (BASTOS, 2011, p. 67-68). São credores que não têm direito a informações sobre a sociedade e, mesmo que informados, não podem negociar com a sociedade empresarial. Esses credores são denominados credores não negociais.

São credores não negociais o credor fiscal, a seguridade social, o empregado e o titular de direito extracontratual (COELHO, 2006, p. 405). Quanto a esses credores, o critério de limitação de responsabilidade dos sócios nas *sociedades limitadas* insolventes não atinge o *critério de eficiência*, suposto pelo legislador no momento em que admitiu a estrutura de sociedade (sociedade limitada) em que esteve prevista a limitação da responsabilidade dos sócios (SALOMÃO FILHO, 2006, p. 239-242).

Como "o direito não deve assumir uma atitude neutra em relação ao mercado, mas sim nele influir, tentando minimizar os desequilíbrios existentes" (SALOMÃO FILHO, 2006, p. 243), a distribuição forçada dos riscos previstos no modelo da *sociedade limitada* deve ser revista, a fim de que seja resgatada uma equitativa distribuição dos riscos.

Desse modo, no âmbito do direito de empresa, a desconsideração da personalidade jurídica constitui instrumento de redistribuição de riscos para credores não negociais, o que resgataria a previsão inicial do legislador ao compor o modelo da *sociedade limitada* com limitação da responsabilidade dos sócios.

Esta solução, construída no direito societário, apoia a superação da personalidade jurídica sem o cumprimento de pressupostos sistematizados na teoria da desconsideração. Os pressupostos da *disregard doctrine* estão ligados a situações de fraude e de abuso de direito, desde sua sistematização teórica, na década de 1950. Mesmo ante o advento do art. 50 do Código Civil brasileiro, que tentou qualificar objetivamente a teoria da desconsideração da personalidade jurídica pela menção a *abuso de personalidade*, persiste o caráter subjetivo de seus pressupostos, especialmente quando este elemento é caracterizado pelo *desvio de finalidade*. Aliás, a ideia de abuso estará sempre calcada num modelo de subjetividade. Portanto, somente em relação ao pressuposto da *confusão patrimonial*, previsto neste dispositivo, é que se faz possível um enquadramento objetivo.

A ineficiência da causa de limitação da responsabilidade dos sócios na *sociedade limitada* quanto a credores não negociais justifica a vinculação do patrimônio dos sócios sempre que a empresa se torne insolvente. É por isso que uma sociedade, cujo modelo legal é o da limitação da responsabilidade, passa a funcionar com ilimitação da responsabilidade societária.

Como há separação patrimonial decorrente da personificação da *sociedade limitada* (que é constituída através de pessoa jurídica), o instrumento legal para atingir a pessoa física do sócio é a desconsideração da personalidade jurídica, mesmo em relação a credores não negociais. Isso se aplica tanto aos credores já mencionados (o credor fiscal, o credor trabalhista, a seguridade social, e o titular de crédito decorrente de ato ilícito) como em relação ao *consumidor*.

Esta é a explicação para que tanto no redirecionamento da execução trabalhista como na de crédito oriundo de relação consumerista se abstraia o cumprimento dos pressupostos do art. 50 do Código Civil. Nem se avente que em relação ao consumidor há previsão expressa no art. 28 da Lei n. 8.078/90, que adotou nova fórmula da *disregard doctrine*, de modo que a aplicação da norma especial excluiria a norma de caráter geral.

É fato que o art. 28 do Código de Defesa do Consumidor, primeira disposição legal entre nós ao adotar a *disregard doctrine*, traz previsão que não corresponde à elaboração doutrinária da *disregard doctrine* (COELHO, 1994, p. 226), já que entre as hipóteses arroladas para a desconsideração encontram-se *a falência, o encerramento ou a inatividade provocados por má administração*, tema relacionado à responsabilidade do administrador, que independe da desconsideração da personalidade jurídica.

A responsabilidade que decorre da má gestão é de natureza diversa daquela que embasa a *disregard doctrine*, porque se refere à *responsabilidade civil*, sendo que o que até aqui se falou é pertinente à *responsabilidade societária*. Desse modo, em que pese cotidianamente o art. 28 da Lei n. 8.078/90 ser relacionado para embasar a desconsideração da personalidade jurídica, não há como reconhecer-lhe a tipificação da própria *disregard doctrine*.

Como se observa, o que liga o credor *consumerista* ao *credor trabalhista* é a natureza quanto à origem de seus créditos. Ambos são *credores não negociais*, para os quais a limitação da responsabilidade societária é ineficiente, no caso de a obrigação ter sido assumida por *sociedade limitada* que se torne insolvente. Portanto, quando se fala que o art. 28 da Lei n. 8.078/90 (e especialmente seu § 5º) se aplica no direito do trabalho, para justificar o redirecionamento da dívida à pessoa física do sócio, há um equívoco. O que se aplica, na verdade, é um fundamento de direito societário (a ineficiência da causa de limitação da responsabilidade prevista no modelo societário), que é comum tanto ao credor trabalhista como ao consumerista, diante de característica que envolve a formação da obrigação em ambos os casos.

O fundamento para o redirecionamento da execução trabalhista ante a simples constatação da insolvência do empregador que seja *sociedade limitada* é comum ao direito de empresa e ao direito do trabalho, e se embasa em razões de direito societário, não se caracterizando como simples imputação de responsabilidade pelo uso inadequado da *disregard doctrine*, como muitos desavisadamente defendem.

Em relação à responsabilidade patrimonial dos sócios no direito do trabalho, é possível avançar a outra solução, específica à norma trabalhista. A própria característica conceitual do *empregador*, decorrente da *despersonalização* desse sujeito contratual, seria a ferramenta adequada para promover a superação da pessoa do contratante (pessoa jurídica), com consequente vinculação da dívida trabalhista à pessoa física do sócio de sociedade empresária.

Esta é uma opção que exclui a *disregard doctrine* como instrumento de vinculação do sócio à execução trabalhista, com os mesmos fundamentos de direito societário acima expostos.

Neste sentido, posicionamo-nos em trabalho acadêmico (BASTOS, 2011), que questionou a conveniência de se utilizar no direito do trabalho a teoria da desconsideração da personalidade jurídica, quando já pela Consolidação das Leis do Trabalho de 1943, o contrato de trabalho se vinculou à organização empresarial (art. 2º, *caput*), destacando que a figura do empregador é regida pelo *princípio da despersonalização*.

No nosso entender, os limites subjetivos da relação obrigacional trabalhista não se firmam nos mesmos moldes das obrigações em geral (civilistas ou societárias) e permitem a alteração subjetiva da figura do contratante (empregador) sem que se enfrente a questão da autonomia patrimonial pertinente ao instituto da pessoa jurídica. Diante disso, nem sequer justificaria o esforço ao aplicar a *disregard doctrine*, sem o cumprimento de seus pressupostos legais. Essa teoria, construída a partir da intenção de preservar a própria pessoa jurídica, pode ser aplicada em observância dos pressupostos legais para credores não negociais, mas não em relação ao credor trabalhista, cuja despersonalização do contratante permite a alteração subjetiva no polo obrigacional sem necessidade de superação da autonomia da pessoa jurídica.

Todavia, atualmente, é na *disregard doctrine* que se fundamenta a quase totalidade de julgados trabalhistas, de modo que, por meio de sua análise e confronto com o posicionamento jurisprudencial, seja imprescindível para justificar as decisões que determinam o redirecionamento da execução à pessoa física dos sócios da *sociedade limitada*. Nesse contexto, perfeitamente aplicável o posicionamento de que a redistribuição dos riscos em relação ao credor não negocial é motivo suficiente ao redirecionamento da dívida à pessoa física dos sócios, sem o cumprimento dos requisitos do art. 50 do Código Civil brasileiro.

REFERÊNCIAS

BARROS, Alice Monteiro de. **Curso de direito do trabalho**. 5. ed., rev. e ampl. São Paulo: LTr, 2009.

BASTOS, Bianca. **Limites da responsabilidade trabalhista na sociedade empresária**: a despersonalização do empregador como instrumento para vinculação do patrimônio do sócio. São Paulo: LTr, 2011.

BRASIL. **Lei n. 435, de 17 de maio de 1937**. Disponível em: <http://www6.senado.gov.br/legislacao/ListaNormas.action?numero=435&tipo_norma=LEI&data=19370517&link=s>. Acesso em: 4 out. 2011.

BRASIL. **Decreto-lei n. 5.452, de 1º de maio de 1943 (Consolidação das Leis do Trabalho)**. Disponível em: <http://www.planalto.gov.br/ccivil_03/decreto-lei/Del5452.htm>. Acesso em: 4 out. 2011.

BRASIL. **Lei n. 6.404, de 15 de dezembro de 1976.** Disponível em: <http://www.planalto.gov.br/ccivil_03/leis/l6404consol.htm>. Acesso em: 5 out. 2011.

BRASIL. Lei n. 10.406, de 10 de janeiro de 2002 (Código Civil). Disponível em: <http://www.planalto.gov.br/ccivil_03/leis/2002/L10406.htm>. Acesso em: 4 out. 2011.

BRASIL. Tribunal Regional do Trabalho da 3ª Região (TRT-3). **RO 01576-2004-008-03-00-0**, 5ª Turma, Rel. José Roberto Freire Pimenta, Belo Horizonte, j. em: 10-5-2005. Disponível em: <http://as1.trt3.jus.br/consulta/detalheProcesso1_0.htm?conversationId=1811059#>. Acesso em: 11 out. 2011.

BRASIL. Tribunal Regional do Trabalho da 4ª Região (TRT-4). **RO 0020100-61.2008.5.04.0841**, 3ª Turma, Red. João Ghisleni Filho, Porto Alegre, j. em: 8-6-2011. Disponível em: <http://www.trt4.jus.br/portal/portal/trt4/consultas/consulta_lista/ConsultaProcessualWindow?svc=consultaBean&nroprocesso=0020100-61.2008.5.04.0841&operation=doProcesso&action=2&intervalo=90>. Acesso em: 10 out. 2011.

BRASIL. Tribunal Superior do Trabalho (TST). **Súmula 129**. Res. 121/2003 (2003a). Disponível em: <http://www.tst.gov.br/jurisprudencia/Livro_Jurisprud/livro_pdf_atual.pdf>. Acesso em: 4 out. 2011.

______. **Súmula 205** (cancelada). Res. 121/2003 (2003b). Disponível em: <http://www.tst.jus.br/jurisprudencia/Livro_Jurisprud/livro_pdf_atual.pdf>. Acesso em: 7 out. 2011.

______. **Súmula 207**. Res. 121/2003 (2003c). Disponível em: <http://www.tst.jus.br/jurisprudencia/Livro_Jurisprud/livro_pdf_atual.pdf>. Acesso em: 7 out. 2011.

______. **RR 489809-74.1998.5.01.5555**, 5ª Turma, Rel. Min. João Batista Brito Pereira, Brasília, j. em: 13-9-2000. Disponível em: <http://ext02.tst.jus.br/pls/ap01/ap_red100.resumo?num_int=80005&ano_int=1998&qtd_acesso=2059653>. Acesso em: 7 out. 2011.

______. **RR 31240-71.2001.5.05.0013**, 5ª Turma, Rel. Min. Kátia Magalhães Arruda, Brasília, j. 3-10-2007. Disponível em: <http://ext02.tst.jus.br/pls/ap01/ap_red100.resumo?num_int=178972&ano_int=2006&qtd_acesso=3457563>. Acesso em: 5 jul. 2011.

______. **RR 51300-09.2001.5.02.0382**, 6ª Turma, Rel. Min. Augusto Cesar Leite de Carvalho, Brasília, j. em: 10-3-2010 (2010a).

Disponível em: <http://ext02.tst.jus.br/pls/ap01/ap_red100.resumo?num_int=169772&ano_int=2006&qtd_acesso=3411963>. Acesso em: 7 out. 2011.

______. **E-RR 27940-75.1999.5.01.0048**, Subseção I Especializada em Dissídios Individuais, Rel. Min. Aloysio Corrêa Veiga, Brasília, j. em: 11-3-2010 (2010b). Disponível em: <http://ext02.tst.jus.br/pls/ap01/ap_red100.resumo?num_int=2568&ano_int=2003&qtd_acesso=330365>. Acesso em: 10 out. 2011.

______. **RO 43600-53.2009.5.03.0000**. Subseção II Especializada em Dissídios Individuais, Rel. Min. Pedro Paulo Manus, Brasília, j. em: 8-6-2010 (2010c). Disponível em: <http://ext02.tst.jus.br/pls/ap01/ap_red100.resumo?num_int=56189&ano_int=2010&qtd_acesso=1451709>. Acesso em: 5 jul. 2011.

______. **RO 316-25.2010.5.15.0000**. Subseção II Especializada em Dissídios Individuais, Rel. Min. Luiz Philippe Vieira de Mello Filho, Brasília, j. em: 29-3-2011 (2011a). Disponível em: <http://ext02.tst.jus.br/pls/ap01/ap_red100.resumo?num_int=244547&ano_int=2010&qtd_acesso=3409897>. Acesso em: 10 out. 2011.

______. **AIRR 43340-13.2008.5.03.0096**. 2ª Turma, Rel. Min. José Roberto Freire Pimenta, Brasília, j. em: 27-4-2011 (2011b). Disponível em: <http://ext02.tst.jus.br/pls/ap01/ap_red100.resumo?num_int=80005&ano_int=1998&qtd_acesso=2059653>. Acesso em: 7 out. 2011.

BRASIL. Supremo Tribunal Federal (STF). **RE 583.955**, Tribunal Pleno, Rel. Min. Ricardo Lewandowski, Brasília. j. em: 28-5-2009. Disponível em: <http://stf.jus.br/portal/processo/verProcessoAndamento.asp?incidente=2610863>. Acesso em: 10 out. 2011.

CARVALHOSA, Modesto. **Comentários à Lei de Sociedades Anônimas**: Lei n. 6.404, de 15 de dezembro de 1976, com as modificações da Lei n. 9.457, de 5 de maio de 1997, e n. 10.303, de 31 de outubro de 2001. São Paulo: Saraiva, 2009, v. 4, t. 2.

CATHARINO, José Martins. **Compêndio universitário de direito do trabalho**. São Paulo: Jurídica e Universitária, 1972, v. 1.

COELHO, Fábio Ulhoa. **Curso de direito comercial**. 7. ed. São Paulo: Saraiva, 2006, v. 1.

________. **O empresário e os direitos do consumidor**: o cálculo empresarial na interpretação do Código de Defesa do Consumidor. São Paulo: Saraiva, 1994.

DELGADO, Maurício Godinho. **Curso de direito do trabalho**. 2. ed. São Paulo: LTr, 2003.

________. Sucessão trabalhista: a renovação interpretativa da velha lei em vista de fatos novos. **Síntese Trabalhista**, Porto Alegre, n. 129, mar. 2000.

ESTADOS UNIDOS DA AMÉRICA. Suprema Corte dos Estados Unidos. **Bank of United States v. Deveaux**. Rel. Chief Justice Marshall, Washington, j. em: 15-3-1809. Disponível em: <http://supreme.justia.com/us/9/61/case.html>. Acesso em: 10 out. 2011.

MAGANO, Octávio Bueno. **Os grupos de empresas no direito do trabalho**. São Paulo: Revista dos Tribunais, 1979.

MACIEL, José Alberto Couto. Grupo econômico. Equiparação salarial. **Revista LTr**, São Paulo, v. 53, n. 11, nov. 1989.

MEIRELES, Edilton. **Grupo econômico trabalhista**. Dissertação (Mestrado em Direito das Relações Sociais) – Pontifícia Universidade Católica de São Paulo, São Paulo, 2001.

________. As partes no processo do trabalho e o grupo econômico. **Jornal Trabalhista Consulex**, Brasília, a. 18, n. 895, dez. 2001.

MORAES FILHO, Evaristo de. **Sucessão nas obrigações e a teoria da empresa**. Rio de Janeiro: Forense, 1960, v. 1.

OLIVEIRA, José Lamartine de. **A dupla crise da pessoa jurídica**. São Paulo: Saraiva, 1979.

REINO UNIDO. Câmara dos Lordes do Parlamento Britânico. **Salomon v. Salomon & Co**. *Ltd*. (1897). Disponível em: <http://lawbore.net/company/hotdocs/374>. Acesso em: 11 out. 2011.

REQUIÃO, Rubens. Abuso de direito e fraude através da personalidade jurídica. **Revista dos Tribunais**, São Paulo, ano 58, v. 410, 2002.

ROMITA, Arion Sayão. Equiparação entre empregados de empresas que constituem grupo econômico. **Genesis – Revista de Direito do Trabalho**, Curitiba, n. 57, set. 1997.

SALOMÃO FILHO, Calixto. **O novo direito societário**. 3. ed. São Paulo: Malheiros, 2006.

SÜSSEKIND, Arnaldo et al. **Instituições de direito do trabalho**. 18. ed. Atualizada por Arnaldo Süssekind e João de Lima Teixeira Filho. São Paulo: LTr, 1999, v. 1.

VIANA, Márcio Túlio. Grupo econômico e trabalho subordinado. **Repertório IOB de Jurisprudência**, São Paulo, n. 19, out. 1996.

WARDE JÚNIOR, Waldrido Jorge. **Responsabilidade dos sócios**: a crise da limitação e a teoria da desconsideração. Belo Horizonte: Del Rey, 2007.

9 ATUAÇÃO DO MINISTÉRIO PÚBLICO DO TRABALHO

Raimundo Simão de Melo

Professor do Programa de Educação Executiva da DIREITO GV (GVlaw); professor de Direito e de Processo do Trabalho; membro da Academia Nacional de Direito do Trabalho e da Escola Superior do Ministério Público da União; mestre e doutor em Direito pela PUCSP; Procurador Regional do Trabalho.

9.1 Introdução

O objetivo deste artigo é mostrar, ainda que breve e resumidamente, as principais formas de atuação do Ministério Público nas relações de trabalho. Para uma melhor compreensão do tema, antes será analisado o perfil dessa instituição na Constituição Federal brasileira de 1988, as suas funções institucionais, os princípios que regem a instituição como um todo e os seus membros, e o seu poder investigatório. A partir de então, passar-se-á a analisar propriamente o Ministério Público do Trabalho no atual cenário jurídico brasileiro e as suas formas específicas de atuação extrajudicial e judicial, bem como os seus principais instrumentos utilizados na tutela dos direitos metaindividuais (difusos, coletivos e individuais homogêneos), como a audiência pública, as recomendações, o inquérito civil, o termo de ajustamento de conduta, a ação civil pública, o dissídio coletivo de trabalho e a ação de nulidade de instrumentos normativos e contratuais, para, ao final, encerrar com algumas considerações conclusivas sobre o tema enfocado.

9.2 O Ministério Público na Constituição Federal de 1988

Foi somente com a Constituição Federal de 1988 que o Ministério Público brasileiro alcançou seu crescimento maior, independência e autonomia.

Optou o constituinte de 1988 por lhe conferir elevado *status* constitucional, quase o erigindo a um "quarto poder". À instituição deu autonomia funcional e administrativa. Assegurou aos seus membros as mesmas garantias, requisitos de ingresso na carreira, forma de promoção e aposentadoria dos magistrados.

O Ministério Público é um órgão extrapoderes para controle dos Poderes Executivo, Legislativo e Judiciário (CF, art. 127).

É o Ministério Público brasileiro, acompanhando a evolução da instituição na sociedade moderna, um órgão destinado à preservação dos valores fundamentais do Estado-comunidade (não o Estado-Administração, como antes).

De acordo com a lei, o Ministério Público assumiu o papel de órgão do Estado, com a incumbência de defender e proteger as liberdades públicas constitucionais e os interesses indisponíveis da sociedade, o acesso social ao Judiciário e o *due process of law*.

Ele defende o interesse público primário, que é o interesse da sociedade. O interesse público secundário, do Estado-Administração, é defendido pelos advogados públicos e procuradores nas diversas esferas dos Poderes.

9.3 Funções institucionais do Ministério Público

Entre as novas funções destacam-se a realização de audiência pública, a expedição de recomendações para adequação de condutas, a mediação de conflitos sociais, a arbitragem, a instauração do inquérito civil e o ajuizamento da ação civil pública.

Como necessário para o desempenho das novas funções, não mais oficia o Ministério Público, como antes de 1988, em todos os processos submetidos à prestação jurisdicional, emitindo pareceres. A sua atuação como *custos legis* ocorre apenas nos casos em que houver norma legal expressa e válida exigindo sua intervenção ou quando o interesse público assim o justificar (Lei Complementar n. 75/93, art. 83, II).

A atuação ministerial em defesa da ordem jurídica se dá perante o Judiciário, o Legislativo e o Executivo. Isso se efetiva no

Judiciário quando o Ministério Público oficia como *custos legis*, na qualidade de parte ativa ou passiva na relação jurídico-processual.

A intenção do constituinte de 1988 foi no sentido de que a instituição deve atuar em defesa do interesse público primário da sociedade, que não se confunde com o interesse público secundário do Estado. Primário é o bem geral, o interesse da coletividade ou do indivíduo que necessitar da proteção especial do Estado. São os interesses difusos, coletivos e individuais homogêneos indisponíveis. Secundário é o interesse momentâneo da Administração Pública ou do administrador, que em muitas situações é antagônico com o interesse do povo. Por isso, a Constituição Federal de 1988 (art. 129, IX) vedou ao Ministério Público a defesa judicial e a assessoria e consultoria das entidades públicas.

9.4 Princípios institucionais do Ministério Público

São princípios inconstitucionais do Ministério Público a unidade, a indivisibilidade e a independência funcional (CF, § 1º do art. 127).

O princípio da independência funcional é um dos mais importantes princípios institucionais do Ministério Público, que visa garantir aos membros da instituição autonomia funcional para bem atuarem na defesa do interesse público. É uma garantia da instituição, do membro individualmente e da sociedade, destinatária da atuação ministerial destemida. Os membros do Ministério Público, assim como os magistrados, agem conforme o direito e a sua consciência jurídica.

9.5 Poder investigatório do Ministério Público

O Ministério Público pode, para instruir seus procedimentos e inquéritos civis (LC n. 75/93, art. 8º, V, VI, VIII), realizar inspeções e diligências investigatórias, ter livre acesso a qualquer local público ou privado, respeitadas as normas constitucionais pertinentes à inviolabilidade do domicílio e ter acesso incondicional a qualquer banco de dados de caráter público ou relativo a serviço de relevância pública.

Para bem instruir o inquérito civil, a lei armou o Ministério Público de amplos poderes instrutórios na busca dos elementos de convicção, necessários à boa instrução do procedimento e embasamento da provável ação judicial a ser ajuizada.

Para tanto pode requisitar, de qualquer organismo público ou particular, certidões, informações, exames ou perícias, no prazo que assinalar, o qual não poderá ser inferior a dez dias.

Como importante instrumento que é, o inquérito civil submete-se ao controle de legalidade por parte do Judiciário tanto no tocante à instauração como no curso da sua instrução. Isso pode se dar na ocorrência de medidas ilegais de caráter restritivo contra as liberdades pessoais e de atos que importem violação a direito líquido e certo do inquirido. Todavia, a mera instauração de um inquérito civil não representa qualquer constrangimento ilegal ou violação a direito líquido e certo a desafiar a busca de remédios judiciais, pena de se considerar o seu autor como litigante de má-fé.

É na instrução do inquérito que o órgão ministerial colherá elementos de convicção para o ajuizamento adequado e responsável da ação civil pública, estabelecendo o art. 10 da Lei n. 7.347/85 que constitui crime, punido com pena de reclusão de um a três anos, mais multa de dez a mil Obrigações Reajustáveis do Tesouro Nacional – ORTN, a recusa, o retardamento ou a omissão de dados técnicos indispensáveis à propositura da ação civil, quando requisitados pelo Ministério Público.

Salvo por motivo justificado, as requisições ministeriais não podem ser negadas, porque o seu desatendimento pode caracterizar crime de prevaricação ou desobediência, conforme o caso (CP, arts. 319 e 330).

Cabe ao *Parquet*, também e sempre que necessário, requerer a condução coercitiva de pessoas para deporem sobre fatos indispensáveis ao esclarecimento e ajuizamento da Ação Civil Pública, mediante força policial (LC 75/93, art. 8º, inciso IX). Essa medida, que pode acarretar restrição ao direito de ir e vir, deve ser imposta somente quando absolutamente indispensável e mediante cautela, como ressalta Hugo Nigro Mazzilli. Essa requisição, todavia, não se aplica ao inquirido, porque ninguém é obrigado a fazer prova contra si. Todavia, a ausência do inquirido a uma audiência pode-lhe acarretar alguma consequência, pois poderia prestar importantes esclarecimentos a seu favor sobre os fatos investigados (MELO, 2002).

Porque não submetido o inquérito ao devido processo legal, as provas nele obtidas são relativas no que diz respeito à convicção final do órgão julgador, "estando o Ministério Público obrigado a atuar com imparcialidade e não sendo o Inquérito Civil um instrumento de perseguição, já que exerce o papel de um magistrado ativo – magistrado inquirente, a toda evidência, a prova colhida no seu curso deve ser prestigiada", como conclui João Batista Martins César (2006, p. 96).

9.6 Formas de atuação do Ministério Público do Trabalho

Duas são as formas básicas de atuação do Ministério Público: extrajudicial e judicial.

A primeira se dá no âmbito administrativo, fora do Poder Judiciário. Essa forma de atuação é de grande importância na defesa e efetivação dos direitos metaindividuais, destacando-se com resultados positivos para a sociedade as audiências públicas, as recomendações, o inquérito civil, o Termo de Ajustamento de Conduta – TAC entre outros instrumentos.

A segunda ocorre perante o Poder Judiciário na qualidade de parte, autor, réu e fiscal da lei, tendo como destaque a ação civil pública.

9.6.1 Atuação extrajudicial do Ministério Público do Trabalho

O art. 84 da Lei Complementar n. 75/93 dispõe, *in verbis*:

Art. 84. Incumbe ao Ministério Público do Trabalho, no âmbito das suas atribuições, exercer as funções institucionais previstas nos Capítulos I, II, III e IV do Título I, especialmente:

I – integrar os órgãos colegiados previsto nos § 1º do art. 6º, que lhes sejam pertinentes;

II – instaurar Inquérito Civil e outros procedimentos administrativos, sempre que cabíveis, para assegurar a observância dos direitos sociais dos trabalhadores;

III – requisitar à autoridade administrativa federal competente, dos órgãos de proteção ao trabalho, a instauração de procedimentos administrativos, podendo acompanhá-los e produzir provas;

IV – ser cientificado pessoalmente das decisões proferidas pela Justiça do Trabalho, nas causas em que o órgão tenha intervido ou emitido parecer escrito;

V – exercer outras atribuições que lhe forem conferidas por lei, desde que compatíveis com sua finalidade.

Outra importante função extrajudicial do Ministério Público do Trabalho é a de árbitro na solução de conflitos trabalhistas, quando solicitado pelas partes (LC n. 75/93, art. 83, X), podendo atuar também como mediador na resolução dos conflitos trabalhistas.

9.6.2 Instrumentos de atuação extrajudicial do Ministério Público do Trabalho

9.6.2.1 Audiência pública

A audiência pública é um mecanismo pelo qual o cidadão e as entidades civis podem colaborar com o órgão ministerial no exercício de suas finalidades institucionais (CF, art. 129, IX) e participar de sua tarefa constitucional consistente no zelo do interesse público e na defesa de interesses metaindividuais (LONMP, art. 27, parágrafo único).

As audiências públicas têm-se revelado instrumentos eficientes de solução de problemas ligados aos interesses e direitos difusos e coletivos, para obter informações, depoimentos, sugestões, críticas e propostas, para haurir com mais legitimidade o fundamento da atuação institucional. Por meio delas abre-se diálogo entre os órgãos públicos e a sociedade. Serve para esclarecer as supostas pessoas envolvidas em irregularidades e os cidadãos interessados, indicando os caminhos legais a serem trilhados, bem como sobre as consequências jurídicas pela manutenção da conduta irregular, o que tem levado, na prática, à adequação da conduta espontaneamente em relação a uma boa parte das irregularidades denunciadas.

9.6.2.2 Recomendações

Ao Ministério Público cabe expedir recomendações, visando à melhoria dos serviços públicos e de relevância pública, bem como ao respeito aos interesses, direitos e bens, cuja defesa lhe cabe promover, fixando prazo razoável para a adoção das providências cabíveis (LC n. 75/93, art. 6º, XX).

As recomendações não têm caráter vinculante, mas podem acarretar implicações práticas pela sua grande força moral, psicológica e política, até mesmo naqueles casos em que as questões tratadas são de atuação discricionária. Quando se tratar de matéria versando questões cujas soluções decorram de comandos legais, com força obrigatória, as recomendações servem para prevenir responsabilidades e advertir os responsáveis sobre o cumprimento das medidas recomendadas. Sabe-se, que, para algumas empresas, a simples iniciativa investigatória pode-lhes acarretar consequências desagradáveis por conta de arranhões na sua imagem ou empecilhos à participação em processos licitatórios abertos pela Administração Pública.

Quanto aos entes públicos, também têm sido de grande valia as recomendações, principalmente pelo caráter preventivo na defesa do erário e do interesse público.

9.6.2.3 Inquérito civil

O inquérito civil tem previsão na Constituição Federal (art. 129, III) e em vários outros dispositivos legais, assegurando o § 1º do art. 8º da Lei n. 7.347/85 que o Ministério Público poderá instaurar, sob sua presidência, inquérito civil ou requisitar, de qualquer organismo público ou particular, certidões, informações, exames ou perícias, no prazo que assinalar, o qual não poderá ser inferior a dez dias.

É importante salientar que somente o Ministério Público pode instaurar inquérito civil, ao contrário das ações coletivas, que também podem ser ajuizadas por outros legitimados (CF, art. 129, § 1º).

9.6.2.3.1 Definição de inquérito civil

O inquérito civil é um procedimento administrativo de natureza inquisitiva tendente a recolher elementos de prova que ensejem o ajuizamento da ação civil pública.

Na lição de Hugo Nigro Mazzilli (1999, p. 46), o inquérito civil é uma investigação administrativa prévia a cargo do Ministério Público, que se destina basicamente a colher elementos de convicção para que o próprio órgão ministerial possa identificar se ocorre circunstância que enseje eventual propositura de ação civil pública ou coletiva.

Busca-se também com o inquérito civil a obtenção de ajustamento de conduta do inquirido às disposições legais.

Quanto à publicidade do inquérito civil e privacidade do inquirido, leciona Hugo Nigro Mazzilli (1999, p. 189-190):

> Por certo, por ser mero instrumento investigatório, o inquérito civil não encerra em si dose de certeza sobre a materialidade ou autoria das infrações nele apuradas; assim, é natural que haja exposições excessivas ou indevidas das pessoas que nele compareceram como investigadas, até que, ao cabo das investigações, não raro se chegará à conclusão de que não há base para a propositura da ação. Por isso, sendo a privacidade das pessoas um bem jurídico relevante, devem

ser coibidas as exposições indevidas de sua pessoa ou das investigações sobre ela, já que não raro tal exposição não é feita na defesa do interesse público, e sim, é apenas estimulada pelo sensacionalismo da imprensa. Isso não quer dizer, entretanto, deva ser o Inquérito Civil feito de forma clandestina ou à sorrelfa.

Na sua investigação deve o órgão ministerial evitar exposição injusta e excessiva do inquirido, mas não pode sonegar à sociedade o direito elementar de informação sobre as providências investigatórias em andamento.

9.6.2.3.2 Devido processo legal no inquérito civil

Não cabe no inquérito civil o devido processo legal, o qual se aplica somente em processo judicial ou administrativo (CF, art. 5º, LV: "aos litigantes, em processo judicial ou administrativo, e aos acusados em geral são assegurados o contraditório e ampla defesa, como os meios e recursos a ela inerentes"). Não se trata, no inquérito civil, de processo administrativo e muito menos judicial, não cabendo ao inquirido o qualificativo de acusado. Ele é apenas inquirido.

Como assevera Mazzilli (1999, p. 48-49), não se trata de processo, mas de simples procedimento que visa investigar sobre o ato denunciado; não há falar em acusação nem em aplicação de sanção ao inquirido, nem limitações ou perda de direitos do inquirido; nele não se decide controvérsia, como ocorre, por exemplo, em processo administrativo. Nele se buscam os elementos para eventual propositura de medida judicial, ou, então, configurada a ilegalidade do ato, a assinatura de um termo de ajustamento de conduta, de forma espontânea.

9.6.2.3.3 Controle de legalidade no inquérito civil

Para evitar arbitrariedades do órgão condutor, o inquérito civil submete-se ao controle de legalidade por parte do Judiciário no tocante à sua instauração e instrução. Esse controle se dá por meio de *habeas corpus*, no caso de medidas ilegais de caráter restritivo contra as liberdades pessoais, e pelo mandado de segurança, quanto aos atos que importem violação a direito líquido e certo do inquirido. Mas a simples instauração de um procedimento investigatório ou inquérito civil não enseja, por si só, constrangimento ilegal ou violação a direito líquido e certo a desafiar os remédios heroicos mencionados. A competência, no caso, é da Justiça Federal (CF, art. 109, VII e VIII).

9.6.2.3.4 Validade das provas obtidas no inquérito civil

As provas obtidas no inquérito civil não são definitivas para o deslinde da lide, embora, na prática e diante da atuação responsável dos membros do Ministério Público, sejam levadas em conta em muitos casos, como suficientes ao proferimento das decisões judiciais.

No processo penal é fundamental a repetição das provas do inquérito policial no curso do processo penal, o que não ocorre no processo do trabalho, que tem principiologia própria e o CPC como fonte subsidiária (CLT, art. 769). Mas a repetição das provas no Judiciário é necessária quando impugnadas específica e consistentemente pelo réu na contestação ou quando o juiz entender insuficientes os elementos probatórios colhidos no inquérito. A decisão é do juiz da causa, na apreciação livre da prova (CPC, art. 131) e mediante aplicação do devido processo legal (CF, art. 5º, LV). Em regra, portanto, a validade da prova produzida no inquérito civil é relativa (STJ, REsp 476.660, 2ª Turma, Rel. Min. Eliana Calmon, j. em: 20-5-2003).

9.6.2.3.5 O inquérito civil como condição para ajuizamento da ação civil pública

O inquérito civil não é condição para ajuizamento da ação civil pública ou de outra qualquer medida judicial. O seu objetivo é esclarecer os fatos denunciados e buscar elementos de convicção para que o promotor, de forma responsável, possa ajuizar uma ação ou dizer por que não o faz.

9.6.2.3.6 Fases do inquérito civil

O inquérito civil apresenta três fases: a) de *instauração* (de regra, por portaria ou despacho ministerial a acolher o requerimento ou representação); b) de *instrução* (coleta de provas: oitiva de testemunhas, juntada de documentos, realização de vistorias, exames e perícias); e c) de *conclusão* (relatório final, conclusivo, propendendo pelo arquivamento ou, em caso contrário, pela propositura da ação judicial).

9.6.2.3.7 Homologação de arquivamento do inquérito civil

Havendo arquivamento do *Inquérito Civil*, este deve, obrigatoriamente, ser submetido ao Conselho Superior do Ministério Público, para homologação, no prazo de três dias, sob pena de incorrer o órgão condutor em falta grave. Submetem-se também à homologação pelo aludido conselho quaisquer outros arquivamentos de procedimentos investigatórios prévios ou de peças informativas sobre representações recebidas pelo membro agente, conforme estabelece o § 1º do art. 9º da Lei n. 7.347/85. Essa providência constitui segurança para a sociedade mediante controle da investigação pelo Conselho Superior da instituição ou outro órgão a quem essa função seja delegada.

O arquivamento será sugerido pelo órgão agente de forma fundamentada, para propiciar eventual impugnação por parte dos demais legitimados à ação civil pública ou de quem ofereceu a denúncia, bem como para oferecer elementos de avaliação ao Conselho Superior.

Não havendo homologação do arquivamento, será designado outro membro do *Parquet* para atender a uma das hipóteses seguintes: a) prosseguir nas investigações, caso se entenda insuficientes as até então realizadas; b) instaurar inquérito civil, se se tratar a homologação de arquivamento de peças informativas; c) para ajuizar a correspondente ação (art. 9º e parágrafos da Lei n. 7.347/85).

Contra o arquivamento do inquérito civil pelo órgão ministerial, podem as associações legitimadas do art. 5º da Lei n. 7.347/85 ou quem ofereceu a denúncia apresentar razões escritas ou documentos pertinentes, que serão levados em conta pelo órgão Superior quando da apreciação da sua homologação (Lei n. 7.347/85, art. 9º, § 2º).

No âmbito do Ministério Público do Trabalho a homologação de arquivamento do inquérito civil foi delegada à Câmara de Coordenação e Revisão, cujo procedimento é regido pela Resolução n. 69 do Conselho Superior.

9.6.2.4 Termo de Ajustamento de Conduta – TAC

O Termo de Ajustamento de Conduta consta do § 6º do art. 5º da Lei n. 7.347/85, que tem a seguinte redação: "Os órgãos públicos legitimados poderão tomar dos interessados compromisso de ajustamento de sua conduta às exigências legais, mediante cominações, que terá eficácia de título executivo extrajudicial".

Esse instrumento propicia maior agilidade e efetividade dos negócios jurídicos relativos aos direitos e interesses metaindividuais (difusos, coletivos e individuais homogêneos) e evita o ajuizamento de ações judiciais.

9.6.2.4.1 Natureza jurídica do TAC

A natureza jurídica do Termo de Ajustamento de Conduta é de título executivo extrajudicial, executável direta e imediatamente perante a Justiça do Trabalho, por força do que dispõem a Lei n. 7.347/85 e o art. 876 da CLT.

9.6.2.4.2 Legitimidade para tomar TAC

De acordo com a Lei n. 7.347 (art. 5º, § 6º), podem tomar o Termo de Ajustamento de Conduta os órgãos públicos legitimados mencionados no *caput* do art. 5º da Lei n. 7.347/85, menos as associações civis e fundações de direito privado, que não são pessoas jurídicas de direito público.

Deve-se acrescentar nesse rol de legitimados as defensorias públicas, que com a alteração do art. 5º da Lei n. 7.347/85 pela Lei n. 11.488/2007, agora podem ajuizar ação civil pública. Cabe mencionar que o Ministério do Trabalho, como órgão público da União, pode tomar Termo de Ajustamento de Conduta na forma do aludido § 6º, o qual não se confunde com o Termo de Compromisso de que tratam o art. 627-A da CLT e o regulamento da Inspeção do Trabalho (Decreto n. 4.552/2002).

9.6.2.4.3 Objeto do TAC

O objeto do TAC pode ser uma obrigação de fazer ou não fazer, o que constitui regra geral. Porém, nada obsta a que possa também se constituir numa obrigação de dar.

O TAC representa garantia mínima e não máxima dos direitos violados, de maneira que qualquer outro legitimado ou até mesmo aquele órgão que o tomou pode ajuizar uma medida judicial para buscar o cumprimento dos direitos violados, quando não protegidos ou reparados integralmente no ajustamento de conduta.

A finalidade do TAC é buscar o cumprimento da lei de forma espontânea, simples, barata e rápida, sem custo para o Estado, além de contribuir para o desafogo do Poder Judiciário.

9.6.2.4.4 Transação no TAC

Não cabe transação no TAC porque os legitimados coletivos não podem dispor dos interesses e direitos da coletividade. Cabe transação apenas em relação ao prazo e forma de cumprimento da obrigação ajustada. Os legitimados concorrentes só têm disponibilidade processual, podendo até desistir da ação civil, mas não podem dispor do direito material violado. Assim, o compromisso tomado pelo Ministério Público ou por qualquer outro legitimado não deve ficar aquém do que determina a lei.

9.6.2.4.5 Validade do TAC

Celso Antonio Pacheco Fiorillo, Marcelo Abelha e Rosa Maria Andrade Nery (2000) elencam as seguintes condições de validade do termo de compromisso de ajustamento de conduta: a) necessidade da integral reparação do dano, em razão da natureza indisponível do direito violado; b) indispensabilidade de cabal esclarecimento dos fatos, de modo a ser possível a identificação das obrigações a serem estipuladas, já que desfrutará de eficácia de título executivo extrajudicial; c) obrigatoriedade da estipulação de cominações para a hipótese de inadimplemento; d) anuência do Ministério Público, quando não seja autor.

Discordamos da última condição, porque não há previsão legal a respeito.

9.6.2.4.6 Multa no TAC

No TAC, além das obrigações de fazer, não fazer, de suportar e de dar são obrigatoriamente fixadas cominações, normalmente em valores elevados. A sua finalidade é forçar o cumprimento da ordem jurídica. Essa multa não se confunde com a conhecida cláusula penal fixada nos contratos civis e em acordos judiciais. É uma coação de caráter econômico, que influi psicologicamente no ânimo do infrator, para que cumpra a prestação assumida. Em hipótese alguma ela substitui a obrigação principal.

9.6.2.4.7 Destinação da multa

Como no âmbito trabalhista não existe um fundo difuso próprio, os valores das cominações fixadas nos termos de compromisso e nas sentenças judiciais, bem como as indenizações coletivas, vêm sendo revertidos ao Fundo de Amparo ao Trabalhador – FAT, na forma do art. 11, V, da Lei n. 7.998/90.

A Lei n. 7.347/85 (art. 13) prevê que as indenizações por danos coletivos devem ser revertidas a um fundo, cujo objetivo é "reconstituir o bem lesado". Como nem sempre o FAT cumpre essa finalidade, vêm sendo adotadas formas alternativas de destinação desses valores, como, por exemplo, para custear campanhas educativas com anúncios, a produção de cartilhas para o trabalhador e para o público em geral, a construção de creches e escolas, o pagamento de cursos de formação profissional e a compra de equipamentos para ser doados a órgãos e entidades que atuam na aplicação das leis de proteção ao trabalho.

9.6.2.4.8 Execução do TAC

Constituem objeto de execução do TAC não cumprido, cumulativamente, as obrigações nele ajustadas (obrigações de dar, de fazer ou não fazer, mais o valor das *astreintes* fixadas)[1].

A competência judicial para execução do TAC tomado pelo Ministério Público do Trabalho é da Justiça do Trabalho (art. 876 da CLT).

Quanto às obrigações de fazer ou não fazer, o juiz determinará o cumprimento da prestação da atividade devida ou a cessação da atividade nociva, sob pena de execução específica ou de cominação de nova multa, se esta for suficiente ou compatível, independentemente de requerimento do autor (Lei n. 7.347/85, art. 11, e CPC, art. 645). Novos prazos e multas serão fixados pelo juiz como forma de assegurar o resultado prático equivalente ao adimplemento da obrigação.

---

[1] "Em execução de Termo de Ajustamento de Conduta é possível a cumulação de obrigações de fazer ou não fazer e de pagar. O art. 573 do Código de Processo Civil não tem o condão de imprimir a cisão da execução de obrigações previstas no mesmo título e ligadas por relação de acessoriedade. Não há óbice nas normas processuais trabalhistas para a cumulação de pretensões executórias, existindo previsão de procedimento unificado no art. 880 da CLT. Agravo de Petição a que se dá provimento, nesta parte." (TRT-9, AP 86013-2004-654-09-00-1, Seção Especializada, Rel. Juiz Ubirajara Carlos Mendes, j. em: 6-3-2006)

O montante da multa da execução é o resultado da cominação fixada no TAC desde a data em que deixou de ser cumprida a obrigação, até a propositura da execução em juízo. Daí em diante tudo correrá por conta do que for fixado pelo magistrado.

Conforme o parágrafo único do art. 645 do CPC, pode o juiz reduzir o valor da multa fixado no título, se este for excessivo. Igualmente pode aumentá-lo se entendê-la irrisória. Mas não pode limitá-la ao disposto no art. 413 do CC, porque não tem ela caráter penal e substitutivo da obrigação. O seu caráter é sancionatório pelo descumprimento da obrigação, não encontrando qualquer limite, pois a sua característica é exatamente tornar oneroso o descumprimento da obrigação ajustada.

9.6.2.4.9 Prazo de vigência do TAC

Se o caso tratar de obrigação de pagar/dar, nos termos e cláusulas do compromisso serão estabelecidos os prazos de cumprimento e vigência da obrigação.

Em relação às obrigações de fazer, não fazer e suportar não se pode estabelecer prazo de vigência. As obrigações são fixadas tendo por embasamento a ordem jurídica vigente. Portanto, enquanto esta não mudar, as obrigações assumidas continuam em vigor, como as normas de segurança, higiene e medicina do trabalho, cuja previsão legal de cumprimento consta da lei e enquanto esta existir a obrigação assumida existirá. Quer dizer, as cláusulas são assumidas por prazo indeterminado.

9.6.2.4.10 Efeitos territoriais do TAC

Os efeitos territoriais de um TAC vão depender do objeto negociado. No caso de obrigação de fazer ou não fazer envolvendo direitos difusos e coletivos, os efeitos são *erga omnes*, atingindo o inquirido em qualquer parte do território nacional, a exemplo do que ocorre com a coisa julgada coletiva.

É que tais interesses são indivisíveis, pelo que qualquer limitação em contrário deve ficar expressa no termo, uma vez que, se uma empresa com estabelecimentos em várias localidades firmar um TAC comprometendo-se a não praticar discriminação contra seus empregados, a obrigação valerá em todo o território nacional e a filial que agir de forma contrária estará descumprindo o avençado e dando ensejo a uma ação de execução da obrigação assumida.

9.6.2.4.11 Desconstituição do TAC

O meio adequado para desfazimento de um TAC é uma ação anulatória, o que se justifica quando houver vícios formais ou materiais. O objeto da ação é retirar a validade do negócio jurídico e impedir os seus efeitos.

Pode ser autor do desfazimento do TAC o inquirido, o órgão público que o tomou ou um dos outros órgãos públicos legitimados ou pessoas interessadas, atingidas pelos seus efeitos.

Legitimados passivos para responder à ação anulatória são os signatários do termo.

Competente para apreciar e julgar a ação é uma das Varas do Trabalho que teria competência para o processo de conhecimento relativo à matéria objeto da obrigação estipulada, a quem caberia julgar eventual ação de prevenção ou reparação do dano relativo a essa matéria (arts. 877-A da CLT e 2º da Lei n. 7.347/85).

A ação anulatória não se presta simplesmente a impedir o cumprimento do TAC, como tem sido usada por alguns inquiridos. No caso dos títulos executivos extrajudiciais, como o TAC, o risco de uma execução injusta, como tem sido sustentado, é excluído pela possibilidade de serem opostos embargos pelo executado ou pela própria avaliação acerca das condições da ação executiva, dos pressupostos processuais e dos requisitos de ordem pública para a regularidade procedimental, sempre realizada pelo juiz da execução.

Cabe mencionar que, no caso da conciliação judicial homologada pela Justiça do Trabalho, em ação civil pública ou noutra ação coletiva, o remédio para sua desconstituição não é ação anulatória, mas uma ação rescisória, na forma do parágrafo único do art. 831 da CLT e Súmula 259 do TST (2003).

9.6.3 Atuação judicial do Ministério Público do Trabalho

No âmbito judicial, a atuação ministerial é extensa, tendo como gênero a ação civil pública e espécies todas as ações ajuizáveis para a defesa da ordem jurídica, do regime democrático e dos interesses relevantes da sociedade. Salvo a ação penal pública e a atuação como órgão interveniente – *custos legis* (CF, art. 129, § 2º) –, as demais ações coletivas de que é titular o Ministério Público podem ser propostas por terceiros de forma concorrente.

O art. 83 da Lei Complementar n. 75/93 diz que compete ao Ministério Público do Trabalho o exercício das seguintes atribuições junto aos órgãos da Justiça do Trabalho:

> I – promover as ações que lhe sejam atribuídas pela Constituição Federal e pelas leis trabalhistas;
>
> II – manifestar-se em qualquer fase do processo trabalhista, acolhendo solicitação do juiz ou por sua iniciativa, quando entender existente interesse público que justifique a intervenção;
>
> III – promover a ação civil pública no âmbito da Justiça do Trabalho, para defesa de interesses coletivos, quando desrespeitados os direitos sociais constitucionalmente garantidos;
>
> IV – propor as ações cabíveis para declaração de nulidade de cláusula de contrato, acordo coletivo ou convenção coletiva que viole as liberdades individuais ou coletivas ou os direitos individuais indisponíveis dos trabalhadores;
>
> V – propor as ações necessárias à defesa dos direitos e interesses dos menores, incapazes e índios, decorrentes das relações de trabalho;
>
> VI – recorrer das decisões da Justiça do Trabalho, quando entender necessário, tanto nos processos em que for parte como naqueles em que oficiar como fiscal da lei, bem como pedir revisão dos Enunciados da Súmula de Jurisprudência do Tribunal Superior do Trabalho;

VII – funcionar nas sessões dos Tribunais Trabalhistas, manifestando-se verbalmente sobre a matéria em debate, sempre que entender necessário, sendo-lhe assegurado o direito de vista dos processos em julgamento, podendo solicitar as requisições e diligências que julgar convenientes;

VIII – instaurar instância em caso de greve, quando a defesa da ordem jurídica ou o interesse público assim o exigir;

IX – promover ou participar da instrução e conciliação em dissídios decorrentes da paralisação de serviços de qualquer natureza, oficiando obrigatoriamente nos processos, manifestando sua concordância ou discordância, em eventuais acordos firmados antes da homologação, resguardado o direito de recorrer em caso de violação à lei e à Constituição Federal;

X – promover mandado de injunção quando a competência for da Justiça do Trabalho;

XI – atuar como árbitro, se assim for solicitado pelas partes, nos dissídios de competência da Justiça do Trabalho;

XII – requerer as diligências que julgar convenientes para o correto andamento dos processos e para a melhor solução das lides trabalhistas;

XIII – intervir obrigatoriamente em todos os feitos nos segundo e terceiro graus de jurisdição da Justiça do Trabalho, quando a parte for pessoa jurídica de direito público, Estado estrangeiro ou organismo internacional.

Judicialmente, o Ministério Público do Trabalho pode atuar na condição de parte ou de *custos legis*.

9.6.3.1 Como órgão agente

Como parte ativa, exemplificativamente, o Ministério Público do Trabalho ajuíza as ações previstas nos incisos I, III, IV, V, VIII e X do art. 83 acima transcritos.

As principais ações por ele ajuizadas são a ação civil pública, a ação civil coletiva, a ação anulatória, a ação rescisória (CPC, art. 487, III) e o dissídio coletivo de greve.

9.6.3.2 Como órgão interveniente

O Ministério Público do Trabalho atua como órgão interveniente (*custos legis*) nas hipóteses dos incisos II, VI, VII, IX, XII e XIII do art. 83 da Lei Complementar n. 75/93.

Fora delas, a intervenção do Ministério Público do Trabalho será facultativa.

É claro que o inciso II do art. 83 é de conceito aberto, dizendo que cabe ao Ministério Público do Trabalho manifestar-se nos processos em que entender existente interesse público. Assim, fora das hipóteses elencadas nos incisos VI, VII, IX, XII e XIII do art. 83, outras podem requerer a sua intervenção ministerial, quando presente interesse público, que é aquele interesse indisponível, aquele interesse que ultrapassa o mero interesse das partes envolvidas no litígio.

A intervenção ministerial nos processos trabalhistas será obrigatória nos dissídios individuais quando houver solicitação do juiz e o órgão do *Parquet* entender relevante a questão pela presença de interesse público, nos feitos em que figurem como partes ou interessados crianças, adolescentes, incapazes e índios. Nas ações civis públicas e demais demandas coletivas, quando não ajuizadas pelo Ministério Público, a intervenção é obrigatória (Lei n. 7.347/85, art. 5º, § 1º). Também tem ele atuação nos mandados de segurança e nos dissídios coletivos, especialmente em caso de greve que possa acarretar lesão ao interesse público, nas ações de competência originária dos tribunais, quando houver previsão regimental expressa; nos pedidos de sequestro formulados em procedimentos relativos a precatórios (CPC, art. 731) e nos feitos nos segundo e terceiro graus de jurisdição da Justiça do Trabalho, quando a parte for pessoa jurídica de direito público, Estado estrangeiro ou organismo internacional.

Quando o Ministério Público intervém num processo em que sejam partes pessoas jurídicas de direito público, não significa que a manifestação deva ser favorável a este, porque não é ele mais representante judicial dessas pessoas, como antes (CF, art. 129, IX). A atuação ministerial, em qualquer hipótese, dar-se-á não mais como defensor do ente público, mas como fiscal da ordem jurídica, podendo ser contra ou a favor daquele, conforme a situação tratada nos autos.

Cada membro, individualmente, examinará o caso concreto e fará a manifestação da maneira que entender adequada, porque quem julga é o juiz e o Ministério Público age como fiscal da lei, observando se tudo corre de acordo com o ordenamento legal. Exigir, como outrora, intervenção do Ministério Público em todos os processos e manifestação circunstanciada nas hipóteses de intervenção descritas nos mencionados incisos do art. 83 da LC n. 75/93 inviabiliza o seu novo papel institucional como órgão agente na promoção do inquérito civil e da ação civil pública.

9.6.4 Instrumentos de atuação judicial do Ministério Público do Trabalho

9.6.4.1 Ação civil pública

A ação civil pública tem origem na LC n. 40/81, na Lei n. 6.938/81 (art. 14), na Lei n. 7.347/85 e na Carta de 1988 (art. 129, III) como instrumento destinado à defesa dos interesses metaindividuais da sociedade.

A ação civil pública, como espécie do gênero das ações coletivas, tem por finalidade proteger os direitos e interesses metaindividuais – difusos, coletivos e individuais homogêneos – de ameaças e lesões. É uma das mais importantes formas de acesso do jurisdicionado ao Poder Judiciário (CF, art. 5º, XXXV), não apenas para buscar reparação de direitos, mas também e especialmente para prevenir lesões.

Destaca-se a sua importância, eis que esses direitos, regra geral, não podem ser tutelados individualmente porque o cidadão é quase sempre um hipossuficiente que não dispõe de condições técnicas, financeiras e até psicológicas para enfrentar os poderosos em demandas que duram muitos anos perante o Judiciário, além de terem de se expor ao adversário.

A ação civil pública trabalhista representa, como tem demonstrado a experiência do dia a dia, efetiva forma de acesso do cidadão ao direito de ação, que, individualmente, vem, em muitos casos, tornando simples retórica o comando do aludido inciso XXXV.

9.6.4.1.1 Objeto da ação civil pública

Estabelece a Lei n. 7.347/85 que a ação civil pública poderá ter por objeto a condenação em dinheiro ou o cumprimento de obrigação de fazer ou não fazer (art. 3º) e que, na ação que tenha por objeto o cumprimento de obrigação de fazer ou não fazer, o juiz determinará o cumprimento da prestação da atividade devida ou a cessação da atividade nociva, sob pena de execução específica, ou de cominação de multa diária, se esta for suficiente ou compatível, independentemente de requerimento do autor (art. 11).

Poderá ser ajuizada ação cautelar, objetivando, inclusive, evitar o dano ao meio ambiente e a outros direitos difusos e coletivos, podendo o juiz conceder mandado liminar, com ou sem justificação prévia, cuja decisão, na Justiça do Trabalho, poderá ser impugnada por mandado de segurança.

A ação civil pública pode ter por objeto um comando condenatório, cautelar, declaratório, constitutivo (positivo ou negativo), mandamental, de liquidação e de execução ou qualquer outra espécie, quando necessário para a tutela dos direitos e interesses metaindividuais (difusos, coletivos e individuais homogêneos).

9.6.4.1.2 Pedidos na ação civil pública

a) Obrigações de fazer, não fazer e suportar

Quanto aos interesses ou direitos difusos e coletivos, em regra, o primeiro pedido é do cumprimento de uma obrigação de fazer, não fazer ou suportar alguma coisa, como forma de prevenção de futuros danos aos referidos direitos.

*b) Cominação/multa/*astreintes

A multa, também chamada de cominação e *astreintes*, tem por fim coagir econômica e psicologicamente o réu a cumprir o comando judicial referente à obrigação imposta. Essa cominação não tem natureza penal, como a multa fixada no tocante à obrigação de pagar. Ela é fixada por infração, por empregado, por dia de atraso no cumprimento da decisão ou de forma mista, conforme a situação.

O seu valor deve ser suficientemente elevado a ponto de desmotivar o infrator da norma legal a continuar descumprindo-a, mas não pode ser tão excessivo a ponto de inviabilizar um empreendimento, quer dizer, tem de ser na dose certa. Caso não seja pedida pelo autor da demanda, pode o juiz fixá-la de ofício.

Na jurisdição coletiva, essa cominação vem estabelecida nos arts. 11 e 12, § 2º, da Lei n. 7.347/85. No primeiro dispositivo, para a decisão final na ação civil pública e, no segundo, para a concessão de liminar. Ambas, como se infere dos aludidos dispositivos, servem para obrigar o responsável pelo ato a cumprir a obrigação de fazer ou não fazer, porque nesse tipo de obrigação a tutela buscada é quase sempre de caráter preventivo e a irreparabilidade e irreversibilidade dos prejuízos são quase certos.

Com efeito, estabelece o § 2º do art. 12 da Lei n. 7.347/85 que a multa cominada liminarmente só será exigível do réu após o trânsito em julgado da decisão favorável ao autor, mas será devida desde o dia a partir da publicação do ato.

No processo do trabalho, por falta de fundo específico, os valores das multas têm sido carreados ao FAT ou alternativamente revertidos para a destinação do art. 13, como visto anteriormente quando analisados em relação ao TAC.

c) Condenação em dinheiro por danos genéricos causados

Em duas situações pode ser pedida uma condenação em dinheiro pelos danos causados aos direitos metaindividuais. A primeira ocorre quando se torna impossível a reparação *in natura* do dano mediante o retorno ao *statu quo ante*. Nesse caso, diante da impossibilidade do cumprimento da obrigação, esta será convertida numa compensação pecuniária. A segunda tem cabimento quando, mesmo cumprindo o réu a obrigação de fazer, de não fazer ou de suportar, deverá arcar com uma indenização pelos prejuízos decorrentes dos danos genéricos até então praticados, porquanto o adimplemento de tais obrigações dar-se-á somente para o futuro.

A condenação pelos danos causados é de índole coletiva, não impedindo que cada vítima reclame uma indenização pelos danos individualmente sofridos.

Essa indenização pode ser, conforme o caso, por danos materiais ou morais coletivos.

Conforme estabelece a Constituição Federal (art. 5º, V e X), a reparação do dano moral está assegurada quando violadas a intimidade, a vida privada, a honra e a imagem das pessoas, assegurando, em consequência, a sua indenização, inclusive contra pessoa jurídica (Lei n. 7.347/85, art. 1º e incisos e art. 6º e incisos VI e VII do CDC).

No direito do trabalho é comum a ocorrência do dano moral, como reconhecem a doutrina e a jurisprudência. Por exemplo, em relação ao meio ambiente do trabalho, ao trabalho análogo à condição de escravo, ao trabalho infantil, à discriminação de toda ordem (da mulher, do negro, do dirigente sindical, do trabalhador que ajuíza ação trabalhista, do deficiente físico etc.), por revista íntima vexatória e pelo descumprimento das normas de proteção ao trabalho.

Há casos em que a simples indenização pecuniária é insuficiente para reparar completamente os efeitos do dano, podendo o juiz cumulá-la com outras formas de reparação, como, por exemplo, com a prestação de serviços à comunidade.

O pagamento de valores por danos morais coletivos tem finalidade compensatória e sancionatória em face das lesões aos direitos coletivos, mas também pelo descumprimento da legislação de proteção aos trabalhadores. É um tipo de multa punitiva para servir de exemplo pedagógico para o ofensor e para outras pessoas (TST, 2006).

d) De indenização dos direitos individuais homogêneos

Existem divergências sobre qual instrumento processual se utilizar para veicular pretensão reparatória referente aos direitos e interesses individuais homogêneos perante a Justiça do Trabalho.

Há quem entenda deva ser utilizada exclusivamente a ação civil coletiva do art. 91 do CDC, como é o caso de Ives Gandra da Silva Martins Filho (1995).

Para outros doutrinadores, como Carlos Henrique Bezerra Leite (2001), por não existir norma constitucional ou legal prevendo o cabimento dessa ação na Justiça do Trabalho, o remédio adequado é sempre a ação civil pública.

No nosso entender, a ação civil coletiva, por força do que dispõe o art. 21 da Lei n. 7.347/85, tem aplicação na Justiça do Trabalho. Assim, se a pretensão veiculada em juízo é de indenização pelos danos causados aos direitos individuais homogêneos, não há problema algum em se utilizar a ação civil coletiva. Mas também não nos parece inadequado o uso da ação civil pública para tutela desses interesses, porque ambas são ações de índole coletiva e o *nomen juris* da ação é o que menos importa e, por isso, não pode servir de obstáculo à tutela coletiva dos direitos das vítimas, no caso, os trabalhadores.

O maior problema a ser enfrentado ocorre quando se cumulam numa mesma ação, por exemplo, pretensões de obrigações de fazer, de não fazer ou de suportar, referentes aos direitos difusos e coletivos, com pleitos reparatórios pelos danos causados aos direitos individuais homogêneos.

No âmbito do Ministério Público do Trabalho tem sido comum a acumulação, numa mesma ação civil pública, dos pedidos essenciais de tutela dos interesses difusos e coletivos (obrigação de fazer, de não fazer, de suportar e condenação em dinheiro por dano genérico) e os pedidos possíveis referentes à reparação pelos danos causados aos direitos individuais homogêneos.

Essa forma de atuação do Ministério Público atende aos princípios de economia e celeridade processuais, além de prestigiar e facilitar o acesso coletivo do cidadão ao Poder Judiciário. Ademais, como é sabido, um mesmo ato de ofensa ao ordenamento jurídico pode dar ensejo a vários tipos de tutela (de direitos difusos, coletivos, individuais homogêneos e individuais puros). Assim, a cumulação de pedidos numa mesma ação coletiva, além dos benefícios antes aludidos, propicia a uniformidade de tratamento judicial para um mesmo fato, o que constitui um dos mais caros desideratos da prestação jurisdicional, muito ausente no sistema tradicional individualista de tutela jurisdicional.

Finalmente, se acolhida a pretensão reparatória em relação aos individuais homogêneos, a condenação será genérica, apenas fixando a responsabilidade do réu pelos danos individualmente sofridos pelos trabalhadores (CDC, art. 95), cujo *quantum debeatur* será apurado na fase de liquidação.

e) Tutelas de urgência

Pelas características dos direitos metaindividuais são comuns os pedidos e a concessão de tutelas de urgência, que podem ser em relação ao próprio direito material vindicado na ação (antecipação de tutela) ou para proteção do processo (cautelar).

Na hipótese do cumprimento de obrigação de fazer, de não fazer e de suportar, poderá o juiz conceder mandado liminar, com ou sem justificação prévia, a pedido da parte interessada ou *ex officio* (Lei n. 7.347/85, art. 12, e CDC, art. 84, § 3º). Trata-se da hipótese de antecipação de tutela do direito vindicado, quando presente uma situação de grave e iminente risco a provocar danos irreversíveis e irreparáveis à coletividade. Sua natureza é satisfativa da tutela definitiva, embora provisória.

É, por exemplo, a hipótese do art. 161 da CLT, quando demonstrada a existência de grave e iminente risco para a saúde dos trabalhadores. Nesse caso deve o juiz conceder a medida, em face da irreversibilidade e irreparabilidade do possível dano, aplicando os princípios da prevenção, da precaução e da dignidade humana.

O art. 12 da Lei n. 7.347/85 e o § 3º do art. 84 do CDC não exigem o requerimento da parte interessada na antecipação de tutela ou de qualquer liminar na ação civil pública. Desse modo, pode o juiz, para evitar e/ou prevenir danos irreparáveis aos interesses e direitos metaindividuais, conceder de ofício qualquer medida que entenda adequada à efetivação do direito lesionado ou ameaçado de lesão, desde que presentes o *fumus boni juris* e o *periculum in mora*.

Há situações em que se exige uma tutela cautelar propriamente dita, com vistas à proteção e utilidade do processo. Assim, estabelece o art. 4º da Lei n. 7.347/85 que "Poderá ser ajuizada ação cautelar para os fins desta Lei, objetivando, inclusive, evitar o dano ao meio ambiente, ao consumidor, à ordem urbanística ou aos bens e direitos de valor artístico, estético, histórico, turístico e paisagístico". Às ações cautelares, quanto ao procedimento, aplicam-se os arts. 796 e seguintes do CPC (Lei n. 7.347/85, art. 19).

Tanto na antecipação de tutela como na ação cautelar são cabíveis as chamadas tutelas inibitórias, que visam: a) impedir a prática de um ilícito; b) inibir a sua repetição; ou c) inibir a sua continuação. Tanto em uma como em outra, o juiz poderá conceder a medida acautelatória com ou sem justificação prévia, conforme a situação.

9.6.4.1.3 Legitimidade ativa

São legitimados ativos para a ação civil pública as pessoas indicadas no art. 5º da Lei n. 7.347/85, *verbis*:

> Têm legitimidade para propor a ação principal e a ação cautelar:
>
> I – o Ministério Público;
>
> II – a Defensoria Pública;
>
> III – a União, os Estados, o Distrito Federal e os Municípios;
>
> IV – a autarquia, empresa pública, fundação ou sociedade de economia mista;
>
> V – a associação que, concomitantemente:

a) esteja constituída há pelo menos 1 (um) ano nos termos da lei civil;

b) inclua, entre suas finalidades institucionais, a proteção ao meio ambiente, ao consumidor, à ordem econômica, à livre concorrência ou ao patrimônio artístico, estético, histórico, turístico e paisagístico.

§ 1º O Ministério Público, se não intervier no processo como parte, atuará obrigatoriamente como fiscal da lei.

9.6.4.1.4 Legitimidade do Ministério Público

A legitimidade do Ministério Público para ajuizamento da ação civil pública ou outra ação coletiva é presumida ante as suas funções institucionais (CF, arts. 127 e seguintes).

Com a Lei n. 7.347/85 foi ampliado o rol de legitimados e mais recentemente, pela Lei n. 11.448/2007, foi incluída a defensoria pública como órgão legitimado ativo.

9.6.4.1.5 Legitimidade dos sindicatos

As associações civis, conforme a sua finalidade estatutária, poderão agir em juízo por meio das ações coletivas, como é o caso dos sindicatos (inciso III do art. 8º da CF).

A ampliação da legitimação coletiva concorrente em relação aos sindicatos é importante para facilitar o acesso coletivo à Justiça na busca de melhor e efetiva proteção dos direitos fundamentais dos trabalhadores.

9.6.4.1.6 Legitimidade da defensoria pública

Conforme o art. 134 da Constituição Federal, a defensoria pública é instituição essencial à função jurisdicional do Estado, incumbindo-lhe a orientação jurídica e a defesa, em todos os graus, dos necessitados, na forma do art. 5º, LXXIV. Assim, foi correta a alteração do art. 5º da Lei n. 7.347/85 pela Lei n. 11.448/2007, incluindo-a como órgão legitimado ativo para promover a ação civil pública. Essa legitimação parece-me bastante adequada para o âmbito trabalhista, em que os trabalhadores, em regra, são hipossuficientes, o que atende o requisito da defesa dos necessitados.

Tal possibilidade deve ser vista como mais um avanço na busca da facilitação do acesso do cidadão trabalhador ao Poder Judiciário na defesa dos seus direitos.

9.6.4.1.7 Demais legitimados

Em conformidade com a Lei n. 7.347/85 (art. 5º), são muitos os legitimados para a defesa dos interesses difusos, coletivos e individuais homogêneos.

Na Justiça do Trabalho, na prática, essa legitimação restringe-se ao Ministério Público do Trabalho, na maioria dos casos, aos sindicatos e, agora, à defensoria pública.

É que, com relação aos demais legitimados, exige-se a demonstração de interesse pela pertinência temática, o que nem sempre existe.

Um caso em que qualquer legitimado pode atuar é na defesa e proteção do meio ambiente do trabalho, cuja preservação incumbe não somente ao particular, mas especialmente ao Poder Público (CF, art. 225), porque se trata de um direito de cada um e de todos ao mesmo tempo. É um direito difuso, de natureza fundamental, cujas agressões trazem repercussões e consequências negativas para a sociedade.

9.6.4.1.8 O Ministério Público como *custos legis* nas ações coletivas

Não atuando o Ministério Público como autor da ação coletiva, terá ele participação obrigatória como fiscal da lei (Lei n. 7.347/85, art. 5º, § 1º), o que decorre da sua função institucional na defesa da ordem jurídica, do regime democrático e dos interesses sociais e individuais indisponíveis (CF, art. 127). Assim:

a) na hipótese de desistência infundada ou abandono da ação coletiva por outro legitimado, cabe-lhe assumir a titularidade ativa da ação;

b) ao ingressar nos autos como *custos legis*, verificando que os pedidos estão incompletos, poderá complementá-los e continuar nos autos não apenas como fiscal da lei, mas como litisconsorte do autor originário;

c) acompanhará a ação, zelando pela busca e apressamento da produção das provas e de outras diligências necessárias ao bom e necessário esclarecimento do litígio, visando à proteção dos interesses metaindividuais;

d) tomará providências no sentido de promover a responsabilidade criminal dos causadores do ato lesivo, mediante representação fundamentada a outro órgão competente do Ministério Público;

e) opinará com liberdade a respeito do conteúdo processual e meritório da ação (na qualidade de *custos legis*);

f) recorrerá da decisão proferida contra os interesses metaindividuais, sempre que achar pertinente e necessário, especialmente se o autor coletivo não atuar adequadamente na tutela desses interesses;

g) procederá à liquidação e execução da sentença (Lei n. 7.347/85, art. 15, e CDC, arts. 97 e 100).

9.6.4.1.9 Competência material para julgar a ação civil pública

Quanto à competência da Justiça do Trabalho para apreciar e julgar a ação civil pública, não mais se discute, porque tal decorre do quanto disposto na Constituição Federal (arts. 127 e 129, III) e na LC n. 75/93 (art. 83, III).

Com a nova redação do art. 114 da Constituição Federal, dada pela EC n. 45/2004, ampliou-se a competência da Justiça do Trabalho, salvo a apreciação de causas que sejam instauradas entre o Poder Público e seus servidores estatutários (STF, ADI 3.395-MC, Pleno, Rel. Min. Cezar Peluso, j. em: 5-4-2006), todos os demais conflitos coletivos de trabalho são da competência da Justiça do Trabalho.

9.6.4.1.10 Competência funcional para julgar a ação civil pública

Há divergência sobre a competência funcional para o julgamento da ação civil pública perante a Justiça do Trabalho.

A competência dos órgãos de primeira instância da Justiça do Trabalho está regulada pelo art. 651 e parágrafos da CLT, que fixam o foro no local da prestação dos serviços pelo empregado, que equivale ao local do dano, nos termos do art. 2º da Lei n. 7.347/85.

Assim, independentemente de o dano ser local, regional ou nacional, a competência funcional é do juiz da primeira instância que primeiro receber a ação (Lei n. 7.347/85, art. 2º), cuja decisão espraia-se por todos os locais de ocorrência do dano, ante a indivisibilidade do objeto e a indeterminabilidade dos sujeitos atingidos pelos danos.

Mas o TST, adotando a aplicação genérica do art. 93 e incisos I e II do CDC, emitiu a Orientação Jurisprudencial n. 130, da SDI-II, com o seguinte teor:

> AÇÃO CIVIL PÚBLICA. COMPETÊNCIA TERRITORIAL. EXTENSÃO DO DANO CAUSADO OU A SER REPARADO. APLICAÇÃO ANALÓGICA DO ART. 93 DO CÓDIGO DE DEFESA DO CONSUMIDOR. Para a fixação da competência territorial em sede de Ação Civil Pública, cumpre tomar em conta a extensão do dano causado ou a ser causado, pautando-se pela incidência analógica do art. 93 do Código de Defesa do Consumidor. Assim, se a extensão do dano a ser reparado limitar-se ao âmbito regional, a competência é de uma das Varas do Trabalho da Capital do Estado; se for de âmbito suprarregional ou nacional, o foro é o do Distrito Federal.

Segundo essa orientação, será competente: a) o juiz da Vara local, quando o dano se restringir a esse local; b) um dos juízes da Capital do Estado, quando o dano for regional; e c) um dos juízes do Distrito Federal, quando o dano for suprarregional (nacional).

O entendimento adotado pelo TST pode levar a situações inusitadas de verdadeiro empecilho e inviabilidade da jurisdição coletiva na Justiça do Trabalho. Para ilustrar, pensemos na seguinte hipótese, ocorrente na prática: determinada empresa rural, com atividades no Rio Grande do Sul e em Santa Catarina, na divisa dos dois Estados, pratica dano lesivo aos seus empregados que, no caso, seria considerado suprarregional, devendo a ação coletiva preventiva e/ou reparatória ser ajuizada numa das Varas do Trabalho do Distrito Federal, em Brasília. Está evidente o prejuízo para a defesa dos interesses metaindividuais, uma vez que as partes e testemunhas terão de se deslocar, mediante grande dispêndio financeiro e de tempo, para a longínqua Capital Federal, para submeter o conflito de interesses a um juiz que, igualmente, está muito distante dos fatos que envolvem a pendência judicial.

A meu ver, não há razão para se fazer isso, porque a Lei n. 7.347/85 estabelece, como regra geral, a competência do juiz do local do dano, que, no caso, seria o primeiro a receber a ação, dentre as comarcas dos dois Estados onde ocorrente o dano.

A melhor solução para a fixação da competência funcional-territorial nas ações coletivas de prevenção e reparação de danos na Justiça do Trabalho, em comarcas simultâneas, mesmo que em Estados diferentes, é do juiz que primeiro receber a ação (Lei n. 7.347/85, art. 2º).

9.6.4.1.11 Litispendência

Com relação às ações coletivas e as demandas propostas individualmente pelos titulares dos direitos violados, pelo comando do art. 104 do CDC não há litispendência, porque pelo menos uma das condições que levam à identidade de ações se faz ausente: partes processuais iguais, vez que nas ações coletivas a parte é um dos legitimados do art. 5º da Lei n. 7.347/85. Nas individuais, é o lesado individualmente. No caso de uma ação coletiva que vise à tutela de interesse difuso ou coletivo, os objetos são sempre diferentes: na ação coletiva é uma obrigação de fazer ou não fazer ou de suportar alguma coisa; na individual, é uma condenação concreta pelo dano individualmente sofrido. De sorte que, qualquer que seja o interesse defendido, para evitar enriquecimento ilícito do autor da demanda, a lei evita a superposição de coisas julgadas.

9.6.4.1.12 Efeito *erga omnes* da coisa julgada

As decisões proferidas nas ações civis públicas projetam seus efeitos em relação a todos, o que significa uma ruptura com o princípio tradicional individualista do Código de Processo Civil.

Contudo, não haverá formação da coisa julgada quando a sentença declarar a improcedência do pedido por insuficiência de provas, podendo, nesta hipótese, qualquer legitimado, inclusive o autor da ação cujo pedido tenha sido julgado improcedente, ajuizar nova demanda, com idêntico fundamento, valendo-se, porém, de nova prova. Entretanto, julgada improcedente a ação por outro motivo, a coisa julgada coletiva atinge todos os colegitimados coletivos, que não poderão ajuizar nova ação com o mesmo objeto e causa de pedir. É que os legitimados coletivos para ajuizamento da ação civil pública não são titulares dos direitos materiais discutidos em juízo. Eles agem por autorização da lei, por isso somente são atingidos processualmente.

Com relação às vítimas individualmente afetadas pelo dano, a principal característica da sentença coletiva é que somente poderá beneficiá-las, nunca prejudicá-las. Somente se julgado procedente o pedido, a sentença na ação civil pública faz coisa julgada *erga omnes* ou *ultra partes* para beneficiar os interessados individuais, os quais não precisam ajuizar ações de conhecimento para buscar as respectivas indenizações, podendo promover a liquidação e a execução dos seus créditos com base na certidão da sentença coletiva (CDC, art. 103, § 2º). Porém, se intervirem no processo como litisconsortes (somente no caso dos interesses individuais homogêneos – CDC, art. 94), a coisa julgada os atingirá, qualquer que seja o resultado (CDC, art. 103, § 2º).

9.6.4.1.13 Efeitos territoriais da coisa julgada

Quanto aos efeitos territoriais da coisa julgada nas ações civis públicas há quem entenda ser os mesmos limitados à competência territorial do órgão julgador (Lei n. 7.347/85, art. 16). Não concordo com esse entendimento porque estabelece o CDC (art. 81, I e II) que os interesses difusos e coletivos são caracterizados pela indivisibilidade quanto à sua existência e, consequentemente, no tocante à reparação das ofensas que lhes venham a ser provocadas. Assim, se os direitos e interesses difusos e coletivos são indivisíveis, logicamente a sentença coletiva proferida pelo juiz da base territorial em que se originou o dano lançará seus efeitos por todas as localidades onde os reflexos do dano se fizerem sentir, isso porque não é possível cindir o indivisível.

Com uma só decisão e uma só coisa julgada evita-se a pulverização de ações coletivas com o mesmo objeto, com a mesma causa de pedir e contra o mesmo réu, eliminando-se o risco de decisões contraditórias sobre a mesma questão. Por fim, a coisa julgada coletiva é determinada pela pretensão estampada em juízo e não pela competência e âmbito de jurisdição do juiz prolator da sentença.

Desse modo, se o pedido é amplo (de âmbito regional ou nacional), não será por intermédio de tentativas de restrições da competência do órgão julgador que se restringirá os efeitos da coisa julgada coletiva. Ademais, na forma do CPC (art. 472) uma sentença vale em todo o território nacional.

9.6.4.2 Dissídio coletivo de trabalho

9.6.4.2.1 Atuação do Ministério Público do Trabalho como órgão interveniente no dissídio coletivo de trabalho

Tem o Ministério Público do Trabalho atuação nos dissídios coletivos, inclusive nos de greve, para fazer valer o seu regular exercício e, nos serviços essenciais, para tutelar os direitos dos cidadãos.

De acordo com a LC n. 75/93 (art. 83, IX), cabe ao Ministério Público do Trabalho:

> promover ou participar da instrução e conciliação em dissídios decorrentes da paralisação de serviços de qualquer natureza, oficiando obrigatoriamente nos processos, manifestando sua concordância

ou discordância, em eventuais acordos firmados antes da homologação, resguardado o direito de recorrer em caso de violação à lei e à Constituição Federal.

Essa atuação decorre de comando constitucional (CF, arts. 127 e s.).

Na atuação como fiscal da lei, o órgão ministerial trabalhista emite parecer, obrigatoriamente, após a manifestação das partes. Isso pode ocorrer na própria audiência de conciliação e instrução, por escrito, no prazo de oito dias, ou na sessão de julgamento (Leis n. 5.584/70, art. 5º, e 7.701/88, art. 11).

Na fase de conciliação e instrução do feito, caberá ao órgão ministerial dela participar ativamente e requerer, quando entender adequadas, diligências necessárias ao esclarecimento do conflito, especialmente sobre o atendimento ou desatendimento das atividades inadiáveis da comunidade e sobre o respeito ou desrespeito do direito de greve. Também deverá insistir na busca consensual de uma solução para o conflito de interesses posto em juízo não só perante o tribunal, mas na Procuradoria Regional, convidando as partes para uma mediação, mesmo já estando instaurada a ação de dissídio coletivo.

Em qualquer fase de tramitação do processo de dissídio coletivo, poderá o Ministério Público do Trabalho, cumprindo as suas funções, requerer providências de urgência necessárias ao atendimento das necessidades inadiáveis da comunidade ou para proteger o direito de greve. Também pode pedir a suspensão de demissões coletivas efetuadas durante um movimento grevista ou de quaisquer outros atos que objetivem frustrar o direito de greve, uma vez que são vedadas ao empregador tais práticas, porquanto a greve é, no atual sistema jurídico brasileiro, considerada como um direito fundamental protegido como os outros direitos do cidadão (Lei n. 7.783/89, art. 6º, § 2º).

Da decisão proferida pelo tribunal, será o Ministério Público do Trabalho intimado pessoalmente, cabendo-lhe recorrer sempre que entender existente interesse público que justifique a sua atuação, o que se dá normalmente quando a sentença ofender a ordem jurídica, o interesse público e as liberdades individuais ou coletivas dos trabalhadores envolvidos (Lei n. 7.701/88, art. 7º, §§ 4º e 5º).

Das decisões que homologuem acordos nos dissídios coletivos, somente o Ministério Público do Trabalho, como guardião da ordem jurídica, poderá interpor recurso contra toda a decisão ou atacar somente determinados itens desta. Oferecido o recurso próprio para o Tribunal Superior do Trabalho, poderá o Ministério Público pedir efeito suspensivo da decisão quando entender presentes os pressupostos do *fumus boni juris* e do *periculum in mora*.

9.6.4.2.2 Atuação do Ministério Público do Trabalho como órgão agente no dissídio coletivo de trabalho

No caso de greve de qualquer espécie, e não somente em atividades essenciais, o Ministério Público do Trabalho tem legitimidade para ajuizar dissídio coletivo. Dessa forma, além de recepcionada pelo art. 856 da CLT, também asseguram essa prerrogativa os arts. 8º da Lei n. 7.783 e 83,VIII, da LC n. 75/93, reforçada pela nova disposição do § 3º do art. 114 da Constituição, inserido pela Emenda Constitucional n. 45/2004.

No caso, o Ministério Público do Trabalho não age como representante do Estado enquanto administração, mas como advogado da sociedade, ao qual a Lei Magna incumbe a defesa dos respectivos interesses. A sua atuação deve nortear-se na ordem jurídica e nos critérios de oportunidade e conveniência, devendo se dar com temperança, porque estão em jogo, ao mesmo tempo, os interesses dos trabalhadores e da sociedade, o direito democrático de greve e a ordem jurídica. Assim, não pode mais agir o órgão ministerial apenas para reprimir a greve, como ocorria no regime anterior, porque hoje esta se trata de um direito fundamental e democrático de manifestação, salvo se estiver sendo exercido de forma irregular, quando então procurará o *Parquet* que as partes observem os comandos legais vigentes, que são pilares de um Estado Democrático de Direito.

Não obstante essa legitimação legal, a atuação do Ministério Público do Trabalho, por meio de dissídio coletivo de greve, deve ser excepcional. Não se deve abortar o exercício da negociação coletiva e do direito de greve. É preciso deixar que as partes exercitem mais o poder negocial e usem o direito democrático de greve. Em vez de se instaurar dissídio coletivo, deve-se defender os interesses da sociedade e a ordem jurídica por meio de outras medidas judiciais, *v. g.*, a ação civil pública de natureza cautelar, para fazer cumprir as atividades mínimas inadiáveis da sociedade, no caso de greve em atividades essenciais, ou mesmo buscar outros comandos necessários à observância da ordem jurídica e do próprio direito de greve (MELO, 2011a, p. 131).

9.6.4.3 Ação de nulidade de instrumentos normativos e contratuais

Pela Lei Complementar n. 75/93 foi criado um novo instituto processual destinado a declarar a nulidade de cláusula de contrato, acordo coletivo ou convenção coletiva de trabalho (art. 83, IV). Assim estabelece referido dispositivo:

> Compete ao Ministério Público do Trabalho o exercício das seguintes atribuições junto aos órgãos da Justiça do Trabalho:
>
> (...) propor as ações cabíveis para declaração de nulidade de cláusula de contrato, acordo coletivo ou convenção coletiva que viole as liberdades individuais ou coletivas ou os direitos individuais indisponíveis dos trabalhadores.

Essa ação tem por finalidade proteger as liberdades individuais e coletivas ou os interesses e direitos individuais e indisponíveis dos trabalhadores nas relações de trabalho, quando prejudicados por quem quer que seja, até mesmo os seus sindicatos representativos, como não raro acontece no tocante à inclusão de cláusulas de contribuições sindicais e de outras naturezas (MELO, 2011b, p. 237).

Trata-se de mais um instrumento processual de caráter coletivo, voltado à facilitação da tutela dos interesses ou direitos metaindividuais dos trabalhadores, que têm os seus direitos aviltados muitas vezes pelos próprios sindicatos, a quem cabe o dever de defendê-los.

Portanto, os legitimados ativos, para o caso da ação anulatória (de nulidade), podem ser, por exemplo:

a) o Ministério Público do Trabalho;

b) as partes convenentes (sujeitos da negociação coletiva que culminou com a assinatura do instrumento normativo);

c) as empresas signatárias do instrumento inquinado de inválido;

d) por exceção, os trabalhadores, quando atuarem em coalizão; e

e) uma associação não sindical que demonstre interesse e pertinência temática (MELO, 2011b, p. 257).

9.7 Considerações finais

O Ministério Público nas modernas democracias é uma das mais importantes instituições, cujo papel é atuar como um *ombudsman* da sociedade. Nessa linha andou o constituinte brasileiro de 1988, erigindo-o como um verdadeiro advogado do interesse público da sociedade, atuando, assim, na defesa da ordem jurídica, do Estado Democrático de Direito e dos interesses sociais marcados pela indisponibilidade. Para tanto, a Constituição Federal de 1988 apoiou-o em princípios institucionais, como também os seus membros, sendo um dos mais importantes o da independência funcional, pelo qual se lhe assegura uma atuação destemida e independente de quaisquer dos Poderes da República, pois a sua atuação na defesa do povo não raro fere fortes interesses políticos e econômicos.

Para bem cumprir o seu papel apurando as irregularidades trabalhistas que lhes são denunciadas ou de que tomam conhecimento de ofício, os membros do Ministério Público têm assegurado por lei importante poder inquisitório no inquérito civil. Instruído este, propõe o Ministério Público um ajustamento de conduta para sanar as irregularidades apuradas, cuja aceitação acontece em grande quantidade de casos e, onde não ocorre, passa a fazer uso dos instrumentos judiciais, como a ação civil pública, o dissídio coletivo e a ação anulatória, entre outros. A ação civil pública é, sem dúvida, o mais importante instrumento judicial de atuação do Ministério Público, com pedidos de obrigação de fazer, não fazer, suportar e dar, além da cominação de multas e de reparações por danos coletivos causados aos interesses difusos, coletivos e individuais homogêneos.

REFERÊNCIAS

BRASIL. Tribunal Regional do Trabalho da 9ª Região (TRT-9). **AP 86013-2004-654-09-00-1**, Seção Especializada, Rel. Juiz Ubirajara Carlos Mendes, Curitiba, j. em: 6-3-2006. Disponível em: <http://www.trt9.jus.br/internet_base/processoman.do?evento=Editar&chPlc=AAB9IGABoAACG01AAJ>. Acesso em: 12 set. 2011.

BRASIL. Tribunal Superior do Trabalho (TST). **RR 115600-15.2004.5.03.0004**, 6ª Turma, Rel. Min. Aloysio Corrêa da Veiga, Brasília, j. em: 4-10-2006. Disponível em: <http://ext02.tst.jus.br/pls/ap01/ap_red100.resumo?num_int=140842&ano_int=2006&qtd_acesso=2069277>. Acesso em: 12 set. 2011.

______. Subseção II da Seção Especializada em Dissídios Individuais. **Orientação Jurisprudencial n. 130** (*DJ* 4-5-2004). Disponível em: <http://www.tst.jus.br//jurisprudencia/Livro_Jurisprud/livro_pdf_atual.pdf>. Acesso em: 12 set. 2011.

______. **Súmula 259** (Res. 121/2003). Disponível em: <http://www.tst.jus.br//jurisprudencia/Livro_Jurisprud/livro_html_atual.html>. Acesso em: 13 set. 2011.

BRASIL. Superior Tribunal de Justiça (STJ). **Recurso Especial 476.660**, 2ª Turma, Rel. Min. Eliana Calmon, Brasília, j. em: 20-5-2003. Disponível em: <http://www.stj.jus.br/webstj/processo/Justica/detalhe.asp?numreg=200201518387&pv=010000000000&tp=51>. Acesso em: 12 ago. 2011.

BRASIL. Supremo Tribunal Federal (STF). **ADI 3395-MC**, Tribunal Pleno, Rel. Min. Cezar Peluso, Brasília, j. em: 5-4-2006. Disponível em: <http://www.stf.jus.br/portal/jurisprudencia/listarJurisprudencia.asp?s1=%28ADI%24%2ESCLA%2E+E+3395%2ENUME%2E%29+OU+%28ADI%2EACMS%2E+ADJ2+3395%2EACMS%2E%29&base=baseAcordaos>. Acesso em: 12 set. 2011.

CÉSAR, João Batista Martins. **Tutela coletiva. Inquérito Civil – Poderes investigatórios do Ministério Público – Enfoques trabalhistas**. São Paulo: LTr, 2006.

FIORILLO, Celso Antonio Pacheco. **Curso de direito ambiental brasileiro**. São Paulo: Saraiva, 2000.

FIORILLO, Celso Antonio Pacheco e ANDRADE, Laura Martins Maria de. Compromisso de ajustamento de conduta. In: ROMAR, Carla Teresa Martins e SOUSA, Otávio Augusto Reis de (Coords.). **Temas relevantes de direito material e processual do trabalho – Estudos em homenagem ao Professor Pedro Paulo Teixeira Manus**. São Paulo: LTr, 2000.

FIORILLO, Celso Antônio Pacheco; RODRIGUES, Marcelo Abelha; NERY, Rosa Maria Andrade. **Direito processual ambiental brasileiro**. Belo Horizonte: Del Rey, 1996.

GRINOVER, Ada Pellegrini. A ação civil pública e a defesa de interesses individuais e homogêneos. **Revista Direito do Consumidor**, São Paulo, n. 5, out./dez. 1992.

LEITE, Carlos Henrique Bezerra. **O Ministério Público do Trabalho – doutrina, jurisprudência e prática**. São Paulo: LTr, 1998.

______. **Ação civil pública**: nova jurisdição trabalhista metaindividual – legitimação do Ministério Público. São Paulo: LTr, 2001.

MANCUSO, Rodolfo de Camargo. Ação civil pública trabalhista: análise de alguns pontos controvertidos. **Revista do Ministério Público do Trabalho**, São Paulo, n. 12, 1997.

______. **Ação civil pública**. 6. ed. São Paulo: Revista dos Tribunais, 1999.

MARTINS FILHO, Ives Gandra da Silva. **Processo coletivo do trabalho**. São Paulo: LTr, 1994.

______. Ação civil pública e ação civil coletiva. **Revista LTr**, São Paulo, n. 11, 1995.

MAZZILLI, Hugo Nigro. **A defesa dos interesses difusos em juízo**. 4. ed. São Paulo: Revista dos Tribunais, 1992.

______. **O inquérito civil**. São Paulo: Saraiva, 1999.

MELO, Raimundo Simão de. O Ministério Público do Trabalho e as greves em atividades essenciais. **Revista LTr**, São Paulo, n. 3, mar. 1995.

______. Inquérito Civil – Poder investigatório do Ministério Público do Trabalho. **Âmbito Jurídico**, Rio Grande, 9, 31-5-2002. Disponível em: <http://www.ambito-juridico.com.br/site/index.php?n_link=revista_artigos_leitura&artigo_id=4358>. Acesso em: 27 set. 2011.

______. **Ação civil pública na Justiça do Trabalho**. 3. ed. São Paulo: LTr, 2008.

______. **A greve no Direito brasileiro**. 3. ed. São Paulo: LTr, 2011a.

______. **Processo coletivo do trabalho**. 2. ed. São Paulo: LTr, 2011b.

OLIVEIRA, Francisco Antonio de. **Ação civil pública**: enfoques trabalhistas. São Paulo: Revista dos Tribunais, 1998.

______. Da ação civil pública: instrumento de cidadania. In: ROMAR, Carla Tereza M. e Sousa, Otávio R. (Coords.). Temas relevantes de direito material e processual do trabalho – Estudos em homenagem ao Professor Pedro Paulo Teixeira Manus. São Paulo: LTr, 2000, p. 434.

______. *Astreintes* – essa grande desconhecida. **Revista LTr**, São Paulo, n. 12, dez. 2000.

SILVA, Edson Braz da. Inquérito Civil trabalhista. Termo de Ajustamento de Conduta. Execução do Termo de Ajustamento de Conduta na Justiça do Trabalho. **Revista do Ministério Público do Trabalho**, São Paulo, n. 20, set. 2000.

10 NECESSIDADE DE CUSTEIO DAS ENTIDADES SINDICAIS E SEU EMBATE COM A LIBERDADE SINDICAL

Ricardo Rodrigo Marino Tozo

Professor do Programa de Educação Executiva da DIREITO GV (GVlaw); especialista em Direito do Trabalho; advogado.

10.1 Introdução

Desenvolver uma reflexão breve e de qualidade, traçando um paralelo entre a necessidade de custeio das entidades sindicais e a obrigatoriedade imposta pelo Estado em recolher determinado tributo, é tarefa perene, a qual ensejaria inesgotáveis discussões político-jurídicas.

Não obstante, é motivador elevar o conceito de liberdade sindical em todos os aspectos possíveis que o termo contempla.

De um lado, há a existência e o conhecimento da liberdade sindical como um dos direitos fundamentais traduzido na livre-iniciativa privada; e de outro, há a imposição estatal, que estabelece critérios rígidos, antidemocráticos e de retrocesso social, em razão da exigência institucional criada para tributar trabalhadores que, de uma forma ou de outra, deveriam escolher se contribuiriam ou não com determinado sindicato.

Assim, o presente artigo pretende desenvolver o pensamento jurídico acerca da necessidade e a vinculação do custeio, em detrimento da liberdade sindical em sua amplitude.

Nesse sentido, apresentaremos uma análise moderna acerca da contribuição sindical compulsória, sob a ótica do Estado Democrático de Direito[1] e do princípio da dignidade da pessoa humana[2], por se tratar de verdadeiro axioma jurídico contemporâneo.

---

[1] "... o Estado Democrático de Direito, *conforme nos ensina a tradição, assenta-se em dois pilares: na democracia e na realização dos direitos fundamentais*" (STRECK, 2003, p. 170).

[2] O princípio da dignidade da pessoa humana é um valor moral e espiritual inerente à pessoa, ou seja, todo ser humano é dotado desse preceito, e tal constitui o princípio máximo do Estado democrático de direito.

10.2 Sindicalismo e sindicato

O sindicalismo é fruto da sedimentação de um movimento que percorreu um longo caminho, no qual, ao mesmo tempo, é um componente indispensável do Estado de Direito e uma instituição que se encontra diante de um desafio provocado pelas enormes transformações pelas quais passam as relações de trabalho (NASCIMENTO, 2009, p. 65).

Para defesa coletiva dos seus interesses, os trabalhadores organizam-se sob diferentes formas, dentre as quais a mais importante é a sindical. No entanto, nem sempre foi assim. A conquista desse direito atravessou uma trajetória prolongada, repleta de obstáculos, até chegar ao estágio atual, atravessando um passado e uma história de conquistas (NASCIMENTO, 2009, p. 65).

As organizações sindicais formaram-se em torno de ideais corporativistas e de solidariedade. O intuito de defender os interesses de seus pares contra o modo de produção capitalista e do liberalismo econômico tiveram inspiração nos princípios da Revolução Francesa de 1789.

No Brasil, alguns movimentos grevistas foram noticiados por volta de 1900, contudo, foi em 12 de junho de 1917, que a greve, de enorme repercussão, eclodiu em São Paulo. Iniciou-se no Cotonifício Rodolfo Crespi, no bairro da Mooca, quando os operários protestaram contra os salários e pararam o serviço. A fábrica fechou por tempo indeterminado (NASCIMENTO, 2011, p. 73).

Já no que se refere ao conceito genérico, Eduardo Lebre (1997, p. 46) retrata que o sindicato é a constituição de um fenômeno social, político, econômico e jurídico, próprio de uma sociedade industrializada, agremiador de indivíduos com o intuito de formarem organizações representativas de interesses profissionais ou econômicos, num determinado local e numa determinada época, o que poderia resultar em agrupamento, coalizão ou associação.

Entendemos que não há forma jurídica específica que resulte em uma resposta correta e acabada que inspire o estudioso do direito sindical acerca de determinado conceito.

Todavia, julgamos que a definição de Orlando Gomes e Elson Gottschalk (1998, p. 547) encaixa-se perfeitamente no escopo do estudo em cotejo, qual seja:

> Sindicato é o agrupamento estável de várias pessoas de uma profissão, que convencionam colocar, por meio de uma organização interna, suas atividades e parte de seus recursos em comum, para assegurar a defesa e a representação da respectiva profissão, com vistas a melhorar suas condições de trabalho.

Sendo assim, interpretamos e entendemos que o sindicato é uma organização associativa, pois permite, ou deveria permitir, ao trabalhador a possibilidade de associar-se e desassociar-se, a qualquer tempo, indicando a sua atitude em relação a algum fato que se enuncia em determinado período, seja ela com influências sociais, econômicas, políticas e/ou jurídicas.

10.3 Prerrogativas sindicais

O sindicato tem a prerrogativa de representar, perante as autoridades administrativas e judiciárias, os interesses gerais da profissão liberal ou da categoria, ou os interesses individuais dos associados relativos à atividade ou profissão exercida (art. 513, *a*, da CLT). Trata-se de uma representação legal e não voluntária, cujos poderes são outorgados ao sindicato pelo Estado, mormente se considerarmos que, no Brasil, a categoria é a base sobre a qual se constrói a organização sindical (BARROS, 2009, p. 1242).

Além disso, ao sindicato atribui-se a possibilidade de convencionar normas de natureza coletiva e individual, transpondo aos indivíduos abarcados por esses direitos, ou não, já garantidos na Lei Maior e/ou dispositivos infraconstitucionais.

Outra prerrogativa do sindicato é a da imposição da contribuição sindical, que visa custear as despesas dos entes sindicais e é fonte para obtenção de recursos.

Essa prerrogativa é fonte de nosso estudo e, para isso, é necessário analisá-la à luz do princípio da liberdade sindical.

10.4 A trajetória da contribuição sindical

O art. 5º do Decreto n. 19.770, de 19 de março de 1931, atribuía às entidades sindicais a função peculiar de "órgãos consultivos e técnicos no estudo e solução, pelo Governo Federal, dos problemas que, econômica e socialmente, se relacionarem com seus interesses de classe". Já o art. 8º da mesma norma permitia aos sindicatos pleitear ao Ministério do Trabalho "medidas de proteção, auxílios, subvenções para seus institutos de assistência e educação" ou "criação (...) de serviços de assistência social que, por falta de recursos, não puderam ser instituídos ou mantidos pelo sindicato".

Já havia, portanto, a previsão de uma receita estabelecida por intermédio do Estado, muito embora ainda não houvesse a institucionalização da contribuição compulsória.

Todavia, a possibilidade de imposição da contribuição pelo sindicato surge com a Constituição de 1937. O art. 138 tinha a seguinte redação:

> Art. 138. A associação profissional ou sindical é livre. Somente, porém, o sindicato regularmente reconhecido pelo Estado tem o direito de representação legal dos que participarem da categoria de produção para que foi constituído, e de defender-lhes os direitos perante o Estado e as outras associações profissionais, estipular contratos coletivos de trabalho obrigatórios para todos os seus associados, impor-lhes contribuições e exercer em relação a eles funções delegadas de poder público.

Verificava-se que o sindicato exercia função delegada de poder público, sendo que as pessoas pagavam contribuições aos sindicatos apenas por pertencer à categoria profissional ou econômica. Embora a Constituição não fosse expressa quanto ao tipo de contribuição que poderia ser exigida, entendia-se que a referida obrigação era tanto dos associados como também dos membros da categoria, pois a Lei Maior referia-se à categoria (MARTINS, 2009, p. 6).

Esclarece, ainda, Oliveira Viana (VIANA, s.d.p.) que a origem da contribuição sindical tinha dois fundamentos: o poder regulamentar e o poder tributário.

Ora, o sindicato, tal como aparece na Constituição de 1937, possui dois poderes: o de taxar todos os membros da categoria por ele representada, mesmo que não sejam seus sócios; e o de estabelecer, por meio de convenções coletivas, regras gerais sobre o contrato de trabalho, obrigatórias mesmo para os que, pertencendo à categoria, não sejam, entretanto, seus associados.

Com o Decreto-lei n. 2.377, de 8 de julho de 1940, é que efetivamente o sindicato passou a ter exigência pecuniária, já denominada de imposto sindical, "devido por todos aqueles que participem de uma determinada categoria econômica ou profissional em favor da associação profissional legalmente reconhecida como sindicato representativo da mesma categoria" (art. 2º). Seria pago de uma só vez, anualmente (art. 3º). O empregado recolhia o imposto sindical sobre a importância correspondente a um dia de trabalho; os empregadores saldavam-no numa importância fixa calculada sobre o capital social. O citado decreto-lei regulava, assim, praticamente todas as disposições relativas ao chamado imposto sindical (MARTINS, 2009, p. 7).

Dois anos depois, o Decreto-lei n. 4.298/42 regulou o recolhimento do imposto sindical, sua aplicação (assistência médica, judiciária etc.) e fiscalização, instituindo a Comissão do Imposto Sindical (art. 10) e o Fundo Social Sindical (arts. 5º e 6º), passando o Estado a participar da aplicação da contribuição sindical.

A CLT, por sua vez, reuniu sistematicamente as disposições contidas nesses decretos. Com este mote, não havia necessidade de o sindicato angariar novos sócios ou prestar bons serviços.

Perpetuavam-se dirigentes "pelegos" na diretoria dos sindicatos, pois as assembleias normalmente eram vazias e não havia interesse em que novos associados viessem a reivindicar cargos na diretoria. Na verdade, o que ocorre ainda hoje é a existência de sindicatos de assembleias vazias e cofres cheios.

Combatia-se a contribuição sindical, dizendo-se que era um instrumento de corrupção, que permitia a manutenção de sindicatos inautênticos, os quais ficavam na dependência do Poder Executivo e a ele obedeciam, em razão da tranquila receita financeira assegurada pela referida contribuição.

Pode-se dizer que o Brasil ainda é um dos poucos países que mantiveram o antigo imposto sindical, atual contribuição sindical, depois de ter copiado da Itália, que a suprimiu. Tal contribuição deve ser paga não só pelos sindicalizados, mas também pelos não sindicalizados, mostrando a falta de autenticidade e de democracia na sua manutenção.

Assim, como antes, a contribuição sindical subsiste no ordenamento jurídico brasileiro, consubstanciado na Constituição de 1988, que, inclusive, institucionalizou uma nova contribuição, a confederativa, insculpida no inciso IV do art. 8º, que será abordada mais à frente.

Certo afirmar que a contribuição sindical é um resquício do primeiro governo de Getúlio Vargas. Permite a organização e a manutenção de sindicatos sem a menor autenticidade, que não prestam e não têm interesse em prestar serviços aos associados, e que permeiam a manutenção de sua direção por pessoas com o objetivo de obter apenas estabilidade no emprego. Ou seja, não existe a necessidade de prestar serviços de qualidade ou de conseguir associados para o sindicato, pois a contribuição sindical já custeia todas as suas despesas.

Sendo assim, podemos afirmar que a contribuição sindical compulsória afronta a liberdade sindical no seu contexto embrionário, ou seja, a obrigação imposta ao trabalhador em recolher contribuição ao sindicato desrespeita o princípio da liberdade, insculpido no art. 8º, V, c/c o art. 5º, XVII, ambos da Constituição Federal.

Ressalta-se que a liberdade sindical não somente é violada no que diz respeito à filiação do trabalhador, mas também em relação à escolha do sindicato que esse trabalhador gostaria de contribuir.

Ocorre que a liberdade sindical precisa ser vista como meio eficaz de proteção aos trabalhadores e somente eles deveriam escolher para qual sindicato contribuir, se é que vão se filiar.

O Projeto de Lei n. 3.669/89 pretendeu extinguir a contribuição sindical, tendo por base que, a partir do primeiro dia do exercício seguinte ao da publicação da lei, seria feita uma redução progressiva da citada exigência, da seguinte forma: 30% no primeiro ano; 60% no segundo ano; extinção total no terceiro ano. A ideia era que a contribuição sindical fosse completamente extinta em 1996. O governo do ex-presidente Fernando Collor também pretendeu extinguir a contribuição sindical por meio de medidas provisórias, porém, contudo, não prosperou (MARTINS, 2009, p. 13).

Contemporâneo de Collor e de FHC, o também ex-presidente Lula, sindicalista por natureza e travador de lutas em prol da causa operária, não conseguiu pôr fim ao tributo sindical compulsório.

10.5 Natureza jurídica

A natureza jurídica da contribuição obrigatória suscitou grande debate na doutrina, conforme aponta Fernando Facury Scaff (2002). A primeira discussão deveu-se à proposta de inserção dessa espécie de receita pública no regime jurídico aplicável às espécies tributárias.

Num segundo momento, depois de superada essa questão, tentou-se definir se a contribuição seria uma espécie tributária autônoma ou se estaria enquadrada em alguma espécie já existente como impostos ou taxas. Para tanto, a doutrina baseada na experiência das contribuições previdenciárias desenvolveu várias teorias de justificação (SILVA, 2010, p. 95).

Destacam-se as seguintes teorias para fins do nosso estudo: teoria do salário diferido, que representaria um salário pago pelos empregadores diferido no tempo, em razão do vínculo de emprego; teoria fiscal, na qual tal contribuição é considerada como tributo, restando definir se se trata de uma espécie autônoma ou de impostos (para os empregadores) e taxas (para os empregados) (SILVA, 2010, p. 96).

Ressalta-se, ainda, que a contribuição não é, pois, imposto. E isso por duas razões: uma, porque se destina a custear despesas específicas, ao contrário dos impostos, que servem para atender a despesas gerais; duas, ela surgiu para atender necessidades do *welfare state*, particularmente o financiamento dos direitos sociais (SILVA, 2010, p. 96).

Certo, pois, é que não se pode negar que a contribuição sindical tenha natureza jurídica tributária. Assim, como se pode observar nos apontamentos exemplificativos a seguir, a doutrina majoritária considera referida contribuição como tributo.

O tributarista Sacha Calmon (1990, p. 182) assevera:

> Como sabido, desde há muito existe a chamada "contribuição sindical" que tem natureza tributária em prol das entidades representativas das categorias profissionais, sujeitada, agora, aos princípios da legalidade e da anterioridade. Pelo sistema constitucional vigente apenas as contribuições para seguridade social, ou contribuições sociais, estão sujeitas ao lapso de noventa dias para adquirirem eficácia. Em relação às demais, às corporativas e às de intervenção, o princípio da não surpresa do contribuinte materializa-se no princípio da anterioridade. Mas quanto ao princípio da legalidade, os três tipos de contribuições parafiscais a ela se submetem por inteiro, inclusive às normas gerais de Direito Tributário do CTN, por expressa determinação constitucional (art. 149 da CF).

No mesmo sentido, Roque Antonio Carrazza (1991, p. 304):

> (...) são, sem sombra de dúvida, tributos, uma vez que devem necessariamente obedecer ao regime jurídico tributário, isto é, aos princípios que informam a tributação, no Brasil. Estamos, portanto,

que estas "contribuições sociais" são verdadeiros tributos (embora qualificados pela finalidade que devem alcançar).

Portanto, concluímos que a contribuição sindical tem característica de tributo (art. 4º do CTN) e é classificada como *contribuição corporativa parafiscal* (art. 149 da CF e art. 217 do CTN).

10.6 Modalidades de financiamento e custeio

Neste momento, faz-se importante tecer comentários sobre as demais contribuições, além da compulsória que já fora exposta, que foram criadas pelas organizações sindicais e as formas de custeio de tais entidades, sempre à luz da liberdade sindical.

De início, podemos dizer que são quatro as fontes de financiamento das entidades: os trabalhadores, os empregadores, os próprios sindicatos e o Estado.

A liberdade de associação requer a capacidade de se obrigar perante estatutos das organizações sindicais. Nessa linha, os trabalhadores e empregadores filiados às entidades que escolheram para representá-los devem, a partir do estabelecido em regras estatutárias, contribuir para o financiamento de tais sindicatos (OLIVEIRA NETO, 2010).

A nosso ver, a definição acima carece de complementação, no sentido de que cada trabalhador ou empresa poderiam deixar de contribuir àquele sindicato, desde que contribuísse para outro, ou deixasse, inclusive, de ser representado.

Não enxergamos com bons olhos a vinculação do trabalhador ou do empregador a determinada base sindical, mesmo que não sejam forçados por assentamento estatal. Isto é, cada integrante desta relação é livre para exercer o seu direito de filiação, desfiliação e não filiação.

Quando trabalhadores e empregadores livremente formam determinada entidade sindical, objetivam, em princípio, que tal entidade os represente em assuntos de seus interesses, pois acreditam que a união de forças trará resultados mais expressivos.

A OIT entende que impor a todos os trabalhadores ou empregadores o pagamento de contribuição a determinado sindicato, cuja existência está permitida para uma ocupação dentro de uma zona determinada, não é compatível com o princípio de que os trabalhadores devam ter o direito de afiliar-se às organizações que entenderem convenientes. Tal prática deve ser considerada como monopólio sindical, cuja essência é contrária ao princípio da liberdade sindical (OLIVEIRA NETO, 2010).

Ademais, há espécies de financiamento cuja fonte seria o Estado; neste caso, vislumbra-se a ocorrência da utilização de recursos públicos destinados a custear a atividade sindical, muitas vezes sob o fundamento da importância para a coletividade da atuação de determinado sindicato. E, ainda, o financiamento entre sindicatos ou federações e confederações.

Entendemos que o financiamento dos sindicatos pelo Estado e por outras organizações sindicais fere o princípio da liberdade sindical.

Por conseguinte, Maurício Godinho Delgado (2011, p. 1275 e s.) detalha acerca das contribuição (custeio) sindicais mais comuns, quais sejam: contribuição sindical obrigatória, contribuição confederativa, contribuição assistencial e contribuição associativa.

Ressalta-se, preliminarmente, que a doutrina majoritária entende que apenas uma delas é obrigatória – a contribuição sindical compulsória (tributo sindical).

Entendemos que a contribuição compulsória está em desalinho com os preceitos esposados em relação à liberdade sindical. Isso porque o ordenamento jurídico pátrio, com sua inexatidão e falta de coerência, atenta à democracia em sua plenitude e não respeita a dignidade da pessoa humana.

A *contribuição sindical obrigatória* é a mais controvertida do ponto de vista político-ideológico. Prevista na ordem jurídica desde a implementação do tradicional sistema corporativista do Estado Novo, faz parte do modelo sindical antiliberal instalado em nosso ordenamento até os dias de hoje. Referido tributo encontra-se regulado nos arts. 578 a 610 da CLT.

Trata-se de receita recolhida uma única vez, anualmente, em favor do sistema sindical, nos meses e montantes fixados na CLT, quer se trate de empregado, profissional liberal ou empregador (arts. 580 e s.).

No caso de empregado, este sofrerá o respectivo desconto, na folha de pagamento do mês de março, à base do salário equivalente a um dia de trabalho.

Derivada de lei e incidindo também sobre os trabalhadores não sindicalizados, a receita tem indisfarçável matiz parafiscal, ou seja, nuance de tributo inclassificável. Com isso, atrai severas críticas quanto à agressão que propiciaria aos princípios da liberdade associativa e da autonomia dos sindicatos. Entretanto, contraditoriamente, sua manutenção na ordem jurídica foi autorizada pela Carta Magna (art. 8º, IV), embora esta não impeça a revogação dos preceitos instituidores da verba.

A *contribuição confederativa*, por sua vez, surgiu por previsão do próprio texto constitucional de 1988, em seu art. 8º, IV.

Ressalta-se, neste ponto, a óbvia contradição da Constituição Federal, sob o ponto de vista democrático: não só conservou, como já analisado, a velha contribuição sindical, como também foi além, instituindo nova contribuição, voltada ao financiamento da cúpula sindical.

A jurisprudência dos Tribunais Superiores tem compreendido que a contribuição confederativa somente é devida, entretanto, pelos trabalhadores sindicalizados, não sendo válida sua cobrança aos demais obreiros (Súmula 666 do STF).

No tocante à *contribuição assistencial*, ou taxa de reforço sindical, em regra, o recolhimento é aprovado por convenção ou acordo coletivo, normalmente para desconto em folha de pagamento em uma ou poucas mais parcelas ao longo do ano.

Tem previsão no art. 513, *e*, da CLT. Ainda que o diploma celetista estipule ser prerrogativa dos sindicatos imporem contribuições a todos aqueles que participem das categorias econômicas ou profissionais, está claro que o recolhimento tem de ser aprovado na respectiva assembleia geral de trabalhadores. A jurisprudência majoritária também entende que somente haveria obrigatoriedade de contribuição para aqueles trabalhadores e/ou empresas comprovadamente sindicalizados.

Neste sentido, replicamos a seguinte ementa da lavra do Ministro Caputo Bastos:

> *CONTRIBUIÇÃO ASSISTENCIAL. EMPREGADOS NÃO SINDICALIZADOS. DESCONTO INDEVIDO. PRECEDENTE NORMATIVO N. 119 E ORIENTAÇÃO JURISPRUDENCIAL N. 17 DA SDC.* As contribuições assistenciais são devidas apenas pelos empregados e empresas efetivamente sindicalizados, em respeito ao princípio da liberdade de associação e de sindicalização constitucionalmente assegurado (artigos 8º, V, e 5º, XX, da Constituição Federal). (TST, RR 88700-72.2008.5.04.0021, 7ª Turma, Rel. Min. Guilherme Augusto Caputo Bastos, j. em: 5-5-2010)

Nesta contribuição, resulta o direito de oposição, que tem como fundamento o princípio da intangibilidade salarial (art. 462 da CLT) e também o art. 545 da CLT, que faz menção à possibilidade de descontos nos salários dos trabalhadores de contribuições devidas ao sindicato desde que expressamente autorizado.

Especificamente, encontram-se dois obstáculos ao efetivo direito de oposição. Primeiramente, o trabalhador deve ficar atento ao depósito do instrumento coletivo no Ministério do Trabalho, pois é a partir dessa data que se inicia o prazo preclusivo para o exercício do direito. Consequentemente se corre sérios riscos de perder o prazo exíguo quase sempre estabelecido, algo em torno de dez dias. Igualmente, ainda que consiga se dirigir ao sindicato em tempo hábil estará sujeito a toda forma de constrangimento decorrente de sua conduta.

Os sindicatos, buscando evitar questionamentos, chegam a prever tal direito em seus instrumentos coletivos.

Historicamente, o Supremo Tribunal Federal já versava acerca do direito de oposição, assim como o Tribunal Superior do Trabalho, que publicou o Precedente Normativo n. 74 e, mais tarde, o substituiu pelo Precedente Normativo n. 119, cuja redação estabelece:

> A Constituição da República, em seus arts. 5º, XX, e 8º, V, assegura o direito de livre associação e sindicalização. É ofensiva a essa modalidade de liberdade de cláusula constante de acordo, convenção coletiva ou sentença normativa estabelecendo contribuição em favor de entidade sindical a título de taxa para custeio do sistema confederativo, assistencial, revigoramento ou fortalecimento sindical e outras da mesma espécie, obrigando trabalhadores não sindicalizados. Sendo nulas as estipulações que inobservem tal restrição, tornam-se passíveis de devolução de valores irregularmente descontados (TST, 1998).

Entendemos que o direito de oposição poderia nem sequer existir. Isso porque, se não houvesse obrigação da contribuição pela própria organização sindical e/ou a alienação do empregado por imposição do Estado em associar-se àquele determinado sindicato, cada trabalhador que se sentisse ofendido com referido abuso buscaria, livremente, outro sindicato que correspondesse às suas expectativas.

Por fim, as *mensalidades dos associados* do sindicato ou a chamada *contribuição associativa*, que, por sua vez, consiste em parcelas mensais pagas estritamente pelos trabalhadores sindicalizados, são modalidades voluntárias de contribuições, comuns a qualquer tipo de associação, de qualquer natureza, e não somente sindicatos.

De todo modo, o que se percebe, no presente quadro, é a tendência jurisprudencial das Cortes Superiores de restringir as arrecadações sindicais, ou seja, somente há obrigatoriedade expansiva de recolhimento, pelos trabalhadores, da velha contribuição sindical imperativa, devendo as demais modalidades ser destinadas apenas aos trabalhadores efetivamente sindicalizados.

> No ponto de vista democrático, a imposição de cotas obrigatórias a trabalhadores e empresários que não sindicalizados constitui inaceitável violência. Além disso, na medida em que as entidades sindicais se valem de pagamentos compulsórios, essas entidades deveriam sentir-se moralmente impedidas de aplicar dinheiro em outras atividades que não as que tragam benefícios diretos aos associados (PINTO, 1995, p. 27).

Muito embora esse seja o modelo traçado pelas Cortes Superiores, entendemos que também a contribuição sindical compulsória deveria ser banida do ordenamento jurídico brasileiro, em vista da garantia livre de associação e contribuição.

10.7 A utópica liberdade sindical

A liberdade sindical abarca as faculdades de criar, aderir, não aderir ou dispensar-se de um sindicato. Trata-se de um poder-dever de representação atribuído.

Enfatizamos que as principais modalidades de financiamento dos sindicatos no Brasil afrontam o princípio da liberdade sindical, ou seja, as fontes de arrecadação das entidades sindicais cerceiam a liberdade de trabalhadores e empregadores de deixarem de contribuir para aquele ente que lhes representa, além de permitir a perpetuação no poder de dirigentes sindicais descompromissados com os interesses de seus respectivos representados.

Muito se questiona acerca das formas e da necessidade do custeio dos sindicatos. Contudo, pode-se afirmar que no Brasil esta contribuição tem origem na década de 1930 (Era Vargas).

Asseveramos que a liberdade sindical, como direito, trilhou longa trajetória de lutas travadas pelos trabalhadores.

> Sua elevação à condição de direito fundamental, materializada por declarações internacionais de direitos humanos, é fruto de um processo evolutivo fortemente marcado pela busca do reconhecimento da fragilidade do trabalhador individualmente considerado (OLIVEIRA NETO, 2010, p. 56).

Para o saudoso juslaboralista Oscar Ermida Uriarte (2005, p. 252), "consideradas as declarações internacionais de direitos humanos, a classificação da liberdade sindical como direito fundamental é algo que não mais se discute, tratando-se, também, de direito social integrante de uma sociedade pluralista e justa".

Nessa linha, para o ilustre advogado trabalhista Paulo Sergio João (2008, p. E2), "a liberdade sindical pode ser entendida como garantia constitucional assegurada aos que desejam manifestar-se coletivamente por meio de associação profissional ou sindical, atrelada ao exercício democrático de direitos civis e políticos, substrato de uma sociedade que reconhece aos cidadãos a livre manifestação da diversidade cultural e ideológica".

Pode-se conceituar, ainda, como "direito fundamental concretizado na faculdade de criação de sindicatos imunes à vontade de qualquer ente dotado de poderes-deveres que devem ser exercitados em favor dos interesses da categoria" (RODRIGUEZ, 2003, p. 203).

Para o escopo deste artigo, liberdade sindical significa a faculdade que cada empregado ou empregador tem de escolher para qual ente sindical deseja recolher parte de sua remuneração.

Portanto, a liberdade sindical tem aspecto individual e está relacionada às modalidades de financiamento das entidades sindicais, pois o ato de contribuir para com determinado ente diz respeito à liberdade sindical de titularidade de trabalhadores e empregadores.

Aspecto individual, pois, a liberdade sindical é o direito de trabalhadores e empregadores de se organizarem, constituírem e contribuírem livremente às agremiações que desejarem, estando livres de qualquer interferência ou intervenção do Estado.

O trabalhador e a empresa somente deveriam recolher ao sindicato se este fosse fundado nos interesses daqueles. Não obstante, cada integrante da relação laboral apenas repassaria o valor do tributo se determinado sindicato direcionasse toda a sua arrecadação em benefício de seus representados.

Além disso, analisando a liberdade sindical em sua amplitude, cada trabalhador ou empresa poderia, livremente, deixar de ser representado por aquele sindicato e consequentemente deixar de recolher tal contribuição. Isso porque estaríamos diante da pluralidade de sindicatos, razão pela qual cada integrante (empregado ou empregador) poderia abrir mão de ser representado por aquele ente e começar a ser representado por outro.

Portanto, é natural conceber a liberdade sindical como o bem jurídico maior que vincula toda a normatização da atividade sindical. Definitivamente a liberdade sindical integra o rol de direitos e princípios fundamentais dos trabalhadores (KAUFMANN, 2005).

10.8 Considerações finais

No decorrer do artigo, buscamos traçar uma breve retrospectiva das organizações sindicais, bem como do início das contribuições sindicais designadas para tal entidade já organizada.

Tratamos, também, das diferentes formas de modalidade de financiamento, das formas de custeio, além, é claro, da natureza jurídica e das prerrogativas dos sindicatos.

Todavia, vimos com maior clamor, durante todo o texto, a elevação do princípio da liberdade e da pluralidade sindical.

Procuramos, desta forma, traçar um paralelo entre a liberdade de escolha dos trabalhadores e empresas dentre as entidades sindicais existentes (pluralidade sindical), e a livre-iniciativa de dispor de sua remuneração e arrecadação anual, e escolher para qual associação sindical contribuir. Certamente, a imposição de contribuição em relação a um único sindicato implica violação à liberdade sindical.

Portanto, em um cenário jurídico ideal, a necessidade de custeio das entidades sindicais deveria existir em plena harmonia com a liberdade sindical. O sistema plúrimo de sindicatos garantiria a trabalhadores e empregadores a liberdade de escolher qual entidade seria a mais adequada para representá-los.

Nesse modelo, portanto, a contribuição em benefício de determinado sindicato seria arcada pelos respectivos filiados. Trata-se da mensalidade sindical, única modalidade de custeio, a nosso ver, em plena sintonia com o direito fundamental à liberdade sindical e desde que tal empregado e empresa pudessem dispor dessa filiação a qualquer tempo.

REFERÊNCIAS

AROUCA, José Carlos. **Curso básico de direito sindical**. 2. ed. São Paulo: LTr, 2009.

BARROS, Alice Monteiro de. **Curso de direito do trabalho**. 5. ed. São Paulo: LTr, 2009.

BRASIL. **Constituição da República Federativa do Brasil, de 5 de outubro de 1988**. Disponível em: <http://www.planalto.gov.br/ccivil_03/constituicao/constitui%C3%A7ao.htm>. Acesso em: 17 out. 2011.

BRASIL. **Constituição dos Estados Unidos do Brasil, de 10 de novembro de 1937**. Disponível em: <http://www.planalto.gov.br/ccivil_03/constituicao/constitui%C3%A7ao37.htm>. Acesso em: 11 out. 2011.

BRASIL. **Decreto n. 19.770, de 19 de março de 1931**. Disponível em: <http://www.planalto.gov.br/ccivil_03/decreto/Antigos/D19770.htm>. Acesso em: 11 out. 2011.

BRASIL. **Decreto-lei n. 2.377, de 8 de julho de 1940**. Disponível em: <http://www6.senado.gov.br/legislacao/ListaPublicacoes.action?id=82717&tipoDocumento=DEL&tipoTexto=PUB>. Acesso em: 11 out. 2011.

BRASIL. **Decreto-lei n. 4.298, de 14 de maio de 1942**. Disponível em: <http://www6.senado.gov.br/legislacao/ListaPublicacoes.action?id=7403&tipoDocumento=DEL&tipoTexto=PUB>. Acesso em: 11 out. 2011.

BRASIL. **Decreto-lei n. 5.452, de 1º de maio de 1943** *(Consolidação das Leis do Trabalho)*. Disponível em: <http://www.planalto.gov.br/ccivil_03/decreto-lei/Del5452.htm>. Acesso em: 11 out. 2011.

BRASIL. Tribunal Superior do Trabalho (TST). **Precedente normativo n. 119 (Res. 82/1998)**. Seção Especializada em Dissídios Coletivos. Disponível em: <http://www.tst.jus.br/iframe.php?url=http://www.tst.jus.br/jurisprudencia/brs/genep.html>. Acesso em: 17 out. 2011.

______. **RR 88700-72.2008.5.04.0021**. 7ª Turma, Rel. Min. Guilherme Augusto Caputo Bastos, Brasília, j. em: 5-5-2010. Disponível em: <http://ext02.tst.jus.br/pls/ap01/ap_red100.resumo?num_int=8633&ano_int=2010&qtd_acesso=835701>. Acesso em: 8 nov. 2011.

BRASIL. Supremo Tribunal Federal (STF). **Súmula 666 (DJ de 9, 10 e 13-10-2003)**. Disponível em: <http://www.stf.jus.br/portal/jurisprudencia/listarJurisprudencia.asp?s1=666.NUME.%20NAO%20S.FLSV.&base=baseSumulas>. Acesso em: 17 out. 2011.

CARRAZA, Roque Antonio. **Curso de direito constitucional tributário**. 3. ed. São Paulo: Revista dos Tribunais, 1991.

COÊLHO, Sacha Calmon Navarro. **Comentários à Constituição de 1988**: sistema tributário. Rio de Janeiro: Forense, 1990.

DELGADO, Mauricio Godinho. **Curso de direito do trabalho**. 10. ed. São Paulo: LTr, 2011.

GOMES, Orlando, e GOTTSCHALK, Elson. **Curso de direito do trabalho**. 15. ed. Rio de Janeiro: Forense, 1998.

JOÃO, Paulo Sergio. O fim da unicidade sindical no Brasil, **Valor Econômico**, 3 de janeiro de 2008, p. E2, Caderno Legislação & Tributos.

KAUFMANN, Marcus de Oliveira. **Das práticas antissindicais às práticas antirrepresentativas**: sistema de combate e a tutela de representações coletivas de trabalhadores. São Paulo: LTr, 2005.

LEBRE, Eduardo Antonio Temponi. **Sistema jurídico de custeio dos sindicatos**. São Paulo: Iglu, 1997.

MARTINS, Sérgio Pinto. **Contribuições sindicais**: direito comparado e internacional; contribuições assistencial, confederativa e sindical. 5. ed. São Paulo: Atlas, 2009.

_________. **Direito do Trabalho**. 15. ed. São Paulo: Atlas, 2002.

MIRANDA, Jorge. **Manual de direito constitucional**. 4. ed. Coimbra: Coimbra Editora, 1990.

NASCIMENTO, Amauri Mascaro. **Compêndio de direito sindical**. 6. ed. São Paulo: LTr, 2009.

NASCIMENTO, Amauri Mascaro; FERRARI, Irany; MARTINS FILHO, Ives Gandra da Silva. **História do trabalho, do direito do trabalho e da justiça do trabalho**. 3. ed. São Paulo: LTr, 2011.

OLIVEIRA NETO, Alberto Emiliano. **Contribuições sindicais**: modalidades de financiamento sindical e o princípio da liberdade sindical. São Paulo: LTr, 2010.

PINTO, Almir Pazzianotto. **A velha questão sindical e outros temas**. São Paulo: LTr, 1995.

RODRIGUEZ, José Rodrigo. **Dogmática da liberdade sindical**: direito, política e globalização. Rio de Janeiro: Renovar, 2003.

RUSSOMANO, Mozart Victor. **Princípios gerais de direito sindical**. 2. ed. ampl. e atual. Rio de Janeiro: Forense, 1998.

SCAFF, Fernando Facury. Contribuições de intervenção e direitos humanos de segunda dimensão. In: MARTINS, Ives Gandra da Silva (coord.). **Contribuições de intervenção no domínio econômico**. São Paulo: Revista dos Tribunais, 2002.

SILVA, Sandoval Alves da. **Direitos sociais**: leis orçamentárias como instrumento de implementação. Curitiba: Juruá, 2010.

STRECK, Lenio Luiz. O papel da jurisdição constitucional na realização dos direitos sociais fundamentais. In: SARLET, Ingo Wolfgang (org.). **Direitos fundamentais sociais**: estudos de direito constitucional, internacional e comparado. Rio de Janeiro: Renovar, 2003.

URIARTE, Oscar Ermida. Liberdade sindical: normas internacionais, regulação estatal e autonomia. In: TEIXEIRA FILHO, João de Lima (coord.). **Relações coletivas de trabalho**: estudos em homenagem ao Ministro Arnaldo Süssekind. São Paulo: LTr, 2005.

VIANA, Oliveira. **Problemas de direito sindical**. Rio de Janeiro: Max Limonad, s.d.

11 EFEITOS DE FUSÕES E AQUISIÇÕES NO CONTRATO INDIVIDUAL DE TRABALHO E RESPONSABILIDADES DOS SÓCIOS NA EXECUÇÃO TRABALHISTA

Thereza Christina Nahas

Professora do Programa de Educação Executiva da DIREITO GV (GVlaw); professora da Fundação Armando Álvares Penteado – FAAP e da UNIVEM – Marília (SP); juíza do trabalho, titular da 61ª Vara do Trabalho da Capital e juíza convocada no TRT da 2ª Região.

11.1 Introdução

O presente artigo trata dos reflexos das operações societárias nos contratos de trabalho. A ideia central é chamar a atenção do jurista sobre a necessidade de se interpretar sistematicamente o direito do trabalho em conjunto com outras matérias, isto é, aquelas que efetivamente regulam os efeitos daquelas operações que, inquestionavelmente, emanam efeitos sobre os contratos dos trabalhadores que prestam serviços às empresas. Centramos o estudo nas pessoas jurídicas empresariais, o que exclui do presente artigo as associações, fundações e entidades pertencentes ao chamado terceiro setor. As maiores discussões jurisprudenciais estão relacionadas com o âmbito empresarial, coração da ordem econômica e da manutenção do regime capitalista. Pretendemos provocar uma reflexão sobre a insuficiência das regras supostamente de tutela ao trabalhador, bem como a necessidade de se adequar o direito do trabalho às novas relações sociais.

11.2 Interpretação sistemática: lei da empresa e lei do trabalho

A Consolidação das Leis do Trabalho – CLT, instrumento normativo publicado em 1943, objetivou a tutela do trabalhador e, reflexamente, da relação de emprego, entendida esta como uma relação de subordinação do empregado ao empregador. Tal finalidade é de fácil compreensão, pois, à época, as relações trabalhistas eram de caráter eminentemente rural e, portanto, o mencionado diploma legal mostrava-se eficiente para tanto. Sendo assim, não há que falar em trabalho semidependente, relações descentralizadas de trabalho ou outras formas de vínculos jurídicos trabalhistas, pois o modelo que adotamos era o do contrato tradicional, sem intermediações ou especialidades. Todavia, nos anos 1980, com o desenvolvimento maciço da indústria e a abertura do País para receber capital estrangeiro, já não seria mais aceitável que unicamente a CLT pudesse servir de instrumento para a tutela da relação de trabalho. Tal situação se mostra cada dia mais agravada em face dos novos investimentos estrangeiros feitos no Estado nacional e das alianças realizadas com outros países, indicando que é chegada a hora de refletirmos acerca de uma reforma na legislação trabalhista.

Enquanto isso não ocorre, valemo-nos das regras elencadas em outras legislações e nos princípios constitucionais atinentes à matéria. Some-se a isso que a ampliação da competência da Justiça do Trabalho com a Emenda Constitucional n. 45/2004 serviu para aumentar o número de situações jurídicas que podem e serão conhecidas e julgadas pela instância trabalhista. Isso quer dizer que não somente as causas em que se apresentarem nos polos contratuais trabalhadores e empregadores (ou tomadores de mão de obra) serão levadas ao Judiciário trabalhista, mas outras mais em que se verificarem os reflexos das relações de trabalho. Logo, não somente as relações em que o elemento subordinação se mostrar presente, mas também toda aquela relação em que se verificar uma prestação de serviços, com maior ou menor grau de subordinação, excluindo-se tão somente aquelas caracterizadas como uma relação de consumo.

Neste contexto em que a relação de trabalho extravasa os limites do contrato de trabalho definido no art. 442 da CLT é que devemos reconhecer que há a necessidade de se valer das outras fontes de direito para solver questões que, por razões históricas, não se consegue resolver pelas disposições trazidas pela CLT. Aliás, há, ainda, novas profissões que mereceriam regulamentação especial e que não são solucionadas pelo diploma trabalhista, fato este que podemos verificar com todas as relações de trabalho descentralizadas, como, por exemplo, a cooperativa de mão de obra, os operadores de *telemarketing*, trabalhadores com turnos diferenciados de trabalho, situações estas a que a jurisprudência tem tentado conferir uma solução, a qual nem sempre logra ser a mais adequada. Isso ocorre não por um equívoco de interpretação, mas pela ausência absoluta de uma tutela equivalente à realidade do tipo de trabalho prestado.

O direito do trabalho deixou de ser o direito do empregado subordinado, não obstante a CLT trate unicamente da tutela deste tipo de trabalhador. Tal diploma normativo, para ser mais eficiente e mais condizente com a realidade social, não deveria tutelar o trabalhador em si, mas a relação de trabalho como um todo. O trabalhador tem direito a condições de trabalho dignas e a relação de trabalho, não importa o grau de subordinação que possua, deve garantir condições justas e adequadas para a prestação de serviços, assegurando, assim, os valores sociais do trabalho e da livre-iniciativa (art. 1º, IV, da CF). O trabalhador, por exemplo, não deveria ter direito à percepção de horas extras com acréscimos, mas o direito respeitado de somente trabalhar além do seu horário em situações efetivamente extraordinárias; o meio ambiente de trabalho deve ser naturalmente saudável e não ter de se submeter a infindáveis discussões acerca de adicionais que vão remunerar a condição desfavorável do meio em que o trabalhador está. Portanto, as regras sobre tutela trabalhista existentes na CLT são insuficientes para a proteção efetiva do trabalhador e sequer garantem a tutela da relação de trabalho como idealizada na Carta Constitucional. Daí a necessidade de se socorrer de outros ramos do direito para a solução de questões que se entrelaçam ou estão contidas na complexa relação de trabalho e que não podem ser solucionadas por aquele diploma legal específico.

Observo que o ideal seria poder contar com soluções eficientes no estatuto do trabalhador, pois a relação de trabalho apresenta especificidades que não se verificam, por exemplo, nas relações jurídicas em que as partes merecem o mesmo tratamento, como ocorre no direito civil ou empresarial. Isso não quer dizer que nestes dois ramos do direito não haverá, em certos casos, uma flexibilidade do princípio da igualdade das partes nas relações negociais, mas sim que, no direito do trabalho, há uma expressa previsão da desigualdade e a busca pelo cumprimento e respeito dos direitos fundamentais historicamente preservados pela Organização Internacional do Trabalho e tutelados pelas Cartas Internacionais, como ocorre com a Declaração de Direitos Humanos de 1948 (art. XXIII), que assim prevê:

> 1. Toda pessoa tem direito ao trabalho, à livre escolha de emprego, a condições justas e favoráveis de trabalho e à proteção contra o desemprego.
>
> 2. Toda pessoa, sem qualquer distinção, tem direito a igual remuneração por igual trabalho.
>
> 3. Toda pessoa que trabalhe tem direito a uma remuneração justa e satisfatória, que lhe assegure, assim como à sua família, uma existência compatível com a dignidade humana, e a que se acrescentarão, se necessário, outros meios de proteção social.
>
> 4. Toda pessoa tem direito a organizar sindicatos e neles ingressar para proteção de seus interesses.

E, ainda, como ocorre nos arts. 7º e 8º da Constituição Federal.

Portanto, a interpretação sistemática faz-se necessária, respeitando-se as particularidades de cada ramo do direito em harmonia com o direito do trabalho e sua intenção inicial, qual seja, a tutela do trabalhador, parte mais débil na relação de trabalho (fato este que em algumas situações poderá não parecer muito justo, como ocorre em questões em que a empresa depende, para seu desenvolvimento e nome, mais do trabalhador do que ele depende dela, em razão do seu conhecimento técnico ou do nome que ele lhe empresta). O conceito de empresa, os tipos societários, o que se deve entender por operação societária, não são matérias que estão reguladas no âmbito da CLT, não obstante a redação dos arts. 2º e 10 desta Consolidação, o que deveria levar o intérprete a buscar tais significados nas leis específicas.

Sendo assim, e partindo-se do fato de que o direito do trabalho se volta para a regulamentação de normas atinentes a um contrato específico, qual seja, o de trabalho, é inevitável dizer que fazem parte desta relação contratual, necessariamente, duas pessoas: um trabalhador, pessoa física[1], e o tomador da mão de obra, que será uma pessoa física ou jurídica. O que importa é que este se caracterizará porque fará a direção dos serviços, remunerará e exigirá a subordinação e a pessoalidade do empregado.

Todos os elementos acima se referem àquilo que está previsto na CLT, nos seus arts. 2º e 3º assim redigidos:

> Art. 2º Considera-se empregador a empresa, individual ou coletiva, que, assumindo os riscos da atividade econômica, admite, assalaria e dirige a prestação pessoal de serviço.
>
> § 1º Equiparam-se ao empregador, para os efeitos exclusivos da relação de emprego, os profissionais liberais, as instituições de beneficência, as associações recreativas ou outras instituições sem fins lucrativos, que admitirem trabalhadores como empregados.
>
> § 2º Sempre que uma ou mais empresas, tendo, embora, cada uma delas, personalidade jurídica própria, estiverem sob a direção, controle ou administração de outra, constituindo grupo industrial, comercial ou de qualquer outra atividade econômica, serão, para os efeitos da relação de emprego, solidariamente responsáveis a empresa principal e cada uma das subordinadas.
>
> Art. 3º Considera-se empregado toda pessoa física que prestar serviços de natureza não eventual a empregador, sob a dependência deste e mediante salário.
>
> Parágrafo único. Não haverá distinções relativas à espécie de emprego e à condição de trabalhador, nem entre o trabalho intelectual, técnico e manual.

[1] Já se firmou entendimento de que não é possível a formação de contratos de trabalho em que o prestador do serviço seja uma pessoa jurídica, ainda que esta seja um empresário individual. O trabalhador há que ser, necessariamente, uma pessoa física. Isso servirá, também, para fixar a competência da Justiça do Trabalho.

O art. 2º da CLT pretendeu definir o conceito de empregador, isto é, aquele que contrata a mão de obra subordinada, mas a sua absoluta falta de técnica acabou por gerar certas confusões quando da interpretação de situações jurídicas que são trazidas ao Judiciário Trabalhista. Assim ocorre, por exemplo, na compreensão do que seja grupo econômico, havendo decisões que entendem pela caracterização do grupo econômico, simplesmente, pela existência do mesmo sócio em duas empresas distintas. Assim se decidiu no processo autuado sob o n. RR – 3414800-54.2007.5.09.0014 (TST, Recurso de Revista n. 3414800-54.2007.5.09.0014, 8ª Turma, Rel. Min. Dora Maria da Costa, j. em: 23-3-2011):

> Conforme se depreende dos fundamentos do acórdão recorrido, a caracterização de grupo econômico entre as empresas decorreu da existência de sócio comum e também de decisão oriunda de juízo falimentar, que estendeu os efeitos da falência da CIPATE para a APMISA, ao fundamento de que formam grupo econômico.

Portanto, o que se deve ter em mira é que nem todas as operações societárias são fraudulentas e que o fato de duas empresas terem sócios comuns não as faz integrantes do mesmo conglomerado econômico. A aplicação do art. 10 da CLT não serve para resolver todas as situações ocorridas numa execução de sentença e também não poderá resolver operações societárias cujas regras estejam disciplinadas no direito empresarial. Há que fazer uma interpretação harmônica.

É esta a redação do art. 10 da CLT: "Qualquer alteração na estrutura jurídica da empresa não afetará os direitos adquiridos por seus empregados". E, também com intuito de tutelar o crédito trabalhista, prevê o art. 448 da CLT: "A mudança na propriedade ou na estrutura jurídica da empresa não afetará os contratos de trabalho dos respectivos empregados".

A análise das regras sobre direito de empresa tornaria, numa primeira vista, desnecessária a inserção na CLT daqueles dois dispositivos. Todavia, sabendo-se que o direito ao trabalho e do trabalho são direitos fundamentais, bem como considerando a fragilidade do trabalhador na relação jurídica empregatícia, houve por bem o legislador considerar tais normas justamente para proteger o crédito trabalhista, de natureza alimentar.

É inevitável, por assim dizer, que em operações societárias os direitos dos trabalhadores serão sempre resguardados. Isso decorre da necessária intervenção estatal nas relações de trabalho e da necessidade que se tem de tutelar o trabalhador, contendo assim os abusos que podem advir da busca pelo aumento do capital e intenção de maior ganho pelo detentor dos meios de produção. Perceba-se que a garantia da proteção legislativa, não obstante vir preservada na CLT, nada mais é do que um reflexo da lei empresarial que garante, nas hipóteses de operações societárias, direitos de terceiros, sem mencionar, de forma específica (mesmo porque este não é o objetivo da lei comercial) que se trata de trabalhadores, tutela esta que passa a ser regulada pelo diploma específico. Queremos com isso dizer que, ainda que não existissem os arts. 10 e 448 da CLT, a tutela dos direitos dos trabalhadores por ocasião das operações societárias estaria resguardada pela própria lei comercial. Isso ocorre, por exemplo, com a previsão do art. 1.115 do Código Civil, que reza que "a transformação não modificará nem prejudicará, em qualquer caso, os direitos dos credores"; ou do art. 222 da Lei n. 6.404/76:

> A transformação não prejudicará, em caso algum, os direitos dos credores, que continuarão, até o pagamento integral dos seus créditos, com as mesmas garantias que o tipo anterior de sociedade lhes oferecia; ou, ainda, art. 233 da Lei referida: na cisão com extinção da companhia cindida, as sociedades que absorverem parcelas do seu patrimônio responderão solidariamente pelas obrigações da companhia extinta. A companhia cindida que subsistir e as que absorverem parcelas do seu patrimônio responderão solidariamente pelas obrigações da primeira anteriores à cisão.

Quando se fala em reflexos das fusões e incorporações nos contratos de trabalho, está-se necessariamente fazendo referência a pessoas jurídicas de direito privado, que contenham ou não capital público na sua constituição, como ocorre, por exemplo, com as sociedades de economia mista. Torna-se necessário que se retire deste contexto fundações, associações ou pessoas jurídicas cuja finalidade seja a realização de um objetivo social, como se dá com ONGs, por exemplo. É necessário que o intérprete promova uma análise sistemática da situação a ser analisada, para que não haja prejuízo à finalidade social de instituições societárias cuja transformação é permitida pelo ordenamento jurídico e que, necessariamente, para que seja reconhecida a sua legalidade, devem submeter-se às regras específicas previstas na lei. Isto é, o direito empresarial preocupa-se com a atividade empresária como um todo e não somente e necessariamente com a situação jurídica dos trabalhadores. A manutenção da empresa e dos postos de trabalho vai além da tutela específica ao trabalho estritamente subordinado.

As operações societárias estão previstas nos arts. 1.113 a 1.122 do Código Civil e na Lei n. 6.404/76. São elas: *a*) a transformação; *b*) a incorporação; *c*) a fusão; e *d*) a cisão. Nem todas as situações em que tais operações ocorrem são realizadas com intuito de fraudar as normas trabalhistas. A lei permite que o empresário use estes instrumentos para a melhoria e o aprimoramento de sua atividade. O que viabiliza uma operação societária é o cálculo econômico. O ordenamento jurídico dispõe de ferramentas para inibir o desvio de finalidade da operação ou de eventual conduta ilícita, para salvaguardar direitos de credores, sejam eles trabalhadores, consumidores, ou simplesmente pessoas que negociam com uma empresa que decidirá se transformar. Daí a necessidade, para tanto, de haver um estudo, pelas empresas (ou empresa) sujeitas a este processo, de se adequar ao ordenamento jurídico vigente à época do processo, além de meramente fazer cálculos sobre os custos e benefícios das operações societárias.

As operações societárias são, por assim dizer, um importante instrumento colocado à disposição dos empresários para que possam procurar um novo horizonte para seus negócios. Parece evidente que aquele que detém tal profissão intenciona, obviamente, que seus negócios sejam produtivos e lucrativos. Isso importa, evidentemente, também na geração de empregos. A cada dia as empresas que adotam programas de sustentabilidade interessam-se por conceder melhores condições de vida a seus trabalhadores, pois é indiscutível que isso lhe garantirá um retorno maior e melhor de qualidade na sua produção. Os trabalhadores satisfeitos com suas condições de trabalho tendem a produzir mais e valorizam de modo mais fiel o seu local de trabalho e suas relações internas[2].

Todavia, tais operações não podem servir de escudo para descumprimentos contratuais, ou de meio para se cometerem fraudes nas relações trabalhistas. Sendo assim, o que se depreende da legislação posta é que, havendo operações societárias lícitas, as empresas responderão pelos créditos dos trabalhadores, respeitando-se os instrumentos negociais. Todavia, ocorrendo desvio de finalidade, outra não poderá ser a solução que a de se imputar a responsabilidade a todas as empresas que tenham participado das negociações, bem como aos sócios e administradores que tenham se envolvido na situação jurídica. Isto é, a responsabilidade de todos será direta pelo ato societário praticado, sendo desnecessário que se discuta acerca de eventual responsabilidade decorrente da desconsideração da personalidade jurídica.

A aquisição e a atribuição de uma personalidade a um ente fictício, como o é a pessoa jurídica, é permitida pelo Estado a fim de que tais entes possam viabilizar a economia e melhorar a condição de vida dos próprios jurisdicionados. A personalidade jurídica permite que as pessoas físicas que destinam parte de seu patrimônio à formação de uma nova pessoa detenham a condição de empresárias, exercendo, também, uma profissão. Isso significa que aqueles que logram a permissão para tanto ajam de boa-fé e em respeito a direitos de outros que com eles negociam. Não seria admissível que o

---

[2] *Vide* dados nas revistas **Carta Capital**, **Época** e **ISTOÉ Dinheiro**: AS 100 MELHORES..., 2010; **AS 500 MELHORES**..., 2010; **AS EMPRESAS**..., 2010.

Estado emprestasse a tais pessoas uma condição para que viessem a causar prejuízos, desviando-se de sua finalidade e fraudando direitos, sem que nenhuma consequência fosse atribuída àqueles que foram os responsáveis por sua criação. Sendo assim, o princípio da autonomia patrimonial e a separação absoluta de patrimônios devem ser respeitados, desde que não se verifique a existência de prejuízo causado por má condução dos negócios, por exemplo.

Deixemos as situações às quais nos referimos mais evidentes.

Como já mencionamos, são operações societárias a transformação, a incorporação, a fusão e a cisão, processos estes de transformação das sociedades empresárias que, para serem lícitas, deverão respeitar as normas previstas nos arts. 223 e seguintes da Lei das S/A. Poderá ocorrer, em um destes tipos, de nascer uma nova empresa e, em assim ocorrendo, "serão observadas as normas reguladoras da constituição das sociedades do seu tipo" (art. 223, § 1º, da LSA).

A transformação ocorrerá nas situações em que uma "sociedade passa, independentemente de dissolução e liquidação, de um tipo para outro" (art. 220 da Lei n. 6.404/76).

Dá-se a incorporação quando, realizada uma operação societária, "uma ou mais sociedades são absorvidas por outras que lhes sucede em todos os direitos e obrigações" (art. 227 da Lei n. 6.404/76).

A fusão, por sua vez, caracteriza-se como a "operação pela qual se unem duas ou mais sociedades para formar sociedade nova, que lhes sucederá em todos os direitos e obrigações" (art. 228 da Lei n. 6.404/76).

A cisão ocorrerá em "operações pela qual a companhia transfere parcelas do seu patrimônio para uma ou mais sociedades, constituídas para esse fim ou já existentes, extinguindo-se a companhia cindida, se houver versão de todo o seu patrimônio, ou dividindo-se o seu capital, se parcial a versão" (art. 229 da Lei n. 6.404/76).

Portanto, sociedades que venham a sofrer qualquer destes tipos de alteração, frise-se, absolutamente regulares e presumivelmente lícitos, devem subordinar-se ao procedimento legal para, respeitando o processo de alteração escolhido na sua estrutura, e, independentemente do que vier a ser estabelecido nos respectivos atos constitutivos, não haverá "em caso algum prejuízo aos direitos dos credores, que continuarão, até o pagamento integral dos seus créditos, com as mesmas garantias que o tipo anterior de sociedade lhes oferecia" (art. 222 da Lei n. 6.404/76).

O trabalhador que presta serviços a uma empresa que passe por qualquer uma daquelas alterações societárias é também um credor da empresa, pois o cumprimento de suas obrigações contratuais, qual seja, a prestação de serviços, enseja o direito de receber as prestações anteriormente acordadas e decorrentes daquele contrato de trabalho. O que faz deste contrato um negócio jurídico com características diferenciadas dos demais é que nele o prestador de serviços será sempre uma pessoa física, cujo grau de subordinação não lhe permite, na grande maioria das vezes, uma negociação igualitária de cláusulas que regerão a sua relação. Daí, historicamente, a percepção do Estado de intervir na relação contratual trabalhista, preestabelecendo cláusulas contratuais a serem observadas.

O ser humano necessita daquilo que produz para que possa lograr uma vida digna, daí o crédito trabalhista possuir a natureza de crédito de natureza alimentar. Vivemos numa sociedade capitalista, em que o Estado deveria, ao menos, conceder o mínimo a fim de manter o ser humano. Mas, nesta mesma sociedade, percebemos que o mínimo concedido tem se mostrado insuficiente, de modo que o intervencionismo estatal se destina àqueles que não detêm o controle da produção dos bens de consumo, mas que estão inseridos neste contexto e que dependem, para a melhoria de sua condição de vida, daquilo que é gerado pelos novos métodos experimentados, sobretudo pela mundialização das relações estatais e empresariais, as quais viabilizam um achatamento de direitos sociais e o estabelecimento de uma desigualdade que atinge não só o trabalhador, como a própria produção, pelo que conhecemos como *dumping* social.

O fenômeno que hoje conhecemos como globalização e que provoca tanta paixão e fúria é um caminho sem volta e deve ser encarado pelos Estados de modo a conferir uma tutela adequada aos interesses daqueles que são mais vulneráveis e suscetíveis aos seus efeitos danosos. Tal fenômeno é o grande responsável pela ocorrência de operações societárias em qualquer uma das modalidades já apontadas acima e que vem causando a crise do Estado e a pergunta que ronda os economistas, qual seja, até que ponto e como deve o Estado intervir na vida e organização da economia na chamada sociedade neoliberal. Isso é consequência da necessidade que as empresas têm de se tornar agressivas e competitivas no universo interno e internacional. Ensina Fernando Henrique Cardoso (2008, p. 58-59) que:

> (...) dada globalização econômica com o consequente entrelaçamento da economia brasileira à internacional, com a presença das multinacionais em nosso mercado e das empresas brasileiras no mercado externo, era natural que a política externa sofresse uma adaptação. Ela passou a dar ênfase diferente à atitude anterior de preservar a autonomia pelo relativo distanciamento do mundo, como o embaixador Gelson Fonseca Júnior qualificou o que ocorreu no passado, e passou a garanti-la pela participação ativa na elaboração das normas e pautas de conduta da gestão da ordem mundial. Nas palavras de Celso Lafer: "os interesses específicos do país estão, mais do que nunca, atrelados aos seus 'interesses gerais' na dinâmica do funcionamento da ordem mundial".

Ou, metaforicamente, "o desafio da política externa brasileira, no início do século XXI, é o de buscar condições para entoar a melodia da especificidade do país em harmonia com o mundo" (CARDOSO, 2008, p. 58-59).

Há dois pontos que queremos com isso ressaltar. O primeiro, que hoje, mais do que em outras épocas, e principalmente em face da reforma do direito de empresa trazida pelo Código Civil de 2002, consiste no fato de as operações societárias serem negociações ordinárias e, muitas vezes, necessárias para a sobrevivência da própria empresa. A abertura de mercado e o cumprimento do princípio constitucional da livre concorrência permitem que as empresas alterem suas estruturas, tornando-se mais modernas, mais econômicas e, obviamente, mais lucrativas. É preciso conscientizar-se de que as empresas são constituídas para gerar lucro. Aquele que deseja constituir uma pessoa jurídica para finalidade diversa da geração de lucros não poderá falar em "negócios" e tampouco deverá preocupar-se com a formação empresarial. Para isso existem as associações, fundações, entidades filantrópicas, tais como as organizações sociais, que são reconhecidas e incentivadas pelo próprio Estado.

O segundo ponto é que a globalização é um caminho sem volta[3]. Será cada vez mais comum verificar-se as operações que importarão para a alteração da estrutura das empresas, em razão da necessidade que estas possuem de continuar competindo no mercado globalizado. O Estado deverá adotar sistemas eficazes de controle destas operações, pois, como lembra Antonio Galvão Peres (2010, p. 53):

> (...) [a] globalização econômica permite às empresas escolher com relativa facilidade os países em que pretendem produzir. A insatisfação com o custo na mão de obra para uma empresa pouco automatizada, o preço da energia elétrica para um produto de alumínio ou a escassez de determinada matéria-prima podem ser fatores determinantes para que uma empresa migre de um Estado para o outro.

A redução de barreiras comerciais é um fator facilitador para as migrações empresariais, bem como para os agrupamentos e alterações nas estruturas empresariais. Mas tais fenômenos não devem

[3] No momento de finalização deste artigo, estamos assistindo à crise mundial econômica, causada pelo possível "calote americano" e que tem preocupado diversos países que dependem do que se passará com a economia americana e de quanto isso afetará a economia interna. Isto ocorre, por exemplo, com o Brasil, que é o terceiro maior credor daquele País. Hoje o que se tem são especulações a respeito de qual a extensão do dano que poderá ser aqui causado, em não havendo pagamento da dívida nacional.

ser objeto de críticas e lamentações. O processo de globalização e a possibilidade de alterações nas estruturas empresariais são fatores que, se por um lado, podem viabilizar as fraudes, por outro lado, trazem riqueza, aumento de qualidade de produção e de número de empregos em um país. Pensamos que o Estado deve, no entanto, agir no sentido de intervir nas relações para reprimir as situações que permitam a fraude e os negócios simulados, adotando meios eficientes de fiscalização.

O que se poderia questionar nesta altura é se, para as situações relacionadas aos direitos do trabalhador, teríamos um sistema eficiente de repressão e reparação de danos que possa advir das negociações entre empresas. Parece-nos que, legislativamente, nosso sistema é suficiente. Tanto na lei trabalhista como na empresarial, como já vimos, o legislador preocupa-se com os direitos de credores que porventura tenham negociado com as empresas que passam por algum processo de transformação na sua estrutura, em qualquer das modalidades previstas em nossa legislação. Tanto isso é verdade que a pessoa jurídica se torna responsável pelos créditos, assim como seus sócios e administradores que possuem responsabilidade direta ou indireta decorrente de eventual desconsideração da personalidade jurídica da empresa, normalmente em situações de fraude à lei ou de desvio patrimonial, admitindo-se, ainda, a chamada desconsideração inversa.

Neste sentido, também, encontramos decisões dos Tribunais do Trabalho que, aplicando princípios que regem a relação trabalhista e servem para a proteção do trabalhador, adotam o entendimento de que tais operações não poderão ser realizadas em prejuízo deste.

Os Tribunais Trabalhistas têm feito interpretação sistemática da legislação, sem ignorar as disposições das normas que tratam da matéria empresarial para solucionar questões relativas aos direitos do trabalhador. Vejamos alguns julgados do C. Tribunal Superior do Trabalho:

> SUCESSÃO. RECUPERAÇÃO JUDICIAL DE EMPRESA. ART. 60, PARÁGRAFO ÚNICO, DA LEI N. 11.101/2005. ANÁ-

LISE CONJUNTA. Conforme assenta o parágrafo único do art. 60 da Lei n. 11.101, a aquisição por alienação judicial de ativos de empresa em recuperação judicial não transfere ao adquirente, na condição de sucessor, as obrigações trabalhistas da empresa em recuperação judicial. Precedentes do STF e do TST (NÚMERO ÚNICO: RR 10100-78.2007.5.01.0078, PUBLICAÇÃO: DEJT 10-12-2010).

É indubitável que a Consavel adquiriu a executada, conforme se infere do Instrumento Particular de Contrato de Transferência de documentos e fundos concernentes à Administração de Grupos de Consórcios com condição suspensiva e outras avenças (f. 450/458), incorporando a carteira de clientes da executada (cláusula primeira – f. 450), desenvolvendo, então, a atividade-fim da empresa sucedida. Destaque-se que o fato de o sucessor não ter participado da fase cognitiva da relação processual não inviabiliza a execução contra seu patrimônio, tendo em vista que o novo titular se sub-roga nos direitos e deveres do sucedido, respondendo, imediatamente, pelos contratos de trabalho em curso e, também, pelo passivo trabalhista. Assim, a empresa sucessora ingressa na lide, na fase em que ela se encontra, ainda que seu nome não conste do título executivo judicial. É que a sucessão trabalhista caracteriza-se mediante a alteração subjetiva do *empregador* e consequente transferência patrimonial entre sucessor e sucedido, sendo que sua finalidade primordial é de assegurar, inclusive, as antigas garantias derivadas do contrato de trabalho, independentemente de o obreiro ter prestado serviços, ou não, para a empresa adquirente (interpretação dos arts. 10 e 448 da CLT). (TST, Agravo de Instrumento em Recurso de Revista n. 41441-62.2004.5.03.0114, 4ª Turma, Rel. Min. Maria de Assis Calsing, j. em: 10-12-2010.)

Inicialmente, diante dos termos do Protocolo e Justificação de Cisão e Incorporação juntado às fls. 147/154, é indubitável ter havido transferência parcial da organização produtiva do empreendimento outrora exercido pela CBTU, tendo a FLUMITRENS continuado a desenvolver, normalmente, o transporte ferroviário, o que atrairia a incidência dos arts. 10 e 448 da CLT. Todavia, no mesmo Protocolo, no item 4, fica consignado que a CBTU continuaria responsável pelas obrigações trabalhistas anteriores à transfe-

> rência das ações. Outrossim, o instituto da cisão empresarial é regido pela Lei n. 6.404/76, que em seu art. 233 estabelece (...) Dessa forma, na hipótese, sendo a solidariedade resultante da Lei n. 6.404/76 ou da vontade das partes, através do Protocolo e Justificação de Cisão e Incorporação, tenho por correta a sentença de 1º grau que manteve a CBTU solidariamente responsável pelos créditos trabalhistas. Ademais, de que houve sucessão entre a CBTU e Flumitrens, isso ninguém discorda. O que se está aqui discutindo é a existência de solidariedade entre as reclamadas. Conforme já dito anteriormente, não sendo demais lembrar, é cediço que a solidariedade só decorre de lei ou da vontade das partes (art. 265 do novo Código Civil). No caso das reclamadas, em que pese a sucessão operada, além de lei autorizando (art. 233 da Lei n. 6.404/76) a solidariedade, houve manifestação volitiva nesse sentido, conforme se verifica no Instrumento de Protocolo e Justificação de Cisão da CBTU, condições 4 e 9 (*a contrario sensu*). Assim sendo, não há que se falar em inexistência de solidariedade entre as reclamadas, nem de exclusão da CBTU da lide. Como se vê, há um entrosamento entre as matérias e a preocupação em se respeitar negócios firmados e a finalidade de cada instituto (TST, Recurso de Revista n. 202200-34.1997.5.01.0006, 1ª Turma, Rel. Min. Luiz Philippe Vieira de Mello Filho, j. em: 10-12-2010).

De modo geral tem-se adotado uma interpretação sistemática para a solução de questões atinentes ao pagamento de créditos provenientes de uma relação de trabalho, o que permite a busca por soluções não só na lei trabalhista, a qual não teve por pretensão regulamentar relações (ou efeitos decorrentes de relações) de natureza empresarial, sem se olvidar da tutela ao crédito do trabalhador, harmonizando-se as normas existentes para que se busque cada vez mais um equilíbrio entre as relações capital-trabalho. A alteração das regras sobre competência trazida pela Emenda Constitucional n. 45/2004 permite, ainda, que mesmo as relações de trabalho em que não haja subordinação estrita serão discutidas e decididas na Justiça do Trabalho, o que abre o caminho para que, ao menos processualmente, tais relações guardem alguma tutela estatal. Situação que se verifica, por exemplo, no trabalho semidependente, para o qual não temos regulamentação adequada; trata-se de trabalhador autônomo que, agora, pode se valer da jurisdição trabalhista para a satisfação de seus eventuais créditos.

Portanto, em toda situação em que se verifique a existência de trabalho humano prestado a um tomador de serviços, os conflitos poderão ser trazidos à jurisdição trabalhista. Em situações em que haja algum tipo de operação societária, os efeitos destas operações em relação aos créditos trabalhistas que se formarem nas sociedades originárias serão solucionados nos processos perante a Justiça do Trabalho. A regularidade ou não destas relações societárias será também decidida no âmbito da Justiça do Trabalho, partindo-se do princípio de que, em qualquer das modalidades de transformações empresariais, os créditos trabalhistas vão acompanhar o tomador da mão de obra e, dependendo do tipo de negociação entabulada entre os empresários, a nova empresa assumirá o passivo trabalhista, regra esta que não é estranha à letra da Lei n. 6.404/76, que a todo tempo ressalta a garantia do direito dos credores, sejam eles prestadores de serviços ou não.

Não se pode olvidar que, nestas situações em que o órgão trabalhista for chamado a resolver questões acerca de operações societárias, o fará sempre em caráter incidental, pois lhe falece competência para apreciar tal matéria de modo definitivo. As declarações e decisões acerca de transformações sociais e suas respectivas constituições são estranhas à relação contratual trabalhista, não obstante acabem por nela refletir, pois o trabalhador é um elemento da empresa. Portanto, o juízo competente para solucionar de forma definitiva questões relacionadas a operações societárias e eventual responsabilidade direta de sócios ou administradores, decorrente da responsabilidade direta deles ou da declaração de desconsideração da personalidade jurídica, não é da Justiça do Trabalho, mas sim da Justiça comum.

O que importa questionar é: caso haja decisão da Justiça comum sobre a legalidade (ou não) de uma operação societária, seria possível o Juiz do Trabalho decidir a mesma questão? A resposta, a nós, é negativa. Importa frisar que as decisões proferidas por uma instância do Judiciário não fazem coisa julgada para outra (salvo as de natureza criminal por disposição expressa do art. 65 do Código de Processo Penal)[4]. Todavia, considerando o caráter unitário da Jurisdição e o princípio da segurança jurídica, as decisões proferidas por um órgão do Judiciário devem ser respeitadas pelo outro, salvo se absolutamente teratológicas ou divorciadas dos fatos que se discutir no âmbito da outra relação jurídica.

Pensamos que não se deve temer ou criticar as operações societárias. Estas são necessárias para que, muitas vezes, se aprimore e melhore o mercado de trabalho, permitindo a melhoria da condição de vida das empresas e, em consequência, a melhoria na condição de vida do trabalhador. O que devemos buscar é a garantia da dignidade do trabalhador. Notícia trazida no Jornal *Folha de S.Paulo,* de 14 de dezembro de 2010 (Caderno Mercado) esclarece que o Brasil:

> (...) tem um dos cenários de negócios mais promissores aos olhos do investidor externo. O alto custo do crédito e a legislação complexa do país, porém, inibem parte do potencial e desestimulam fusões e aquisições... As nações maduras têm principalmente mão de obra qualificada, alto nível educacional e acesso fácil a crédito... Diante do complexo cenário jurídico brasileiro, empresas que buscam fusões têm adotado a tática da contingência. A manobra, que leva o nome de conta especial de garantia (ou "scroll account"...), prevê que parte do volume de recursos destinado à compra de uma empresa seja retida para cobrir possíveis custos de processos futuros – como os trabalhistas. (FUSCO, 2010)

Portanto, o chamado "custo trabalhista" refere-se, na verdade, a uma legislação trabalhista deficitária e que não agrada aos traba-

[4] "Art. 65. Faz coisa julgada no cível a sentença penal que reconhecer ter sido o ato praticado em estado de necessidade, em legítima defesa, em estrito cumprimento de dever legal ou no exercício regular de direito."

lhadores, pois confere a falsa aparência de proteção, mas na verdade é insuficiente para a tutela efetiva de direitos; e tampouco serve às empresas, dificultando o crescimento econômico e as operações empresariais.

De toda sorte, é inegável que temos uma proteção mínima ao trabalhador e nela estão inseridas as normas que tutelam os créditos trabalhistas nas hipóteses de operações societárias de todo o gênero, sendo importante ressaltar que, em casos onde se verifique tais situações, estarão resguardados os direitos dos trabalhadores que tiverem prestado serviços às pessoas jurídicas envolvidas.

Também não estarão descobertos os créditos daqueles que tenham prestado serviços a empresas em que tenha havido sucessão, importando considerar que esta se caracterizará quando houver absorção de uma pessoa jurídica por outra, sendo imprescindível que as empresas sucedida e sucessora tenham a mesma finalidade econômica e que se verifique a necessidade de não haver alteração nos fins para os quais se constitui a sucessora. Ocorre, na verdade, simples alteração, não necessariamente o nascimento de uma empresa diversa, daí a consequência lógica de ser mantida a responsabilidade da sucessora pelas obrigações assumidas pela sucedida.

Empresas do mesmo grupo econômico igualmente detêm responsabilidade pelos débitos (e, também, eventual crédito) de trabalhadores que prestarem serviços, ainda que seja somente a uma delas. Importa frisar que tal responsabilidade decorre da lei (art. 2º, § 2º, da CLT) e abre a possibilidade de que qualquer delas possa exigir a prestação de serviços. Isso decorre do enquadramento de tais empresas como empregadoras únicas.

Cada situação que se verificar será resolvida caso a caso e considerando-se a estrutura, bem como eventuais alterações de cada empresa que fez parte da negociação. Não é possível solucionar todas as questões com uma só regra, mesmo porque a solução de cada caso variará de acordo com a forma que cada negociação assumir e que cada situação jurídica ocorrer. O que importa saber é que se faz imperioso harmonizar a livre prestação de serviços com a liberdade empresarial, bem como respeitar as regras existentes para as formações sociais, a fim de se garantir a movimentação de empresas no território nacional, garantindo-se os postos de trabalho e permitindo o cumprimento da norma constitucional quanto à segurança de direitos mínimos cumpridos com a observância do princípio da dignidade do trabalhador.

11.3 Considerações finais

A insuficiência das regras acerca da tutela para a relação de trabalho nos causa estranheza. Não é aceitável que com o desenvolvimento social, a abertura de mercado e a internacionalização das relações jurídicas ainda estejamos regulamentados por um instrumento normativo de 1943. Situações jurídicas como terceirizações, trabalho descentralizado em geral, o surgimento de novas profissões e métodos de trabalho acabam não abrangidos pela CLT. O intérprete, assim, deve usar de todos os ramos do direito para verificar como a relação que lhe é submetida deve ser resolvida da melhor forma possível. A insegurança jurídica, portanto, é muito grande.

A ausência de um sistema de regras trabalhistas adequado faz com que as interpretações a respeito da aplicação de normas de natureza empresarial, em situações onde se discute a interferência de operações societárias ou responsabilidade de seus administradores em contratos de trabalho, sejam as mais variadas. As operações societárias ocorrem no dia a dia e direitos trabalhistas que sofrem seus reflexos são subestimados ou supervalorizados. Um exemplo para melhor ilustrar: num caso em que se discutiu equiparação salarial, o Tribunal Regional do Trabalho da 2ª Região (São Paulo) entendeu, por maioria de votos, que, no caso de um trabalhador admitido em 1996 pela empresa Tostines e transferido em 2003 para a empresa Nestlé, em razão de uma operação societária, não tem direito ao mesmo salário que os trabalhadores que prestavam serviços nas mesmas funções e em igualdade de condições para esta última empresa.

Prevaleceu a tese de que o art. 461 da CLT não permite estender a tal trabalhador o salário igual, pois a diferença salarial decorre da existência de uma transação comercial entre as empresas. A empregadora, nestas situações, não pode prejudicar o direito de seus trabalhadores, mas não está obrigada a manter as mesmas condições que confere a seus trabalhadores originários àqueles que são inseridos em seus quadros em razão da operação societária (TRT-2, Recurso Ordinário n. 00403.2007.048.02.00-2, 3ª Turma, Rel. Des. Ana Maria Contrucci Brito Silva, j. em: 20-9-2011).

Podemos citar, ainda, a decisão proferida pela 5ª Turma do mesmo Tribunal acima citado:

> FRAUDE DE EXECUÇÃO. ART. 593, II, DO CPC. DEVEDOR. EMPRESA. SÓCIO. TEORIA DA DESCONSIDERAÇÃO DA PESSOA JURÍDICA. A teoria do "disregard of legal entity", ou da desconsideração da pessoa jurídica, em nada auxilia a exequente, no caso concreto, pois as hipóteses do art. 593, II, para a configuração da fraude de execução, não restaram cabal e adequadamente demonstradas, visto que o devedor contra o qual corria demanda capaz de reduzi-lo à insolvência, por ocasião da alienação do bem imóvel objeto de penhora, era a empresa, pessoa jurídica, polo passivo na ação trabalhista primígena, e não qualquer de seus sócios, pelo que é de ser liberado da constrição judicial o bem em questão. Agravo de Petição a que se nega provimento (TRT-2, Agravo de Petição n. 01983200844302007, 5ª Turma, Rel. Des. Anélia Li Chum, j. em: 29-9-2009).

Por fim, citamos a recente decisão da 3ª Turma do mesmo Tribunal que, por maioria, reconheceu que não se faz necessária a garantia de salários idênticos a trabalhadores que, oriundos de empresas diversas, passam a integrar a mesma empresa, em razão de fusão havida entre elas:

> "*In casu*", o paradigma indicado foi admitido por empresa diversa (Tostines) da reclamada, e que posteriormente foi adquirido pela ré (Nestlé). Assim, a época da fixação dos salários no momento em que os mesmos foram fixados, paradigma e paragonada não se ativavam para o mesmo empregador, motivo pelo qual impossível a

equiparação salarial entre empregados provenientes de empregadores diferentes, pois não preenchidos os requisitos do art. 461 da CLT (TRT-2, Recurso Ordinário n. 00403.2007.048.02.00-2, 3ª Turma, Rel. Des. Ana Maria Contrucci Brito Silva, j. em: 20-9-2011).

Como se vê, os efeitos que as aquisições e fusões de empresa terão sobre os direitos dos trabalhadores serão aqueles mesmos preservados nas relações de outra natureza e que estão devidamente tutelados pela ordem jurídica empresarial, sem, entretanto, que se olvide de que a relação do trabalho confere ao trabalhador direitos fundamentais. Isso significa que, no conflito de normas entre o direito trabalhista e o empresarial, este último deverá prevalecer. Faz-se necessária a interpretação harmônica dos textos legais, permitindo-se a manutenção do emprego e trabalho, bem como da empresa que, na grande maioria das vezes, promove tais uniões com outras empresas, visando justamente à melhoria da sua condição empresarial, com maior potencial no mercado, indiscutivelmente competitivo, nesta fase de mundialização que estamos vivendo.

REFERÊNCIAS

AS 100 MELHORES empresas para trabalhar... e as lições da campeã Google. **Época**, Rio de Janeiro, 23 out. 2010.

AS 500 MELHORES empresas do Brasil. **ISTOÉ Dinheiro**, São Paulo, 18 ago. 2010.

AS EMPRESAS mais admiradas no Brasil. **Carta Capital**, São Paulo, edição especial, nov.-dez. 2010.

APARICIO, Joaquin e BAYLOS, Antonio. **Autoridad y democracia en la empresa**. Madrid: Trotta, 1992.

BRASIL. **Constituição da República Federativa do Brasil, de 5 de outubro de 1988**. Disponível em: <http://www.planalto.gov.br/ccivil_03/constituicao/constitui%C3%A7ao.htm>. Acesso em: 11 abr. 2011.

BRASIL. **Decreto-Lei n. 5.452, de 1º de maio de 1943** *(Consolidação das Leis do Trabalho)*. Disponível em: <http://www.planalto.gov.br/ccivil/decreto-lei/del5452.htm>. Acesso em: 11 abr. 2011.

BRASIL. **Lei n. 6.404, de 15 de dezembro de 1976**. Disponível em: <http://www.planalto.gov.br/ccivil_03/Leis/L6404consol.htm>. Acesso em: 11 abr. 2011.

BRASIL. **Lei n. 10.406, de 10 de janeiro de 2002**. Disponível em: <http://www.planalto.gov.br/ccivil/leis/2002/L10406.htm>. Acesso em: 11 abr. 2011.

BRASIL. Tribunal Regional do Trabalho da 2ª Região (TRT-2). **Recurso Ordinário n. 00403.2007.048.02.00-2**, 3ª Turma, Rel. Des. Ana Maria Contrucci Brito Silva, São Paulo. j. em: 20-9-2011. Disponível em: <http://www.trtsp.jus.br/menu/menu_jurisprudencia.htm>. Acesso em: 29 nov. 2011.

______. **Agravo de Petição n. 01983200844302007**, 5ª Turma, Rel. Des. Anélia Li Chum, São Paulo, j. em: 29-9-2009. Disponível em: <http://www.trtsp.jus.br/menu/menu_jurisprudencia.htm>. Acesso em: 31 out. 2011.

BRASIL. Tribunal Superior do Trabalho (TST). **Agravo de Instrumento em Recurso de Revista n. 41441-62.2004.5.03.0114**, 4ª Turma, Rel. Min. Maria de Assis Calsing, Brasília, j. em: 10-12-2010 (2010a). Disponível em: <http://aplicacao5.tst.jus.br/consultaunificada2/inteiroTeor.do?action=printInteiroTeor&highlight=true&numeroFormatado=AIRR%20-%2041441-62.2004. 5.03.0114&base=acordao&numProcInt=655519&anoProcInt=2009&dataPublicacao=10/12/2010%2007:00:00&query=>. Acesso em: 11 abr. 2011.

______. **Recurso de Revista n. 202200-34.1997.5.01.0006**, 1ª Turma, Rel.: Min. Luiz Philippe Vieira de Mello Filho, Brasília, j. em: 10-12-2010 (2010b). Disponível em: <http://aplicacao5.tst.jus.br/consultaunificada2/inteiroTeor.do?action=printInteiroTeor&highlight=true&numeroFormatado=RR%20-%20202200-34.1997.5.01.0006&base=acordao&numProcInt=185630&anoProcInt=2006&d

ataPublicacao=10/12/2010%2007:00:00&query=>. Acesso em: 11 abr. 2011.

______. **Recurso de Revista n. 3414800-54.2007.5.09.0014**. 8ª Turma, Rel. Min. Dora Maria da Costa, Brasília, j. em: 23-3-2011. Disponível em: <http://aplicacao5.tst.jus.br/consultaunificada2/inteiroTeor.do?action=printInteiroTeor&highlight=true&numeroFormatado=RR%20-%203414800-54.2007.5.09.0014&base=acordao&numProcInt=19244&anoProcInt=2011&dataPublicacao=25/03/2011%2007:00:00&query=>. Acesso em: 26 out. 2011.

CARDOSO, Fernando Henrique. **Brasil Globalizado**. 3. ed. Rio de Janeiro: Campus-Elsevier, 2008.

DAL-RÉ, Fernando Valdés. Contrato de trabajo, derechos fundamentales de la persona del trabajador y poderes empresariales: una difícil convivência. **Relaciones Laborales: Revista Crítica de Teoría y Práctica**, n. 22, p. 19, 2003.

FUSCO, Camila. Leis trabalhistas e juros travam fusões. *Folha de S. Paulo*, Caderno Mercado, 14 dez. 2010.

LAMAS, Juan Rivero. La garantía de los derechos y libertades constitucionales. In: NAVARRETE, Cristóbal Molina; PÉREZ, José Luis Monereo; VIDA, María Neves Moreno (coord.). **Comentario a la constitución socioeconómica de España**. Granada: Comares, 2002.

MARTINEZ, Pedro Romano. **Direito do trabalho**. 2. ed. Coimbra: Almedina, 2005.

NAHAS, Thereza Christina. **Desconsideração da pessoa jurídica reflexos civis e empresariais no direito do trabalho**. 2. ed. Rio de Janeiro: Campus-Elsevier, 2007.

NAVARRETE, Cristóbal Molina. "Protección" y "eficacia" de los derechos socio-laborales: balance y perspectivas del sistema constitucional de garantías. In: JIMÉNEZ, Rodrigo Martín e NAVARRO, Antonio Vicente Sempere (coord.). **El modelo social en la Constitución Española de 1978**. Madrid: Ministério de Trabajo y Asuntos Sociales, 2004.

PERES, Antonio Galvão. **O direito do trabalho na empresa e na sociedade contemporâneas**. São Paulo: LTr, 2010.

RAMALHO, Maria do Rosário Palma. **Direito do trabalho**. Coimbra: Almedina, 2006.

______. **Da autonomia dogmática do direito do trabalho**. Lisboa: Gráfica de Coimbra, 2000.

SUPIOT, Alain et al. **Transformações do trabalho e futuro do direito do trabalho na Europa**. Coimbra: Coimbra Editora, 2003.